遊牧の思想

人類学がみる激動のアフリカ

太田 至
曽我 亨 編

昭和堂

目次

序章　遊牧の思想とは何か——困難な時代を生き抜くために……曽我亨・太田至　1
1　牧畜民の自己肯定的な態度　1
2　激動のなかの牧畜民　3
3　一足飛びの「近代化」　5
4　国家装置と牧畜民　7
5　いさぎよさ・しぶとさ・柔軟さ　9
6　本書の位置づけと構成　10

第Ⅰ部　牧畜という生き方

第1章　自己肯定的な生き方を支えているもの……北村光二　17
――トゥルカナ社会における「物乞い」のコミュニケーション
1　はじめに　17
2　トゥルカナにおける「物乞い」のコミュニケーション　19
3　相互の利害が対立する問題への対処　23
4　「われわれの選択」による問題対処　26
5　トゥルカナ的な振る舞い方　29
6　おわりに　31

第2章　ねだられることを許す……内藤直樹　37
――アリアールにおけるねだりの経験からみた社会
1　ねだり旅――一九九九年と二〇〇二年　37
2　ねだりを認める社会　41
3　ねだる／ねだられる主体になること　43

4　おわりに　51

第3章　交歓と相互承認を創出する
――家畜の所有をめぐるトゥルカナ・レンディーレ・ガブラの交渉……太田　至　55

1　はじめに　55
2　財としての家畜――牧畜社会における諸権利に関する従来の研究　58
3　家畜の所有――トゥルカナ社会　62
4　ラクダの信託と所有――レンディーレとガブラの社会　71
5　おわりに――「他者に開かれた自己」のあり方　82

第4章　難民を支えたラクダ交易――治安・旱魃・協働……曽我　亨　91

1　はじめに　91
2　東アフリカからのラクダの輸出ルート　92
3　グローバル交易　95
4　リージョナル交易　99
5　難民ビジネスとしてのリージョナル交易　101
6　ラクダ交易の変容――二〇一〇～一四年　107
7　おわりに　112

第5章　もめごとを祖霊の世界に託して
——焼畑農耕民ベンバの「考え方」……杉山祐子　117
1　はじめに　117
2　ベンバの人びとと村の暮らし　119
3　怒りと隠されたもめごと　123
4　因果関係の「はじまり」をさだめ物語を生みだす　128
5　物語が再編される過程　131
6　おわりに——祖霊に託すことの意味　134

第Ⅱ部　紛争を乗り切る

第6章　国家に頼らない遊牧民の生き方
——周縁化・併存化・独立国化……湖中真哉　149
1　はじめに　149
2　国家なき遊牧社会　151
3　周縁化——国家に包摂される遊牧民　152

4　併存化――遊牧民と国家の通貨　154
5　安全保障の危機にさらされた遊牧民　157
6　独立国化――協働集落による安全保障　161
7　おわりに　165

第7章　身体と暴力――武装解除期のカリモジョンとドドスの病　波佐間逸博　169
1　紛争における日常　169
2　国家統制の矛盾　171
3　「保護」のもとでの死　173
4　暴力の病　177
5　身体の非暴力化　186
6　抵抗としての生活　192

第8章　敵と友のはざまで――ドドスと隣接民族トゥルカナとの関係　河合香吏　197
1　はじめに　197
2　ドドスと隣接する諸民族集団　199

3　二〇一三〜一四年乾季の状況　200
4　トゥルカナとは何者か　204
5　おわりに――環境還元論的な理解と牧畜価値共有集合の可能性　210

第9章　「男らしさ」を相対化する……佐川　徹　215
――ダサネッチの戦場体験
1　はじめに　215
2　なぜ戦いに行くのか　217
3　どのように襲撃部隊は構成されるのか　221
4　なぜ戦いに行くことをやめるのか　223
5　どのように暴力は抑止されるのか　231
6　おわりに　233

第10章　交渉の決裂と離別……川口博子　237
――人殺しをめぐるアチョリの規則と相互行為
1　ある殺人事件をめぐる葛藤　237
2　紛争処理における離別という選択　238
3　アチョリの人びとと首長　240

4　アチョリ社会における殺しと死の清算　242
5　調停の場における行動様式と清算の規則に反する「肝のなか」　245
6　規則による意味づけと死んだ者がもたらす災い　248
7　おわりに　250

第Ⅲ部　グローバリゼーションに向き合う

第11章　伝統の「便宜的」な使い方……目黒紀夫　263
――「コミュニティ主体」の動物保護とマサイ
1　「コミュニティ主体」の動物保護と「マサイの伝統」　263
2　アンボセリ地域のロイトキトク・マサイ　265
3　動物保護の歴史と認識のずれ　266
4　〈地域〉と〈外部〉のあいだで語られる「マサイの伝統」　270
5　「生活の便宜」としての「マサイの伝統」　278

第12章 「ボーシィ」たちの「旅」の終わり
——観光業に従事する「マサイの戦士」の経験 …… 中村香子 283
1 ケニアにおける民族文化観光と「マサイ」 283
2 サンブルの「戦士（モラン）」をとりまく社会状況と出稼ぎ 285
3 ビーチリゾート・モンバサで働くサンブル 286
4 ダンスショー出演と装身具販売 288
5 「ボーシィ」——欧米人女性の恋人業 292
6 ボーシィに対するアンビバレントな評価 296
7 ボーシィたちの「旅」の終わり 299

第13章 生計戦略の多様化
——社会環境の変化に対するレンディーレの対応 …… 孫　暁剛 307
1 はじめに 307
2 レンディーレをとりまく社会環境の変化 308
3 長老の異なる生計戦略 312
4 青年たちのチャレンジ 317
5 期待される既婚女性の起業活動 320
6 おわりに——多様化する生計戦略の可能性 322

第14章　「大富豪」世帯の維持
——スクマ社会における父と息子の葛藤……泉　直亮　327
1　はじめに　327
2　移住先で大規模な生産を営むスクマ　330
3　父親と既婚の息子の折衝　332
4　息子による富の獲得と蓄財の試み　336
5　おわりに　346

第15章　開発のための家畜
——第二次世界大戦後のケニアにおける家畜の市場化……楠　和樹　351
1　はじめに　351
2　保護領化から第二次世界大戦時まで　353
3　第二次世界大戦後の家畜の市場化に向けた動き　356
4　地方行政官と専門担当官の批判　361
5　おわりに　366

コラム

1 澱まぬ風のなかで……稲角　暢 140
2 大腸マッサージ最高！……羽渕一代 142
3 妻がいてこそ男なれ……関根悠里 144
4 小石に気をつけろ！……作道信介 254
5 イエコの結婚……白石壮一郎 256
6 牧童の狩り……庄司　航 259
7 マサイ・オリンピック狂想曲……目黒紀夫 373
8 エンカミニ――集落に恩恵を与える者……松隈俊佑 375

索　引……iv

南スーダン
エチオピア
ダサネッチ
ドドス
ガブラ
アチョリ
トゥルカナ
カリモジョン
レンディーレ
DRコンゴ
ウガンダ
サビニ
アリアール
ソマリア
ポコット
サンブル
カンパラ
ケニア
ヴィクトリア湖
オルマ
ナイロビ
マサイ
（ションポーレ）
ルワンダ
マサイ
（ロイトキトク）
エヤシ湖
ブルンジ
インド洋
N
タンザニア
タンガニーカ湖
ダルエスサラーム
ルクワ湖
スクマ
ザンビア
マラウイ
マラウィ湖
ベンバ
0 100 200 300 400km
モザンビーク

本書に登場する諸民族

序章　遊牧の思想とは何か
――困難な時代を生き抜くために

曽我　亨
太田　至

1　牧畜民の自己肯定的な態度

ひとたび牧畜民と一緒に暮らしたならば、誰もが彼らの強烈な個性の虜になるだろう。東アフリカで現地調査をおこなった本書の執筆者たちはいずれも、家畜とともに生きるために無駄をそぎ落とした牧畜社会に魅せられ、灼熱の地を歩き続ける強靱な身体に驚嘆させられてきた。人びとはまた、誇り高く、自分たちの生き方にゆるぎない自信をもっている。そしてそれは、ときには外部者に対する傲岸不遜な姿勢、挑発的ともいえる働きかけ、あるいは排他的な態度として表現されることもある。

社会人類学の古典的名著である『ヌアー族』の序文のなかでエヴァンズ＝プリチャード（一九七八）は、ヌアー（ヌエル）の人びとについてとても印象的なスケッチを残している。彼らは、自分たちのものごとのやり方に強い誇りをもち、外部からやってきた調査者にも、自分たちと同じように振る舞うように迫る。そのような要求は、ヌアーの人びとがエヴァンズ＝プリチャードを自分たちの社会の一員として遇していることの現れだが、それを他者に強要する態度は高慢なものにみえる。

伊谷純一郎（一九八〇）もまた『トゥルカナの自然誌』のなかで、トゥルカナの人びとが当然の要求であるかのように強圧的な態度で「物乞い」をすること、その疲れを知らない「物乞い」に疲れはてたこと、そうした尊大で居丈高な態度は、とても理解しにくいものであったことを述懐している。この人たちは、どうしてこのように自信に満ちた態度で「物乞い」をすることができるのだろう。堂々とした振る舞いをする彼らをみていると、まるで「物乞い」に応じない私たちが、悪者であるかのように思えてくる。

このように牧畜民の社会や文化、価値観は、基本的に農耕民である日本人のものとは、ある意味では対極にあり、非常にわかりにくい。彼らの自己肯定的で確信に満ちた生き方の秘密はどこにあるのだろうか。牧畜民が堂々と「物乞い」をするとき、そして私たちが劣勢におかれてしまうとき、やや大げさだが私たちは「自身の存在をかけた対峙」を強いられている。「おまえ」は「私」の「物乞い」に応じるのか、応じないのかと問われている。そのとき、私たちの理屈や常識をもちだしても意味はない。牧畜民は徹底して、「私とおまえ」の関係のなかで話を進めようとするのだ。とかく日本人は、アフリカの人びとに対して「平等」に振る舞おうとするがゆえに、特定の誰かの要求に応えることに抵抗を感じてしまうようだ。けれども、牧畜民はそんな理屈をみとめない。あくまでも二者間の問題として解決を迫るのである。

牧畜民は目の前の相手としっかり向き合う人たちである。相手の言うことに耳を傾け、自分にできること、できないことをはっきりと告げる。もちろん、「物乞い」をもちこまれた相手が、いつも要望に応えられるわけではない。重要なことは、牧畜民が困っている相手に、しっかり向き合い、解決できるならば要望に応えようとすることだ。一方、私たちは、目の前の相手が抱える困難にではなく、権威者が出す指示や規則やルール（たとえば「皆を平等に扱うべきである」）に従う傾向がある。あなたが困っているのはわかるけれど、規則はこうなっているから無理です、というわけだ。権威者に従おうとする私たちの根深い傾向を、心理学者ミルグラム（二〇一二）は、実験をとおして明確に提示してみせた。被験者たちは、目の前の人物に電気刺激を与えるよう指示されると、この人物が電気ショックに苦しんでいるにもかかわらず、指示に従順に従い、電圧を上げ続けた（じつは電気ショックは偽物で、役者が苦しむ演技をしていた）。目の前の人の苦しみに共感するよりも、権威者が出す指示に従ってしまったのだ。

指示や規則に従うとき、私たちは常に自分の行動が指示や規則に沿っているか、正しい振る舞いをしているかどうかを気にすることになる。けれども、これはいわば、正しさの基準が自分の外にあるということだ。私たちはいつも、外にある正しさに照らして自分の行動を評価することになる。一方、牧畜民は正しさの基準を自分のなかにおいている。自分の欲望に忠実であるかどうか、状況をうまく判断しているかどうか、そして眼前の相手に正面から対峙できたかどうかが正しさの評価基準になる。

私たちの自己肯定感の弱さは、正しさの基準が外にあることに起因するのではないだろうか。教師や仲間の目を、上司や部下の目を、そして世間の目を気にかけていたら、自分に自信がもてるわけがない。牧畜民が自らに強い誇りをもち、自己肯定的な態度でいられるのは、正しさの基準が自分自身のなかにあり、目の前の相手にきちんと向き合っているからではないだろうか。

2 激動のなかの牧畜民

伝統的な衣装を身にまとい、いまも家畜を放牧する牧畜民の姿をみると、彼らはとても保守的な人びとだという印象をもつ。けれども牧畜社会は現在、大きな荒波にさらされている。たとえば、私たちの日常は企業や国などの組織や制度によって守られている。独立して経営を営む農民や漁民であっても、国が他国の生産物に関税をかけたり、あるいは補助金や助成金を支給されることによって、生活の安定を得ることができる。病気に対しても、国や企業や組織が用意するさまざまな社会保険制度によって守られている。こうした保護を受けることなく、激変する社会に放り出されたら、私たちは途方に暮れてしまうことだろう。けれどもこれが東アフリカの牧畜民が現在、直面している状況なのである。

彼らの生活をおびやかしている生態学的・社会的な変動は複雑で多様である。異常な気候変動やグローバルな経済活動の影響、あるいは政情の変化によって状況はめまぐるしく変わる。とくに二〇一一年から一二年にかけて、東アフリカは過去六〇年間で最悪といわれるほどの厳しい旱魃にみまわれた。食料を求めて難民や国内避難民になる牧畜民が大量に発生した。また井戸や牧草地をめぐる民族間紛争が勃発し、安全を求めて難民や国内避難民になった者もいる。

難民キャンプの暮らしは苛酷だ。離散した親族や家族の支援は受けられなくなり、配給食料が不足すれば低栄養のために体調をくずし、多くの人間が過密に住むことで伝染病が流行する。とくに女性や子ども、老人などの社会的弱者は、生存の危機にさらされる。そして旱魃が去ったあとは、もとの生活をどのように再建するかが問題となる。家畜を失ってしまえば、牧畜生活に復帰できず、都市部の貧困層へと落ちてしまうのである。

国際的な経済活動も牧畜社会を揺さぶっている。近年、世界的な食料価格の高騰を受け、諸外国からアフリカへの農業投資が拡大しており、バイオエタノール生産や商品作物生産、花卉栽培が活発におこなわれるようになってきた。こうした生産活動のために大規模な土地収奪（ランド・グラビング）が起きている。また観光開発を目的としたビジネスのために土地が収奪されるケースもあり、小農や牧畜民の生活がおびやかされている。けれども、これはとても皮肉な現象だ。牧畜民は、先進国のぜいたくな消費活動によって引き起こされた気候変動の犠牲になるだけでなく、気候変動対策を目的とするバイオエタノール生産によって牧草地も奪われているのだ。いわば牧畜民は、先進諸国によって二重に収奪されているのである。

一方、東アフリカ諸国が目指している近代化政策も牧畜民の生活を大きく変えようとしている。彼らが暮らす乾燥したサバンナ地帯は、一般的に農耕にはあまり適していないが、牧畜民のなかには河川の季節的な氾濫を利用して農耕を営む者もいる。けれども、上流にダムが造られたり、プランテーションが造成されたりすることで、河川の氾濫が起きなくなり、生活の基盤を失う者も出てきた。まさに牧畜民は激動のなかにおかれているのである。

3　一足飛びの「近代化」

牧畜社会は、降雨が少なくて乾燥したサバンナや半砂漠に分布しており、その生活地域は人口がまばらで大都市からは遠く、どちらかといえば開発＝発展から取り残された僻地であった。太田（一九八八：九一）は、いまから四〇年前の牧畜民の姿を次のように記している。（自分が現地調査をしていた）「一九七八年当時に私に雇われていた男性は『労働』という観念（自己の時間を拘束され、それに対して給料が支払われるということ）をもたず、私のキャンプで一緒に生活して食事をし、給料を受けとることを私からの贈与と感じており、お返しをすると申し出て私をびっくりさせた」。

けれどもいま、こうした姿をみることはない。一九八〇年ごろから、この地域にも開発支援の波が押し寄せるようになった。当初は、大旱魃にみまわれた牧畜社会に対して緊急の食料援助や医療支援がおこなわれた。そして、キリスト教会や国際NGOなどによる開発プロジェクトが実施され、学校や病院がつくられた。かつて家畜の日帰り放牧をするのは子どもたちの役割だったが、学校教育が浸透したことで、放牧に従事しない子どもも現れてきた。学校教育を受けた者のなかには海外の大学を卒業し、母国に戻って実業家や政治家になった人もいる。

一九八四年に起きたエチオピア大飢饉では、一〇〇万人を越える犠牲者が発生した。このニュースと相前後して、アフリカ全体の貧困に対する国際的関心が高まっていった。東アフリカの牧畜社会でも、繰り返して襲ってくる旱魃のたびに援助物資が配られ、それを求めて町の周辺に定住するようになった者がたくさんいる。難民となってアメリカやヨーロッパ、オーストラリアに渡ったりする者も増加した。二〇〇〇年代になると世界的に資源価格が高騰し、アフリカ諸国には、中国をはじめとする諸外国からの直接投資が急増した（平野 二〇一三）。経済インフラが整い、市場経済が急速に拡大すると、牧畜社会でも家畜の売買が盛んになってきた。家畜の運搬や出稼ぎのために都市部に出かける機会も飛躍的に増えた。町ではテレビをみることができるし、携帯電話もずいぶん普及し、都会や外国の暮らしを直接的に知ることも普通になってきた。

アフリカの「近代化」の特徴として、私たちが経験したよりも遥かに急速に、しかも一足飛びに技術革新が進行することがあげられる。たとえば、村にはまだ電気がひかれていないのに、太陽光パネルやLED電灯が導入されたり、水道もないのに人びとはペットボトルのミネラルウォーターを飲むようになったりしている。固定式の電話機が普及するまえに携帯電話やスマートフォンが使われるようになり、銀行口座をもつまえに携帯電話を通じた送金サービスが利用できるようになった。音楽も、カセットテープやコンパクトディスクが使われるまえに、携帯電話に仕込まれたメモリに保存されるようになった。いまや田舎町に暮らすイスラム教徒たちは、携帯電話に保存されたコーランの詠唱に聞き入っている。

これらの「近代化」は、牧畜民の生活に多くの恩恵をもたらしたが、同時にやっかいな問題も引き起こしている。たとえば隣接民族のあいだの緊張が高まると、携帯電話は人びとを紛争に動員する道具、あるいは武器を調達する道具として絶大な威力を発揮するようになった。またICチップには人びとを煽動する演説が録音され、それがコピーされて拡散するようになってきた。噂の流布や紛争を拡大するための道具として利用されているのである。その一方で、隣接する民族間に携帯電話のネットワークを形成することで、異民族同士がこまめに連絡をとり、小さな紛争が拡大するのを防ぐ試みもおこなわれている（湖中二〇一二）。

こうした社会変動に晒されたとき、彼らはいったい、どのように対応しているのだろうか。本書の目的は、東アフリカの牧畜民の生活や考え方の特徴を、長期にわたるフィールドワークの成果にもとづいて明らかにしたうえで、この激動の時代に、彼らがいかに向き合い、流され、しのぎ、ときに翻弄されながら、自らの生を紡いでいるか、そこにはどのような遊牧の思想が存在しているのかを示すところにある。

4 国家装置と牧畜民

これまでにも牧畜的な生き方は、閉塞した近代社会を乗り越えるための思想的モデルになってきた。哲学者ドゥルーズと精神分析学者ガタリは、『千のプラトー』（一九九四）において、「国家装置」と「戦争機械」という二つの形式を対置する。国家装置とは、私たち近代社会に生きる者が取り込まれている形式であり、その内部は支配者によって区切られ、コードが付され、制度化されている。たとえば国家が国境によって区切られて、その内部を行政単位に分け、国民を住所やマイナンバーで捕捉し、法や制度によって秩序づけているのを想像すればよい。地球上のすべての場所が経度と緯度によって示されるように世界は区切られ、私たちは細かなセルのなかに閉じ込められている。こうした空間をドゥルーズとガタリは条理空間と呼んだ。

実際、私たちは国家装置の形式によってものごとを考え、行動しようとする。学校や会社は塀やゲートによって外部社会から分離され、建物のなかも教室や部屋によって区切られている。部屋には三年A組とか三一四号室のようにコードが付けられ、生徒や会社員にも学籍番号や社員番号がコードとして付与されている。そして学校や会社に侵入しようとする外部者は、異物として排除される。また、私たちが口にする食品も、生産者から加工されて商品として店にならぶまでのすべての過程が「見える化」され、消費者は番号をたどれば、どこで異物が混入したのかを突きとめられるようになっている。多くの規則や制度がつくられ、目標に沿って立てられた計画をもとに、授業や仕事が整然と進められる。私たちは、国家装置という形式のなかで思考し、営為を紡ぐのである。

これに対して戦争機械という形式は、牧畜民の生活をヒントに案出されている。戦争機械とはぶっそうな名前だが、これは国家装置という形式にあらがい、その抑圧から逃れようとする欲望を特徴づける形式のことである。この形式において、空間は境界を越えてどこまでも滑らかにつながっている。ドゥルーズらは、こうした空間を平滑空間と呼んだ。そして平滑空間では、匿名性を帯びた人びとが国家から捕捉されないまま、目的も行き先も、出発点も到着点もなく、変容してゆくのだという。事実、牧畜民は国境を自由に行き来したり、二国の身分証をこっそり取得したりすることで、どの国からも捕捉されることなく、都合にあわせて国を使い分けている。家畜を育てるために、よりよい牧草を求めて、ただ移動し続ける。ドゥルーズとガタリは、国家の形成や中央集権化を回避するような戦争機械の働きに注目し、個人を支配しようとする国家装置を乗り越える社会の可能性を呈示したのである。

国家装置に拘束されずに、どこまでも自由気ままに生きるというイメージはとても魅力的だ。私たちは現在の快適な暮らしの恩恵を受けつつも、細かな規則によってしばられる生活にうんざりしたり、生きている実感をなくしたりしている。学校では服装や髪型まで規制されるし、試験によって競争を強いられる。企業はグローバル化した競争に打ち勝つために、ますます高い目標をかかげ、ノルマの達成を社員に強要する。私たちは、どのように生きればよいのかに確固たる自信がもてないという困難な時代にいる。グローバル化と形容される現代では、情報やモノ、カネ、人の往来のスピードが格段に速くなり、つぎつぎに新しいモノや価値観が喧伝されている。ものごとや社会関係の変化が激しく、多様かつ複雑であるために、人生の確実な指針をどこに求めたらよいのかを、私たちは見失っている。

このような混迷の時代にあって、私たちは、どのようにすれば自分の人生をかけがえのないものと感じながら、他者とともに生きてゆくことができるだろうか。ドゥルーズらが提示した戦争機械や平滑空間という概念は魅力的だが、それをリアルに想像するのはなかなか難しい。国家装置への反抗というのなら、尾崎豊の歌詞にある「盗んだバイクで走り出す」イメージのほうが、よほどわかりやすいだろう。けれども、かけがえのない生き方を求める私たちにとって必要なことは、バイクを盗み出したりして、あからさまに反抗することではない。本書は、このような生き方についての手がかりを、東アフリカの牧畜社会にみられるシンプルで力強い生活のなかに見いだそうとする試みである。牧畜民の生活や考え方を具体的に描き出し、遊牧社会の思想を学びたい。

5　いさぎよさ・しぶとさ・柔軟さ

さきほど述べたように、現在の牧畜社会は激動する不確実な環境におかれている。社会の外部からやってくる新しい事態に、牧畜民はどのように向き合い、対処しているのだろうか。くわしくは各章を読んでいただくことにして、ここでは簡単な見取り図を示しておこう。

外部からの変化に対処するとき、牧畜社会に共通する特徴が現れる。それは、一見したところでは「伝統に生きる」姿と矛盾するようであるが、柔軟で融通無碍な対応である。すなわち彼らは、自分たちの伝統的なやり方に固執するのでもなく、かといって、単純に新しいものに迎合するのでもない。彼らのやり方は、直面する課題に対してともかく行動を起こし、それがうまくいかなければ、いさぎよくそれを捨てて次の方法を試みるというように、試行錯誤を繰り返しつつ調整をはかる、といったものである。

行き当たりばったりのようだが、彼らがおかれているのは、予測がつかない激しい変化のまっただなかである。私たちは学校で計画の重要性を教わり、会社では中期計画や年度計画をたて予算化して事業を進めるが、それはある程度、予測可能な未来があってはじめて可能になることである。未来を予測できない世界では、計画をたてて実行するのは無意味なことだ。牧畜民が暮らす乾燥地域では、いつどこに雨が降るのか、家畜に食べさせる草がどこに生育するのかが不規則で、予想がつきにくい。牧畜生活を営む彼らの思考や行動の様式には、臨機応変に決断し対処することが深く組み込まれている。また、急に紛争が生じて生存の危機にさらされたり、難民となって生存のすべを根こそぎ失ったりするなかで、彼らは柔軟で融通無碍な精神を発揮する。どん底に沈む者もいれば、困難をなんとか生きのびてゆく者もいる。なかには、逆境を逆手に取って一攫千金をねらったり、大きな財産をつくったりする者もいる。けれども、状況がまた変われば彼らはたちどころに方針を転換し、即興的に新たな生存の可能性をさぐってゆく。浮き沈みを嘆くことなく、へこたれずに自在に対処を繰り返す姿をみるにつけ、私たちはそこに牧畜民の強靱な精神やしぶとい気骨を感じとってきた。

同時に、彼らはこうした対処をするときに徹底的に個人の自主性を尊重する。みんなとは違う生き方を選択するとき、誰も彼の選択に干渉しようともしなければ、非難することもない。「彼はこうしたのだ」と言うだけだ。私たちが牧畜民に魅せられてしまうのは、このような徹底した個人の自主性といさぎよさが、自在に行動する柔軟さやしぶとさと、複雑に両立しているからだろう。

本書の各章では、それぞれの執筆者が個別のテーマをとりあげながら、こうした矛盾するようにみえる特質がどのように発現しているのか、また、それらが同時に作用していることにはどのような意味があるのかを、具体的な事例をあげながら記述する。こうした記述の先には、東アフリカ牧畜社会の人びとの自己肯定的で確信に満ちた誇り高い生き方が明瞭に立ち現れるはずである。その生き方は、日本人をはじめとする農耕社会のものとはずいぶん異なるものであるが、私たちの日常生活のなかにも、じつは同じ要素がたくさん含まれていることを、読者は発見することになるだろう。それは、私たちの生き方に新たな指針をもたらす重要な発見となるはずだ。

6　本書の位置づけと構成

本書は、三部からなる。第一部では、牧畜民の考え方や生き方を探究しよう。東アフリカのサバンナ地帯に暮らす牧畜民を言語系統によって分けると、その多くは、ナイル・サハラ語族のナイロート系またはスルマ系の言語を話す集団か、あるいはアフロ・アジア語族のオモ系またはクシ系の言語を話す集団である。このように言語系統が大きく異なっているにもかかわらず、これらの社会には共通する社会的・文化的な特質がある。その特質は、牧畜という生業をとおして自然環境と人間が相互関係をもつなかでつくり出されてきたものであるし、また、異民族との友好的な交流や家畜をめぐる敵対的な関係をとおして歴史的に創出されてきたものであろう。牧畜諸社会に共通する人びとの行動様式や社会のあり方、そして価値観を深く探ってゆこう。

第二部では、戦いや紛争を乗り越えるやり方をみてゆこう。東アフリカの牧畜社会では、家畜の放牧中に近隣の異民族を襲い、その家畜を奪うことが従来からおこなわれてきた。家畜の略奪をめぐる行動様式は、これらの社会に共通する文化的特質のひとつであり、ある種の共通理解が存在する。たとえば、奪われた家畜が略奪者の家畜囲いに入れられたら奪われた側は追撃を断念するのが一般的であった。

ところが、この三〇年ほどのあいだに家畜の略奪は、暴力的で単純な強盗行為になってきたし、家畜の略奪を目的としない、別種の紛争や戦争が起きるようになった。東アフリカの国々では内戦によって銃などの火器が流通し、それを手にした牧畜民が内戦に参加したり、近隣民族と紛争を起こしたり、国家と対立したりするようになったのである。けれども、こうした紛争によって牧畜民自身も痛めつけられて脆弱化し、人びとは心身ともに大きく傷つくこととなった。こうした困難に直面した人びとがどのような経験をし、それに対処するためにいかなる生き方を選択したのかをみてゆこう。

第三部では、グローバリゼーションについて考えよう。地球規模でモノやヒト、カネの流動化が進んでおり、東アフリカの国々は農畜産物の輸出と観光業に力を入れている。牧畜社会にとってグローバリゼーションは、家畜価格の高騰をもたらしたり、新たな出稼ぎの機会を提供したりした。他方、外国企業がプランテーションを拓いたり、動物保護区の周辺で観光開発を進めたことによって、牧畜民の放牧地が収奪された。そして牧畜社会は、国家や外国企業など、より広い外部世界の相手と対峙することになったのである。

国家との紛争は、牧畜民が選択したひとつの対峙の方法である。けれども、武力に依らない日々の生活においても、牧畜民はさまざまな創意工夫をこらして新しい状況を乗り越えようとしてきた。牧畜民のしぶとさと即興的に展開するときの速さに目を向けよう。

＊　＊　＊　＊　＊

本書は、序章を含めて合計一六の章で構成されるが、それ以外に八編のコラムを収録した。各章とコラムの執筆者は、いずれも長期間の現地調査をおこない、さまざまな事象にふれながら、牧畜民らしさについて考えてきた。牧畜民を取り巻く状況は急速に変化しているし、彼ら自身の考え方や生活も大きく変わった。いまではほとんどの家畜を失ってしまった者もいるし、逆に、伝統的な生業の枠組みでは理解できないほど多くの家畜を飼育する大富豪も出現している。牧畜から離れ、観光業にいそしむ者もいる。もはや「牧畜民」とはよべない人びとも現れるなかで、執筆者たちはその変化の背後にひそむ遊牧の思想を探究してきた。

本書には合計二二人が寄稿しているが、私たちの牧畜社会研究を牽引してきたのは、第一章を執筆している北村光二である。北村は、ニホンザルやボノボの人類学的研究に従事したあと（北村 一九八二など）、ボツワナに住む狩猟採集民ブッシュマンの研究に転身し（北村 一九九六ａなど）、一九八六年からはケニアの北西部に分布する牧畜民トゥルカナ社会の研究に着手した。そして北村は、その強靱な思考力と独特の論理構成力を駆使して、東アフリカ牧畜社会の特質を解明する研究を継続してきた（北村 一九九一、一九九六ｂ、二〇〇二、二〇〇四、二〇〇七など）。本書の執筆者たちはいずれも、北村が書いた文章を繰り返して熟読することをとおして、そして研究会の場で北村と夜を徹して議論するなかから、自らの研究を彫琢してきたのである。本書の出版企画は、二〇一三年九月に長崎県雲仙市で開催した牧畜研究会をもとにして立てられた。そのあと北村は、二〇一五年三月に岡山大学を定年退職したため、私たちは本書をその記念として出版したいと考えた。編者の力不足のために企画の実現は大きく遅れてしまったが、ここで私たちはあらためて、北村が切り開いてきた牧畜社会研究の豊穣さに思いを馳せるとともに、北村から受けた薫陶に深甚なる謝意を表したい。

牧畜社会の人びとの生き方を理解することは、私たち自身の「生」をよりよく生きるための手がかりとなる――北村は、このことを常に念頭に置いて牧畜社会の研究を進めてきた。私たちがアフリカのサバンナで学んできた牧畜民の考え方や生き方――遊牧の思想――は、日本人が直面している困難な状況をかえりみるとき、それを乗り越えたいという切実な要請に応える方途のひとつとなるに違いない。

謝辞

現地調査にあたっては、アジスアベバ大学エチオピア研究所、ナイロビ大学人類学・ジェンダー・アフリカ研究所、アメリカ国際大学国際関係・平和研究学科（ナイロビ）、マケレレ大学人文社会科学カレッジ、ザンビア大学アフリカ研究所、日本学術振興会ナイロビ研究連絡センターからご支援をいただいた。研究を遂行するために以下のＪＳＰＳ科研費の助成を受けた。JP17H01637, JP26300012, JP21510259, JP15K03034, JP23221012, JP16H06318, JP16K01978, JP25257005, JP19251002, JP23810018, JP26300035, JP26370941, JP22520814. また、東京外国語大学アジア・アフリカ言語文化研究所の共同研究課題「社会性の起源――ホミニゼーションをめぐって」における議論からも示唆を得た。昭和堂の松井久見子さんは本書の立案の段階から相談にのってくださり、なかなか進まない私たちの作業を粘り強く暖かく見守ってくださった。以上のご支援がなければ本書は完成しなかった。記して謝意を表したい。

参考文献

伊谷純一郎　一九八〇『トゥルカナの自然誌』雄山閣。
エヴァンズ＝プリチャード、Ｅ・Ｅ　一九七八『ヌアー族』向井元子（訳）、岩波書店。
太田　至　一九八八「一九八八年の雨季、そして『文明』の足音――ケニア北西部のトゥルカナ地方」『アフリカ研究』三三：八九―九二。
北村光二　一九八二「インセスト・パズルの解法――霊長類学からみたレヴィ＝ストロース理論」『思想』一九八二年三月号：五六―七一。

北村光二　一九九一「『深い関与』を要求する社会――トゥルカナにおける相互作用の『形式』と『力』」田中二郎・掛谷誠（編）『ヒトの自然誌』平凡社、一三八―一六四頁。
北村光二　一九九六a「『平等主義社会』というノスタルジア――ブッシュマンは平等主義者ではない」『アフリカ研究』四八：一九―三四。
北村光二　一九九六b「身体的コミュニケーションにおける『共同の現在』の経験――トゥルカナの『交渉』的コミュニケーション」菅原和孝・野村雅一（編）『コミュニケーションとしての身体』大修館書店、二八八―三一四頁。
北村光二　二〇〇二「牧畜民の認識論的特異性――北ケニア牧畜民トゥルカナにおける『生存の技法』」佐藤俊（編）『遊牧民の世界』京都大学学術出版会、八七―一二五頁。
北村光二　二〇〇四「『比較』による文化の多様性と独自性の理解――牧畜民トゥルカナの認識論（エピステモロジー）」田中二郎・佐藤俊・菅原和孝・太田至（編）『遊動民（ノマッド）』昭和堂、四六六―四九一頁。
北村光二　二〇〇七「『世界と直接に出会う』という生き方――『東アフリカ牧畜民』的独自性についての考察」河合香吏（編）『生きる場の人類学』京都大学学術出版会、二五―五七頁。
湖中真哉　二〇一二「紛争と平和をもたらすケータイ――東アフリカ牧畜社会の事例」羽渕一代・内藤直樹・岩佐光広（編）『メディアのフィールドワーク――アフリカとケータイの未来』北樹出版、一三六―一五〇頁。
ドゥルーズ、G／ガタリ、P　一九九四『千のプラトー』宇野邦一・小沢秋広・田中敏彦・豊崎光一・宮林寛・守中高明（訳）、河出書房新社。
平野克己　二〇一三『経済大国アフリカ』中公新書。
ミルグラム、S　二〇一二『服従の心理』山形浩生（訳）、河出文庫。

第I部 牧畜という生き方

集落の木陰で酒を飲みつつ談笑するサンブルの長老たち（中村香子撮影）

へだてられた他者は、私の知を溢れだし、私の現在は他者の現在においつくことがない。他者はその意味では、私の現在をすでに過ぎ去っている。すでに過ぎ去ってしまった他者は、繰りかえし私の現在に回帰して、私の予期を超えて不意に到来しつづけることだろう。

——熊野純彦『差違と隔たり』岩波書店、二〇〇三年、ix頁

第1章　自己肯定的な生き方を支えているもの
――トゥルカナ社会における「物乞い」のコミュニケーション

北村光二

1　はじめに

あなたは、以下のような経験をしたことはないだろうか?

たとえば、電車で席に座っていて前にお年寄りが立ったときに、いつもそうしているというわけではないが、こんなときこそと思って立ち上がり席を譲ろうとしたのに対して、ぶっきらぼうに断られて、ひどく狼狽してしまった、というようなことを。些細なことのように思われるかもしれないが、私たちはこのようなことを意外なほど長いあいだ忘れないでいる。現代日本に生きる私たちは、何であれ相手に対する私の申し出が拒否されたときに、それが私とのコミュニケーションそれ自体を拒否するものであるかのように、したがって私の存在そのものを否定するものであるかのように、過敏に反応してしまう傾向があるようなのである。

このことは、私たちのコミュニケーションのあり方にさまざまな影響をおよぼしていると思える。もっとも直接的には、相手が拒否する可能性がある提案はできるだけ自分からは言い出さないようにするということがある。そしてこのやり方は、知り合いでない人間とはできるだけコミュニケーションをしないでおこうとしたり、知り合い同士でもとくに親しい間柄でない場合には、相互の最低限の協力で成り立つような差しさわりのない情報のやりとりだけにしておこうとしたりすることに繋がっている。それは、相手と直接向き合って、自分の身体を使って協力し合うことが必要となるようなコミュニケーションをうっとうしいと感じる気分と無関係ではないように思える。

本章では、牧畜民の社会的関係世界の特徴を考えるという脈絡で、私が調査した北ケニアの牧畜民トゥルカナのコミュニケーションを取り上げる。彼らのあいだでのコミュニケーションは、上に述べたような特徴をもつ私たちのコミュニケーションのあり方とは、正反対ともいえるほど異なっているのである。彼らは、相手に対する提案が拒否されても、それを気にしたり、へこたれてしまったりするなどということがない。したがって、相手が拒否するであろうことが初めから予想できるときにも、自分が期待する結果を実現しようとする要求を何の躊躇もなく相手に向ける。そして、それが実際に拒否されても、飽くことなくその要求を繰り返すというのがふつうのやり方なのである。

以下では、トゥルカナにおけるそのようなコミュニケーションの典型であり、私を含めた多くの研究者が彼らの社会的関係世界の特徴をもっともよく示すものとして注目した「物乞い（ベッギング）」のコミュニケーションを取り上げよう（Gulliver 1951; 伊谷 一九八〇、太田 一九八六、北村 一九九六）。そのコミュニケーションを、直接、相互に向き合ってそれぞれの身体を使って協力し合うことが必要となるものという意味で「対面コミュニケーション」と位置づけたうえで、対面コミュニケーションが本来備えているべき特徴に即して分析をおこなうことによって、私たちと彼らとのあいだの違いが何に由来するのかについて考察する。それによって、対面コミュニケーションにおける彼らの振舞い方が確信に満ちた揺るぎのないものに見えてしまうことの理由を考えたいのである。いまのところの見通しとしては、そのような印象は、環境にある「もの」や周囲の仲間と直接向き合って自らの身体を用いたやりとりをおこなうことによって生き続けようとする、というシンプルで力強い彼らの生き方に直接由来しているのではないかと考えている。

2　トゥルカナにおける「物乞い」のコミュニケーション

私は、一九八六年以来、北ケニアの乾燥地帯で移動性の高い牧畜生活を営んでいるトゥルカナを調査してきた。彼らの振る舞い方は、現代日本に生きる私たちが当たり前だと思っていることとは大きく異なっているのだが、そのなかでもとくに、ここで取り上げる「物乞い」のコミュニケーションは、彼らのやり方を理解しようと悪戦苦闘する私たちの前に立ちはだかる高い壁のようなものになっていたのである。トゥルカナは、さまざまな機会をとらえて相手にものを与えるように要求する。それは、援助を必要とする者が相手に援助を依頼するという形をとってなされるのであるが、そこには、困っている友人を援助するのは当然のことだという理屈が用意されている。その一方で、要求される側は、そのたびに要求に応じることはできないとして拒否するのだが、にもかかわらず要求する側が執拗に要求を繰り返すところで、両者の利害の対立があからさまなとげとげしいやりとりが繰り広げられることになる。

ここで私たちが困惑を感じるのは、要求する側が相手の事情をまったく顧慮せずに自らの利益を確保することに邁進するかのように振る舞っているからであり、さらに、そのような無理な要求を相手が拒否することはあらかじめ予想できるにもかかわらず、それを執拗に繰り返すからでもある。そしてその後に、一方の要求と他方の拒否が終わりのないもののように繰り返されるという状態に至ることになる。そのとき私たちは、彼らが何故そこまでしようとするのかが理解できないと思えてしまうということになる。このような私たちの側の思考停止状態は、それを理解しようとする私たちの取り組みが何らかの意味で的外れなものになっていることを示しているのだと考えられる。以下では、それを少しずつ解きほぐしてみよう。

まず、私たちがこのコミュニケーションに強くこだわらざるをえなくなっている事情を反省するところから始めよう。私たちは、第三者としてそのようなコミュニケーションを目撃したのではなく、当事者としてそこに巻き込まれたのだという点は無視してはならない重要なことだと思える。しかも私たちは、基本的にはいつでも、ものを乞われる側という立場におかれて、トゥルカナの「相手に強く物を要求する行為」に強烈な違和感を抱くという経験をしたということなのである。そして、その一方で、ものを要求される側の振る舞いに関しては、どんな選択肢がありうるのかについてさえ何も知らないままに戸惑うしかないという状態にすえおかれたのであり、要求する側の行為に要求される側の行為が接続して生み出される「相互行為」をトゥルカナ自身がどのようなコミュニケーションとして体験しているのかについて理解するうえでは、ひどく偏った不利な立場におかれていたのだと考えられる。この二つの立場のそれぞれについて、私たちの違和感と戸惑いの理由を反省してみよう。

まず、物を要求する側の行為に対する違和感ということから始めよう。現代日本では、家族やとくに親しい間柄でない限り、人に自分がほしいものをくれるように依頼したり要求したりすることは好ましくない行為だとみなされており、実際に私たちはそのような振る舞いをできるだけ避けようとする。そう考えられる理由はそれほど単純ではないはずだが、まず考えられることは、依頼する側が一方的に得をするやりとりをその得をする側が自分から口火を切って進めるというやり方では、そうする人間の利己的な動機づけがあまりにもあからさまになってしまうからということになろう。そしてさらに、相手が拒否する可能性が高かったり実際に拒否したりしたにもかかわらず、そのような相手の意向を無視して自分の要求を押し付けようとするというやり方は、それ以上に、してはならないことだと考えられているのである。

この点に関しては、私たちが生きている現代日本と比較して、自然に直接向き合う単純な構造の社会では、家族が日々の暮らしを維持するうえで親族や知り合いからの援助がより重要なものになっているいう事情が考慮されるべきなのであろう。ただし、その点を考慮したとしても、とくに後者の、要求を拒否しようとしていることが明らかな相手にやみくもに同意を迫るというやり方は、明らかにあまりにも自分の都合を優先しすぎだと感じられることになる。たとえそれが目的のためには手段を選ばないというたぐいの振る舞いではないとしても、そうすることで相手とのあいだにどのような関係を作り出そうとしているのかという点に関して、まったく理解できないものになってしまうのである。

一方、物を要求される側の立場に関わる戸惑いとは、相手の要求を何度断っても執拗に要求が繰り返されて相互行為を終わらせることができないということに由来している。しかも、「援助を必要とする友人に援助を与える」という当然のことを拒否するのかという非難にさらされるにおよんで、それならば相手の要求に応じるしかないのかという気にもなってしまうのである。そのような状況に置かれ続けながら、私たちは、トゥルカナは自らの利益を確保しようと極めて利己的に振る舞っているだけではなく、そのような要求を一方的に相手に押しつけようとするという意味で、相手を自分の思い通りに支配しようと強圧的に振る舞っているという印象にとらわれることになる。

このように反省してみて明らかになるのは、私たちがこの種のコミュニケーションの特徴として考えているものは、明らかに要求する側の振る舞い方に由来するものに偏りすぎているということである。とくに、物を乞う側の要求に対して乞われる側が拒否し続けることによって、その要求と拒否というやりとりが終わりのないもののようにいつまでも続くという点に関しては、たんに要求する側の振る舞いが強圧的であることにその原因を求めるというわけにはいかないはずである。すなわち、このようなやりとりが終わりのないもののように続くのは、要求される側があくまでも自らの利益を確保しようとして拒否し続けているからでもあるのだということである。そして、それ以上に重要なことは、もし「物乞い」のコミュニケーションの当事者双方が本当に自らの利益を確保しようと利己的に振る舞っているだけなのだとすれば、この種の膠着状態を解消することは不可能であり、そのようなやりとりは遅からず放棄せざるをえなくなるはずだということである。

したがって、そうであるにもかかわらず彼らがこのやりとりを放棄せずに継続するのは、いつかの時点で、どちらか一方の、ないしは、双方の自発的な選択の修正によって決着が図られると想定しているからだということになる。物を乞う側に関していえば、相手の反応が期待に反するものであってもその時点でのコミュニケーションを放棄せずに、相手の協力のもとでコミュニケーションの接続を継続して共通理解を積み重ねることによって、何とか自らに有利なゴールを実現しようとしているのだと考えられる。

それに対して、乞われる側がおかれている状況はもう少し複雑である。物を乞われる側にとっては、乞う側とのコミュニケーションを継続しても、それを打ち切って自らの利益を確保するという場合以上の結果を実現できるわけではないからである。それにもかかわらず、そのときのコミュニケーションを簡単には放棄しようとしないのは、どのようなゴールを実現しようとするのかという問題とは区別できる取り組みとして、そのようなコミュニケーションの接続が何らかの決着を導き出したときに、そのゴールを当事者たち自身が相互に承認できるものにしようとしているからだと考えられるのである。そうしようとして彼らは、少なくとも相手の働きかけがある限りはそれに誠実に応答するというやり方を採用しているのである。

そのことは以下のような実際に私が観察した事例に明らかである。この事例は、典型的な「物乞い」の例とはいえないが、ある青年が自分のひとつ上の年齢集団に属する母方のオジに対して不品行を働いたという咎でその年齢集団から一頭のヤギを食料として提供するように要求されていたというものであった。彼は一年以上にわたってこの要求を断り続けていたのだが、あるとき急にそれに応じることになって、原野でそれを丸焼きにして食べることになり、私もお相伴に与った。その場には当の青年もその宴のホストとして参加していて、食事が終わりに近づいたあたりで人びとの前に立って、「この肉をみんなに食べてもらえて私は大変満足だ」という演説をおこなったのである。彼は、本当はどう思っていたかは不明だというべきなのかも知れないが、この一年以上にわたる要求と拒否の応酬というやりとりが導き出した決着に心からの承認を表明したことは確かなのである。

以上の考察から明らかになることは、「物乞い」のコミュニケーションにおいてそれぞれの当事者は、相手の自発的な選択を尊重して、たとえそれが自らの期待に反するものであっても、簡単にそのときのコミュニケーションを放棄しようとはせず、あくまでもコミュニケーションの接続によって共通理解を目指そうとするというやり方を選択しているのだということである。

3　相互の利害が対立する問題への対処

トゥルカナにおける「物乞い」のコミュニケーションについての以上の考察から、当事者相互の利害が対立する問題への対処において、それぞれの当事者は、一方で、あくまでも自らの利益を確保しようとしながらも、同時に、相互に承認できる決着を実現しようと努力を傾けているのだと考えられた。ただし、そのためにトゥルカナが選び取っているやり方は、現代日本に生きる私たちには簡単には理解できないものになっているのだが、以下ではそれが、私たちがふつうだと思っているものとどのように違っていて、具体的にどんな特徴をもったものであるかを明らかにしよう。

当事者相互の利害がどうしようもなく対立してしまうような問題に直面したときに、それへの対処として採用されるふつうのやり方とは、当事者のどちらからも切り離された第三者に帰属する基準（たとえば、規則や制度とよばれるもの）を参照しそれを共有することによって、そのときの利害の対立を調停するような「妥当なプラン」について合意を形成しようとするというものである。具体例としては、たとえば、私たちの社会において誰かとくに親しい間柄ではない人に援助を依頼するという場合を考えてみよう。「援助を受ける側は、援助を与える側にそのときの援助に見合うお返しをしなければならない」という規則を参照して、「お返しの義務を負うことを前提に一方から他方へ援助をおこなう」というプランについて合意が形成されるということになったりする。その場合、一方が他方に援助を依頼することによって相互の利害の対立が顕在化するところで、妥当な対処のプランを見出そうとするコミュニケーションが開始され、合意の形成があってこのコミュニケーションが終了すると考えられることになる。

そのようなやり方の特徴とは、問題対処のための妥当なプランの選択という作業と、それにもとづく具体的な対処の実行の過程とが明確に分離されているという点にある（佐々木 二〇〇〇）。そして、そのうちの前者でおこなわれることがコミュニケーションであるとされ、後者の問題対処では、それぞれの当事者が、合意したプランにもとづいて個々の行為を選択したうえで、その後にそれらの接続に関わる相互調整がなされればよいと考えられている。したがって、この場合のコミュニケーションにおける合意は、プランの妥当性についてのそれぞれの第三者的な立場からの判断によって自動的に形成されることになるのであり、具体的な問題対処は、プランの妥当性を支えている権威にそれぞれが従属することによって、合意したプラン通りに実行されるのである。したがって、このやり方でおこなわれる問題対処は、「利害が対立する者たちのあいだの協力関係」というような当てにならない要素には依存しない、ごく確実な手続きになっていると考えられる。

それに対して、トゥルカナの「物乞い」のコミュニケーションでは、当事者たちは、物を乞う側と乞われる側のあいだの利害の対立を調停するうえでの妥当なプランがありえるなどとは考えられないという前提で、仲間とのコミュニケーションに臨んでいるのだと考えられる。したがって、それぞれの当事者がコミュニケーションにおいてしていることは、相手を説得して自らの提案に同意を取りつけようとするというタイプのものなのではなく、コミュニケーションにコミュニケーションを接続し続けることでもたらされる双方にとっての共通理解を先へ先へと進めることによって、双方が納得する決着を実現しようとしているのだと考えられる。その場合には、コミュニケーションの接続が導き出す決着がどのようなものになるかは行きがかりに委ねられることになる。それは、行き当たりばったりの試みに過ぎないものにもなりかねないのであり、そのようなやり方で双方の納得する決着が実現できるようになるのだとしたら、そこには何らかの工夫や秘密が隠されているはずなのである。

そのもっとも基本的な「仕掛け」として指摘できることは、そのときの相互行為が、たんに直面する問題を解決しようとする試みになっているというだけではなく、そのような相互行為が繰り返し再生産されるようになることを容易で望ましいものにする、個々の相互行為を超えるより広い範囲におよぶ秩序をその場にもたらす試みにもなっているという点である。すでに述べたように、このコミュニケーションでは、それぞれの当事者は相手の自発的な選択を尊重して、たとえそれが自らの期待に反するものであっても、簡単にそのときのコミュニケーションを放棄しようとはせず、あくまでもコミュニケーションにコミュニケーションを接続することによって共通理解を見出そうとしていた。そのような振る舞い方によって、少なくとも、コミュニケーションにコミュニケーションを接続し続けることを容易で望ましいものにするような相互行為の場が、そこに出現することになるのである。

このような振る舞い方とは、トゥルカナにおいて人びとが協力して問題に対処しようとする場面ではいつでもどこでも採用されるはずのものだという意味で、個々の相互行為を超え出るより大きな「社会の秩序」に関わる選択であり、それは「社会の選択」とよぶべきものになると考えられる（ルーマン 一九九五）。私たち外部の人間からみれば、それは「トゥルカナ的な振る舞い方」ということになろう。当事者の立場からすれば、人びとはそのような「自分たちのやり方」を手がかりにすることによって、同じ問題に向き合っている仲間との相互行為に、いつでも同じやり方で取り組もうとすることになるのである。それによって、コミュニケーションの接続についての相互の協力を促進する体制が整えられ、問題となっている事態に関連する何らかの共通理解を見出すことがより容易になっているのだと考えられるのである。

その際、それぞれの当事者は、個人にとっての想定とは次元が異なる「共通理解」を見出すことに重心をおいて相互行為に臨むことになる。すなわち、私からのコミュニケーションの試みに接続した相手からの反応に出会うことによって、そこにどのような共通理解が生成しつつあるかを私が確認できるようになるとき、それが私の期待するものであってもそうでなくとも、望ましい決着に向けてさらなる私からのコミュニケーションの接続が動機づけられることになる。その点に関して、相手がおかれている状況もまったく異なるところはない。そのうえで、これらのコミュニケーションが次々に接続することであるまとまりをもった共通理解が生み出され、それを手がかりにそのときの相互行為に何らかの決着がつけられるということも不可能ではなくなるはずなのである。そして、そのような決着が実現したあかつきには、その決着には当事者双方のとりあえずの納得がもたらされ、それによって、たとえば相互の利害が対立する問題にも、双方の協力による具体的な対処が可能になるのだと考えられるのである。

直面する問題への対処としての相互行為が、個々の相互行為を超え出るより大きな範囲に確保する「秩序」としてここで想定していることとは、相互行為の進行が導き出す決着がどのようなものになるかはそのときの行きがかりに委ねながら、あくまでもコミュニケーションの接続によって共通理解を目指そうとするトゥルカナ的な振る舞い方が作り出しているもののことである。それによって、コミュニケーションが次々に接続されて安定的に再生産されることを容易で望ましいものにする秩序が確保されることになっていると考えられるのである。それはトゥルカナ社会が選択した秩序なのだともいえるが、実際にその選択が姿を現すのは、具体的な問題に直面したそれぞれの当事者が、そのときその場の相互行為の内部において、その「社会の選択」を自らの動機づけに即した自分自身の選択にしてそれを仲間と共有しようとしているときであり、そのような試みが多種多様な状況において繰り返し再生産されることになるのだと考えられるのである。

4 「われわれの選択」による問題対処

トゥルカナに特有のやり方で、問題対処における決着を当事者双方が承認できるものにしている仕掛けとして考えられる第二のものは、そのときの選択が第三者的な基準という手がかりがないままに仲間と共有されるものになるという点に対応する。彼らは、「対処のための妥当なプランが存在しない」という種類の問題に向き合うことになったときに、確かに自分自身の利益を確保しようともするのではあるが、同時に、直面する困難な問題に仲間と協力して対処しようとする者として、仲間と共有できる「われわれの選択」をその場に生み出そうともしているのだと考えられるのである。

第三者的な基準という手がかりに頼ることなく利害が対立する問題に対処しようとしてトゥルカナが採用しているやり方は、私たちがふつうだと思っているものとは微妙に食い違っている。以下では、私たちの社会が採用している「組織」を前提とした集団的意思決定というやり方を例に引いて、トゥルカナのやり方がそれとどう異なっているかを検討しながら、それがどんな特徴をもったものなのかを明らかにしよう。

組織における集団的意思決定とは、たとえば、農耕社会における土地利用をめぐる利害の対立の調停において、具体的な対立を抱える個々のメンバーの組み合わせごとに調整をおこなうのではなく、権限にもとづく命令や指示のコミュニケーションの活用も含めて、特定の対処法について組織のメンバー全員の同意を取りつけようとするやり方のことである。そのようなやり方が可能になるためには、組織への加入とそれからの離脱を一定の諸条件に結び付ける「成員資格」があらかじめ定められており、この条件化された成員資格の監視のもとで、すべてのメンバーがいつでも集団的意思決定過程に組み込まれたり、権限にもとづく命令に従わざるをえなくなったりするのである。そして、それによって、たとえ個人的には同意できないと思える選択に対しても、それが組織の意思としての選択である場合には、否応なく従うことになるのである（北村 二〇一五）。

それに対して、トゥルカナにおける「われわれの選択」による問題対処では、個々人が自らの意思に反してその選択に従属せざるをえなくなるなどということはありえない。トゥルカナにおいて人びとが相互に協力して問題に対処しようとするのは、同じ場所に居合わせていることで同じ問題に向き合わざるをえなくなっているからであり、人びとは、地位の差や役割の分化がない基本的に対等な関係にある者同士で、自分たちの共存を脅かす問題に協力して対処しようとする者同士として、同じ問題に同じ気持ちで取り組もうとするのである。そして、そのような平等主義的な相互行為は、それぞれの当事者の自発的な選択の重ね合わせとして進行することになり、それが導き出す決着はそのときの行きがかりに委ねられることになる。ここでの考察によれば、結末をそのときの行きがかりに委ねざるをえないような相互行為が結果として、組織における集団的意思決定に相当するような当事者たちに共有される「われわれの選択」を生み出していると考えられるのであるが、そう考えられるのは、以下のような理由による。

たとえば、ここで取り上げてきた「物乞い」のコミュニケーションの場合では、そのときの相互行為が何らかの決着にたどりつくとすれば、それは、その場で一方が他方を実際に援助しようとするのか、今回は援助できないことにするのかのいずれかになる。そして、そのいずれになるとしても、その決着は、たんに当事者間の当面の懸案の解決ということにとどまるのではなく、それまでのやりとりによって顕在化してしまった共に暮らす仲間同士の敵対的な関係を相互の協力によって解消して、より大きな「社会の秩序」を再建することになっているのである。行きがかりに委ねられた相互行為の展開が、小さな「共通理解」を積み重ねながら何らかの決着にたどりついたとき、共存の秩序を再建しようという同じ思いでその問題に取り組んできた当事者たちは、その決着に納得と喜びを感じられるようになるのである。

そのような「われわれの選択」による決着のつけ方についての理解を深めるために、トゥルカナの結婚式における婚資の交渉でのコミュニケーションを取り上げよう。トゥルカナをはじめとして東アフリカ牧畜社会では、結婚に際して新郎側から新婦側への婚資として家畜が支払われるのだが、トゥルカナではそのとき支払われる家畜の数はあらかじめ決まっておらず、そのつど交渉によって決められる。太田（二〇〇四）は、この交渉の過程全体を、映像記録も用いながら詳細に記述したうえで、そこから読みとれる特徴でもっとも重要なものとして、その場で示される人びとの「気前のよさ」を指摘している。そのときの交渉は、新婦側がよりたくさんの支払いを求め、新郎側がそれをより少なく値切ろうとすることで本気のせめぎあいになるのであるが、その一方で、新郎側は婚資を気前よく支払おうともするのであり、新婦側は、潮時をみて要求を鷹揚に取り下げたりもするのである。

結婚は当事者たちにとって親族集団間の連帯関係を再編成することになるごく重要な手続きだと考えられているはずであるが、それを前に進めるためには、婚資の交渉において、婚資を支払う新郎側とそれを受け取る新婦側のすべての当事者が納得する決着を実現することが求められる。にもかかわらず、その交渉には妥当な結論などというものは存在せず、どのような決着に至るかは交渉の行きがかりに委ねざるをえないことになる。新婦側がよりたくさんの支払いを求め、新郎側がそれをより少なく値切ろうとする一方で、新郎側と新婦側のそれぞれが相手の主張に配慮して「気前の良さ」を示しながら相互の納得を積み重ねようとすることで、そのときの決着が新郎側と新婦側の両者にとって、ひとつの「われわれの選択」が実現したものとして経験できるようになるのだと考えられるのである。

5　トゥルカナ的な振る舞い方

以上のトゥルカナの「物乞い」のコミュニケーションについての考察から、そのような交渉に臨むトゥルカナに特有のやり方として、コミュニケーションにコミュニケーションを接続し続けることを容易で望ましいものにする相互行為の場を確保しようとしているという点と、そのような相互行為の場において、それぞれの当事者の自発的選択の重ね合わせとしての「われわれの選択」を双方の協力によってその場に生み出そうとしているという点が指摘された。以下では、そのような特徴がこの「物乞い」のコミュニケーションに限ったことなのではなく、トゥルカナ同士がおこなうコミュニケーション一般に適用可能な特徴であることを示そう。

まず、第一の点に関連して、トゥルカナでは、人に話しかけられたとき、それを無視することはまったく不可能であるかのように事態は進行する。それを逆からいえば、人に話しかけることはいつでもどこでも誰に対してもしてよいとされていることになる。私自身がよく経験したことは、めったに遭遇できない儀礼がおこなわれていて、人類学者として忙しく記録を取っているところで、まったく面識のない人間から声をかけられ、聴こえないふりをしていても、繰り返し大声でよびかけられたり杖で小突かれたりして、どうしても返事をせざるをえない状況に追い込まれるというものである。人びとはとりあえず、仲間との相互行為の場を確保して相手とのコミュニケーションを接続し続けることによって、直面するさまざまな問題に対処しようとしているかのようなのである。

しかも、そのような振る舞い方は、仲間との相互行為に限ったことなのではない。たとえば、トゥルカナは病気になったときに、とにかく自分たちが知っている病気への対処法をできるだけ試さないではいられないという感じになる。私が体調を崩して安静にして寝ていると、必ず誰かがやってきて、「病気なのに何もしないのはよくない。とにかく起き上がってここに座れ」と言われる。そして、それからは、あれをしろ、これをしろという指示が続くことになるのだが、それは、そのときの症状がどんなものであるかとは無関係に、とにかく何らかの対処をおこなえと言っているのであり、彼らは、その病気をもたらしている「もの」とのあいだに相互行為の場を確保して相互の働きかけ合いを試行錯誤的に繰り返すことによって、病気に対処できるようになると考えているかのようなのである。

私たちの社会における病気対処が、「診断」という対処のための妥当なプランの選択という作業と、「治療」という診断にもとづく具体的な対処の実行の過程とが明確に分離されているという特徴をもつのに対して、このやり方では「診断」と「治療」の区別がはっきりしない。そのことは、彼らがこのような病気対処において唯一の妥当な解決策があるとは限らないと考えているからだともいえるが、それとともに、この病気という状態が病気になった側からの一方的な働きかけによって解決されるべきものではなく、相互行為における両者の納得のもとでの決着や和解のようなものによって対処されるべきものだと考えているかのようでもあり、それは仲間との相互行為における振る舞い方と同じものだと考えられるのである。

問題対処の相互行為において、それぞれの当事者の自発的選択の重ね合わせとしての「われわれの選択」をその場に生み出そうとするという第二の点についても、同様のことが指摘できる。トゥルカナで病気になると、さまざまな民間薬を用いた自家治療やマッサージなどの外科的な療法も試みられるが、より本格的なものとして、家畜を犠牲に捧げることが中心となる治療儀礼がおこなわれることになる。その儀礼でどの種類のどの体色の家畜を殺すのかをはじめとして、そこでおこなう儀礼の枠組みについて占いが諮問され、その占いによって示される「超自然的存在」の意向に従って儀礼が執行される。それは、通常のやり方では解決できない問題に直面して、当人とその問題に責任がある「超自然的存在」を含めた関係者が一堂に会して儀礼をおこなうことによって、その問題に集団的に対処しようとしているのだと考えられる（北村 二〇〇七）。

「超自然的存在」に犠牲を捧げ、その意向に従って儀礼をおこなうことはその存在への帰依の表明だと考えられるが、日々の暮らしを共に担っている人びとが集団として「超自然的存在」と向き合い、それに対する帰依を表明してその恩寵に浴そうとしているのである。その一方で、その集団の内部においてそれぞれの個人は、その存在への帰依を含めてその儀礼で実際におこなわれることを、当事者として自ら進んで選び取っているのであり、それぞれの自発的な選択を重ね合わせて病気の治癒という結果を導き出すはずのさまざまな相互行為的出来事をその場に作り出そうとしている。実際の儀礼においては、たんにそこに陪席しているだけにみえる人が儀礼の手順に異議を述べ、それが他の人を巻き込んだ議論になって、そこでしていることが修正されたりすることもふつうに起こるのである。すなわち、彼らは「超自然的存在」と向き合って治療儀礼をおこなうことによって、日々の生活を背後から支える世界の秩序を再建しようとしているのであり、そのような試みを個々人の自発的選択の重ね合わせが生み出すはずの「われわれの選択」として実行しているのだと考えられよう。

6　おわりに

最初の問いに戻ろう。

これまで私は、トゥルカナ的な振る舞い方の特徴について、私たちのそれとはひどく異なったものであるという仮定のもとで、さまざまな側面から検討をおこなってきた。しかし、それは確かに見慣れない見かけのものではあるとしても、決して私たちには理解できないというものではないことは強調されなければならない。最初の問いで取り上げた「トゥルカナは自分の相手に対する提案が拒否されても、それを気にするふうがない」という点も、そうなるのは、彼らが私たちとはまったく異なった心の持ち主だからだということにはならないのである。

その点を踏まえたうえで、今度は、自分の提案が相手に拒否されたときに私たちが傷ついてしまうということの理由を考えてみよう。まず第一には、私たちがそこでしている提案は、自分の利益を確保しようとするという切羽詰まったものではなく、「相手に対する思いやり」とでも表現できる、そうする理由を相手に委ねているという意味で不確かな思いつきに由来するものなのであり、それは無視できない点だと思える。そうする理由を相手に委ねているときに、その相手から拒否されてしまうと、それ以上その関わりを維持できなくなるということは容易に想像できる。しかも、にもかかわらず、自分の期待とは違った反応になったときの相手の気持ちに配慮しようという心の準備はどこにもなかったからこそ、予想外の反応に傷ついてしまうのである。そうだとしたら、私たちがしていることが至極真っ当なものだなどとは、とうてい思えないのである。

相手の拒否に私たちが傷ついてしまう理由として想定できる第二のものは、提案を拒否する側の対応のあり方の問題である。私たちの場合、もちろんいつでもそうなるというわけではないが、提案された側はそれに応じたくなければいつでも端的に拒否できると考えがちであり、そう考えている人の拒否は、拒否される側からすれば「素っ気なく」単純に拒否されたと感じられるものになるのだと予想できる。それに対してトゥルカナの場合には、すでに指摘したように、提案される側がその提案を拒否したいと思っていても、相手がそのやりとりを続けようとする限りは働きかけに誠実に応答するというやり方を採用しているのである。以下の例は、そのような彼らの振る舞い方をより印象的に示すものになっていると考えられよう。

太田(一九八六)は、援助を依頼されてそれを断るときの断り方として、トゥルカナ自身が教えてくれたもので、彼らがそうあるべきものと考えているやり方を紹介している。それによれば、たとえばたんに「私は貧乏になったので何もあげられない」と言うのではなく、「私はいま何も持っていない。捜そう。そして、もし手に入れたらあなたにあげよう」という断り方がよいのだというのである。すなわち、そう言うことによって確かにその場で相手に援助するということについては拒否しているのであるが、決して、それによってそのやりとりを打ち切ろうとしてはいないのである。それどころか、相手の期待により近い形で、このやりとりがこれからも継続することを提案しさえしているのである。

これらの点を指摘することで、私は、トゥルカナが「相手の思いは尊重すべきだ」とか「相手の働きかけには誠実に応答しなければならない」という道徳意識や価値観をもっていてそれに従っているのだなどと言いたいのではない。ましてや、トゥルカナには、現代日本社会が失ってしまった、汚れのない大切な人間精神が息づいているのだと言いたいのでもない。ただ、ひとりの個人が社会的関係世界に参加して、そこに自分の居場所を見出そうとして、集団的な意思決定や集団的な問題対処をおこなおうとするときに、何を手がかりにするのかという点に関して、私たちと彼らとのあいだには決定的な違いが存在するのである。そして、そのことにもとづいてこのような振る舞い方における差異がもたらされているのだと考えられるのである。

すなわち私たちは、特定の認識を他者と共有したり他者とのコミュニケーションの接続に秩序を作り出そうとしたりするときに、規則や制度のような、対面コミュニケーションがおこなわれるその場所の外部からもたらされるもので、そのときのコミュニケーションに時間的に先立って用意されているものに依存したり、そのときのコミュニケーションとは独立に成立している「組織」における地位・役割関係に依存したりする。それに対してトゥルカナは、その手がかりを基本的に、対面コミュニケーションそのものと、その接続によってもたらされる相互行為の経緯そのものから調達しようとするのである。したがって、トゥルカナにとっての生命線は、対面コミュニケーションの再生産とその接続を安定的に確保することなのであり、その先に、仲間との共通理解の生成と、「われわれの選択」としての集団的な問題対処の実現が目指されることになる。

その際、対面コミュニケーションの当事者たちは、同じ場所に居合わせていることそのものを根拠にコミュニケーションに参加しているのであり、地位の差も役割関係の分化もない対等な関係にある者同士として、同じ気持ちで、同じ問題に取り組もうとする。しかしその一方で、それぞれの当事者は、対等な者として、自らの都合を優先させた選択を提示しようともするのであり、それによって相互の利害の対立があからさまになり、不安定な緊張状態がもたらされることにもなる。したがって、これまでに述べたようなトゥルカナ的な振る舞いとは、対面コミュニケーションそのものとその接続によってもたらされるものだけを頼りに仲間との共存の場に何とか秩序を実現しようとしたときに、どうしても必要となるぎりぎりのやり方だったのである。

そして、このような彼らの振る舞い方に私たちがある種の羨望の念を抱いてしまうのは、トゥルカナは、自らの利益を確保するという課題に対してだけではなく、仲間と共存する場に秩序を生み出すという課題にも、自らの動機づけに即した自分自身の選択によって対処しようとしていると考えられるからなのである。私たちの社会には、「自由には責任が伴う」という言い方があるが、これは「個人の自由」は「社会的な責任」の範囲内でしか認められないという考え方を示している。これによれば、私たちは、社会的関係世界で生きて行くうえでの根拠を私たち自身の内に見出すことはできない、ということにならざるをえないのである。それに対して、トゥルカナは、「結末は行きがかりに委ねる」という「非決定の態度」をもちこむことで、個人の自由を犠牲にすることなく、むしろ個人の自由な選択が社会の秩序を作り出すという可能性をその場で確認しようとしているのだと考えられるのである。

トゥルカナは、環境にある「もの」や周囲の仲間と直接向き合って身体を使った相互行為を生成しながら、個々の相互行為を超え出るより大きな世界に秩序を生み出すことに結びつく選択を、自らの動機づけにもとづく「私の選択」として経験しつつ、同時に、仲間と共有される「われわれの選択」としても経験しているのである。すなわち、彼らは、そのような大きな世界の秩序に関わる選択に当事者として直接関与するという経験を手がかりにすることによって、日々の相互行為の繰り返しを肯定的に生きているのだと考えられるのである。

参考文献

伊谷純一郎　一九八〇『大旱魃――トゥルカナ日記』新潮選書。

北村光二　一九九六「身体的コミュニケーションにおける『共同の現在』の経験――トゥルカナにおける『交渉』的コミュニケーション」菅原和孝・野村雅一（編）『コミュニケーションとしての身体』大修館、二八八―三一四頁。

北村光二　二〇〇七「『世界と直接出会う』という生き方――『東アフリカ牧畜民』的独自性についての考察」河合香吏（編）『生きる場の人類学――土地と自然認識・実践・表象過程』京都大学学術出版会、二五―五七頁。

北村光二　二〇一五「相互行為システムのコミュニケーション――ヒトと動物を繋ぎつつ隔てるもの」木村大治（編）『動物と出会うⅡ――心と社会の生成』ナカニシヤ出版、一四三―一五九頁。

ルーマン、N　一九九五『社会システム理論（下）』佐藤勉（監訳）、恒星社厚生閣。

太田　至　一九八六「トゥルカナ族の互酬性――ベッギング（物乞い）の場面の分析から」伊谷純一郎・田中二郎（編）『自然社会の人類学――アフリカに生きる』アカデミア出版会、一八一―二一五頁。

太田　至　二〇〇四「トゥルカナ社会における婚資の交渉」田中二郎・佐藤俊・菅原和孝・太田至（編）『遊動民（ノマッド）――アフリカの原野に生きる』昭和堂、三六三―三九二頁。

佐々木正人　二〇〇〇「解説――エドワード・S・リードの仕事」E・S・リード著『アフォーダンスの心理学――生態心理学への道』新曜社、三九九―四二四頁。

Gulliver, P. H. 1951. *A Preliminary Survey of the Turkana.* Cape Town: Cape Town University.

第2章　ねだられることを許す
——アリアールにおけるねだりの経験からみた社会

内藤直樹

1　ねだり旅——一九九九年と二〇〇二年

私は一九九九年の八月に、北ケニアに住む牧畜民アリアールのS氏とともに、アリアールとレンディーレの村々を訪ね歩く旅をしていた。アリアールは、レンディーレとサンブルという二つの民族の混成集団である。そのために、アリアールとしてのアイデンティティが、どの程度のズレや広がりをもったものなのかを確かめてみたかったからである。

このときS氏は七三歳だった。彼の家族の「子ども」として調査地で暮らしていた私にとって、彼は「父」とよぶべき人だった。父は、このときはアリアールの村で暮らしていたが、レンディーレ出身だった。私と調査助手が「北ケニアのレンディーレとアリアールを訪ねる旅」に行く計画を話すと、彼は自分も同行すると言い出した。この土地のことが何もわかっていない外国人と子どもだけに旅をさせるのが不安なのだという。「お前たちが行こうとしている土地に知っている者はいるのか。いないならば私を連れて行きなさい」という言葉に反論はできなかった。

写真2-1　父との旅。1999年にレンディーレの中心地であるカルギを訪れた際の記念写真。写真中央の男性は、父の「知り合い」のひとり

たしかに父と私たちの旅では毎日、宿と飯にありつくことができた。この地域の県庁所在地であるマルサビット市に立ち寄った日には、温かいシャワーを浴び、レストランで食事をとることができるホテルに宿泊したのだが、二〇一七年のいまにして思えば、そのときがもっとも「快適ではなかった」気もする。それ以外の日は、もよりの場所に住んでいる父の親戚か友人を探して、そこに厄介になっていた。たしかに父には、どこにいっても食事とベッドを提供してくれる「知り合い」がいた（写真2-1）。

ただ、一九九九年の私はそれがとても鬱陶しかった。毎日、夕方が近づいてくると「人探し」が始まる。出会う人ごとに「〇〇という氏族の集落はどこにあるか」「□□という人物はこの近くにいるか」という質問を繰り返すのである。そして父は私に「車でどこそこまで行け」と言う。そしてまた人と会うたびに、お互いのライフヒストリーや今回の旅の経緯についての説明を織り交ぜた長い挨拶が繰り返される。当時の私は、まだ現地の言葉をよく理解できなかったため、夕方になると父のおしゃべりが済むのを二時間以上も待たなければならなかったのは、たいへん苦痛だった。長いおしゃべりのあとで父は、あるときは背広を入手したり、別のときにはその夜に食べるヤギを入手したりしていた。そして最後には必ず父の知り合いが見つかり、豪華な夕食と寝心地のよいベッドを無料で提供してくれるのだった。

それから三年後の二〇〇二年に、現地語をある程度習得した私は、同世代の青年たちとともに、滞在していた村のウシとヤギ・ヒツジの放牧キャンプを訪ねてまわる旅をした。北ケニアの乾燥地はグーグルマップや航空写真では平

らにみえるかもしれないが、意外に細かい起伏に富んでいる。そして、車は四輪駆動車であっても平らなところしか走れないのだということを思い知っていた私は、車を捨てて徒歩で放牧キャンプをまわろうと思い至ったのだ。ロバの背にテントや荷物を載せて、放牧に従事する青年たちとともに、まずは村から直線距離にして約四〇キロメートル離れたヤギ・ヒツジキャンプに向かった。

このとき私は食べ物（トウモロコシの粉）や嗜好品（茶葉やタバコ）は十分に用意したのだが、うっかり砂糖を忘れるという致命的なミスを犯していた。すでに引き返すのが相当に面倒な距離まで歩いたあとで、同行していた青年たちが砂糖を買い忘れたことに気がついた。「ナオキ、砂糖を忘れたぞ！　これは大変だ。引き返すか」。このときの私は「砂糖ごときで何をバカな」と思い、引き返すことはしなかった。だが、そのすぐあとに、それは軽率な判断だったと思い知ることとなった。

村から放牧キャンプまでは徒歩で二日かかり、酷暑のサバンナを歩くのは過酷である。途中で昼食やおやつも兼ねてミルクティを飲みたくなる。ミルクティは英国植民地だったケニアの人びとの主要な嗜好品であり、食事でもある。砂糖とミルクがたっぷり入ったミルクティを一リットルも飲めば、一食として十分なボリュームがあるし、水分補給にもなる。ただ、ミルクティを作るためには、水と茶葉、砂糖、ミルクが必要である。だが、このときの私たちは茶葉しか持っていなかった。「砂糖が入っていないお茶なんて、何の意味も無い」と人びとが言っていた意味がよくわかった。

幹線道路からはずれており、町から遠い村や放牧キャンプには商店が存在しない。そのため、砂糖ぐらい買えばいいだろうという私の目論見は打ち砕かれた。しかし私は、砂糖がなくても一九九九年の旅のように、どこかで誰かにねだればよいだろうとタカをくくっていた。ところが、この期待も雲行きが怪しくなってきた。今回は徒歩で移動しているので、たとえば二〇キロメートル先に知り合いがいたとしても、そこに到達するためには四～五時間かかる。ありつけるかどうかも分からないお茶や宿を求めるために行ける距離ではない。徒歩での旅は知り合いへのアクセシ

写真2-2　ねだり旅。2002年に放牧キャンプまで徒歩で移動した道中の木陰で休憩している。中華鍋まで持ってきたのに、砂糖を忘れるという致命的ミスを犯している

ビリティを大幅に低下させた。「知り合い砂漠」の出現である。

　それでも私は青年たちとともに頑張ってミルクティを飲むべく、よく知らない人びとと交渉した。知り合いがいないのであれば、いっそのこと私を先頭にして「困った外国人に砂糖を恵んでやってください」という作戦に切り換えたほうがまだマシだ。そうして、いくつかの集落や放牧キャンプで挨拶を――今度は自分で――して、水と砂糖を、ときにはミルクを分けていただいた。もちろん、誰もが分けてくれるわけではなく、「いまは砂糖がない」と断られることが何度もあった。町から遠い場所で暮らす人びとにとって、町に行かなければ入手できない砂糖は貴重品である。それだけに、水と砂糖を分けてくれて、お茶を沸かしてくれたときには、たいへん感謝したものだ。いつもと違ってあまり砂糖が入っていないトゥルンギ（ミルクなしのお茶）を飲めることだけで十分だったが、さらに運よくミルクティを飲ませてくれたときには本当に感謝した。ミルクはあくまで自分たちが飲むものであり、余剰が存在する場合は少なかったためである。

　そうやって随分苦労しながらようやく放牧キャンプに着くと、青年たちは「ナオキ、だから言っただろう。今度から砂糖だけは絶対に忘れるなよ」と言い、さっそく少年に近くの町まで砂糖を買いに行くよう指示してくれた。

　いまにして思えば、この二つの旅での経験は、私がこれまで一緒に暮らしてきた人びととの贈与の要請をめぐる態度について示唆を与えてくれた。一九九九年の父との旅のときには、彼の人脈の広さに驚いていたが、考えてみれば

一〇年以上も会っていない親戚や友人をいきなり訪問し、豪華な食事や快適な寝床を要求することは、日本人の感覚では「厚かましく」思える行為だろう。むしろ二〇〇二年の旅で私が経験したように、「ない」と言って断られたというほうが理解しやすいかもしれない。なぜ、見ず知らずの外国人に砂糖を分け与えなければならないのか。

二つの経験に共通しているのは、実際に贈与がおこなわれたかどうかはともかくとして、贈与の要請を受けたら、相手が親しく付き合っている人間ではなくても、とりあえずその要請を聞いてみるという人びとの態度である。私は日本にいるときは、多少図々しいところもあるかもしれないが、さすがに見ず知らずの人間に贈与の要請をすることはない。にもかかわらず、牧畜社会にいるときの私にはそれができてしまう。それは、この社会には見知らぬ他者による贈与の要請ですら受け入れてしまうという、ある種の構えがあると私が理解しているからである。

2　ねだりを認める社会

東アフリカのサバンナで暮らす者は誰であれ、牧畜民からのねだりに直面せざるをえない。牧畜民の生態人類学的研究のためにトゥルカナを訪れた伊谷は、ナキナイ（ねだり）について以下のように記述している（伊谷　一九八〇：一九五）。

ナキナイ攻勢には、本当に手を焼いた。彼らは、まったく天真爛漫にこのナキナイを繰り返すのだが、こうも執拗にやられるとこっちが泣きたくなる。私のそばで寝そべっているロッカウオが、「マム（ない）」といってやれ、「アワウンドリ（いやだ）」といってやれと指図する。しかしこんなことでひるんで引き下がるようなトゥルカナは少数例に属する。そ知らぬ顔をしてノートをつけていると、うしろから肩を指で強くつつく。そこでこっちも逆襲に出る。何でもよい、彼らが身につけているもの、アーム・ナイフや、女なら首飾りなどに目をつけて、「ナキナイ」と手を示す。そのときの彼らの善良そのものというか、半分泣いたような頼りない顔が印象的だった。それは彼らに、断りのカルチュアが欠けているのではないかとさえ思わせた。「ナキナイ」ときめつけられたとき、そのときすでにいまのいままで彼らの所有物であったものが、すでに帰属を半ば失っていることを自覚したときのような、そんな頼りない表情を彼らは見せるのだ。

トゥルカナは、よく知りもしない日本からの調査者をも、絶え間ないねだりの渦中に巻き込んでしまった。これは先進国からやってきたよそ者の金持ちから、まさに功利主義的に利得を追求しようとしているようにも見える。だが、逆に伊谷がトゥルカナのモノをねだると、「そのときすでにいまのいままで彼らの所有物であったものが、すでに帰属を半ば失っていることを自覚したときのような」「頼りない表情」を見せるという。この事例は、ねだるトゥルカナ自身もまた、見知らぬ他者からのねだりに対してすら開かれた態度をもっていることを示している。

トゥルカナのねだりに関する相互行為の分析をおこなった北村は、牧畜民は現前の問題に外在する規則や規範に準拠しながら問題を解決しようとはせずに、むしろ問題を構成する当事者との対面的なコミュニケーションをベースに共同的に問題解決にあたろうとする（北村 一九九六）と主張している。すなわち牧畜民にとっての「ねだり」とは、現前する相互行為の相手を、当事者が抱える問題を構成する別の当事者として（かなり強引に）巻き込む行為にほかならない。

長島（二〇〇六）は、こうしたねだりを「個人的援助要請」として位置づけている。たしかにねだりには、「個人的な問題」に他者を巻き込む行為という側面がある。だが、他者に対して支援の要請をおこなう自分を認めるということは、他者からの支援の要請を受け入れることとトレードオフの関係にある。すなわち牧畜社会の人びとは、苛烈なまでの個人的援助要請を「おこなう」と同時に、それを「受け入れる」人びとである。

牧畜社会におけるねだり研究では、私たちの側の価値観を基盤にしているがゆえに、その苛烈さが強調されてきた。

このような社会は、さぞかし生きづらいだろうと思うかもしれない。だが、私はこの社会のほうが日本よりも生きやすいと感じることすらある。誰だって鬱陶しく思うに違いないねだりの渦中に生き、なおかつそれを生きやすいと感じる理由を探るためには、ねだる側ではなく、ねだられる側がそれをどのように受け止めているのかに注目する必要がある。それは人びとがなぜ、そうした行為を承認し、その結果、何が実現しているのかという問いである。

本章では、まず牧畜民による「ねだり」を「財やサービスの贈与を要請する行為」として位置づける。アフリカ狩猟採集社会における「分かちあい（sharing）」に関する理論的再考をおこなったトーマス・ウィドロック（Widlock 2013）もまた、なぜ贈与者が価値あるものを贈与するのかという点に注目することの重要性を指摘している。この点を踏まえて本章でも、「ねだる側」ではなく、「ねだられる側」がそれを受け入れる際の態度に注目し、個人的援助要請の重なりがいかなる社会を実現しているのかを明らかにする。そのために、まずは私自身がねだられる主体になっていく過程について説明したあとで、牧畜民同士のねだりの事例について検討する。

3　ねだる／ねだられる主体になること

牧畜民アリアール

私が調査対象としてきた地域は強く乾燥しており、ラクダ牧畜民レンディーレとウシ牧畜民サンブル、そして両民族の混成集団であるアリアールが分布している。アリアールは、サンブルとレンディーレが共生的関係の歴史を積み重ねるなかで形成された集団であり、両民族のあいだでウシ・ラクダ複合経済を採用している。アリアールはサンブルとレンディーレの間のどこか（Spencer 1973）に存在するゆるやかな文化共同体であり、明確なメンバーシップや境界をもたない集団である。

アリアール社会では、サンブル語とレンディーレ語の両方が話されている。しかし近年、アリアールやレンディーレが、地理的に市場に近く市場経済により統合されたサンブル経済の影響を受けながら、言語や服装、飼養家畜といった面でサンブル文化を受容しつつある（Fratkin 1993）。人びとは、父系親族単位で構成する集落を拠点にした移動性の高い遊牧的な牧畜を営んでいる。飼育している家畜種はラクダとウシ、ヤギ、ヒツジである。アリアールはどちらかといえば増加率の高いヤギ・ヒツジの飼育を中心にして、それをサンブルやレンディーレのウシやラクダと交換することで、家畜頭数を速いペースで増加させている（Fratkin 1991）。アリアールの人びとは必要に応じてサンブル側の人脈をたよったり、レンディーレ側の人脈をたよったりもする。

私が調査対象としてきた集落は、どの町からも離れた遠隔地に位置していた。人口は四一三人（二〇〇二年）であり、人びとは伝統的な生業牧畜に従事している。ここで私は牧畜に関わるさまざまな文化的慣習や社会組織についての人類学的調査をすることになっていたのだが、調査らしいことができるレベルにまで現地語を理解し、社会生活の作法がわかるようになるまで、数ヵ月を要した。

ねだりとの出会い

いま思えば私は、まだ現地語を十分に話せるという自信がなかった時期には、アリアールの人びとに「正しく」ねだられていなかった。アリアールやレンディーレがよくいう格言に「ねだらない者はアホである」というものがあるが、ねだり方やねだられたときの対処法を知らない私は「まともな人間」として扱われていなかった。それは人びとが助け合いながら生活を成り立たせている世界のなかに、私が参入していなかったことを意味する。

アリアールはサンブル語とレンディーレ語を話すのだが、私は、より話者の多いサンブル語を学習することにした。サンブル語で「私にくれ」を意味する言葉は *njooki*（*a-jok* = *to give*）である。顔もろくに覚えていない長老が次々に、私が暮らしている小屋を無遠慮に訪ねてきては「噛みタバコをくれ（*njooki lkumbou*）」「電池をくれ（*njooki soit*）」などと要求した。牧畜民の家にはドアがない。そして長老がほかの世帯を訪問することに特に理由は必要とされないため、家人がそれを咎めることもなかった。

同じ北ケニアでレンディーレの調査をした佐藤（一九九二）は、自分が調査を始めたころ、レンディーレのねだりへの対処策として「私は持っていない」という言明がしばしば有効であったと記述している。私もそれを実践した。しかしそれは、ねだる側にとって極めて理不尽かつ不当な言い訳であったようだ。なぜなら私は「金が湧く井戸がある白人の土地」からやってきた人間であると信じられていたためである。そして私自身もまた、ねだりを「うまく断る」すべをもっていなかった。

それゆえに長老と私は、不毛なやりとりを続けた。「噛みタバコをくれ」「私は持っていない（*maata*（*a-ata* = to have））」「電池をくれ」「私は持っていない」……いくつかの品目についてそうしたやりとりが続いたあと、長老は不信と不満がこもった一瞥を私に投げつつ黙って小屋を出て行く。「彼らに用があるのは私の持ち物だけだ」――私もまたそんなことを考えつつ日々を過ごしていた。

小屋の外は、私にとって恐怖の空間であった。いくら小屋のなかに閉じこもっていても、トイレに行きたくなる。「原野に行く」と家人に言って、人目につかぬように足早に村の外に向かう。しかしながら村のなかの小屋は数メートルおきに配置されているし、小屋の脇の日陰には必ず家主の婦人が座っている。そして彼女たちは私をみると必ず声をかけた。まず、うんざりするくらい長い挨拶のやりとりを強要され、間違えるとからかわれる。それが済むと、まるで幼い子どもにするように「いまどこに行こうとしているのか」と詰問され、ときには「おまえはどうしてこんな困難な場所で暮らすのか。さては何の困難もない白人の地の暮らしに飽きて、わざわざ原住民の苦しみを求めてきたのだな」などとからかわれ、そして最後はお定まりの「○○をくれ」である。そこで私がお決まりの「私は持っていない」を繰り返すと、私たちの話は、相手の「行け！」という言葉で終了してしまう。

個人の社会化過程とねだり

このときの私は、言葉がわからないながらも牧畜民同士の日常的なねだりの様子を観察していた。結婚した女性は、食料品やそれを購入する少額の現金、あるいは消費用のヤギ・ヒツジをねだることが多い。それに対して結婚した男性は、女性と同様に食料品をねだる一方で、飼育用のラクダやウシ、そしてそれを購入するための高額の現金をねだることが多かった。

一方、集落内で食事をとることが禁止されている割礼した未婚の青年は、集落で公然と食料品をねだることはほとんどしなかった。しかし、結婚した男性と同様に消費や飼育用の家畜やそれを購入するための高額の現金をねだることは、しばしばみられた。未婚の女性は母親のねだりのメッセンジャー役を務める一方で、自らも嗜むし恋人に贈与するタバコをねだることが多かった。また、おしゃれに欠かせないビーズやそれを購入する現金をねだることもあった。

幼い少年や少女は、自らの意思でねだる機会は少なかった。だが、彼らは父親や母親の「ねだり」のメッセンジャーとして実際に家を訪問し、その内容を伝える役割を果たしていた。こうした「訓練」によって、アリアールは「ねだる」ことに慣れてゆくと考えられる。また、子どもたちが世話する家畜や気に入った家畜を親などに「ねだる」ことも一般的である。このように人びとはライフコースのなかで、次第に「ねだる主体」へと成長していく。まさに人生はねだりであり、それは個人の社会化過程そのものなのである。では、ねだりをめぐる私とアリアールのどのようなやりとりが、双方の不信や不満、拒絶といったディスコミュニケーションを発生させてしまったのだろうか。

ねだりの作法

こうした手荒い実践のなかでサンプル語を覚えながら集落に滞在していたある日、トイレに行こうとする路上で数軒となりの家に住む老人とすれ違った。彼は私をみるなりまくしたてた。「お前はなぜ私に金をくれないのだ。みんなには金を渡していることは知っているぞ。いますぐ金を渡せ」。それを聞いて私は無性に腹が立った。黙って人びとのねだりに関する相互行為を観察していたが、このように路上ですれ違った相手に突然ねだるということはなかったためである。路上でのねだりは何度も経験していたが、それはなかば「冗談」のようなところがあった。そのため、彼が本気でまくしたててきたことは私を当惑させると同時に苛立たせた。

私は怒りながら「こんな路上でねだるなんて、ありえない。せめて家に戻ってから、私を呼べばいいじゃないか」とまくしたてた。そして、あっけにとられた様子の老人を残して、私は自宅に駆け込んで、父にいま起こったことを報告した。「私は金が湧く井戸なんか持ってない。あの老人はなんて無礼なんだ。あんなヤツにやるモノはない！」。アリアール社会では、結婚した男性は長老として尊敬される存在である。ましてやその老人は父と同じ氏族に属しており、父親と同様の敬意をはらうべき存在である。そのため、いましがたの私の行為は咎められても当然だった。だが、父は笑いながら「私はお前が皆とあまり話さないことが気になっていた。それでいい。思ったことがあれば何でも言えばよい。そしてお前は間違っていない」と言ってくれた。その後、その老人は私を自宅に招き、ちょっとした食事を振る舞いながら、あらためて私に金をねだった（当然ながら、少額の金を渡すことになったが）。

この経験を通じて、私はアリアールのねだりの作法を理解し始めた。「ねだり」はサンブル語でパラン（*palang*）という。ねだりを開始するときには「私はパランをもっている（*kaata palang*）」と宣言する。相手がこう言明した場合、受け手は居住まいを正して話し手の陳情を聞く義務が生ずる。もしパランをもつ人を無視すれば、それは非常に反社会的な行為であると非難されるだろうし、パランをもつ者から呪詛をうけることにすらなるだろう。すなわちアリアールにおけるねだりは、北村（一九九六）が主張するように、当事者が抱える問題——ねだるべき事柄があること——に対して一緒に解決すべきもうひとりの当事者として現前する相手を巻き込む行為にほかならない。すなわちパランという相互行為の要請を拒絶することは、相手の存在そのものを拒絶することになる。

また、パランという言葉は遠く離れた地からやってくる「友人」や「客人」、あるいはそうした人びとがもたらす「情報」という意味も持っている。たとえば、ほかの集落に住んでいるために普段は出会うことが少ない友人同士は、お互いを「私のパランよ（*Ipalanai*）！」と呼び合う。また、「今日は我が家に客人（パラン）がいるのだが……（*ikiata palan anapar...*）」という表現は、遠く離れた地から何らかの「ねだり」を目的とした訪問者が滞在していることを意味する。そして、そうした客人がもたらす離れた地の気候や治安などに関する情報にも、パランという単語が用いられる。このようにパランという言葉は、「ねだり」だけではなく、遊牧的な生活の文脈における社会関係や情報に関連した多義的な意味をもつ。

私の「ねだり」とのファースト・コンタクトがディスコミュニケーションを発生させたのは、まず私が相手の要請を頭から拒絶していたためである。同時に相手もまた私に対して適切な作法で「ねだる」ことをしていなかった。すなわち私たちは、アリアールの文脈における「ねだり」という相互行為をおこなっていなかったのである。

「ねだり」をめぐる二段階の交渉

このような経験を通じて私は「ねだり」という相互行為の輪のなかに入り込んでいった。それはまた、際限のないパランに向き合わざるをえない状況に落ちいったことも意味していた。そうした日々を送るなかで、パランへの向き合い方に関して、もうひとつ学んだことがあった。

ある日、私の父は、はるばる隣の県から徒歩でウシをねだりにやってきたサンブルの客人（パラン）に対して、ウシを与えることを承諾した。だが、「ウシは家畜キャンプにいるから、いまここにウシはいない。雨が降ってウシが戻ってきたら、また来なさい。そのときにはウシたちも子を産み、増えているだろう。その証拠に、いまはこの槍を持って帰りなさい」と言って、彼を送り出した。二年後、私が現地に滞在していたときに、サンブルの男はそのヤリを携えて再びやってきた。だが、その年は深刻な干魃に見舞われていた。そして父は言った。「いまは雨が降っていない。残念だが、いまウシをあげることはできない」。サンブルの男は、雨が降るときを心待ちにしながら故郷に戻っていった。また、私が広域調査のためにサンブルを訪れたときのことだ。サンブルの長老は、北方のアリアールが住む方角の山を指さしながら言った。「あの山に雲がかかるとな、それはアリアールの地に雨が降ったことを意味するのだよ。私たちが若いころは、その雲をみたらねだりに行ったものだ」。

こうした経験を通じて、私はねだりに対する応答が二段階で構成されていることを理解した。それは「もらう」ための交渉と、それを「手に入れる」ための交渉である。いいかえれば、もらうための交渉は所有権の移譲に関する約束をめぐるものであり、手に入れるための交渉はそれを実際に所有するためのものである。サンブル語ではこの二つの交渉を区別せず、どちらもパランという。そして、右の事例にあるように、手に入れるための交渉は、もらうための交渉の何倍も難しい。

人びとはお互いにねだりあっているが、なかにはすぐに応えることができない要求もある。そうしたときに、彼らはしばしばあげる「約束」をするという選択をする。ひとたび贈与の約束をすると、それは負債となり、サンブル語でシレ（*sille*）とよばれる。[1]そして、個々の負債は相殺されず別個のものとして扱われる。たとえばAがBにウシを贈与する約束をするか、あるいは貸与したとする（負債一）。その後、反対にBがAにウシを贈与する約束をするか、貸与したとしても（負債二）、それで負債一が相殺されることはない。[2]両者はあくまで「別の負債」として扱われる。

また、「もらう」ための約束が忘れられたり、反故になることはない。アリアールの長老の「あるべき死に方」は、死期を悟ったあとに長子を枕元によび、彼自身や祖先の債権や負債を口伝したあとで死ぬことである。だから、人びとは発生した負債から逃げることはできない。祖父がパランに対して約束した家畜――負債――を求めてやってくる客人もめずらしくない。ここで強調しておきたいのは、人びとは債権だけでなく、負債についても口伝して相続している点である。そうしなければ先祖の債権を請求するという行為は成立しない。

すなわちアリアールにおいても、北村（一九九六）がトゥルカナについて指摘したのと同様に、ねだりの要請を無視することはできるかぎり忌避される。それゆえ、そのねだりがもらうためのものであれ、手に入れるためのものであれ、基本的に交渉そのものを拒絶することはない。だが、ねだられたモノを「いまここで」与える必要もないのである。このことを学んで以来、私自身も気持ちが楽になったことを憶えている。私にも、約束してから五年越しの鞄、七年越しの食器、八年越しの双眼鏡といった負債がある。私がアリアールの地を再訪したときには、その約束の相手は「あのときのあれはどうなった?」と詰問するが、私が渡せるときに渡せば、それでよいのである。

家畜を飲んだ男

二〇一五年に私は数年ぶりにアリアールの集落を再訪した。私が長期の滞在をしていたときには、その集落は原野のまんなかにあったのだが、このときにはいくつもの商店やバイクタクシーが営業している「町」になっていた。ひさしぶりに会った友人たちはみな元気だったが、ひとり落ちぶれた男がいた。彼の父親は立派な男だった。長老会議ではいつも議論をリードし、多くの家畜を所有していて、三人もの妻と暮らしていた。落ちぶれたのはこの長老の長男である。彼はほとんどの家畜を失い、ある商店主の下働きをしていた。

彼はもともとレンディーレ出身で、ラクダ飼養を得意としていた。そして二〇〇〇年には、ソマリ人による略奪のためにラクダ群が壊滅したことも、私は知っていた。そのときには父親が生存しており、さまざまな知り合いを訪ねて、かつての家畜をくれるという約束を実現するように要求したり、そんなものがなくても家畜をねだったのだろう。その甲斐あってか、二〇〇八年の時点では、彼は十分な数の家畜を所有していた。彼の父親は二〇〇五年ごろに亡くなったが、そのときには彼を枕元によび、これまでの債権や負債をめぐる人間関係の歴史を話して聞かせたという。

私がこの集落を離れていた数年間に、彼がおこなったことを別の友人から聞いた。彼は酒代ほしさに少しずつ家畜を売り払い、それもなくなると父親から聞いた債務を負う者のところをまわって、あたかも銀行の取り立てのように、いますぐ家畜を引き渡すことを強要した。すなわちアリアール社会では従来「家畜を与える」という約束は、いつ果たされるのか保証されないものだったが、彼はこれを私たちの社会と同じように純粋な負債として捉えなおして家畜のねだりをおこなったという。その結果、彼がもっていた債権はクリアされた。だが、それは人間関係をもクリアしてしまうことを意味していた。

彼は、そうして得た家畜を売却したカネで酒を飲んでスッカラカンになってしまったため、「家畜を飲んだ男」とよばれていた。彼が飲んでしまったものは家畜だけではない。家畜を通じて結びついていた社会関係も飲んでしまったのである。そんな彼が生きていくためには雇用関係の世界に身を寄せるしかなかったのだろう。

4　おわりに

牧畜民の「ねだり」は盗みでもゆすりでもたかりでもない。二段階で構成された、個人的援助の要請である。そして私自身がねだる主体としてもねだられる主体としても経験したように、「ねだり」は他者による援助要請には応えようという態度を基盤にしている。すなわち、パランの要請は聞かなければならないし、できるかぎり応えなければならない。今日の自分はねだられる側だが、明日の自分はねだる側かもしれない。牧畜民は単にねだることに長けているだけではない。ねだられることにも長けている。

他者を助ける気前の良さや寛大さを徳とする北米先住民の成人儀礼や病気の回復時の儀礼であるラコタにおいては「与え尽くす」ことが美徳とされる（阿部 二〇一〇）。この儀礼の主催者は集まった人に所有物を気前よくあげてしまうが、来たい人が勝手に参加するので必要な数は読めない。にもかかわらず、なぜか「足りることになっている」、つまり過不足なく儀礼は完了するという。こうした事態は、大切なモノや必要なモノを無理に手に入れることはせずとも、もつに相応しい時期が来たら自然とその人のもとに来るという人びとの価値観に由来するという。

アフリカ牧畜社会は、「与え尽くす」北米先住民社会とは正反対の「ねだり尽くす」社会のようにみえる。なぜなら彼らは与えられるのを待つのではなく、もつことが必要な時期が来たら、誰かのところに行ってねだる。こうしたやり方を通じて、ある意味で「足りることになっている」ことが実現されている。

だが、「足りる」という事態が実現するためには、もつ者からもたざる者への財の移動が発生しなければならない。そのイニシアティヴは、ねだられる側の手にある。そのときにもっていれば——あるいは与えたいと思えば——与え、そうでなければ、いま・ここで与える必要はない。このようにみれば北米先住民社会とアフリカ牧畜社会は、それぞれ強調点が「与える」ことと「ねだる」ことという点で反対であるが、どちらの社会も「与え手（になる可能性をもった者）」の他者に対する開かれた構えにもとづいて構成されていると考えられる。

ここで強調しておきたいのは、ねだりは確実な贈与を保証しないという点である。北村（一九九六）は、牧畜社会における人びとの相互行為のなかから社会的なものが立ちあがる現場を活写した。だが、そうした小さな社会的なものの連鎖が大きな社会のあり方へと、いかに展開するのかについては言及していない。私たちが観察可能な牧畜社会では、すでに「ねだる」ことはある種の美徳とされており、そのなかで人びとはねだる主体へと成長してゆく。だが、それは同時にねだられることを受け入れる主体になっていくことでもある。それゆえ牧畜社会では必要が生じたときに、他者に援助の要請をすることに関しては実に開かれている。ただし、要請に応えて実際に贈与をおこなうかどうかという点については、不確実なままである。特徴的なのは、人びとが贈与の不確実性を根絶しようとはしていない点である。むしろ我々の価値観と同じ負債の概念をもちだすことで、確実な贈与を達成しようとした「家畜を飲んだ男」は、それと引き替えに社会とのつながりを失ってしまった。

サルトゥー＝ラジュ（二〇一四）は、市場原理主義的な価値観が席捲した社会における「負債」のオルタナティヴとしての「借り」にもとづく社会の可能性を指摘した。負債は当事者間で「等価」のモノやサービスの贈与がおこなわれることにより清算されるが、同時にその二者間の関係をも清算してしまう。この論理は、負債の当事者が相互におこなう贈与が「等価」であるという前提に立っている。そしてモノやサービスの贈与を受けた者は等価物の反対贈与をおこなうまで、与え手に対して負債の感情をもつという。だが贈与と反対贈与はそれぞれ一回性、固有のものであるため、負債の清算を可能にする贈与の「等価性」は幻想にすぎないという。だとすれば我々は、等価な反対贈与を通じて負債の清算をすることはできないということになる。それゆえにサルトゥー＝ラジュは、贈与者に反対贈与をおこなうかわりに、第三者に対しておこなう贈与の連鎖からなる社会を構想し、これを「借り」と定義した。

アフリカ牧畜民は他者からの贈与の要請に対して開かれた態度をとっている。そして、ねだりの結果としておこなわれた一つの贈与と、それとは別の贈与を「等価」とみなして清算することはない。長島（二〇〇六）は、外国人が贈与に対して Thank you と発話することを厳しく批判した老人の話を紹介している。老人によれば、外国人はこの発話によって贈与が生み出した関係を清算しようとしているというのである。私は二〇〇二年に砂糖を分けてくれた牧畜民の顔を覚えてはいない。だが、いつか再会したときにその話をもちだされたら、懐かしく思うだろう。しかし、「そのときの恩に報いよ」と言われても、それは「別の話」である。とはいえ、この相手は私と「関係ない人間」でもない。あのとき、あの場所で経験を共有した他者として接するだろう。そしてそれは、さらなる関係を生み出す契機になるかもしれない。

結局のところ、サバンナで私が人びとから学んだことは、「とりあえず聞いてみよう。断られたら、そのときはそのときだ」ということだ。そのかわり、私もそういう他者の話はとりあえず聞いてみようと思う。学生が研究室の扉をノックする音がする。もしかしたら、このあいだ不可をつけた単位についての相談かもしれない。どうするかは彼の話を聞いてから考えよう。

註

1　サンプル語では、「贈与する」と「貸与する」ことを意味する動詞はともに *a-isho* である。

2　太田（二〇〇二：二五一）によれば、こうした負債の個別性は「家畜の一頭一頭が、他個体と置換できない独自なものとして認知されていることによって、すなわち『個体性』をそなえていることによって、家畜の贈与や交換が『彼／彼女』と『わたし』とのあいだで行われた特別のものとなる」ことに裏打ちされている。

参考文献

阿部珠理　二〇一〇『ともいきの思想――自然と生きるアメリカ先住民の「聖なる言葉」』小学館。

伊谷純一郎　一九八〇『トゥルカナの自然誌――呵責なき人びと』雄山閣出版。

太田　至　二〇〇二「家畜と貨幣――牧畜民トゥルカナ社会における家畜の交換」佐藤俊（編）『遊牧民の世界』京都大学学術出版会、二二三―二六六頁。

北村光二　一九九六「身体的コミュニケーションにおける『共同の現在』の経験――トゥルカナの『交渉』的コミュニケーション」菅原和孝・野村雅一（編）『コミュニケーションとしての身体』大修館書店、二八八―三一四頁。

佐藤　俊　一九九二『シリーズ・地球の人びと　レンディーレ――北ケニアのラクダ遊牧民』弘文堂。

サルトゥー＝ラジュ、N　二〇一四『借りの哲学』高野優・小林重裕（訳）、太田出版。

長島信弘　二〇〇六「無心の壁再考――アフリカ人の個人的援助要請の意味を探る」『貿易風――中部大学国際関係学部論集』一：一七一―一八二。

Fratkin, E. 1991. *Surviving Drought and Development in Kenya's Arid Lands*. Boulder: Westview Press.

Spencer, P. 1973. *Nomads in Alliance: Symbiosis and Growth among the Rendille and Samburu of Kenya*. London: Oxford University Press.

Widlock, T. 2013. Sharing: Allowing others to take what is valued. *Journal of Ethnographic Theory* 3(2): 11-31.

第3章　交歓と相互承認を創出する
――家畜の所有をめぐるトゥルカナ・レンディーレ・ガブラの交渉

太田　至

1　はじめに

私たちは、自分の所有物が「自分のモノ」であることを、ほとんど自明のように感じている。それを自由に処分することも、誰かに与えることもできるし、どのように使うかについて他者に指図されるいわれはない、と考えている。自分のまわりにあるモノを見まわしてみよう。私の服、私の携帯電話、私のカネ、私のコンピュータ、私の家、私の土地……。こうしたモノを、誰かが私の意見を聞かずに勝手に処分しようとしたら、私は断固として抗議するに違いない。「私のモノを私の同意を得ずに処分するなんて、私の権利や自由の侵害である！」と。この論理を推し進めてゆけば「私の身体をどのように使おうと、私の自由である＝売春のどこがわるいの？」という極端な主張にもつながってゆく。

しかしその一方で、私有財産であっても自由には使えないという事態もまた、私たちがよく経験することである。そのひとつの事例は、京都における景観の保全をめぐる問題である。京都市の行政は、京町家に代表される歴史的な町並みや京都三山にかこまれた景観の保全と創造をめざした施策を実施している。具体的には、地区ごとに建物の高さやデザインを制限したり、屋外の広告物の表示位置や面積・デザインに基準を設けたり、あるいは京町家の修理・保全のために資金援助をふくむ支援をおこなっている。清水寺や金閣寺、二条城、修学院離宮などの周辺の景観や、いくつかの特定の場所からみた京都三山の眺望（とくに「大文字の送り火」の六地点）など、合計三八の保全区域が指定されている。そしてこの区域内の土地の所有者は、自分の土地の使い方――建物の高さや屋根の色・形態など――を条例によって規制されているのである。

この事例は、「景観には公共的な価値が付随しており、公共性によって私的財産の使用が制限されている」ことを示しているが、ここにはじつに多くの要素が関与している。京町家や神社仏閣、借景の庭園などが、ある種の価値をもつようになった歴史的な経緯が存在するし、そうした価値をめぐって、行政と保全区域内の土地所有者だけではなく、寺社仏閣の所有者、その価値を論ずる歴史学者や経済学者、法学者、景観保全をめざす市民組織、一般の市民や観光客、観光業者や建築業者など、多くのアクターが関与している。つまりこの問題は、政治や経済、あるいは法律や文化といった、ひとつの次元だけをみていても理解できない。そして景観の価値は、時代とともにダイナミックに変化している。

こうした価値をもつものを「財（property）」とよぶことにしよう。財を所有することは、個人あるいは集団のアイデンティティにもつながっている。たとえば衣装や装飾品は、身につける人の自己表現となるし、大きな土地をもち立派な邸宅に住むこともその人の社会的アイデンティティの一部である。歴史と名前をもつ先祖伝来の家宝は、それが所有されてきた集団の継続性を表象し、そのアイデンティティの一部を構成している。さらに、財には経済的な価値があるだけでなく、正統性をもって財をコントロールできることは、周囲の人びとに対して政治的な権力をおよぼすための源泉ともなる。

このように「財の所有」とは複雑な現象である。これに関する議論を整理したベンダ＝ベクマンらは（Benda-

Beckmann et al. 2006）、従来の研究が普遍的なものとして主張してきた所有に関するモデルは、西欧近代の法的カテゴリーに依拠している場合が多く、とくに市場経済や商品交換と不可分である「私的・個人的な所有」という概念を前提にしてきたと指摘する。私たちは、自分の身体およびそれを使った労働を自分の所有物とみなし、その労働によって生産したモノは自己の私的な所有物となるという考え方を自明のものとしているが、これは一七世紀のイギリスの思想家ジョン・ロックが提唱した「労働所有説」を源流とする西欧近代の産物にすぎない[1]（杉島 一九九九）。ベンダ＝ベクマンらはまた、所有を「私有」「共有」「国有」「オープンアクセス」と分類する従来の方法や、「所有権／使用権」「私的所有／公的所有」といった二元論的な思考も、財の所有をめぐる現象を理解するうえでは、むしろ有害であると批判している。

　ベンダ＝ベクマンらは（Benda-Beckmann et al. 2006）、社会によって、あるいは時代の変化によって財に対する権利が複雑で多様なかたちをとることを理解するためには「権利の束（bundle of rights）」という比喩をもちいることが有効であると論ずる。「権利の束」とは、以下のような事例を想定すればわかりやすい。ある土地の所有者が、それを管理する権利を会社に委託しており、その会社は、その土地を借地人に貸し出している。その借地人はその土地を農地として利用し、ほかの人と共同耕作する契約を結んでいる。このようにひとつの土地に対して複数の人が関与し、異なる権利をもっているとき、その土地には「権利の束」が付随しているとみなすことができる。この事例では、土地の所有者の「所有権」、管理会社の「受託権」、借地人の「使用権」、そして共同耕作者の「耕作権」といった複数の権利が存在する。こうした諸権利は「権利の束」を構成する個々の「スティック（stick）」（あるいは「束」の下位単位［sub-bundle］）として抽出できることになる。

　この事例で私は、近代的な法律を前提として「権利の束」を構成する個々の「スティック」の内容を説明した。これは私たちには納得しやすいものであるが、それだけでは財に対する権利の問題は理解できない。人類学の分野で「権利の束」という考え方を提唱したグラックマンは（Gluckman 1965a, 1965b）、アフリカ社会において財に対する権利とは、そのモノに関して自分が「何かをすること」（使う、売却する、贈与する、貸与する……）を他者に認めさせることであると論ずる。すなわち所有とは、他者との関係のなかで政治的に発生する現象であり、特定のモノに対して複数の人が重層的な権利をもっているとき、それを「人とモノ」の関係として分析するのではなく、そのモノに関連する「人と人」の社会的関係にこそ注目すべきであるとグラックマンは主張した。

本章では、アフリカの牧畜社会において人びとが家畜に対して複雑な権利をもっていることを示し、「自分の家畜に対する権利」がいつも他者との交渉にさらされるという、いわば不確実な状況のなかで人びとが不断に社会関係を構築していることを論ずる。そして、不確実であることはネガティブなものではなく、そうした権利のあり方は、他者とのあいだに常に交歓と相互承認を創出するというポジティブな特徴をもつことを指摘する。

2 財としての家畜——牧畜社会における諸権利に関する従来の研究

牧畜社会において家畜は、ミルクや肉などの食糧を提供するだけでなく、穀物などの購入や、病院代や子どもの学費の支払いのために売却される。家畜はまた、贈与・交換されることをとおして社会関係を創出し、維持するための主要な媒体となっている。ひとつの結婚が成立するためには花婿側から花嫁側の親族に婚資として家畜が支払われ、そのプロセスには多数の人が関与する。重要な儀礼をおこなうときには、家畜を供犠しなければならない。すなわち家畜は経済的な資源であるだけでなく、社会的・宗教的にも重要な役割をはたしている。

私が調査してきたケニアのトゥルカナ社会では、家畜を意味する語彙（sing. *e-bar-asit*, pl. *ngi-bar-en*）が「財」という意味でも使われる。ただし厳密にいえばイヌやネコは除外され、これに含まれるのはウシとラクダ、ロバ、ヤギ、ヒツジの五種類の家畜だけである。この単語と語幹を共有する動詞の *aki-bar* は「家畜を増やす＝カネ持ちになる」ことを意味し、*eka-bar-an*（pl. *ngika-bar-ak*）は「家畜持ち＝カネ持ち」である。つまりトゥルカナの人びとにとって家畜は唯一の財であるといってもよい。このように家畜の重要性は語彙のレベルにも明瞭に示されている。

カザノフとシュレーは（Khazanov & Schlee 2012: 7）、『誰が家畜を所有しているのか』と題する本の序文で、一頭の家畜に対して複数の人びとが重層的な権利をもつという現象が、とくにアフリカの牧畜社会において広くみられることを論じている。彼らによれば家畜に関する多元的な権利は、以下の五つの基本タイプにまとめられる。

①　完全な所有権――家畜を人びとに配分して利用させ、また処分する（と殺・売却・贈与する）究極の権利

②　名目的な所有権――「完全な所有権」がほかの人に属しているとき、「誰々の家畜」と自分の名前で語られる家畜をもつ人の権利（父親が子どもに与えた家畜、夫や義理の父が花嫁に与えた家畜など）

③　分有された所有権――個々の家畜に対して複数の人がいろいろな程度で権利をもつ場合

④　使用権――家畜のミルクを利用したり、家畜を荷物運搬用に使う権利。処分する権利はもたない

⑤　家畜が産む子どもに対する権利――たとえば雇用した牧夫に対して、その労働の代償として将来、特定の家畜が産む子どもを与えるという約束をした場合

こうして一頭の家畜に対して多元的な権利が重層することを、シュレー（Schlee 2012: 260）は「共有された権利（shared rights）」とも表現している。この本にはアフリカの牧畜社会について四編の論文が掲載されているが、そのすべてがこうした複雑な権利を論じている。たとえばペリカン（Pelican 2012: 218-219）によれば、カメルーンのフルベ（ボロロ）社会では、世帯主である父親が息子に生前分与しているウシであっても、それをどのように処分するかを最終的に決定するのは父親であり、「名目的な所有権」を有している息子には正当な（legitimate）権利はない。父親はそのウシを処分したあと、かわりのウシをできるだけ早く息子に与えるべきであると考えられているが、それは「道徳的な要請（morally required）」であって、しばしば無視される。息子の母親は、自分自身と子どものウシのミルクを利用する「使用権」をもつが、最終的にそのウシをどう使うかに関しては、やはり世帯主に決定権がある。こうした状態をペリカン（Pelican 2012: 213）は「権利の束」と表現している。牧畜社会に関してこの表現を最初に使ったのはバクスター（Baxter

1975: 212）であり、彼は「複合的な所有権（multiple ownership）」という表現ももちいている（Baxter 1972: 176）。

一頭の家畜に対して重層する複数の権利をこのように分類することは、それなりにわかりやすいのだが、以下の難点がある。こうした社会には明文化された法律がないため、人類学者が使う「所有権」「使用権」といった言葉が、当該の社会で「こうすべきだ」「こうしてもよい」という観念や規範のレベルを表現しているのか、あるいは「実際にこうしている」という実践や社会関係のレベルを指示しているのかが明確ではない。そのために「法的な権利」や「道徳的・感情的な要請」といった表現が、具体的には何を意味しているのかわからないときがある。私たちの社会で「法」とは、「違反すれば強制的な処罰を受けるものである」と考えられている点で「道徳」とは明確に区別できるが、それがどの社会にもあてはまるわけではない。

ベンダ＝ベクマンらは（Benda-Beckmann et al. 2006）、財に対する権利をめぐる社会的な現象を考えるときには、以下の四つの層（レイヤー）を区別すべきであるとのべている。①文化的な観念やイデオロギー、②法や制度、③実際の社会関係、④日常的な社会実践、である。アフリカの牧畜社会のようにローカルな法的秩序が明文化されていない社会でも「どのようなやり方で財を取得し、それをどのように利用・処分するのが正当であるか」についての社会的な合意がある。これは一般に信念や規範、あるいは規則とよべるものであり、これが①や②の層をなしているのだが、成文化された法をもたない社会では、この二つの層を明確に区分して考えることにはあまり意味がない。ベンダ＝ベクマンらは（Benda-Beckmann et al. 2006: 16）、②の層では「何が財であるのか」「財をめぐってどんな権利や義務があるのか」が問題になり、これはいずれも財をめぐる諸要素を特定の基準にもとづいてカテゴリーに類別するものであると指摘している。

③の層では、「私はこのウシの所有者である」「彼女はこのウシのミルクを利用している」といったように、個別の価値をもつ財をめぐって具体的に権利をもつ人びとのあいだにどんな関係があるのかが問題になる。ここに登場する人びとは、直接には特定の財が関与しないときにも、たとえば親族関係があるなどの具体的な社会紐帯をもっている

ため、財をめぐる現象はそうした社会関係の総体を考慮しないと理解できない。

④の日常的な実践の層では、人びとは具体的な財を利用し、委譲・相続・売却したりする。また、特定の財をめぐって関係者同士が争うこともある。争いの場面で人びとは①や②の層に属する要素をとりあげて「本来はこうあるべきだ」「自分には○○の権利がある」といったように自分の正当性を主張するだろう。こうした日常実践が繰り返されることによって、①や②の層に変化が起こるかもしれない。また、③の層である具体的な社会関係は、④の層である日常実践のあり方に強い影響をもつだろう。そうした意味で、この四つの層は相互に関連している（Benda-Beckmann et al. 2006）。

このように考えると、アフリカ牧畜社会において家畜をめぐる諸権利を「所有権」「使用権」といったように分類してきた従来の研究は、主として①や②の層に焦点をあててきたことになるだろう。しかし、そうした研究の記述のなかには、③や④の層に関連する多くの事例が登場する。たとえばシュレー（Schlee 2012: 263）はサンブル社会について、スペンサー（Spencer 1973）の記述を引用しながら、家畜の所有権が常に制限され、交渉されることを以下のように指摘している。サンブル社会では婚資の額はウシ八頭に固定されているが、その支払い後にも花嫁側は花婿側に対してさまざまな機会に家畜をはじめとする贈り物を要求し続け、それが不当に拒否されたと感じる場合には呪詛することもある。また、サンブル社会で同じクランに属する人びとは相互に支援しあう義務をもつがゆえに「自分の家畜」をいつでも自由に売却できるわけではない。このように家畜の所有者は、「自分の家畜」に対して複数の人が複雑な権利を有しており、誰が、いつ、その権利を提示してくるかわからないという不確定な社会関係の網の目のなかにいる。

牧畜社会における女性の地位や役割を論じたダールは（Dahl 1987: 260）、家畜に対する権利を以下の三つに分けて考えることが有用であると論じている。①法的権利（jural rights）——家畜の処分を最終的に決定する権利、②配分された権利（allotted rights）——特定の家畜を将来、相続あるいは再配分すると約束されている権利、そして③委任された権利（delegated rights）――家畜の生産物を配分・利用する権利、である。ダールは、①の権利は、家畜を所有する世帯や家族がその外部との関係においてもっている権利であるのに対して、②や③は世帯や家族の内部における社会関係にかかわるものであると指摘する。さらにダールは、一般的に牧畜社会では、男性に対して権威を付与するイデオロギーや文化モデルが優勢であり、女性は男性に服従すべきであるという行動規範が語られることがあるものの、これは理念上のものにすぎないとのべる。実際には、夫婦のあいだでしばしば女性が自分の意見を主張するし、こうしたインフォーマルな影響力は、牧畜社会における家畜管理や社会関係において重要な役割をはたしている。ここまでに本章で論じてきたことのなかにダール（Dahl 1987）の議論を位置づければ、ベンダ＝ベクマンら（Benda-Beckmann et al. 2006）が分類した③や④の層に注目すべきであることを、ダールは主張しているのである。

以下には、私が調査してきたトゥルカナ社会と、充実した民族誌記述があるレンディーレとガブラの社会について、家畜をめぐる諸権利がどのようにあつかわれているのかを具体的に検討しよう。

3　家畜の所有――トゥルカナ社会

「基本家族」による家畜の所有と利用

トゥルカナは、ケニア北西部の乾燥地域で生活する牧畜民である。その居住地域の行政中心地であるロドワの年間の降水量は平均二〇〇ミリメートルにすぎない。人びとは、ウシとラクダ、ヤギ、ヒツジ、ロバの五種類の家畜を飼養して、移動性の高い牧畜生活を送っている。彼らの大部分はトゥルカナ県に居住しており、その人口は約八五万五千人（Republic of Kenya 2010）とされている。

トゥルカナ社会では、家畜はどのように「所有」され、「利用」されているのだろうか。私は以前、トゥルカナの人びとが「規則」や「規範」をどのように遵守するのか、あるいはしないのかについて、家畜の所有や利用を具体的な材料としてとりあげて議論したことがある（太田 一九九六）。以下では、その記述をもとにしながら、個々の家畜に対して、人びとがどのような権利をもっているのかをまとめておきたい。

まず、ひとりの成人男性（家長）とその妻、そしてその子どもたちによって構成される家族集団に焦点をあてよう。家長の妻は複数になることもあり、また、この集団には既婚の息子とその妻や子どもたち、そして未婚で子どもを生んだ娘たちが含まれることもある。この集団を、ここでは便宜上「基本家族」とよんでおく。ただしトゥルカナ社会では、家畜を主として種ごとに分けて複数のキャンプで管理することが一般的であるため、基本家族のメンバーも分散して居住し、別の基本家族の一部と一緒にひとつのキャンプを形成していることが多い（太田 一九八〇）。そして、妻たちや未婚で子どもを生んだ娘たちは、それぞれの居住地で自分の小屋をもち、そこを自分と子どもたちの生活の拠点としている。

この基本家族が飼養している家畜は「誰のものか？」とトゥルカナにたずねると、返ってくるのは家長の名前であり、「すべては家長のものである」と語られる。[2] しかし、それでは家長に「所有権」があるのかというと、そう単純ではない。まず、その家畜はすべて女性たち——妻たちと未婚で子どもを生んだ娘たち——に「配分」されている。

この「配分」の実質的な内容は、以下のように考えればわかりやすい。まず、メスの家畜は、いつかは子どもを出産してミルクを搾られるようになる。家畜を搾乳するのは基本的に女性と子どもの仕事である。女性たちは各人、自分に配分された家畜のミルクを搾って子どもたちとともに消費する。また、オスの家畜は肉を食べるために殺すことがあるが、その肉は、その家畜が配分されていた女性を起点として分配される。つまりミルクを含めて家畜の生産物を消費する場合には、その中心的な役割をどの女性がひきうけるのかが、すべての家畜個体についてまえもって決まっているのである。この女性を以下では「主管者」とよぶことにする。

メスの家畜が産んだ子どもは、自動的にそのメスの主管者に配分される。また、トゥルカナ社会ではオスの家畜を親族や友人に与えて、かわりにメスを入手することがある（太田 二〇〇二）。こうした交換によって取得したメスは、もとになったオスの主管者に配分される。このように主管者は、家畜の系譜によって自動的に決定され、それに異議をとなえるものはいない。

トゥルカナの人びとは、家畜を売却して得た現金によって穀物などの食料品や衣類、調理用の鍋などを購入したり、病院代や子どもの学費を支払ったり、あるいは、さまざまな儀礼のために家畜をと殺したりする。こうした必要が生じたときにそれぞれの女性は、基本的には自分に配分されている家畜を使う。また、家畜が病気になったり怪我をしたときには、主管者の女性を中心として治療が試みられる。そして家長が死亡した場合には、それぞれの女性は自分の子どもたちとともに、自分が主管者となっていた家畜を相続することになる。

ただし先述したように、ひとつの基本家族の家畜は主として種ごとに分けられ、異なる放牧キャンプで飼養されている。そのため、ひとりの主管者の家畜の面倒をほかの女性がみているという状況が発生し、家畜のミルクを利用する権利はその女性に委譲されることになる。また、同居している女性同士のあいだで、搾乳できるメスの頭数に極端な差が出てしまった場合には、それを平準化するために一時的に搾乳用のメスが貸し出されることがある。このように、女性に配分された家畜の「使用権」は、さらに別の女性に委譲されるが、その場合でも主管者が変更されるわけではない。

基本家族のなかでは、すべての家畜には主管者の女性がいる。こうした状況のもとで、トゥルカナ社会における家畜の「所有」は、どのように理解できるかを以下に考えたい。たとえば、「すべての家畜の所有者である」と語られる家長が自分の衣類を買いたいと思ったとき、どの家畜でも自由に売却することができるだろうか。トゥルカナの人びとにこうした質問をしたときの答えは、「家長は主管者に相談しなければならない」というものである。ただし、「家長が悪い人であれば勝手に売却することもあるだろう。それに反対できる者はいない」という意見もある。

トゥルカナ社会では、たとえば婚資の交渉には男性しか参加できないなど（太田 二〇〇四）、ジェンダー間の差異が強調される場面もあるし、生業活動においても分業体制はかなり明確である。しかし、この社会で暮らした私の経験では、女性の発言力は日々の生活のなかで非常に大きい。私は実際に特定の家畜を殺したり売却したりする場面に何度も立ち会うことができたが、家長は主管者である女性に相談し、場合によってはその主張を聞き入れて、最初にえらんだ家畜ではなく別の家畜を処分したこともある。そうした話し合いが翌日以降にもちこされ、時間をかけて合意が形成されたときもある。このような相談がなされる場面では「家長には確かに強い権限がある」と感じるときもあったが、最終的な決定が独断によってくだされることはなかった。

こうした話し合いには、主管者である女性の子どもたちが参加することもある。子どもたちは成長とともに発言権を強めてゆく（太田 一九九六）。息子にとって母親が主管者である家畜は将来に自分が相続するはずのものであるし、娘たちの場合にもその家畜は、自分が搾乳したり世話をしてきた対象である。そうした家畜が売却やと殺、あるいは外部への贈与の対象となるときには、子どもたちであってもときには強く自分の意見を主張する。さらに、息子が既婚の場合には自分の妻が家畜の主管者になっており、家長はそうした家畜に対しては、よほどの事情がないかぎり手を出そうとはしない。

このように基本家族のなかでは、すべての家畜には主管者がいること、そして次第に成長してゆく子どもたちが発言権を強めるプロセスがあることによって、家畜をめぐる決定は、複雑な様相を呈することになる。また、家畜のなかには、家長が婚資の支払いや贈与などによって外部から入手し、それを妻に配分した家畜もいるが、妻や子どもたち自身が同じような機会に獲得した家畜もいる。そうした個々の家畜の来歴に応じて、個々人の権利の主張の強さは異なってくる。このような状況において、家長には家畜の「所有権」があり、それ以外のメンバーには「使用権」だけがある、とかたづけてしまうと、実際にはさまざまな要素が考慮され、メンバー間で折衝が繰り返されて決定がくだされてゆくという実態をきちんと理解することができない。

私と同じくトゥルカナ社会を調査したガリバー（Gulliver 1955）は、家畜に対する権利のあり方を詳細に記述している。彼は、基本家族の家畜を「法的（legal）」に所有しているのは家長であり（1955: 125）、成長してゆく息子は自分の母親に配分された家畜に対して次第に「所有権（ownership）」を主張するようになるが、それは「法的」な権利の問題ではなく、どちらかといえば道徳的な態度や感情のレベル（level of moral attitude and sentiment）の問題であると記している（1955: 136）。さらにガリバーは、父親の死後に既婚の息子たちが独立し、それぞれに基本家族をかまえるようになったあとでは、彼らは自分の兄弟の家畜に対して「法的」に定められた権利や義務はもたず（1955: 165）、兄弟間の関係は、具体的な協力や共同を基礎とした互酬性にもとづくものになるとのべている。すなわちガリバーは、個々の基本家族の家長には家畜の「法的」所有権があると表現しているのだが、これは人びとの観念や信条の層に関する説明である。

トゥルカナ社会では、基本家族の外部から入手した家畜は、かならずその集落につれてきて、いったん家畜囲いにいれるべきであるとされている（太田 一九九六）。たとえば家長が友人の集落を訪問してもらってきた家畜であっても、自分の家に帰る道中でそれを売却したり、ほかの人にあげたりしてはならない。また、ひとつの基本家族が家畜をと殺して近隣の人びとに饗する場合には、その家畜の左の後肢は必ずその家族のメンバーが消費するものとされている。[3] トゥルカナの人びとは、こうしたことを「アウィ・アペイ（*awi apei*）」と表現する。「アウィ」は日本語の「家」と同じように、文脈によって「物理的な集落」あるいは「なんらかのレベルの父系集団」を意味する。「アペイ」は「ひとつ」という意味であり、「アウィ・アペイ」は「われわれはひとつの基本家族のメンバーである」ことを強調する表現なのである。この人びとは家長を中心としてひとつの家畜群を「所有」し、その家畜群を協力して管理しつつ、その恵みをさまざまなかたちでともに享受しながら生きている。この集団の外部には別の基本家族が存在しており、基本家族同士は、それぞれが「所有」している家畜をはっきりと認識している。その意味においては、基本家族が自分たちの家畜に対してもっている権利は明確である。ただし以下に示すように、その権利は完全に排他的・独占的なものではない。

家畜管理のための日常実践と家畜に対する権利のあり方

家畜群を維持し増殖させてゆくためには、放牧や病気の世話など、さまざまな管理をしなければならない。そうした日常的実践は、家畜に対する権利のあり方に大きな影響を及ぼしている。基本家族のなかで個々の家畜の主管者である女性は、自分の子どもたちとともに、配分された家畜の病気や怪我の世話をするなど、家畜管理の一端を担っていることはすでに指摘した。彼らは、配分された家畜に対する自分たちの権利を主張するときには、こうした労力をそそいできたことに言及する。また、家畜は必ず毎日、日帰り放牧に出される。牧童は、家畜の群れを統率しつつ草を食べさせ、途中では水場で水を飲ませて、早朝から夕方までその管理を続ける。私は調査中に家畜を買い入れたりもらったりしたが、その家畜は、寄寓していた家族が自分たちの家畜群と一緒に管理していた。その群れの牧童は、私のところにやってきて「おまえの家畜を放牧しているのは自分だ。自分に何か、くれるものはないのか」と、よく言ったものだった。このように牧童もまた、自分が家畜群の世話をしているという事実を、ときには強く主張する。

家畜に給水するためには深い井戸を掘り、その底にたまる水をくみあげて大きな容器に注ぎ込んで家畜に与えなければならない。とくに乾期にはこれは重労働になる。ひとつの基本家族のメンバーはほかの家族と一緒に放牧キャンプをつくり、家畜を共同で放牧することもあり、その場合には複数の基本家族のメンバーが協力して給水作業をおこなう。家畜はまた、放牧中に迷子になったり、泥棒に盗まれたりする。家畜群を共同で管理している人びとは協力してこの事態に対処する。ウシやラクダが盗まれた場合には青年と成人男性が集まって捜索隊を組織し、ときには数十キロメートルも離れたところまで泥棒を追跡して、その家畜を奪還することもある。こうした捜索隊には、近隣に住む人びとも参加して協力する。

このように、基本家族のメンバーが協力して家畜を管理するだけでなく、ほかの家族と一緒に放牧キャンプを形成して共同作業をしたり、あるいは、近隣の人びとの支援を受けることもある。こうした協力関係が存在するからといって、基本家族による家畜の「所有権」があいまいになることはない。しかし、このような実践が存在することを想起すれば、ひとつの基本家族が自分の家畜群に対して完全に排他的な権利をもつわけではないことも容易に理解できる。具体的にそれが表出するのはウシやラクダがと殺されたときである。ヤギやヒツジを殺して食べる場合には、基本家族の内部あるいは居住をともにする人びとのあいだでその肉を分配すればよい。しかし大型家畜のウシやラクダの場合には、近隣に住む人びとがその集落に集まってきて、男性は集団でその肉の一部を消費するし、女性たちは、その集落の女性から肉の分配を受けて自分の集落に持ち帰る。それは、近隣住人の当然の権利として認められている。

家畜の「所有」をめぐる争い

このようにトゥルカナ社会では、基本家族のなかで家畜が女性に配分され、その家畜の生産物を利用する権利がさらに別の女性に委譲されること、成長とともに子どもたちは母親に配分された家畜に対する権利意識を強めること、また、さまざまな人びとが家畜管理をめぐる仕事を分担していることによって、家畜に対する諸権利は、複雑な様相をとることになる。そして人びとは、ときには特定の家畜に対する自分の権利を主張し、他者と争う。ここで、ひとつの具体例を紹介しよう。この事例は、私が一九七八年にトゥルカナの調査を始めたときから寄寓していた家族のあいだで起こった出来事であり、さまざまな事情の積み重ねによって社会関係を悪化させてしまった人びとが、家畜の所有をめぐって衝突したものである。

この事例にはたくさんの人物が登場する。まず、その人びとの系譜関係を図3-1に示した。A、B、Cの三人の男性は同母兄弟であり、いずれも結婚して自分の基本家族をもっていたが、家畜群を分けることなく共同で管理していた。一九六〇年代の後半にAとCがあいついで死亡し、Aの二人の妻（HとI）はBに「相続」され、Cの妻Lは、当時未婚であったAの長男のDに「相続」された。[4] 夫が死亡したときにHとIは、それぞれに自分の夫であるAから配分された家畜群を相続していたし、Lも同様に夫のCから相続した家畜群をもっていた。しかし、その家畜全体を家長として統括したのはBであった。その意味で、この系譜図に登場する人びとは、Bの生前には「擬似的な基本家

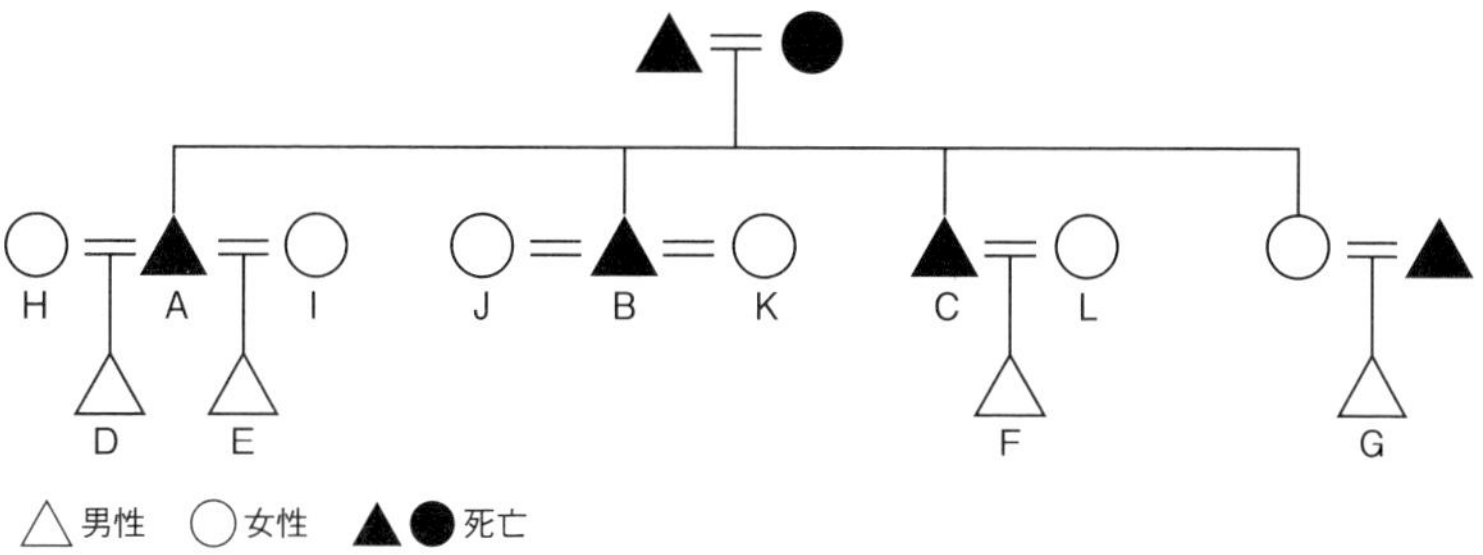

図3-1　事例の登場人物

族」であったということができる。

Bは、一九八〇年一二月に死亡した。彼はすでにかなりの老人であったが、不幸なことにその妻のJとKには子どもができなかった。夫の死後にKはDに相続されたが、Bの第一夫人であったJは、Bの婚出した姉妹の息子Gを自分のパートナーに選んだ。Gは、A、B、Cとは別の父系集団に属しており、未亡人がこうした男性に相続されるのは父系社会であるトゥルカナでは異例の出来事であった。そしてそれ以降に、この人びとのあいだでは次第に社会的な亀裂が深くなり、とくに、異例な行動をとったJと、それ以外のメンバーの関係が悪化していった。夫の死後にDをパートナーとして選んだKは初めて妊娠したのだが、不幸なことに流産してしまった。人びとは、その流産の原因は、子どもができないJの嫉妬によるのではないかと疑い、呪医に相談にゆくといった出来事もあった。

一九八三年の八月ごろ、IとJのあいだで激しい口論が起こった。病死した一頭のメスヤギの肉をどのように分配するのかに端を発し、そのヤギと母系の血縁でつながるすべてのヤギがどちらの女性に所属しているのかが議論の焦点となった。このヤギ集団の始祖がこの家族にもたらされた事情は、以下のとおりである。

一〇年以上前にIとKがKの父親の集落を訪問して、一頭のオスヤギをもらって帰ってきた。しかしそのヤギは、BがKと結婚したときにKの父親に婚資として支払ったものだった。[5] IとKは、このヤギを自分たちの（Bの）集落で食べるつもりだったが、Bは「自分はこのヤギを食べない」といって、かわりにJに配分されていた去勢ヒツジを殺し、その肉をIとKをふくめて家族全員で分配して食べた。そして、もらってきたオスヤギは後日、Bの友人に与え、それとの交換によってメスの未経産ヤギを入手した。そのときにBはIに対して「Kの父親からオスヤギをもらってきたのはおまえだから、それとの交換で入ってきたこのメスヤギもおまえのものだ」と言ったという。これがIとJの口論のきっかけとなった病死したメスヤギの母親である。その後にこの家系のヤギはふえてゆき、この喧嘩があった時点では死亡したメスをふくめて合計一四頭になっていた。Iは、この家系に属するすべてのヤギの主管者として、メスであればミルクを搾り、オスであれば売却したり交換に出したりしてきたことは、私も現場で実際に確認している。

喧嘩が起こったとき、Jは「この家系のヤギはすべて自分のものだ。なぜなら、婚資としてKの父親に支払われてその後に戻ってきたオスヤギは、そもそも自分のメスヤギの子どもだったのだ」と主張したという。[6] しかし議論のすえに、死亡したメスヤギの肉はIを中心として家族のメンバーに分配され消費された。つまり、このメスヤギの主管者はIであると認定されたことになる。

その翌日、Jは自分の主張をみんなのまえで繰り返し、そのつぎの日にはこの問題をこの地域の行政チーフが主催する長老会議にもち込んだ。さらにその翌日、HとI、J、K、Lの五人の女性たちと、その息子の世代であるDとE、F、そしてGの四人の男性が長老会議に呼び出された。そこでの裁定は「問題となっているヤギの家系を、IとJで半分ずつに分けよ」というものだった。その日の夕方、ヤギが放牧から戻ってくると、Jは当該の家系の一三頭のヤギのうち、三頭のメスを「これはIのものだ」と指定して、残りの一〇頭（メス六頭、オス四頭）はすべて自分のものだと主張した。そしてまた、「自分はもう、HやI、そしてLとはいっしょに住みたくない」と言った。翌朝、Jは自分の家畜をつれて百メートルほど離れたところに引っ越した。Jの僚妻であるKは、夫の死後にDをパートナーとしていたため、Jとは行動をともにしなかった。そして一カ月ほどのちにJは、自分がつれていった家畜を婚資として使い、Bの三番目の妻をめとった。[7]

この事例からは、まず、トゥルカナの人びとが家畜の来歴や個体間の系譜関係について詳細な記憶をもっていることがわかる。この家族が、争点となったヤギの家系の始祖を得たのは一〇年以上まえのことであり、争いが起こったときには死亡したメスをふくめて一四頭になっていた。この家族のメンバーは、誰もがこの系譜関係を明確に認知し、また、始祖となったヤギの来歴も記憶していた。そして、この家系に属していた各個体の主管者がIであったことは、誰もが認める「事実」である。また、AとBは生前には共同で家畜を管理していたが、二人とも既婚であり、それぞれに自分の基本家族と家畜群をもっていた。そのため、Iは夫Aの死後にBをパートナーとしていたものの、Bの家畜群と、Aの家畜群の一部としてのIの家畜群は別個である。この点を考慮すれば、Kの父親からもらってきたオスヤギとの交換によって、この家族が得たメスヤギ——争点となった家系の始祖——の「所有者」は、Iだったと考えられる。しかしJは、「婚資として移譲された家畜が戻ってきてしまった」という異例の事態をまえにして、「そのオスヤギは、もともと自分のものだった」という「事実」にもとづいて、そのオスヤギとの交換で入手したメスを始祖とする家系全体の「所有権」を主張したのである。

もし、IとJの社会関係が良好なものであれば、こうした争いは起きなかったと思われる。この事例から私たちが読み取るべきことは、特定の家畜をめぐって人びとが複雑で多様な権利を潜在的にもち続けていること、そしてそのように伏在する錯綜した権利は、なんらかの機会に表面化し、交渉をとおして再定義されることがある、ということである。

4　ラクダの信託と所有——レンディーレとガブラの社会

ラクダの信託

さて、つぎにはトゥルカナの隣人である牧畜民レンディーレとガブラの社会で、家畜がどのように「所有」され、「使用」されているのかを見よう。ケニア北部に住むレンディーレの人口は約六万人であり（孫 二〇一二）、ケニアのなかでは比較的少数である。彼らの居住地の中心であるカイスト砂漠の年間降水量は平均二〇〇ミリメートルほどにすぎない。ガブラはケニア北部とエチオピア南部に分布しており、その人口はケニアに約九万人、エチオピアにも数万人が生活している。

この二つの民族はいずれも、ラクダとウシ、ヤギ、ヒツジを飼養し、その生産物を利用しながら生活している。ただし彼らにとって、もっとも重要な家畜はラクダである。彼らの居住地域は強く乾燥した半砂漠であり、ラクダはそうした厳しい環境に対して生理学的・生態学的によく適応した特徴をもっている。この二つの社会でラクダは、もっとも重要な食料の供給源であるし、婚資の支払いにはラクダだけが使われ、重要な儀礼の執行にはラクダの存在が必須になるなど、社会的・宗教的にもラクダの価値はもっとも高い。ヤギやヒツジは、それを売却したお金で穀物や砂糖、たばこなどの必需品を購入するなど、重要な機能をはたしているが、ウシの飼養頭数は少なく、その価値はあまり高くない。

レンディーレとガブラは近縁の言語を話し、隣接して住んでいる。お互いに通婚するし友人関係もあり、文化的にも共通する部分が大きい。そして両者の社会には、ラクダだけを対象として、それを他者に無期限に貸与するという独特な方法がある。以下にはこれを「信託」とよび、佐藤（一九九一、一九九二、一九九四）と曽我（一九九八）、そしてシュレー（Schlee 2012）の詳細な研究を参考にしながら、その方法を紹介しよう。なお、ある家族がもっているラクダのなかで搾乳できるメスの数が不足し、食用とするミルクが足りない場合には、期間を限定してほかの家族から泌乳しているメスラクダを借りることがある。[8] 両民族は、こうしたラクダの貸与を以下にのべる信託とは明確に区別しており、それぞれに対して異なる語彙をもっている。以下では、信託によってラクダを貸し出す者を「預託者」、借りる者を「受託者」とよぶ。

この二つの民族が実践するラクダの信託には、いくつかの独特な規則があるのだが、第一に、これはラクダを貸与＝借用するものである。ラクダの信託を受けたい者は、そうしたラクダをもっている相手を訪問してラクダをねだる。

その相手は、ガブラでは「姻族（たとえば母方オジや妻の兄弟、姉妹の夫やその兄弟）や同じクランの構成員、かつて同じ集落に住んでおりラクダの世話をしてあげた者や、放牧キャンプで協力しあい友情をはぐくんだ者」そして「生物学的父親」（曽我 一九九八：三八）であり、レンディーレでは、父や兄弟、姻族（妻の父や兄弟、姉妹の夫）、母の兄弟やそのクランのメンバー、同一のクランに属する者などである（佐藤 一九九二：一一六、表四）。いずれにしても、ラクダの信託に関与するのは、すでに緊密な社会関係を有している者同士である。二人の男性が、お互いにラクダを信託し合っていることもある。

信託されるのは未経産のメスラクダであるが、まれには経産ラクダの場合もある（佐藤 一九九二：一四四）。首尾よくラクダを信託してもらった場合、そのラクダが将来に出産する子どものうち、メスの子どもの「所有権」はその母ラクダと同様に、もとの所有者（＝預託者）にある。つまりメスの子どもは母親と同じ信託ラクダとなる。一方、オスの子どもは受託者のものとなり、受諾者はそれを売却・と殺・贈与など、処分する権限をもつ。受託者はまた、信託ラクダのミルクを利用することができる。

この信託システムでおもしろいのは、ラクダを信託してもらった人が、そのメスの子どもをさらに別の人に信託できることである。こうした「又貸し」が繰り返されてゆくと、AからBに、BからCに、そしてCからDに……という信託のチェーンが出現する。このチェーンのなかで最初にメスラクダを貸し出す者を以下には「所有者」とよぶ。このチェーンのすべてのメスラクダ（＝信託ラクダ）は最初の所有者Aのものであり、オスラクダはその母親を管理している受託者のものとなる。

ここでAが、なんらかの必要が生じたためにBに信託ラクダを返却してほしいと要請したとする。そのときに、もしBのところに適切なメスラクダがいない場合には、BはCのところからそれを調達してAに返却する。Aは、直接にはCに返却を要請することはできない。この信託チェーンにおいては、あくまでもラクダの信託に直接に関与したペア（AとB、BとC、CとD……）だけがその返却に責任をもつのである。

信託ラクダの返却をめぐる交渉

このようにみてくると、信託チェーンのなかにいるすべてのメスラクダ（＝信託ラクダ）の「所有権」は最初の預託者であるAにあり、BやCは「用益権」（使用権）だけをもっているとと表現することができる（佐藤 一九九一：二七七、一九九二：一四四）。しかし、以下に示すようにその「所有権」とは、私たちが一般的に考えるように、それをいつでも自由に使ったり処分したりできるものとは、まったく異なっている。

ラクダの信託関係は、信託されたメスラクダの子孫が生きているかぎり、当事者が死亡しても息子に継承される。メスラクダがメスの子どもを産み、その子どもがまた子どもを産む——ラクダの側にはメスが連鎖する系譜関係があり、人間の側には家畜の相続をとおして父から息子へと連なってゆく系譜がある。ラクダの信託には、こうして連綿と続く長い時間性が付随している。そして、信託ラクダの返却はいつでも要求できるものではない。佐藤（一九九一：二八七）によれば、兄弟間でラクダを信託した場合には、自分たち自身は返済の要求をさしひかえ、両者の息子の代になって初めて返済の要求をしてもよい。また、近親の父系親族以外の相手からラクダの信託を受けた者は、三〜四頭のメスラクダを得たころになって、初めてラクダを返却すればよいし、息子の代になれば、さらに一頭を返却すればよい。逆にいえば、よほどの事情がないかぎり、ほかのラクダは返却しなくてもよいのである。

所有者が信託ラクダを返却してもらうためには、その要求が正当なものとして社会的に認められる必要がある。それは、結婚するために支払うべき婚資のラクダや葬式のときに殺すためのラクダが必要になったとき、あるいは旱魃や略奪によって自分の家畜群が崩壊するなど、自分の食料が極度に不足したときにかぎられる。また、受託者のラクダ管理の仕方が適切でないと所有者が判断したときにも返却を求めることができる（佐藤 一九九一：二七七—二七八、曽我 一九九八：三八）。すなわち信託ラクダの所有者は、いつでもその返却を求めることができるわけではない。さらにレンディーレでは、受託者がラクダを返却するとしても一頭だけを返却すればよい（佐藤 一九九一：二八六）。正当な理由がないにもかかわらず頻繁に返済を要求する者は嫌われ、受託者のほうから縁を切られることもあるという

（佐藤 一九九一：二八八）。

所有者が自分の窮状を受託者に説明して信託ラクダの返却を求めても、いつでも応じてもらえるわけではない。受託者は「自分がもっているメスラクダは数が少ない」「自分もいま、問題をかかえている」「数年後に来てくれないか」と主張して、要求を断ろうとする場合もある。シュレー（Schlee 2012: 252-253）によれば、ラクダの信託は「貸与であるが、そのラクダがもとの所有者のところに戻ることは、普通は起こらない」し、その意味で信託ラクダの所有者がもつ「所有権は名目的（nominal）なもの」にすぎない。所有者が信託ラクダを返済してもらうためには、長い時間をかけて相手と交渉し、自分の正当性を主張して納得してもらわなければならないのである。このようにラクダの信託関係において、所有者の権利は大きく制限されている。

しかしながら所有者は、自分のラクダを「受託者がきちんと管理していない」とみなしたり、なんらかの原因で受託者との社会関係が悪化したとき、信託ラクダを強制的に回収することがある。この強制回収が実際におこなわれるという事実だけに注目すると、レンディーレやガブラの社会には、ラクダの「絶対的な所有権」（＝自分の所有物を自由に差配する権利）が存在するように思えるのだが、実際に人びとがどのようにふるまうのかを検討すると、所有者の権利は複雑な社会関係のなかに絡み取られていることがわかる。以下に、とてもおもしろい事例を三つ、紹介しよう。

［事例一］（曽我 一九九八：四三）

ガブラのAは、一九六二年にBにラクダを信託した。[9] 一九七三年、旱魃のためにラクダを失ったAはBのところに行き、泌乳中のメスラクダと荷物を運ぶためのラクダ、そして数頭のヤギ・ヒツジをくれと要求した。しかしBは、「この旱魃には、みんなが苦しめられている。あなたの要求をすべてかなえることはできない」「泌乳中のメスラクダと荷物用のラクダのどちらかをあげよう、ヤギも数頭あげよう」と答えた。しかしAはそれに満足せず、自分の信託ラクダをすべて強制的に回収すると言った。Bは「どうしてもそうすると言い張るなら長老たちの同意を得てくれ」と、問題を長老会議にもちこんだ。長老たちはAの要求が過剰であるとして強制回収をあきらめさせようとした。しかし、Aは長老たちの意見を無視して自分の信託ラクダをすべて回収してしまった。

この事例からは、三つの特徴を読み取ることができる。第一にAは、駄獣として使うラクダやヤギ・ヒツジの供与をBに求めている。つまりAは自分の所有物である信託ラクダの返済を求める以上の要求をしており、Bはそれに応じようとしている。この事実は、彼らが信託ラクダの「所有権」と「使用権」という範囲にはおさまりきらない権利を、相互に認めあう社会関係をもっていることを示している。ラクダの信託において預託者の「所有権」と受託者の「使用権」は明確に規定されているように見えるが、実際の行為の場面にはこの規則以外の複雑な要素が登場してくるため、この規則だけでは現実は理解できない。第二の特徴は、「信託ラクダを強制的に回収する」という行為の妥当性は、長老会議にもちこむことができる争点だということである。つまり所有権はいつでも行使できるような絶対的なものではない。第三は、それにもかかわらず、その所有権が絶対的なものであるかのように信託ラクダの回収を強行する人物もいることである。

信託ラクダをこのように強制的に回収することは、ガブラ社会では「クソを掘る悪」(曽我一九九八：四三)とよばれ、非常に忌まわしい行為であると考えられている。これはいわば社会関係の一方的な切断であり、これが起こると社会に大きな衝撃が走るという。そして、強制回収を断行した者は旅先でのたれ死にしたり、あるいは回収したラクダが病気にかかって子孫が絶えたり、ミルクを出さなくなったりすると信じられている。つまり、所有権を無理矢理に行使した者は悲惨な厄災にみまわれる。

さらに、信託したラクダを強制的に回収した者が、後日にその行為をとがめられ、ある種の「賠償」を支払った事例もある。

［事例二］（Schlee 2012: 253）

レンディーレの長老であるAは、かつて、Bに与えていた信託ラクダを強制的に回収し、そのことにBは憤慨していた。その後にAは、ある娘を自分の第二夫人としてむかえるために娘の家族に結婚を申し込んだが、その娘はBと同じクランに属していた。Aは、B本人とそのクラン・メンバーの怒りをなだめて娘との結婚を成就するために「罰金」を支払わねばならなかった。

Aが強制的に回収した信託ラクダが「彼のもの」であったことは間違いない。しかし、その権利を行使したやり方が不当なものだったため、彼は求婚者という弱い立場に立たされたときに、それをとがめられている。つぎの事例は、ひとつの信託関係は、それ自体で独立したものではないため、人びとはほかの信託関係＝社会関係を考慮しつつ行動していることを示している。

［事例三］（佐藤 一九九一：二八四）

レンディーレ男性のAとBが棍棒でなぐり合う喧嘩をした。翌朝、AはBのラクダ囲いに行き、自分の父方平行イトコであるCがBに信託していた二頭のメスラクダを強制的に回収して自分の家に連れていった。そのあと、二日間にわたって長老たちがこの問題をどう処理すべきかを話し合ったが、最終的な判断はCにゆだねられた。そこでCは自分の近親者であるAの味方をせずに、二頭のラクダをBに戻すという決断をした。Cは、Bの近親者からラクダの信託を受けており、もしこの二頭のラクダをBに戻さなかった場合には、自分が受託しているラクダを強制回収されることを恐れたのである。

以上、ラクダの信託をめぐる人びとの観念や信条、そして実際の社会関係や交渉をみてきた。彼らが考えるところでは信託ラクダの所有権が最初の預託者にあることは明確である。しかし同時に彼らは、所有者がいつでもどこでもその所有権を自由に行使できるわけではないとも考えている。信託ラクダの返済を求めるためには正当な理由がなければいけないし、相手の同意を得ずに強制的に信託ラクダを回収した者には、大きな厄災がふりかかる。その意味において信託ラクダの所有権は絶対的なものではなく、シュレー（Schlee 2012: 253）が指摘したように「名目的（nominal）なもの」であるが、重要な点はつねに交渉に向かって開かれているところにある。

信託ラクダに対する権利を所有権と使用権に分けて整理することは、一見したところでは明確なものにみえるが、それは私たちが「私的所有」を絶対的な権利として無条件に想定しているからにすぎない。彼らの家畜に対する権利を理解するためには、誰が、誰に対してどんな要求ができるのかを考慮しなくてはならない。さらにまた、それは状況に応じて変化する不確定なものである。それゆえに人びとは、その要求をめぐって何日もかけて話し合いを繰り返し、相互に納得できる解決の道を模索するのである。

家畜の所有をめぐるさまざまな交渉

レンディーレやガブラの人びとは、信託ラクダにかぎらず、家畜をめぐってさまざまな交渉をおこなう。ここで紹介するのは、「過去におこなった家畜交換を無効にしたい」という要求が出され、交渉のすえにその要求が認められたという、非常に興味深い事例である。

［事例四］（佐藤 一九九一：二七八、Sato 1992: 77）

Aは、同じクランのメンバーであるBにメスの子ラクダを与えて、交換に去勢ラクダを取得した。Bが得たメスラクダとその子孫は順調に繁殖を続けて、その一六年後にBは、この家系に属する九頭のメスラクダを保有していた。これをみていたAは、「自分が与えたラクダがそれだけたくさんの子どもを産んだのだから、かつての交換取引は等価なものではなくなった。それを解消して、私のメスラクダを返してほしい」とBに要求した。この問題をめぐって多くの男性が参加する集会が何度ももたれたあと、Bは九頭のメスラクダのうち八頭をAに返却した。[10]

レンディーレ社会では、メスの子ラクダと成熟した去勢ラクダは等価とみなされ、交換される（佐藤 一九九一：二八〇）。BがAから得たメスラクダは信託ラクダではない。これは去勢ラクダとの交換によって入手したのであるから、私たちの感覚では、メスラクダの所有権はBに移ったはずであり、一六年後には九頭のメスラクダの所有者はBだったはずである。それにもかかわらずAは、「かつての交換は等価ではなくなった」という驚くべき主張を展開し、最初に与えたメスラクダ一頭だけではなく、その家系に属する八頭のメスラクダを返却させている。たしかにこのメスラクダはたくさんの子どもを産んだ。しかし私たちの論理では、そのメスが将来に子どもを産むことは最初の交換の時点で予想されていたはずであるから、Aの主張は不当に思える。さらにAは、この家系のすべてのメスラクダを「私のもの」と表現している。そして、周囲の人がAの主張を正当なものと認めたことは、Aがそのラクダに対してある種の権利をもち続けていたこと、そして、最初の去勢ラクダとメスの子ラクダの交換は単純な「等価交換」ではないことを示している。商品交換（＝等価交換）に親しんだ私たちが想定するような「等価」という概念を、彼らの世界に安易に適用すること自体が間違っている（太田 二〇〇二参照）。

つぎに、家族集団内における家畜をめぐる権利のあり方を見よう。レンディーレとガブラの社会では、家族集団が保有している家畜の最終的な所有権（＝処分権）は、集団の長である父親がもつとされている。また、父親の死後には第一夫人の長男（以下、単に長男という）がその家畜の大部分を相続する「長男相続制度」をとっている。父親と長男の理念的な一体性を人びとは強調して語るし、また、実際に長男には、父親の家畜が生前に贈与されることはない。他方、次男以降の息子に対して父親は、息子の割礼や結婚など、人生の節目となる機会にメスラクダを贈与する。

このような体制のもとで、実際に父親と息子たちは家畜に対してどのような権利をもち、また、お互いに権利をいかに主張し合うのかについて、曽我（一九九六）がガブラ社会について緻密な記載をおこなっているので、それを参照してみよう。

ガブラ社会では、息子は結婚したあとも父親と同居し続けるべきものとされ、父親とその妻、そして既婚の息子たちから構成される家族集団が飼養する家畜は「すべて父親のものである」と語られる。ただし、これとは矛盾する語りもある。次男以下の息子たちが父親から贈与されたメスと、そのメスの子どもは「息子のもの」であり、オスの子どもは「父親のもの」であるとも語られ、さらに、息子が結婚したあとで生まれたオスの子どもは「すべて息子のもの」になるとガブラの人びとは語る。しかし、こうした「息子のもの」である家畜を「処分する権利」はすべて父親がもっているとされる。息子は、この家族集団の外部から未経産メスを贈与されることもあるが、その家畜の扱いも同じである。つまり、家畜に対する息子の所有権は強く制限されており、父親は「息子のもの」である家畜も自由に処分できるという。

ただし、実際には父親は、やむをえない事情がない限り、次男以下の息子の家畜を取り上げることはしない。もし、息子の家畜を処分せざるをえない場合には、かわりの家畜を与えようと努力する。そうしないと将来、父親の家畜が病死したり、ミルクを出さなくなったり、あるいは不妊になったりするといわれている。ガブラ社会では、信託ラクダを強制的に回収したものは、同じような不幸にみまわれると考えられている。それでも回収を強行する者が存在することを思えば、息子の家畜を処分した父親が、必ずしもそれを補償するとはかぎらないだろう。おそらくその場合には、息子は自分の権利を強く主張しなければならないに違いない。ただし曽我（一九九六）によれば、次男以下の息子と父親のあいだで家畜をめぐる争いが起きることはほとんどない。

それに対して、長男と父親はしばしば争いを起こす。まえにものべたように「長男相続制度」をとるガブラ社会では、父親と長男の一体性が強調され、父親が生存しているときに長男はいっさい自分の家畜をもっていない。そして、一方では「家畜はすべて父親のものである」「子どもは父親に従わなければならない」という考え方が存在し、他方では「父親は長男の同意を得ずには家畜を処分できない」という、相互に矛盾する認識も存在する。父親は自分の親族や友人との社会関係を考慮し、また、家族集団全体の利益を勘案しつつ、家畜を贈与したり売却したりする。しかし、長男が父親とは異なる要望をもつことは、容易に想像できる。もし、二人の意見が対立し、争いがこじれた場合には、その問題は年長者たちの集会にもちこまれ、その場で両者は自分の言い分を主張しつつ、なんらかの妥協点を模索することになる。

もちろん、すべての父親と長男がいつも対立しているわけではない。曽我（一九九六）によれば、両者の関係はむしろ良好であることが多く、その関係のあり方には以下のように相互に関連する二つの要素が関与しているという。第一には、長男の社会的な成長である。ガブラ社会の男性は、未婚のときには父親が住む集落をはなれて、家畜群をつれて放牧キャンプを形成して移動性の高い生活をおくる。そして結婚すると妻とともに集落に住むようになり、家畜の放牧を指示する立場に変わる。このように、次第に社会的に成熟してくる長男は、父親が家畜の「所有権」を行使しようとすると、場合によっては異をとなえるようになる。

二つめの要素は第一のものと密接に関連するのだが、長男の成長にともなって、父親が家長としての権限の一部を長男に委譲してゆくことである。家族集団のなかで肉などの食料を分配する作業を長男にまかせたり、家族のメンバーが消費できるミルクの量にあまり偏りが出ないように、搾乳できるメスを女性に配分する役割を長男に委任する。ガブラ社会には、このような権限の委譲をこまかく規定する規則があるわけではない。父親と長男は、日々の話し合いと交渉をとおしてこれを実現する。つまり、一方では家畜の「所有権」は父親にあるという理念が存在するが、他方、長男が社会的に成長してゆくことにともなう両者の実践的かつ現実的な調整によって、その「所有権」の実態は、漸次、異なるものになってゆくのである。このことはトゥルカナ社会でも同様であった。

5　おわりに――「他者に開かれた自己」のあり方

「法人類学（legal anthropology）」や「法の人類学（anthropology of law）」の分野では、人びとの行為を律する規則や権威に関する研究が、世界各地の多様な社会における事例をもとにして進められてきた。家畜をふくむ「財」の所有権や使用権をめぐる議論も、その一部である。こうした研究は「法とは強制力をともなった規則である」という西欧近代的なパラダイムを、無意識のうちに異なる社会に適用してしまう危険性を論じてきた。コマロフとロバーツ（Comaroff & Roberts 1981）は、ツワナ人がいかに規範的なルールに統制され、それに従うのか、そして同時に、そのルールをどのように援用しつつ、他者との交渉のなかで自分の権利を主張するのかを分析した。ツワナ人の諍いや交渉のプロセスにおいて、ルールは具体的に言及され政治的な操作の材料となるが、そうした個別の状況のもとで個々のルールは意味や価値をもつのである（Hayden 1984）。本章の最初に紹介したベンダ＝ベクマンら（Benda-Beckmann et al. 2006）が提唱した「財に関連する四つの層」という区分にしたがえば、コマロフとロバーツは、法や判例・制度の層と日常的な実践の層との相互関係に注目することの重要性を指摘したのである。

東アフリカ牧畜社会のイデオロギーでは、しばしば「家畜は家長のものである」とされる。トゥルカナ社会では、これは家族の一体性を表現するイディオムでもあり、フォークモデルである。しかし、家畜の所有をめぐる実際の関係は、そのように単純ではない。本章では、トゥルカナやレンディーレ、ガブラの社会には家畜の所有・利用に関して、どのような規則があるのかを網羅的には記述していない。その理由は、そうした規則を羅列して、それを「所有権」と「使用権」あるいは「完全な所有権」と「名目的な所有権」といった区分に従って整理するだけでは、この人びとが実際に家畜という財をめぐってどのような実践をおこなっているのかは理解できないためである。彼らの社会では一頭の家畜のうえに多数の人の多元的な権利が複雑に重複しており、それは「権利の束」と表現できる。しかし、この「権利の束」を実体的にとらえ、それがその一頭に権利をもつ人びとの行動を決定するかのように理解するのは間違いである。人びとの権利は不確定であり、つねに他者との交渉のなかで更新され、創出され続けてゆく。[11]

私たちからみれば、彼らは特定の家畜をめぐって対立する利害をかかえており、自分の利益を追求するために交渉し、最終的にはどこかで妥協点を見つけて折り合いをつけているように思える。そしてこうした交渉は打算的なものであり、勝者と敗者を生み出すと、私たちは考えがちである。しかし、東アフリカ牧畜民が家畜をめぐって交渉を繰り返しているからといって、彼らが「自分の欲望を主張し合っている自己中心的な人びとである」と考えるのはまったく間違いである。こうしたイメージが出てくるのは、各人が家畜を「私的に所有」していることを前提として、その帰趨をめぐって人びとが競合するのだと、私たちが想定するためにほかならない。

ここには「所有とはいかなる事態か」というテーマとともに、交渉相手となる「他者とはどのような存在か」という問題が深く関与している。「私的所有」を当然のこととみなす私たちにとっては、「他者」が存在するか否かにかかわらず「これは私のもの」という事態が成立しており、その意味で他者は不在である。

本章でみてきたように、家畜に関する権利をめぐって、ときには居住集団の分裂にいたるような交渉をおこなう人びとにとって、「他者」とはどのような存在だろうか。本書の第一章を執筆している北村光二は、トゥルカナ社会におけるコミュニケーションに関する考察をかさねてきた（北村 一九九一、一九九六、二〇〇二、二〇〇四、二〇〇七）。彼は、交渉に臨むトゥルカナは、「コミュニケーションにコミュニケーションを接続し続けることを容易で望ましいものにする相互行為の場を確保しようとしている」とのべる（本書二九頁）。また、「人は協働すべきだという……肯定的原則が、あらゆる社会的やりとりに一貫して適用される」（北村 二〇〇二：一〇四）とも記している。すなわちこの人びとにとって他者とは、自分に対していかなる働きかけをしようとも、それを無視するのではなく正面から相互行為に取り組む相手である。

これは、他者とのコミュニケーションをしばしば遮断し、他者を不在にしがちな私たちにとって驚くべき他者観である。私の経験をひとつあげよう。私はトゥルカナで調査をしているときに、必要なものを買うために友人と一緒に町まで出て行くことがあった。あるとき、見知らぬ老女が私に対して「カネをくれ」と言って近づいてきた。彼女は「カモになる白人がいる」と思ったのかもしれない。一緒にいた私の友人たちは最初、「おい、そいつを放っておけ」と老女に言ったのだが、老女が「私がこの男にカネをねだって何が悪いの！」と主張すると、友人たちはすぐに「わかった、わかった」と苦笑してひきさがったのである。私は内心、「やっかいなモノ乞いを友人が追い払ってくれたらうれしい」と思っていたのだが、トゥルカナの人びとは、その老女がどのような人間であれ、私に働きかけることには当然の権利があるとみなしている。

だからといって彼らが、みすぼらしい身なりをした老女に同情したり、感情移入していたわけではないし、他者に対して「温かい心をもっている」わけでもない。彼らにとって他者とは「話をしなくても気持ちが通じる」とか、「私の事情を察してくれる」といった存在ではない。むしろ他者とは「知りえない」ものであり、いつも直接的な相互行為のなかで自分との関係を更新し続けるべき相手である。

以下のような印象的な出来事もあった。私が同居していた家族のウシが隣接民族によって略奪されてしまったとき、その家長は自分の親族や友人を訪ね歩いて支援を求めようとしていた。ある日、彼が遠方に住む友人を訪問する旅に出かけるという。私はその相手を知っていたので、きっと援助をしてくれるに違いないと思いつつ、彼に「ウシがもらえるだろうか」とたずねてみた。しかし彼は「その友人とは、昔はよい関係だったけれど、いまもそうなのかは自分にはわからない」と答えたのである（太田 一九八六：二〇九）。彼らにとって、他者とは不可知であり、自分が操作・管理できない不可侵の存在である。そのことを前提として彼らは「人は協働すべきである＝コミュニケーションを接続し続ける場をつねに確保する」ことを原則として交渉に臨む。彼らにとって他者あるいは自己とは、そのように開かれた存在なのである（太田 二〇一六）。

家畜に対する権利をめぐって他者との交渉をかさねる牧畜社会の人びとが、自己の欲望を追求する利己的な人間にみえるのは、私たちの世界における私的所有観や損得勘定を彼らの世界に投影しているためにすぎない。私たちは、「私がモノを所有する」という事態は、他者の存在とは無関係に成立していると感じている。しかし彼らにとって家畜に対する権利は他者による不断の承認と不可分のものであり、他者が不在のところでは「財」や所有も存在しえない。家畜に対する権利は「私と向き合う（＝交渉する）他者との関係」において、初めて意味あるものになる。

ところで、本章の最初に紹介したベンダ＝ベクマンらが編集した書物（Benda-Beckmann et al. [eds.] 2006）のタイトルは、『所有の属性の変容（*Changing Properties of Property*）』である。ここでは「property」という単語が二つの意味でつかわれている。ひとつは「所有」あるいは「所有権」であり、その具体的な対象となる「財産」や「所有物」である。もうひとつは、（あるものがもつ）「属性」「性質」「特質」「固有性」である。

鷲田清一（二〇〇〇：五）は、propertyという単語がもつこうした二つの意味は、「逆である」と論じている。なぜなら、「『所有』はその意味からしてもともと他人への譲渡や交換の可能なものであるのに対して、『固有』は他のものとは取り替えのきかない譲渡不能な特性、つまりはあるものの『かけがえのない』あり方こそを意味するからである」。この単語が人間に対して使われる場合には、それは人格の「（自己）固有性」を意味する。このように指摘した鷲田は、「所有」と「固有」が同じ単語で表現されるという事実を出発点として、近代社会の特質を論じている。「私的所有・私有財産」が制度化されることは近代において個人の市民的自由を保証する前提条件であったし、一般的に私たちはそれに疑念をはさむことがなく、私の所有物を処分することは私の自由であると感じている。同時に私たちは、所有に関するこうしたまなざしを生活のすべての局面に浸透させ、自己の固有性や同一性（アイデンティティ）の根拠を内在的に規定しようとする。独自な存在としての私の根拠を、他者とは切り離されたところで自己の内的な属性に求めようとするのである。

私たちが「私的な所有／固有」という観念に、脅迫的なまでに取り憑かれていることを論じた考察の最後に鷲田（二〇〇〇：四〇）は、「これまで〈所有〉というかたちで問題になってきたものの多くを、可処分権という、物の支配の言語によってではなく、他者との〈交通〉という言語で語りなおす必要が」あるのではないか、とのべている。グラックマンが指摘していたように（Gluckman 1965a）、財に対する権利について考えるときに私たちは、「人とモノ」の関係ではなく、「人と人」の関係に注目すべきである。そして一般的にいって「所有」とは、他者との関係のなかにしか存在しえない。しかし私たちの社会では、第一に「私的所有」を無条件に想定し、第二に財の帰趨に関する決定を最終的には法律にゆだねることによって、他者を不在にしてしまった。これに対して東アフリカ牧畜社会の人びとは、家畜に関する権利をつねに他者との交渉のなかにおきつつ、自己と他者を直接に向き合う存在として措定する。その他者とは、自分には操作・管理できない不確実で不可侵な存在である。こうした自己＝他者関係は、私たちにとってはいかにも厳しいものに感じられるが、そのプロセスをとおして牧畜民は、他者とのあいだに交歓と相互承認をつねに創出しているのである。

註

1　杉島（一九九九）は、「所有」という概念自体が「出自」と同じように雑多な現象に対してもちいられる比喩表現であり、概念的本質をもたないことに注意をうながしている。その意味では「財」もまた同じである（Turner 2017 参照）。

2　ただし、こうした質問をするのは人類学者など、外部の人間に限られる。トゥルカナの人びとは自分の家畜だけではなく、近隣に住む人びとの家畜も個体識別してよく知っており、ふつうはこのような質問はしない。遠方からたずねてきた人が、放牧中の家畜の群れをまえにして「これは誰のものか?」とたずねることもあるが、たずねた相手がその群れの牧童であれば、「自分のものだ」という答えが返ってくるだろう。つまり彼らのあいだでは、文脈に依存せずに「この家畜は誰のものか?」という質問が発せられることはない。たとえば、私たちが一軒の家のまえで「これは誰の家か?」とたずねたときに世帯主の名前が返ってきても、それが必ずしも「この家の所有者は世帯主の〇〇さんである」ということは意味しないのと同じである。

3　これを *amuro na ngitalyo* とよぶ。*amuro* は「後肢」、*ngitalyo*（sing. *etali*）は「慣習」「規範」「伝統」といった意味である。

4　トゥルカナ社会では、既婚男性の死後にその妻が別の男性をパートナーとして選ぶことがある。それをここでは「相続」とよぶが、それ以降に生まれた子どもたちは、すべて社会的には死者である男性の子どもとして位置づけられる。こうしたパートナーとしては、死亡した男性の父系の近親者が選ばれることが多い。

5 一般的にトゥルカナ社会では、いったん婚資として譲渡された家畜が支払い側に戻ってくるのはよくないことだとされている。このとき、なぜこうした事態が起こってしまったのかは不明である。

6 Jは、そのオスヤギが肉用としてもらわれてきた当時に、自分が一頭の去勢ヒツジを供出したことについては、まったく言及していない。

7 このように、死亡した夫の名前で新しい妻をめとることを人類学では「幽霊婚」とよぶ。この慣習の意味はそれぞれの社会において同一ではないが、これはその事例である。

8 「家族」をどう定義するのかをここで詳細に論ずる必要はないが、ひとつの家族に属し、同居している既婚女性のあいだで搾乳できるメスラクダの頭数が不均衡になったときにも、こうした貸与がおこなわれる。

9 レンディーレとガブラは陰暦によって日と週、月、年を数える詳細な体系をもっており、これにもとづいて儀礼や日常活動が規制される。暦年は曜日名をもちいて指示され、七年ごとに同じ名前の暦年が繰り返される（佐藤 一九九二）。

10 この交換取引を解消するときに、最初にAが得た去勢ラクダをBに返却したかどうかについて、佐藤（一九九一、Sato 1992）は何も言及していないが、おそらく返却していないものと思われる。また、AがBに対して「交換を解消したい」と要求することができたことには、両者が同じクランに所属していたことが影響している可能性も皆無ではないと思われるが、佐藤（一九九一、Sato 1992）はそうした説明をしていない。

11 私はここで交渉の重要性を強調しているが、誤解のないようにのべておけば、そのことはイデオロギーの重要性を否定するものではないし、また、男性と女性、夫と妻、父親と息子など、異なるアクターには異なる権利や義務が割りあてられていることの重要性を無視するものでもない。

参考文献

太田　至　一九八〇「トゥルカナ族の家畜所有集団と遊動集団」『アフリカ研究』一九：六三—八一頁。
太田　至　一九八六「トゥルカナ族の互酬性——ベッギング（物乞い）の場面の分析から」伊谷純一郎・田中二郎（編）『自然社会

の人類学――アフリカに生きる』アカデミア出版会、一八一―二一五頁。
太田　至　一九九六「規則と折衝――トゥルカナにおける家畜の所有をめぐって」田中二郎・掛谷誠・市川光雄・太田至（編）『続・自然社会の人類学』アカデミア出版会、一七五―二一三頁。
太田　至　二〇〇二「家畜と貨幣――牧畜民トゥルカナ社会における家畜の交換」佐藤俊（編）『遊牧民の世界』京都大学学術出版会、二二三―二六六頁。
太田　至　二〇〇四「トゥルカナ社会における婚資の交渉」田中二郎・佐藤俊・菅原和孝・太田至（編）『遊動民（ノマッド）――アフリカに生きる』昭和堂、三六三―三九二頁。
太田　至　二〇一六「アフリカのローカルな会合における『語る力』『聞く力』『交渉する力』――コンゴのパラヴァー・ボラナのクラン集会・トゥルカナの婚資交渉」松田素二・平野（野元）美佐（編）『紛争をおさめる文化――不完全性とブリコラージュの実践』京都大学学術出版会、二二九―二六三頁。
北村光二　一九九一「『深い関与』を要求する社会――トゥルカナにおける相互作用の『形式』と『力』」田中二郎・掛谷誠（編）『ヒトの自然誌』平凡社、一三七―一六四頁。
北村光二　一九九六「身体的コミュニケーションにおける『共同の現在』の経験――トゥルカナの『交渉』的コミュニケーション」菅原和孝・野村雅一（編）『コミュニケーションとしての身体』大修館書店、二八八―三一四頁。
北村光二　二〇〇二「牧畜民の認識論的特異性――北ケニア牧畜民トゥルカナにおける『生存の技法』」佐藤俊（編）『遊牧民の世界』京都大学学術出版会、八七―一二五頁。
北村光二　二〇〇四「『比較』による文化の多様性と独自性の理解――牧畜民トゥルカナの認識論（エピステモロジー）」田中二郎・佐藤俊・菅原和孝・太田至（編）『遊動民（ノマッド）――アフリカに生きる』昭和堂、四六六―四九一頁。
北村光二　二〇〇七「『世界と直接に出会う』という生き方――『東アフリカ牧畜民』的独自性についての考察」河合香吏（編）『生きる場の人類学』京都大学出版会、二五―五七頁。
佐藤　俊　一九九一「ラクダ移譲の制度的側面――ケニア北部のレンディーレ社会の事例」田中二郎・掛谷誠（編）『ヒトの自然誌』平凡社、二七一―二九二頁。

佐藤　俊　一九九二『レンディーレ――北ケニアのラクダ遊牧民』弘文堂。
佐藤　俊　一九九四「畜友――ラクダがつなぐ人間関係」大塚柳太郎（編）『講座・地球に生きる（三）　資源への文化的適応――自然との共存のエコロジー』雄山閣、九五―一二〇頁。
杉島敬志　一九九九「序論――土地・身体・文化の所有」杉島敬志（編）『土地所有の政治史――人類学的視点』風響社、一一―五二頁。
曽我　亨　一九九六「不平等な家畜相続制度――ラクダ牧畜民ガブラの親と子の葛藤」田中二郎・掛谷誠・市川光雄・太田至（編）『続・自然社会の人類学』アカデミア出版、二一五―二四二頁。
曽我　亨　一九九八「ラクダの信託が生む絆――北ケニアの牧畜民ガブラにおけるラクダの信託制度」『アフリカ研究』五二：二九―四九頁。
孫　暁剛　二〇一二『遊牧と定住の人類学』昭和堂。
鷲田清一　二〇〇〇「所有と固有――propriété という概念をめぐって」大庭健・鷲田清一（編）『所有のエチカ』ナカニシヤ出版、四―四一頁。
Baxter, P. T. 1972. Absence makes the heart grow fonder: Some suggestions why witchcraft accusations are rare among East African pastoralists. In（M. Gluckman, ed.）*The Allocation of Responsibility*. Manchester: Manchester University Press, pp. 163-191.
Baxter, P. T. 1975. Some consequences of sedentarisation for social relationships. In（T. Monod, ed.）*Pastoralism in Tropical Africa*. Oxford: Oxford U. P., pp. 206-229.
Benda-Beckmann, F. von, K. von Benda-Beckmann, & M. G. Wiber, 2006. The properties of property. In（F. von Benda-Beckmann, K. von Benda-Beckmann, & M. G. Wiber, eds.）*Changing Properties of Property*. Oxford: Berghahn Books, pp. 1-39.
Benda-Beckmann, F. von, K. von Benda-Beckmann, & M. G. Wiber（eds.）2006. *Changing Properties of Property*. Oxford: Berghahn Books.
Comaroff, J. L. & S. Roberts. 1981. *Rules and Processes*. Chicago: University of Chicago Press.
Dahl, G. 1987. Women in pastoral production: Some theoretical notes on roles and resources. *Ethnos* 52: 246-279.
Gluckman, M. 1965a. *The Ideas in Barotse Jurisprudence*. Manchester: Manchester University Press.

Gluckman, M. 1965b. *Politics, Law and Ritual in Tribal Society*. Oxford: Basil Blackwell.

Gulliver, P. H. 1955. *Family Herds*. London: Routledge & Kegan Paul Ltd.

Hayden, R. M. 1984. Rules, processes, and interpretations: Geertz, Comaroff, and Roberts. *American Bar Foundation Research Journal* 9(2): 469-478.

Khazanov, A. M. & G. Schlee. 2012. Introduction. In (A. M. Khazanov & G. Schlee, eds.) *Who Owns the Stock? Collective and Multiple Property Rights in Animals*. New York: Berghahn Books, pp. 1-23.

Pelican, M. 2012. From cultural property to market goods: Changes in the economic strategies and herd management rationales of agro-pastoral Fulbe in north west Cameroon. In (A. M. Khazanov & G. Schlee, eds.) *Who Owns the Stock? Collective and Multiple Property Rights in Animals*. New York: Berghahn Books, pp. 213-230.

Republic of Kenya 2010. *The 2009 Kenya Population and Housing Census, Volume II*. Nairobi: Kenya National Bureau of Statistics.

Sato, S. 1992. The camel trust system in the Rendille society of northern Kenya. *African Study Monographs* 13(2): 69-89.

Schlee, G. 2012. Multiple rights in animals: An East African overview. In (A. M. Khazanov & G. Schlee, eds.) *Who Owns the Stock? Collective and Multiple Property Rights in Animals*. New York: Berghahn Books, pp. 247-294.

Spencer, P. 1973. *Nomads in Alliance: Symbiosis and Growth among the Rendille and Samburu of Kenya*. London: Oxford University Press.

Turner, B. 2017. The anthropology of property. In (M. Graziadei & L. Smith, eds.) *Comparative Property Law*. Cheltenham: Edward Elgar, pp. 26-46.

第4章　難民を支えたラクダ交易
——治安・旱魃・協働

曽我　亨

1　はじめに

エチオピアの首都アジスアベバから南に向かって五三〇キロメートル。エチオピア高原をリフトバレーに沿って下りて行くと、乾燥地帯が広がる。時折、ラクダを載せたトラックが対向車線を走ってくる。トラックの荷台に座らされて、長い首をきょろきょろ動かす姿は、どこかユーモラスだ。ぼんやりみていた私だが、ふと、このラクダはどこに運ばれていくのか疑問に思った。

エチオピア高原にすむアムハラ人は、ラクダの肉を食べない。私をフィールドに連れて行ってくれるアムハラ人のドライバーは、村についても紅茶一杯飲もうとしない。紅茶にはいっているラクダのミルクが嫌なのである。まして肉など食べるはずがない。では、ラクダはどこに向かうのだろう。

調査地であるオロミア州ボラナ県のスルパに到着すると、私は、さっそく皆にラクダの向かう先を聞いてみた。するとラクダは、オロミア州の州都アダマの東、メテハラに運ばれるのだという。そこから先を調べてみると、隣国ジブチを経由して遠くアラブ首長国連邦のシャールジャ首長国に輸出されていることがわかった。ラクダは、海外に輸出されていたのである。

調査地の人びとは、このラクダの輸出にふかく関わっていた。ラクダ交易の進展に付随して多くの仕事が生まれ、地域は活気にあふれていた。現金収入が生まれることで、人びとの生活にも余裕が生まれつつあるように思えた。また、これまでしばしば民族紛争が生じていたが、ラクダの交易では近隣民族が協力しあう姿がみられた。その姿をみているうちに、ラクダ交易には、良好な民族関係を促進する力があるように思えてきた。

本章では、このラクダ交易についてくわしくみていこう。そして、この交易が地域の人びとにとっていかなる意味をもっているのか考えよう。

2　東アフリカからのラクダの輸出ルート

ラクダ市場の特殊さ

東アフリカにおいてラクダを飼育する牧畜民は、ソマリアとエチオピア、ケニアなどにすんでいる。ところがラクダの国内市場は非常に貧弱だ。ウシ・ヤギ・ヒツジが国内市場を中心に取り引きされているのに対し、[1] ラクダを扱う大きな国内市場はほとんど存在しない。エチオピアでもケニアでも、都市にはラクダ肉を食べる人がいないので、ラクダの市場価値はほとんどないのである。その一方で、スーダンやエジプト、サウジアラビア、湾岸諸国にはラクダ肉を嗜好する人びとがすんでいる。彼らにとって、東アフリカは重要なラクダの供給地となってきた。ラクダを飼育する牧畜民は、国内市場とは繋がりがない一方で、グローバル市場に繋がっているのである。

東アフリカのラクダは、従来、二つのルートから輸出されてきた（図4-1）。ひとつはエチオピア北東部から北方のシラロやヒモラの家畜市場に集められ、スーダンに運ばれていく北ルートである（Aklilu & Catley 2011）。もう

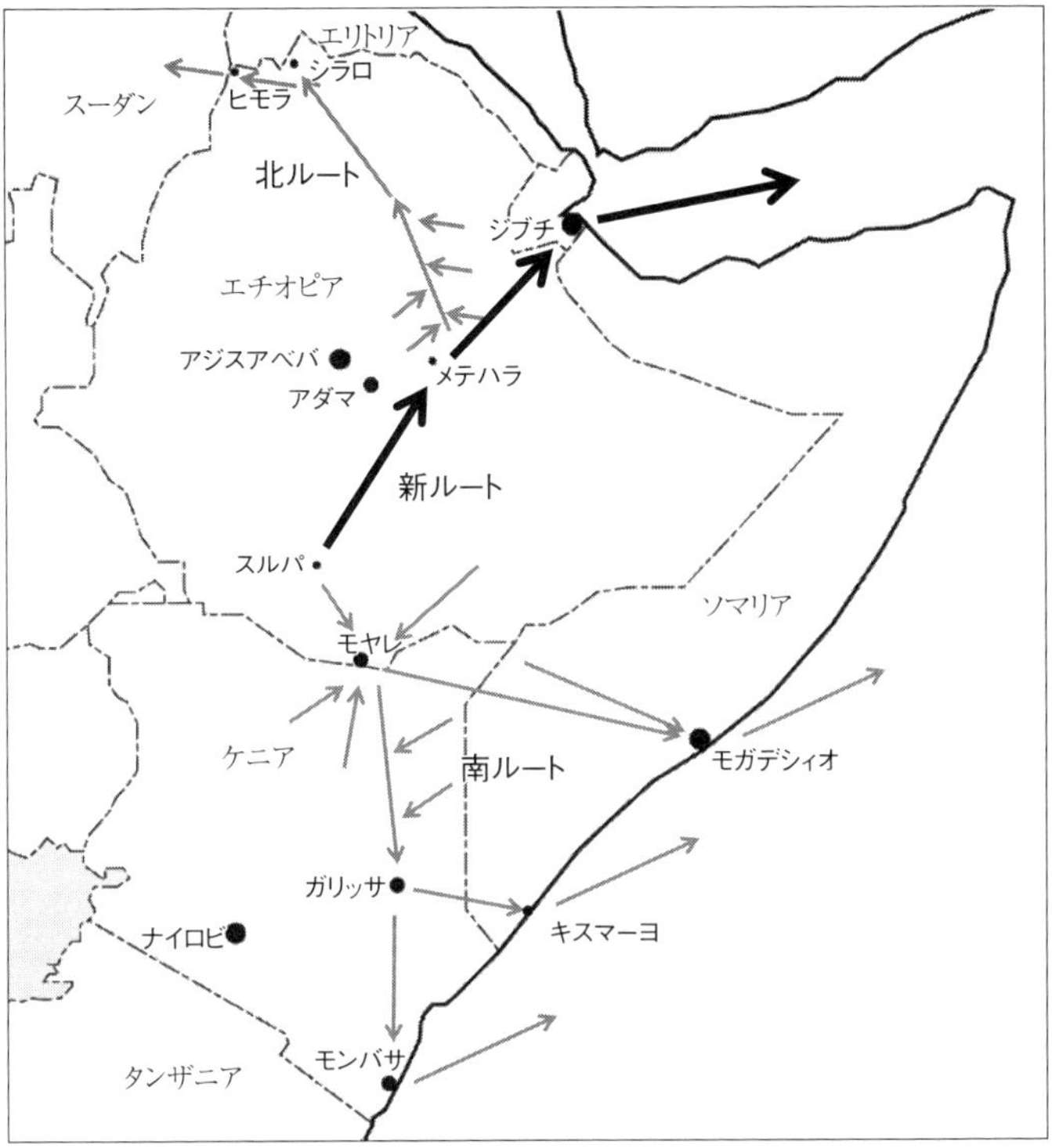

図 4-1　ラクダの輸出ルート

註：北ルートは Aklilu & Catley（2011）をもとに作成。南ルートについては AU-IBAR & NEPDP（2006）、Filip（2006）、Little（2003）に加え、筆者のインタビュー結果をもとに作成。新ルートについては、Mahmoud（2010b, 2013）、および筆者のインタビュー結果をもとに作成。

ひとつは、エチオピア南東部やケニア北部から、モヤレやガリッサの家畜市場を経て、ケニアのモンバサやソマリアのモガデシィオに運ばれ、船でエジプトや中東諸国に輸出される南ルートである（Filip 2006, Legesse et al. 2008, Little 2003, Mahmoud 2010a, 2013）。

南ルートの消滅

エチオピア南部は、南ルートの末端に位置する。ところが、二〇〇七年ごろから輸出ルートが劇的に変わった。ケニア北東部のガリッサには、ラクダがまったくもちこまれなくなってしまい、モガデシィオからもラクダは輸出されなくなってしまった。南ルートは事実上、消滅したのである（Mahmoud 2010b, 2013）。かわって登場したのが、エチオピア南部からメテハラを経て、ジブチから船でアラブ首長国連邦へと輸出する新しいルートであった。

南ルートが消滅した原因は、ソマリアの混乱にある。一九八〇年代から内戦状態におちいり、混乱が続いていたソマリアでは、二〇〇四年に暫定政府が樹立された。しかし、その後も反政府勢力のイスラム法廷連合がモガデシィオを制圧するなど混乱が続いている。二〇〇七年にイスラム法廷会議（連合より改名）の支配が瓦解してからは、イスラム過激組織アル・シャバブがラクダ交易を担う若者を民兵組織に勧誘するようになり、ラクダ交易に携わる若者が減ってしまった（Mahmoud 2010a）。

さらに検疫の問題があった。アラブ首長国連邦には生きたラクダが輸出される。生きた家畜を輸出するには、検疫の処置として三〇日以上の隔離をし、口蹄疫や牛疫、牛肺疫、リフトバレー熱などの感染症の危険がないこと証明しなければならない（AU-IBAR & NEPDP 2006）。しかし、アジスアベバに本社をおくカリド貿易会社によると、南ルートでは検疫体制が不十分であったという。本来ならば、ソマリアで検疫をおこなわなければならない。しかし安定した国家をもたないソマリアでは、検疫体制を整えることができなかったようだ。こうして南ルートは消滅してしまったのである。

グローバル交易の起点スルパ

エチオピア南部からアラブ諸国に向けて輸出されるラクダ交易を「グローバル交易」とよぼう。二〇〇七年ごろに新しいルートが作られたとき、グローバル交易の起点となったのはモヤレであった。モヤレはケニアとエチオピアの国境に位置する標高一〇〇〇メートルの町である。ここには、広く北ケニアや南エチオピアからラクダが集まってくる。その集積力のおかげで、モヤレのラクダ市には商人が集中した。ところが、二〇〇九年ごろから北ケニアでは降雨が得られなくなり、しだいにモヤレに集まるラクダの肉づきが悪くなっていった。食肉として輸出するうえで、痩せた家畜は商品的価値に欠ける。モヤレのラクダ市は、次第にその地位を低下させていった。

モヤレにかわってグローバル交易の新しい起点となったのは、その北方約二四〇キロメートルに位置するスルパである[2]。スルパはオロミア州ボラナ県北部に位置し、標高は一七〇〇メートルほどで、比較的降雨に恵まれている。南エチオピアから北ケニアの広い範囲で旱魃が生じたときも、この地域では安定して雨が降り、ラクダは健康的に太っていた。そこで、モヤレに集まってくるラクダが痩せ衰えてしまったとき、商人たちはスルパの市場でラクダを調達するようになっていった。

スルパの周囲にすんでいるのは、専業牧畜を営むガブラ人である。その北方には半農半牧を営むオロモ民族のグジ人が、南方にはオロモ民族のボラナ人がすんでいる。このうちラクダをたくさん飼育しているのはガブラ人だ。近年、グジ人やボラナ人も、ラクダも飼うようになってきたが、ウシを中心に飼っており、ガブラ人には及ばない。こうした民族分布を反映して、ガブラ人がすむスルパのラクダ市に多くのラクダが集まってくるのである。

3　グローバル交易

肥えたラクダの買い付け

スルパのラクダ市は、週に一度、月曜日に開かれる。ここには、さまざまな年齢・性別のラクダがもちこまれるが、肥えた種オスを買い付けているのは、アジスアベバのカリド貿易会社に委託された買い付け人である。二〇一〇年当時、スルパの買い付け人は四名いた。それぞれガブラ人、ソマリ人、アムハラ人、グジ人である。彼らは週末になると銀行に行き、送金されてきた資金を受け取る。一〇〇ブル札の束がカウンターに積まれるさまは壮観だ。この豊富な資金を使って、彼らは次々にラクダを買っていく。一日に一〇〇頭以上買う者もいるほどだ。

売買を直接進めるのはディララとよばれる代理人である。ひとりの買い付け人が、一〇〇人の売り手と交渉するのは不可能だ。多くのディララが、買い付け人にかわってラクダの持ち主と価格交渉をするのである。売り手側のディ

写真 4-1　スルパのラクダ市。ラクダの脇で売り手側と買い手側のディララ（代理人）が価格の交渉をしている

ララもいる。売り手の多くは、スルパから遠く離れた放牧地からやってくる。自分のラクダがどれほどの価値をもつのかはわからない。そこで売り手もディララに価格交渉を依頼するのである。

買い手側と売り手側のディララが、ラクダを前に顔を寄せて価格を交渉し、聞き耳をたてたギャラリーが取り囲む（写真4－1）。そんな姿がここかしこにみられる。交渉が成立すれば、ディララは依頼人からコミッションを取る。若オスラクダの場合は二〇～五〇ブル（約八八～二二〇円）だが、[3]大型の種オスラクダを高値で売ることに成功すれば一〇〇ブル（四四〇円）になることもある。売り手はその後、二五ブル（一一〇円）の税金を支払い、売買は完了する。

買い付け人が買うのは、一三～一四歳以上の肥えた種オスだけだ。[4]若オスやメスのラクダには見向きもしない。スルパのラクダ市では、大量の資金が流れ込んだ結果、肥えた種オスラクダの価格は高騰した。二〇〇一年に取った記録では、肥えた種オスの値段は約一五〇〇ブル（当時約二万二千円）であったが、二〇一四年には一万八千～二万八千ブル（当時九万五四〇〇～一四万八四〇〇円）の値がついている。ブルの換金レートは一ブル＝一四・四円（二〇〇一年）から五・三円（二〇一四年）に下落しているものの、[5]肥ラクダの価格の高騰ぶりが目を引く。ガブラの人びとは高値に驚嘆し、ラクダ市が立つたびに、高値のニュースが飛び交うようになった。

買い付けから輸出まで

さて、熱狂する家畜市の日が終わると、今度は売買されたラクダをトラックに積み込む作業がおこなわれる。南エチオピアでは、日本製のトラックが輸送に大活躍している。最大積載量が四トンのトラックには大型の種オスラクダを六頭、七トンのトラックには九頭を積み込む。火曜日から木曜日にかけて、二〇台以上のトラックにラクダを積み込んでいく。

トラックは北上し、約六〇〇キロメートルの道を一日かけて走りぬけると、オロミア州の州都アダマを経由してメテハラに運ばれる。灼熱の太陽が照りつける標高九五〇メートルの低地だ。カリド貿易会社は、石塀でできた約一ヘクタールの家畜囲いを建設し、運び込まれたラクダを三〇日間、隔離飼育している。この検疫期間を経て、感染症に罹っていないことが証明されると、ラクダは再びトラックに載せられ、ジブチからアラブ首長国連邦へと輸出されていくのである。

グローバル交易によって生まれた仕事

スルパに目を戻して、グローバル交易によって生まれた仕事に注目しよう。

まずラクダの放牧管理がある。ラクダをトラックに積み込むには三日ほどかかるから、そのあいだ、誰かがラクダを放牧し管理しなければならない。村で飼われているラクダは牧童が手をかけなくても自然にまとまり群れを作る。ところが種オスラクダは、若オスラクダや雌ラクダと異なり、放牧中に勝手に群れから離れてしまう。そこで、この種オスラクダの群れは、ガブラ人のなかでも特に放牧に慣れた青年にまかされている。一〇〇頭あまりの種オスラクダの群れをベテランの青年が四人がかりで放牧していた。牧人たちは毎日、ひとり一〇〇ブル（四四〇円）を商人から受け取る。

次に、トラックにラクダを積み込む仕事がある。これを請け負うのは積み降ろし組合だ。これは職業別組合のひとつで、ラクダを積み込んだり降ろしたりする仕事を独占している。スルパでは一六人からなる積み降ろし組合が、この仕事に従事していた。ラクダを積むときは、道路脇の小さな丘にトラックの尻を着けて荷台と地面の高低差をなくし、ラクダを積み込んでいく。積み降ろし組合は、一頭積み込むごとに四〇ブル（一七六円）を得る。

写真 4-2　肥ラクダをトラックに積む

トラックに載せられまいとするラクダを積むのは大変だ。ラクダを座らせ、前膝（腕関節）をロープで縛って動けないようにし、ひきずるようにして積み込む（写真4-2）。ラクダを愛するガブラ人にとって、力任せにラクダを積む仕事は心情的に抵抗があるようだ。ある女性は「ラクダが口から血を吐いたりする姿はみたくない」と語った。私自身はラクダが血を吐く姿をみたことはないが、抵抗するラクダを杖で強打したり、口吻をつかんで強く引っ張ったりするのは頻繁に見かける。この仕事はしたくないという男性もいた。ガブラ人にとってラクダが痛めつけられるのは堪え難いことのようである。

最後にトラックの手配がある。これはスルパ在住のグジ人の男性がおこなっていた。彼は買い付けられたラクダの頭数を確認すると、すぐさま携帯電話で知り合いのトラック運転手に次々と電話をしていく。運転手たちとの広い交友関係がなければ勤まらない仕事だ。また、買い付け人や積み降ろし組合とも良好な関係を保つ必要がある。

4 リージョナル交易

リージョナル交易の誕生

スルパのラクダ市では大型の肥えた種オスラクダが高値をつけたが、これにともないほかのカテゴリーのラクダの価格が上がっていった。もともと牧畜民には、オスの家畜を売った代金の一部でメスの家畜を購入し、繁殖させて群れを大きくしようとする傾向がある（湖中 二〇〇六）。ところが、グローバル交易によって種オスの値段が高騰した結果、種オスを売った代金の一部で二〜三頭のオスラクダを購入する牧畜民が増えていった。

とくに好まれたのは、モヤレから運ばれてくる痩せた種オスラクダや三〜四歳の小型の若オスラクダだ。モヤレのラクダ市には、広くケニアのマンデラ県、ワジア県、マルサビット県や、エチオピアのソマリ州からラクダが集まってくる。これらの地域のラクダは、二〇〇九年から一一年まで続いた大旱魃で骨と皮だけに痩せていた。しかし、痩せた種オスラクダを三ヵ月から一二ヵ月肥育すれば、グローバル交易の肥ラクダとしてとして高値で売ることができる。また、三〜四歳の若オスラクダも三〜四年肥育すれば種オスラクダとして高値で売ることができる。

その結果、モヤレで痩せた種オスラクダや小型の若オスラクダを安値で購入して、スルパに運んで売るという新たな交易が誕生した。このようにエチオピア国内の地域間でおこなわれる交易を「リージョナル交易」とよぼう。毎週、土曜日には、月曜日に開かれるスルパのラクダ市にあわせて、大量のラクダがモヤレからトラックで送られてくるようになった。

リージョナル交易の進め方

スルパの周辺に焦点をあて、リージョナル交易の手順について説明しよう。モヤレから痩ラクダが送られてくると、積み降ろし組合がトラックからラクダを降ろしていく。ラクダを降ろすのは簡単だ。前膝を固定しているロープをほどいてやれば、ラクダは独りで立ち上がり荷台から降りていく。積み降ろし組合は四トントラック一台につき六〇ブル（二六四円）、七トントラック一台につき一〇〇ブル（四四〇円）を受け取っていた。

降ろされたラクダは、商人から依頼を受けたスルパ近郊の村人が、一頭あたり二〇ブル（八八円）を受け取りラクダ市が開かれる月曜日まで管理する。ラクダは、夜間は村の近くに設けた家畜囲いに入れておく。このラクダは北ケニアやエチオピアのソマリ州などの広い範囲から集まってきたものだから、どんな病気をもっているかわからない。そこで村人たちは、病気が移ったりしないよう、村のラクダとは隔離して管理する。

ラクダ市の前日には、商人たちがモヤレからバスでやってくる。彼らは村にやってくると、輸送されてきたラクダに傷などがついていないか確認する。ラクダをトラックの荷台に無理やり詰め込むと、輸送の途中で脚が傷ついたり障害を負ったりすることがある。傷や障害があると売れ行きが悪くなるので、商人たちはラクダの傷に敏感だ。

傷や障害がなければ、ラクダをスルパのラクダ市に連れていく。ラクダ市のなかは、スルパ近郊からやってきた肥えた種オスラクダを取り引きする場所と、モヤレから運ばれてきた痩せた種オスラクダを取り引きする場所が分かれている。他にも小型の若オスラクダや、メスラクダを取り引きする場所もある。モヤレからやってきた商人たちは、それぞれ痩ラクダの前で買い手が現れるのを待ちかまえる。買い手が来るとディララが交渉をはじめる。交渉がまとまれば、コミッションを払い、税金を払って売買が成立する。

ラクダが売れ残ると、商人たちは村人にそのラクダの世話をゆだね、モヤレに戻っていく。村人はラクダの放牧をしたり、もし脚に傷や障害がある場合は治療したりして一週間をすごし、ふたたび次の週のラクダ市に連れていくのである。

リージョナル交易とエスニシティ

リージョナル交易に関わる商人は、すべてガブラ人である。人数も多く二〇一〇年には一〇九名のガブラ人商人が従事していた。彼らは、いずれも小規模な資金しかもたない零細商人である。モヤレの市場で購入するのは、せいぜい二～三頭だけであり、一台のトラックを数人で一緒に借り上げる。肥ラクダの買い付け人が、一〇〇頭以上のラクダを買い付けるのとは対照的である。

ガブラ人がリージョナル交易を独占している理由はいくつかある。まず、買い付けについては、ラクダの目利きが重要だ。牧草をたっぷり与えさえすれば、すぐに体重を回復するような、骨格のしっかりした健康なラクダを見極める必要がある。

次に、モヤレで購入したラクダをスルパのラクダ市に送り届けるのだが、ここで問題になるのは、スルパでそのラクダを受け取り数日間その世話をしてくれる村人を見つけられるかどうかである。モヤレ周辺には、ガリ人やアジュラン人、デゴディア人など、ラクダの目利きに長けたソマリ系の人びともすんでいるが、彼らにはスルパ近郊でラクダを受け取ってくれる親族や友人がいない。一方、ガブラ人は、後述するようにモヤレとスルパの双方に分かれて暮らしており、親族や友人がラクダの送り手と受け手になることができた。かくして、ガブラ人がリージョナル交易を独占していったのである。

5　難民ビジネスとしてのリージョナル交易

引き裂かれた民族

なぜガブラ人はスルパとモヤレに分かれてすんでいるのだろうか。それは彼らの歴史を調べればすぐにわかる。ガブラ人は何度も民族紛争に巻き込まれ、安住の地を求めて逃げまわってきた。その結果、各地に分かれてすむようになったのである。

簡単にガブラ人の歴史を振り返っておこう（Soga 2006）。彼らが最初に散り散りになったのは一九六三年のことである。一九六〇年に隣国ソマリアが独立すると、エチオピアやケニアにすむソマリ人は、その居住域をソマリアに併合させることを願ってゲリラ戦争を繰り広げた。南エチオピアでは、ガリ人を中心とするソマリ系の人びとと、ボラナ人を先兵とするエチオピア軍との戦いが起きた。このとき、両者の境界地域に暮らしていたガブラ人はゲリラ戦争に巻き込まれ、当時の居住地域の北側（スルパ地域）と南側（モヤレ地域）へと逃げ出したのである。

その後も、ガブラ人の受難は続き、一九七四年のエチオピア革命や、一九九一年の社会主義政権崩壊の際にも、グジ人やボラナ人の攻撃を受けて難民・国内避難民となった。さらに二〇〇六年には、グジ人とボラナ人の県境をめぐる紛争に巻き込まれ、ガブラ人はモヤレ地域や北ケニアに逃げていった。現在、ガブラ人はスルパ地域やモヤレ地域をはじめ、五箇所以上に分散して居住している。ラクダのリージョナル交易を可能にする分散居住が生まれた背景には、幾度も繰り返された民族紛争の歴史があったのである。

ガブラ人の家族分散戦略

スルパ地域にすんでいるガブラ人は、二〇〇六年に紛争が起きたときに、逃げるのを思いとどまった者たちである。ガブラ人は家畜の民であり、家族全員が治安のよい町に逃げ込むわけにはいかない。誰かが牧野に残って家畜の世話をする必要がある。そこでガブラ人は、老夫婦や、その世話をする長男夫婦などをモヤレや北ケニアに逃がし、次男あるいは三男夫婦を中心に壮年世代の者たちは、家畜の世話をするためスルパ地域に残るようにした。スルパ地域に残った者たちは、注意深く紛争地帯を避けて移動し、政府がグジ人とボラナ人の紛争を調停するのを待ったのである。

ガブラ人は家族を分散させることで、紛争に対処してきたのである（曽我 二〇一一）。

こうした家族分散戦略には大きなメリットがある。それは難民が帰還したその日から、元通りの生活に戻れることである。一般的に、紛争が終わって難民・国内避難民が故郷に帰還しても、生活基盤を再構築するためには時間がかかるといわれている。しかしガブラ人の場合、難民・国内避難民が故郷に戻れば、そこには残った家族が家畜を維持しているのだから、生活基盤を再構築する必要がなかった。

その一方で、生命の維持と生活の維持は二律背反の関係にある。つまり紛争地域では人びとの生命が脅かされるが、家畜を手元に飼っているので食料には困らない。逆に、難民となって移りすむ地域では生命が脅かされることはないが、食料の確保が難しい。とくに国内避難民の場合、当事国の政府は国内避難民が発生していることを認めないことが多く、支援を得られない。二〇〇六年に国内避難民となったガブラ人も、エチオピア政府が国内避難民であると認めなかったため、生活に必要な援助を得ることができなかった。彼らは生活をどのように維持するかという問題に直面したのである。

写真 4-3　モヤレ近郊につくられた国内避難民の家屋

国内避難民の生存を可能にするリージョナル交易

二〇〇六年にモヤレを目指して避難した人びとはダンボールの家にすむなど、生活は困窮を極めた（写真４-３）。ただ、過去にもモヤレには多くのガブラ人が逃げ込んできており、商業などで身を立てている者もいた。新たに国内避難民となったガブラ人は、モヤレ在住のガブラ人の世話になったり、町周辺の原野から薪を集めて売ったり、スルパ地域に残った家族や親族が送ってくれるミルクを売ることで、日々の暮らしを支えていった。

こうした苦境にあるガブラ人にとって、痩ラクダのリージョナル交易は、文字通り生存を可能にする重要な生計手段であった。彼らはスルパ地域に残してきた肥ラクダを売却したりして元手を作ると、リージョナル交易に乗り出した。リージョナル交易に携わる商人が零細であるのは、彼らがもともと国内避難民であったからである。

リージョナル交易がもたらした利益を推定しておこう。商人として携わったガブラ人は一〇九人いた。調査をおこなった二〇一〇年一〇月~二〇一四年九月のあいだに、彼らは、毎週平均一〇三頭の痩ラクダをモヤレのラクダ市で購入し、スルパのラクダ市で売却することで一頭あたり約一千ブルの利益を得た。商人ひとりあたり、毎週九四五ブル（四一五八円：利益一千ブル×一〇三頭／一〇九人）の利益を稼ぎ出している。このように痩ラクダ交易は、国内避難民として暮らす人びとを経済的に強く支えていたのである。

牧野の人びとが得た利益

スルパ地域に残ったガブラ人にとっても、グローバル交易およびリージョナル交易は、生活に必要な現金を獲得する手段として重要であった。まず、種オスラクダを飼っていた者は、それを肥ラクダとして売ることで大金を手にすることができた。また、種オスラクダを飼っていない者についても、これらの交易が生み出した間接的な仕事をすることで日銭を稼ぐことができた。

ラクダの売買を代理するディララからみていこう。スルパでは毎週、平均九〇頭の肥ラクダが輸出のために売られ、一〇三頭の痩ラクダが地域の人びとによって購入されていた。ディララは、ひとりあたり約三頭のラクダの売買に関わっている。そこで肥ラクダの売り手側にディララ三〇人、買い手側にもディララ三〇人が売買に関与することとなり、同様に痩ラクダの売買にも六八人のディララが関与するから、合計一二八人の仕事が生まれた勘定になる。コミッションとして、肥ラクダでは毎週九千ブル（五〇ブル×九〇頭×二人）が、痩ラクダでは四一二〇ブル（二〇ブル×一〇三頭×二人）が支払われた。これをディララひとりあたりにならすと、毎週一〇二ブル（四四九円：（九千ブル＋

四一二〇ブル）／一二八人）を得たことになる。

つぎは牧人である。購入された肥ラクダはトラックに積み込むまで三日ほど放牧される。一群あたり牧人四人が付き、商人四人がそれぞれ群れを作らせているから、一六人が雇用された勘定になる。肥ラクダの放牧では牧人ひとり一日あたり一〇〇ブルが支払われる。そこで牧人は毎週三〇〇ブル（一〇〇ブル×三日）を得ている。痩ラクダの場合は、トラックから積み降ろしてからラクダ市の日まで数日間、放牧される。それに対しては一頭あたり二〇ブル、総額二〇六〇ブル（二〇ブル×一〇三頭）が支払われた。肥ラクダと痩ラクダの放牧をする牧人は重複していることから、彼らは毎週、ひとりあたり四二九ブル（一八八八円：三〇〇ブル＋二〇六〇ブル／一六人）を得たことになる。

ラクダの積み降ろしをする組合は一六人からなる。肥ラクダの積み込みでは、毎週三六〇〇ブル（四〇ブル×九〇頭）を得た。痩ラクダについては、毎週平均二・七台の四トントラックと、平均二・八台の七トントラックが痩ラクダを運んできていたから、平均四四二ブル（六〇ブル×二・七台＋一〇〇ブル×二・八台）を得たことになる。これをひとりあたりに均すと、毎週二五三ブル（一一一三円：（三六〇〇ブル＋四四二ブル）／一六人）になる。

まとめると、ラクダ交易によって作り出された間接的な仕事は一六〇人分あり、毎週、総額二万四〇二二ブルを得た。仕事によって稼げる金額は異なるが、大まかに計算すれば、ひとりあたりの平均一五〇ブル（六六〇円）の収入となる。これはトウモロコシ粉一〇キログラム（一〇〇ブル）と砂糖二キログラム（一キログラムは二七ブル）に相当する金額である。トウモロコシ粉一〇キログラムは、大人四〇回分の食事に相当する。グローバル交易とリージョナル交易が、牧野の人びとに大きな恩恵を与えていたことがわかるだろう。

ガブラ人とグジ人の相補的関係

歴史を振り返ると、ガブラ人と近隣民族の関係は流動的であった。ガブラ人とグジ人の関係は、敵対したり（一九七四年）、協力しあったり（一九九一年）、また敵対したりと（二〇〇六年）、振り子のように変化してきた。二〇〇六年の紛争以降は友好状態が続いている。この移り気な民族間関係を安定させることができたら、ガブラ人の生命が脅かされる危険性は大きく改善される。ラクダ交易が民族間関係を安定させる可能性についてみていこう。

グローバル交易とリージョナル交易が生まれたことで、スルパ周辺ではガブラ人とグジ人が相補的に結びついた。ガブラ人がリージョナル貿易で運んできた痩ラクダを、グジ人が購入して肥育しグローバル交易の肥ラクダとして売る、という一連の流れができたのである。

グジ人がラクダの肥育に参入した背景には、半農半牧民であることが関係している。収穫を終えた畑に残る作物の茎などを食わせて、短期間に痩ラクダを肥育することができるのである。一方、ガブラ人は専業牧畜を営んでおり、グジ人のように肥育することは難しい。痩ラクダをめぐっては、グジ人とガブラ人の潜在的競合は存在せず、両者は重要な商売相手となったのである。

グジ人が痩ラクダを入手する場所は、ラクダ市だけでなく牧野の村のときもある。スルパ近郊のガブラ人がラクダ市で痩ラクダの若オス数頭を購入し、これを連れて町から遠く離れた村々を訪れ、グジ人が飼育する大型の肥えた種オスラクダと交換するのである。これを「ローカル交易」とよぼう。ローカル交易では、種オスラクダの大きさにあわせて、二~三頭の若オスラクダと現金を示し、交換を働きかける。喧噪にみちた市場ではなく、牧野の落ち着いた雰囲気のなかで交渉と交換を進めるローカル交易は、グジ人とガブラ人の信頼醸成にもつながっている。

ラクダ交易によって派生した仕事においても、ガブラ人とグジ人の協働関係をみることができる。たとえばラクダの積み降ろしをする組合は、一三名のガブラ人、二名のグジ人、一名のボラナ人から構成されている。ガブラ人を中心に組織されているものの、グジ人やボラナ人も協働して利益を得ている。またラクダの積み込みに不可欠なトラックの手配は、グジ人の青年がおこなっていた。ラクダの扱いに慣れているガブラ人が積み降ろしを中心に担当し、広い人脈をもつグジ人の青年がトラックの手配をおこなうなど、それぞれの強みを活かした協働関係も生まれていた。ラクダ交易は、こうした個人レベルでの信頼醸成や協働関係を促進させており、社会的にも重要な価値をもっているのである。

6　ラクダ交易の変容――二〇一〇～一四年

グローバル交易の変容

このように大きな経済的利益と社会的価値をもたらしたラクダ交易だが、取り引きされた頭数やカテゴリーに注目すると、大きく変容していることがわかる。具体的にみていこう。

まずグローバル交易である。図4-2は、二〇一〇年一〇月から二〇一四年九月の四年にかけて、スルパのラクダ市で取り引きされた肥ラクダの頭数である。[6]一時的な変動として、二〇一三年一～三月期の種オスの激減について説明しておこう。エチオピア南部では二〇一二年一〇～一二月期に十分な降雨が得られず、二〇一三年一～三月には旱魃が襲った。スルパ周辺の人びとは、牧草を探して家畜を遠くの放牧キャンプに連れて行ってしまったという。その結果、ラクダ市にもちこまれる肥ラクダは減少し、取り引きは大きく低下したのである。

けれども、こうした一時的な変動から目を離して注意深くこの図をみると、グローバル交易には二〇一二年七～九月期

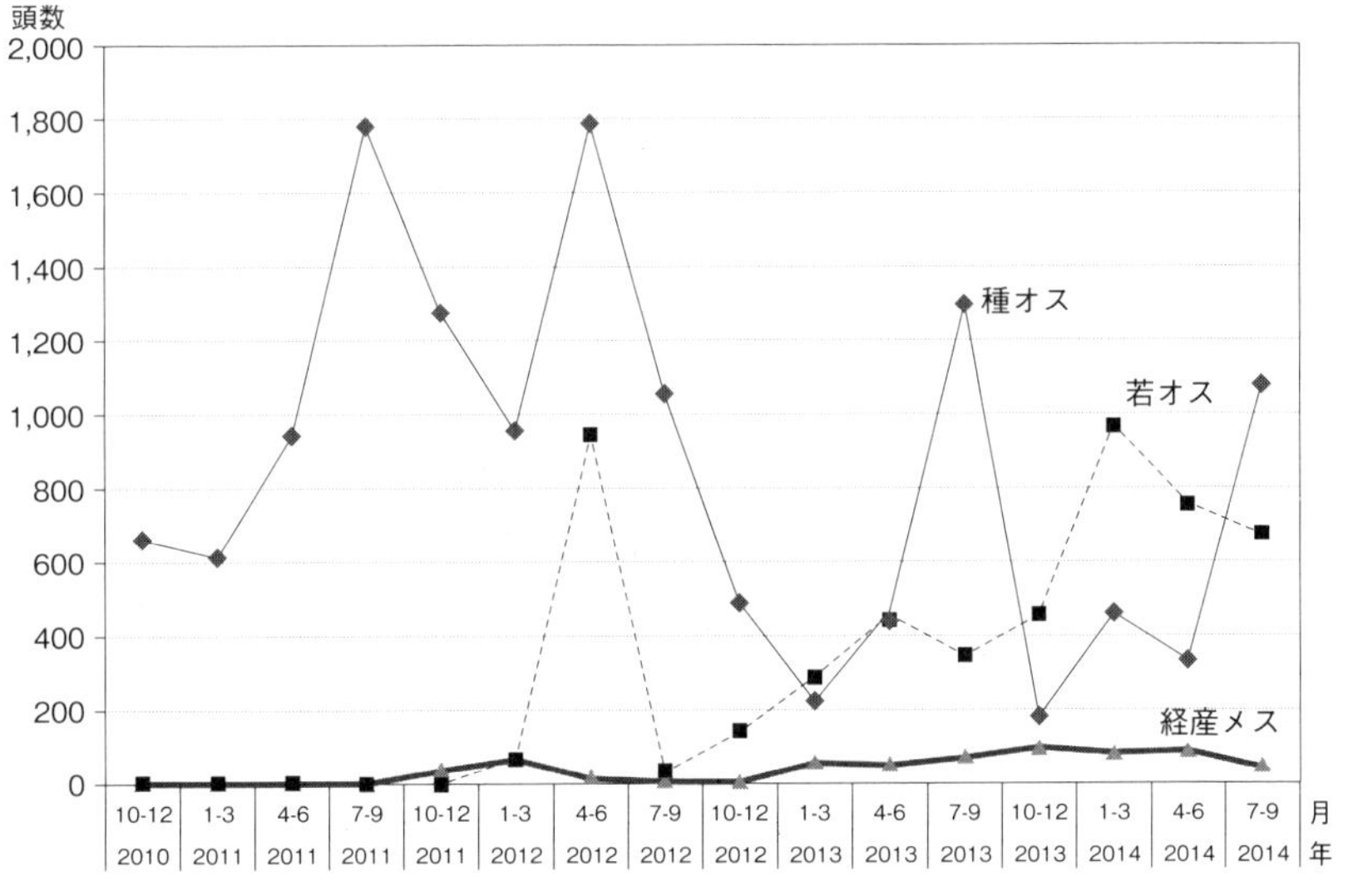

図4-2　スルパのラクダ市で取り引きされたスルパ地域のラクダ

と一〇〜一二月期を境に、ひとつの転換があったことがわかる。二〇一〇年一〇月から二〇一二年九月までの前半二年間に売買された肥ラクダの頭数が一万一〇八頭であったのに対し、二〇一二年一〇月から二〇一四年九月までの後半二年間には八六一二頭であった。一週間あたりの取り引き数をみると、前半二年間では九七・二頭であるのに対し、後半二年間では八二・八頭に下がっている。約一五％の減少である。

つぎにラクダのカテゴリー別にみると、種オスの売買が著しく減っていることがわかる。前半二年間に売買された種オスが九〇六一頭であるのに対し、後半二年間では四五二四頭に半減している。これに対し、増加しているのが若オスである。前半二年間には一〇四七頭が売買されたのに対し、後半二年間には四〇八八頭に増えている。すなわち、グローバル交易は、全体の取引頭数が約一五％低下しただけでなく、その内訳においても、種オス（七歳以上）の数は減り、大型の若オスラクダ（七歳未満）が取って代わっていったのである。

グローバル交易の取り引きが減ってきた理由は、北ケニアの大旱魃が終息したからである。二〇〇九年から二〇一一年にかけて、東アフリカでは大旱魃となった。その後、二〇一一年一一月ごろに雨が広い範囲で降り、国連は二〇一二年二月に大旱魃の終結を宣言している。二〇一一年一一月の降雨以降、北ケニアのラクダも次第に太っていき、一年後の二〇一二年の一〇〜一二月期にはモヤレのラクダ市でグローバル交易の取り引きが復活していった。一方、スルパのラクダ市の地位は相対的に低下していったのである。

また、種オスラクダの減少と若オスラクダへの転換が起きたのは、スルパ周辺の種オスラクダが売られてしまったからである。種付け用のラクダを除くと、近隣の村々には種オスラクダがほとんどいなくなってしまった。そこで、大型の若オスラクダに売買の中心が移ったのである。

リージョナル交易の変容

次にリージョナル交易についてみていこう。図４‐３は、モヤレからスルパにもちこまれた痩ラクダの頭数を示し

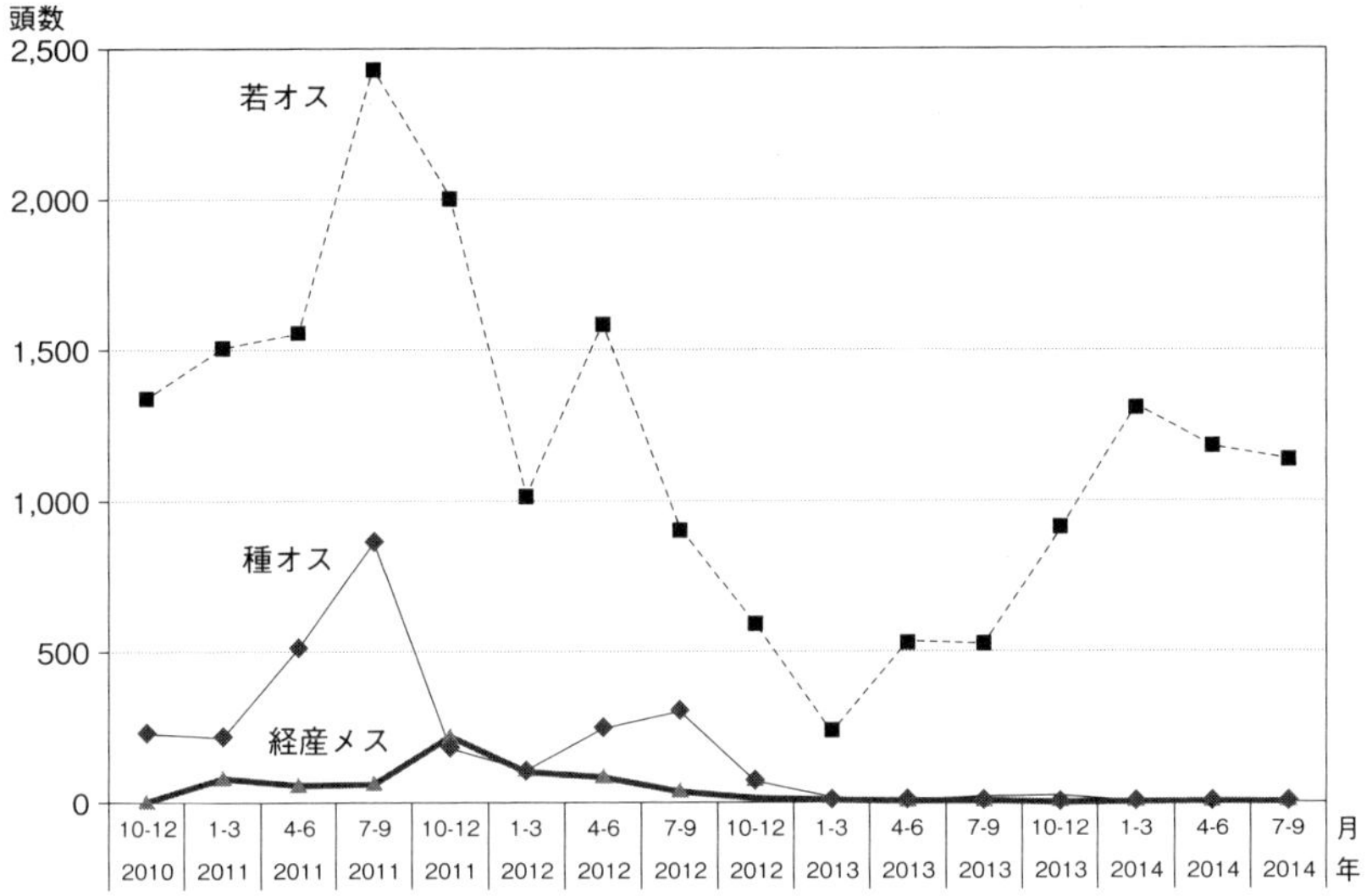

図 4-3　スルパのラクダ市で取り引きされたモヤレのラクダ

ている。リージョナル交易についても、グローバル交易と同様に、前半二年間と後半二年間で変容がみられる。まず大きな変化として、前半二年間には活発に取り引きされていたのに、後半二年間においては取り引きが低下していることがわかる。取り引きされた痩ラクダの全頭数をみると、前半二年間には一万五〇〇二頭が売買されたのに対し、後半二年間には六五五九頭に減少した。一週間あたりの売買をみると、前半二年間では一四四・三頭であるのに対し、後半二年間では六三・一頭に下がっている。つまり四割強に減少したことになる。

　さらに細かくカテゴリー別にみると、種オス（一三歳以上）の売買が大きく減少している。前半二年間には二六四八頭の種オスが売買されたが、後半二年間ではわずか一四六頭と、五・五％にまで減ってしまった。この原因は、先にグローバル交易でも説明したように、北ケニア一帯に雨が降ったことがあげられる。二〇一一年一〇月から一一月にかけて十分な降雨があり、牧草の回復とともに痩ラクダは肉付きをよくしていった。そしてモヤレの家畜市では肥ラクダが高値で売買されるようになっていった。もはや、種オスラクダの値段は、モヤレもスルパも変わりなくなってしまい、これをリージョナル交易で運ぶ意味はなくなってしまったのである。

一方、若オスラクダは前半二年間で一万二三五四頭が売買されたのに対し、後半二年間で六四一三頭と、約五〇%減少した。この減少はスルパのグローバル交易の低下に対応している。スルパで肥ラクダを売る者は、利益の一部で二~三頭の若オスラクダを購入すると前に述べた。しかしグローバル交易で売る肥ラクダの頭数が約一五%減少し、さらに売るラクダの種類も大型の種オスから若オスにかわった影響で利益が減り、リージョナル交易の若オスの購買数が減ってしまった。たとえば、大型の種オス(一三~一四歳)は約二万八千ブル(一二万三二〇〇円)で売れるが、大型若オス(七歳未満)は約一万七千ブル(七万四八〇〇円)にしかならない。

試みに、スルパのラクダ市場において売買された肥ラクダ(種オスと若オスの合計)と痩ラクダ(モヤレからもちこまれた種オスと若オスの合計)の頭数を比較してみると、前半二年間では肥ラクダ一頭の売却に対し一・四八頭の痩ラクダが購入されていたが、後半二年間では〇・七六頭に低下している。グローバル交易が種オスから大型若オスにきりかわったことで、これらのラクダを売った代金で購入する若オスラクダの数が減少したのである。

低下したのは若オスラクダの数だけではない。リージョナル交易によって運ばれる若オスラクダは小型化していった。一台のトラックで運ばれる若オスラクダの頭数を比較すると、二〇一〇年には四トントラックに一二・七頭が積まれていたのが、二〇一四年には一三・九頭に増えている。七トントラックの場合は、二〇一〇年に一七・二頭が積まれていたのが、二〇一四年には二一・〇頭も積まれていた。この小型化は、前半二年間に取り引きされていたのが五~六歳の一頭約七千~九千ブル(三万八〇〇~三万九六〇〇円)の痩せた若オスラクダであったのに対し、後半二年間に取り引きされたのは二~三歳の一頭約五千~七千ブル(二万二千円~三万八〇〇円)の若オスラクダであったことを意味している。

かくして、リージョナル交易によって取り引きされる若オスラクダの頭数は大きく減少し、肥ラクダ一頭と交換される若オスラクダの割合も減少した。さらに体格も小型化していったのである。

零細商人の撤退

リージョナル交易を担っていたのは、一度に二～三頭のラクダしか買えないような零細商人である。リージョナル交易の低下はそのまま零細商人の撤退と直結し、二〇一〇年に一〇九人いた零細商人は、二〇一四年には四五人まで減ってしまった。

ハッサンもリージョナル交易から撤退したひとりである。彼はもともとスルパ地域で暮らしていたが、二〇〇六年の紛争のときに子どもをつれてモヤレに逃げた。北ケニアでは二〇〇九年ごろから旱魃の兆候がみられ、種オスラクダも痩せて安値が続いていたことからリージョナル交易に参入した。モヤレからスルパに運べば高値で売れて、儲けることができたという。一頭あたり一千ブル（二〇〇九年当時七九〇〇円）の儲けを得たこともある。ところが二〇一二年ごろから儲けられなくなっていった。

ハッサンによると、儲けが出なくなった背景には三つの理由があるという。ひとつは二〇一一年一〇～一一月の降雨である。二〇一二年ごろからモヤレの市場にもちこまれる種オスラクダは肥ってしまい、もはやハッサンたちの手には届かない値段になってしまった。そして貿易会社の買い付け人たちが、直接、肥えた種オスラクダを買うようになってしまったのだという。

二つめは、北ケニアで起きた民族紛争の影響で、ソマリ系デゴディア人がラクダをモヤレにもちこまなくなったことである。モヤレの市場には、ソマリ系のガリ人とデゴディア人がラクダをもちこんでいた。ところが二〇〇七年のケニア総選挙のとき、北ケニアのマンデラ中央選挙区では、デゴディア人の新人アブディカデル・ウセイン・モハメドが、ガリ人の前職アダン・ケロウ・ビロウの議席を奪うと、両民族はたびたび紛争を起こすようになった。二〇一三年の総選挙に向けて両民族はいっそう激しく争うようになったのである。モヤレの周辺にはガリ人が多くすんでいることから、デゴディア人はモヤレに近づくのを怖れるようになり、市場にもちこまれるラクダの数も減ってしまった。ラクダの稀少性が高まり、値段はいっそう高くなってしまったのである。

三つめは、為替レートの変動である。モヤレのラクダ市場はエチオピア国内にあるものの、北ケニアの牧畜民が取り引きの相手であることから、ケニア・シリングが用いられている。零細商人たちは当初、ケニア・シリング安、エチオピア・ブル高によって利益を得ていた。ところが、エチオピア・ブル安が進み、二〇〇九年一月には一ブル＝七・一シリングであったのが、二〇一三年一一月には一ブル＝四・四シリングにまで下落してしまった。こうして、リージョナル交易は、もはや零細商人にとって儲かる商売ではなくなってしまった。零細商人たちは生活の糧を求めて、ほかの商売へと鞍替えしていったのである。

7　おわりに

南部エチオピアで二〇〇七年より盛んになったラクダ交易についてみてきた。このラクダ交易のお陰で、直接にラクダの売買をおこなった者は大きな利益を手にした。また、地域にもさまざまな仕事が生まれ、現金収入の機会が増えた。ラクダの交易に関わる仕事では、かつて敵対した近隣民族が協力しあう姿がみられた。二〇〇六年の紛争で難民となったガブラの人びとにとって、この交易には経済的に生存を支えるだけでなく、社会的にも信頼関係や協働関係を促進させるという意味があった。

とはいえ、国際家畜市場と直結するラクダの交易は、不安定な要素を含んでいる（Mahmoud 2013）。国際市場の価格は、輸入国の状況などによっても劇的に変化するし、ラクダの輸出ルートも気象変動や近隣国家の政治・治安状況によって簡単に変わってしまう。東アフリカの降雨状況が改善されれば、ラクダ交易の中心地はスルパからモヤレに移ってしまうかもしれない。またソマリアが安定を取り戻せば、ふたたびモガデシィオからの輸出が復活するかもしれない。実際、スルパのラクダ交易活動は低下する傾向にあり、ラクダ交易から撤退する商人も増えはじめている。ラクダ交易が、今後も難民化したガブラの人びとの暮らしを支えてくれる保証はまったくないのである。

さらに、本章では敵対する民族間の緊張をラクダ交易が緩和したことを指摘したが、近年、逆の動きもみられるようになってきた。たとえば、これまで肥ラクダをトラックに積む仕事は、ガブラ人を主体とする積み降ろし組合が独占的におこなってきた。けれども、近年、グジ人を主体とする新しい積み降ろし組合が作られ、グジ人の買い付け人が購入した肥ラクダをトラックに積み込むようになってきた。こうした民族による仕事の取り合いは、潜在的な民族紛争の火種にもなるだろう。

今後、ラクダの交易活動がどのように推移するかは定かでない。けれども、たとえ交易活動が低下していっても、ガブラの人びとは、うまくほかの手を探し出すに違いない。ガブラ人に限らず、牧畜民は気まぐれな降雨や環境の変化に、うまく対応してきた。雨が降ればすばやく移動し、牧草が枯渇する前に機敏に次の場所へと移動してきた。政治情勢への対応も同様である。治安が悪くなればすぐに逃げ出し、チャンスとみれば即座に敵を攻撃する。彼らは儲けるチャンスを機敏に捉え、ひとたび儲からなくなれば身軽に撤退する力をもっている。難民生活からの復興を遂げつつあるガブラの人びとが、状況の変化にどう対応するかみていきたい。

註

1　東アフリカにおける家畜市場の研究は、こうした実情を反映して、主としてウシやヤギ・ヒツジを中心に研究がおこなわれてきた（e.g. McPeak & Little 2006）。

2　スルパから南に約二〇キロメートル離れたアロバケでも、活発にラクダの売買がおこなわれている。しかし二〇〇六年以前のアロバケには、週に一回、市場が開かれる以外は、人はすんでいなかった。二〇〇六年以降、人がすみはじめたが、現在もラクダの売買はスルパ周辺の人びとがおこなっていることから、本章ではアロバケでの取り引きをスルパの取り引きと一括して記載する。

3　本調査期間中、エチオピアの通貨であるブルの対円平均為替レートは、一ブル＝六・一円（二〇一〇年）、四・六円（二〇一一年）、四・四円（二〇一二年）、五・二円（二〇一三年）、五・三円（二〇一四年）と変化している。本章では、年号を記して金額を示す場合はその年の交換レートを使い、それ以外は二〇一二年のレートを用いて換算する。

4　北ケニアでラクダを飼育するガブラ人やレンディーレ人は、オスのラクダを去勢するが、エチオピアのガブラ人やソマリ系のガリ人やデゴディア人などはラクダを去勢しない。そこでスルパのラクダ市場で去勢ラクダが売買されることはほとんどない。

5　種オスラクダはガブラ語で *korma* とよばれる。スルパ地域の種オスラクダであれモヤレから運ばれてきた種オスラクダであれ、単に *korma* とよばれていた。これは文脈によって判断できるからである。しかし両者を区別する必要があるときには、スルパ地域で育った種オスラクダは *korma gabba*（太った種オスラクダ）、モヤレから運ばれてきた種オスラクダは *korma uka*（痩せたラクダ）とよばれていた。本章では、前者を肥ラクダ、後者を痩ラクダとよぶことにする。

6　このうちメスラクダのほとんどは年老いたものであり、アジスアベバに運ばれて食肉となる。アジスアベバに少数居住するソマリ系住民がこのラクダの消費者である。一方、若いメスラクダはスルパ地域の村人が購入している。

参考文献

湖中真哉　二〇〇六『牧畜二重経済の人類学――ケニア・サンブルの民族誌的研究』世界思想社。

曽我　亨　二〇一一「国家を生き抜く拠点としての生業――牧畜民ガブラ・ミゴの難民戦術」松井健・名和克郎・野林厚志（編）『グローバリゼーションと〈生きる世界〉――生業からみた人類学的現在』昭和堂、三八九―四二六頁。

Aklilu, Y. & A. Catley 2011. *Shifting Sands: The Commercialization of Camels in Mid-altitude Ethiopia and Beyond.* Addis Ababa: Feinstein International Center, Tufts University.

AU-IBAR & NEPDP 2006. *Kenya Livestock Sector Study: An Analysis of Pastoralist Livestock Products Market Value Chains and Potential External Markets for Live Animals and Meat.* Deloitte: USAID.

Filip, C. 2006. *Ethiopian Borean and Southern Somali Areas Livestock Value Chain Analysis Report.* Pastoralist Livelihood Initiative Livestock Marketing Project, ACDI/VOCA.

Legese, G., H. Teklewold, D. Alemu & A. Negassa 2008. *Live Animal and Meat Export Value Chains for Selected Areas in Ethiopia:*

Constraints and Opportunities for Enhancing Meat Exports. ILRI Improving Market Opportunities Discussion Paper 12. Nairobi: ILRI.

Little, P. 2003. *Somalia: Economy without State*, Oxford: James Currey.

Mahmoud, H. 2010a, *Livestock Trade in the Kenyan, Somali and Ethiopian Borderlands*, briefing paper, Chatham House.

Mahmoud, H. 2010b. *Camel Marketing in the Northern Kenya/Southern Ethiopia Borderlands*. Research Update, Future Agriculture Consortium.

Mahmoud, H. 2013. Pastoralists' innovative responses to new camel export market opportunities, on the Kenya/Ethiopia borderlands. In（A. Catley, J. Lind, & I. Scoones, eds.）, *Pastoralism and Development in Africa: Dynamic Change at the Margins*. London and New York: Routledge, pp. 98-106.

McPeak, J. & P. Little（eds.）2006. *Pastoral Livestock Marketing in Eastern Africa*, Warwickshire: Practical Action.

Soga, T. 2006. Changes in knowledge of time among Gabra Miigo pastoralists of southern Ethiopia. *Nilo-Ethiopian Studies* 16: 23-44.

第5章　もめごとを祖霊の世界に託して
――焼畑農耕民ベンバの「考え方」

杉山祐子

1　はじめに

人びとがともに暮らすとき、ほかの人とのもめごとが起きたり、不幸なできごとにであったりするのは、どんな社会にも必ずみられる現象である。ないほうがよいけれど、避けては通れない、そんな問題を私たち人間はどのように扱ってきたのだろうか。それは、その社会の人たちによって共有されたある特定のやり方や考え方とふかく結びついている。

ここでいう「やり方」や「考え方」は、個人のくせや考え方とは違い、その社会の人びと全体が共有する世界の見方や、その社会の人びとの行為を方向づける方式のことをさす。ここでは、私がフィールドワークを続けてきたザンビアの農耕民ベンバに焦点をあてて、もめごとや不幸の経験を、彼らがどのように扱ってきたのかをみてみよう。また、そのやり方が、彼らの社会を特徴づけるどのような考え方と結びついているかを論じよう。それをとおして、牧畜民の考え方との違いや共通性についても検討することにしたい[1]。

生態人類学では、自然に強く依存して生きる人びとを、おもな生業によって「牧畜民」「農耕民」「狩猟採集民」と呼びわけるのが一般的である。そこには、人びとが生業をとおして築きあげてきた環境との関わり方にある傾向性を見いだし、その傾向性が人びとの行動や世界観を方向づけているという認識がある。身体の使い方をはじめ、人が環境に働きかけるやり方はパターン化され、その相互作用のなかで特定の生活様式を生みだしていく。それは、生活に必要なモノの生産から、分配・消費、再生産までの循環を生み出す社会的なしくみと不可分であり、それらを価値づける体系とも相互に関わりあって社会全体を構成している。[2]

日常生活の基盤になる「分かちあい」についても、それぞれの特徴がある。たとえば、ケニアの牧畜民トゥルカナの「ベッギング（物乞い）」を検討した太田（一九八六）は、トゥルカナの日常生活が互酬性を基盤として成り立っていることを示しつつ、その互酬的なやりとりが、ベッギングの現場における「その場性」によって強く特徴づけられることを論じている。そこではベッギングされる側が圧倒的に弱い立場におかれ、「……すべきである」という一般的な規範や過去の業績は交渉の材料にならない。

これに比べると、狩猟採集民社会にみられる分かちあいに交渉はみられず、はるかに「自然な」色合いをおびている。たとえばカラハリ砂漠に住むサンは、日常的に食物やさまざまな行為をともにすること（シェアリング）によって、おたがいの親和性を高め（今村 二〇一〇）、もめごとの当事者が移動することによって空間的に離れるというやり方で（西田 一九八六）、社会的なつながりを保持している。

農耕民はどうだろうか。サバンナ疎開林帯にすむ農耕民ベンバ（掛谷・杉山 一九八七）やトングウェ（掛谷 一九七四）の社会でも、食物や労働力を融通しあう行為は生活の根幹である。しかし、狩猟採集民や牧畜民と比べると、農耕民のやりとりは規範的な側面が際だつように思う。とくにベンバは、「もつ者はもたない者に分け与えなければならない」という規範が顕著な生活原理として表われており、おたがいの社会関係に付随した「……すべきである」という義務や約束ごとをもちだす傾向がある。たとえば「（依頼者が相手の母方オジにあたることをにおわせたのち）、母方オジには敬意をもってあたらなければならない」ということわざを使って、頼みごとをするというぐあいである。それはいわば、その場の交渉を、その場の外側にある基準に照らしあわせながら動かしていくやり方だ。

さらに特徴的なのは、ベンバの人びとがおたがいの社会関係を確認するための指標として「祖霊の系譜」を併用することである。それによって血縁関係をたどれない人とのあいだにも、擬制的な親族関係を設定することができる。祖霊の系譜という、いわば外部的な基準に接続することによって、本来は関係がたどりにくい人とのあいだにも、擬制的な親族関係とそれにともなう規範を用いることが可能になるのである（杉山 二〇〇九）。祖霊の系譜は、もめごとやいさかい、病気や不幸のできごとなどへの対処においても参照され、対処の仕方を方向づける。また、その方向づけにもとづいて、一連のできごとを因果的にむすぶ物語が語られ、それが村の政治を動かす力になることがある。人びとの対面的で直接的なやりとりは、それがかわされる「その場」の外側にある規範や祖霊の系譜をよりどころにすることによって、個人の経験がより広い文脈へと組み込まれる道筋をつけられているといえる。

2　ベンバの人びとと村の暮らし

ベンバの概要

ベンバの人びとが暮らすザンビア北部州域は、標高一二〇〇メートルほどの高原状の地形で、方名でミオンボとよばれるマメ科の木々を中心とした疎開林が広がっている。一年の気候は、大きく乾季と雨季の二つに分かれる。年間雨量は一千～一二〇〇ミリメートルである。土はやせており、眠り病のためにウシなどの大型家畜が飼えない厳しい条件下にある。

ベンバはかつて、現在でいうアンゴラとコンゴ民主共和国の周辺に一大王国を築いたルンダ・ルバを源とし、一七世紀に現在の場所に移動してきたと伝えられる（Roberts 1974）。一八世紀には周辺の民族集団を支配下におく母系の王国を形成した。ベンバ王国の政治組織はパラマウント・チーフ、チティムクルを頂点とし、チティムクルを含む三人のシニア・チーフが上位に位置する。シニア・チーフの下位には、一五人のジュニア・チーフがいる。ベンバの社会は母系制をとるので、チーフの地位も母系で継承される。それぞれのチーフは自身の領内の幅広いことがらについての裁判権をもつと同時に、祭祀や政治をつかさどる自律性の高い王である。王国の政治機構は、一九世紀末にイギリスに植民地化されてからも、その統治機構に組みこまれてさらに整備され、独立後も温存されて現在にいたる。[3]

居住の単位は、母系親族が核となる村で、ひとつの村は一〇世帯から七〇世帯ほどと小規模だが、人びとはベンバ王国の一員としての「われらベンバ」というアイデンティティを強くもつ。村びとの移動性は比較的高く、集落は一〇年程度で別の場所に移動する。また、ひとつの村は三〇年から五〇年で分裂しては、新しい村が創設されるというサイクルを繰り返してきた。村びとは、チテメネ・システム（*Chitemene system*）とよばれる独特の焼畑農耕を中心に、二次林での採集や狩猟、河川部での漁労のほか、周辺地域への行商や都市部への出稼ぎなど、複数の生業をくみあわせて生計を営んできた。

チテメネ・システムの農法的特徴は、畑を開くときに木にのぼって枝だけを切り落とすこと、切り落とした枝を伐採した区域の中央に運んで積み重ね、その堆積部分だけを焼いて耕地を作ることにある。伐採した区域の一部しか焼かないので、耕地の外側の木々は切り口から新しい芽を出し始める。耕地にはシコクビエを中心に複数の作物を混作し、数年間の輪作をしたあとで、休閑にはいる（掛谷・杉山　一九八七）。耕地あとには二次林が再生し、さまざまな動植物のすみかとなる。ベンバの人びとは、そうした多様な環境に生息する動植物を食料として利用し、木々が十分に再生すると、ふたたび焼畑を開く。

村びとは、食料から建築材まで、生活に必要なものをミオンボ林から得ており、ミオンボ林の豊かさが自分たちの生活の豊かさに直結することを強く意識している。その豊かさは、ミオンボ林に住む祖霊たちの恵みによって守られているといわれる。農耕に関わる儀礼をはじめ、ミオンボ林の利用にはさまざまな決まりごとがあるが、それらは祖霊信仰に支えられ、祖霊への作法と深く関わっている。

村びとと祖霊たち

祖霊として名前があげられるのは、ベンバ王国を創始した王から二〜三世代にわたる十数人の王たちにほぼ限られる。それらベンバ王の名前と系譜は、「ヘソの名」とよばれる名づけの慣行をつうじて、村びとの人生にふかく根をおろしている。この慣行によって、村びとは祖霊たち——歴代のベンバ王の系譜に結びつけられるからである。祖霊は、身ごもった女性のヘソから胎内に入り、うまれる子どもの生涯にわたって影響を与えるといわれる。宿った祖霊の名は、妊娠中の女性などの夢見によって知られ、その名をうまれた子どもにつける。これが「ヘソの名」とよばれる名前である。

ベンバの人びとは、ヘソの名である祖霊の名前をとおして、ベンバの王たちの系譜に自分を位置づけ、その系譜のなかでほかの祖霊たちとの関係を知る。理論的には、ベンバならば誰でも、ヘソの名をつうじた祖霊の系譜をたどることによってベンバ王につながっているのであり、おたがいをその系譜上に位置づけることができる。ふだん、村びとは実際の親族関係にもとづいておたがいに位置を確認する。それは同時に、系譜上の位置関係に応じておたがいが負っている義務や権利をはっきりさせることにもなる。だが、親族関係にない人との関係を作るときや、病気治療の儀礼といった特定の場面では、ヘソの名をとおして結びつけられるベンバ王の系譜を参照して、おたがいの位置関係を調整する。

祖霊はベンバの住む地域の天候や野生動植物をつかさどり、ミオンボ林の豊穣と村びとの生活の安寧をにぎっている。祖霊の怒りは、災厄や疫病として現れ、祖霊への作法を破った者に罰を与える。祖霊は人びとを守るが、怒りっぽいので作法に従って祀りつづけなければならない。

チーフや村長は、祖霊に働きかける作法を熟知しており、祖霊を祝福する責務をになう。彼らはこうした作法を実践するゆえに祖霊の庇護を得て、強い霊力をもつと考えられている。祖霊の霊力は、チーフや村長らの権威や政治的な権力の基盤を構成している。彼らは祖霊に訴えかけることをとおして、村の秩序を乱す者や規範を著しく逸脱した者に制裁を加えることができる。祖霊への作法を用いて、村の領域に、邪術者や災いが侵入するのを防いでいるともいう。一方、私的な妬みやうらみ、私的な利益を求めて他者を害そうとする邪術もまた、広義の祖霊の操作によって可能であると考えられている。祖霊に働きかける作法は、それが規範遵守のためであれ、よこしまな目的によるものであれ、村びとの生活の安定と居住集団の維持に直接関わる力として作用する。

チーフや村長のほかには、限られた人びとだけが祖霊に働きかける力をもつ。村には祖霊を祀る祠があり、祠を祀る役割の年長女性がいる。また、ングールとよばれる祖霊憑きの人びとや呪医は、祖霊の意思を知り、祖霊のことばを村びとに伝える技能をもつ。

村でもっとも基本的な生活原理は分かちあいで、ほかの人より良い物や多くの物をもつ人は、もたない人に分け与えなければならない。気前のよさが重要な美徳とされるし、ケチなおこないは非難をあびる。分け与えないとほかの人の怒りや妬みをまねき、それが呪いとなって災いがふりかかったり、祖霊を怒らせて疫病や不作を引き起こしたりするともいう（Richards 1950）。このような結果をまねくことへの恐れもまた、分かちあいの規範を支える社会的な力として働き、村びと全体が安定的に食物を得られるしくみ（平準化機構）を動かしてきた（掛谷 一九八七）。逆に、分かちあいの規範をはずれたときは、ほかの村びとの怒りや妬みを引き起こす強い動機にもなる。それは、思いもかけない病気や災いにみまわれたとき、村びとがその因果関係を説明する道具としても使われ、人びとが解決の道をさぐるための指針を提供する。ともに暮らしていた人びとが袂を分かつきっかけにもなる。

3　怒りと隠されたもめごと

言葉にする怒り、隠される妬み

ベンバの人びとにとって同じ村に暮らすことは、時と場所を共有することである。村びとはほかの人びととのおしゃべりを楽しみ、心地よくいることを平常で望ましい状態だという。だから、その状態を乱す「怒り」に敏感である。しかし、その怒りは、怒りをおぼえた当事者が社会的な場で「私は怒っている」と表明しなければならない。言葉で表されないかぎり、怒りはわからないことになっている（杉山 二〇一三）。言葉に出されさえすれば、即座にまわりの人びとがその人のなだめ役にまわり、ことは丸くおさまる。ところが当事者が怒りを口にしないと、人びとは漠然とした後味の悪さをかかえたままになる。言葉で表明されなかった怒りは、呪いに転じる危険があると考えられているからである。それは周囲に何か不幸なできごとがあったときに想起される。

「妬み」はさらに独特な位置づけにある。ベンバは、妬みがもともと人の「心のなかに住む」ものだという。理論上、ベンバの村びとなら誰もが、妬みを契機とした災いの発信者になりうるといえる。しかし、怒りとはちがって、当事者によって妬みが表明されることはない。それは、ひとの不幸を望み、災厄をまねくために呪いをかけたと公言するのと同じだからである。妬みは（妬んだとされる）本人が語るのではなく、呪医による占いや祖霊の憑依によって指摘される。

ふだんの生活ではこのような感情のいきちがいは意識されずにいるが、不幸なできごとがあると、表明されない怒りや妬みが隠されていることを思い起こす。そして、不幸なできごとの「原因」をさぐり、それと不幸なできごとを因果的に結びつけて理解しようとする[4]。このとき、特定の手続きをつうじて、祖霊の怒りや呪いが当該の不幸の原因として特定される。さらに、その原因に直接つながるできごとが当該の不幸の「はじまり」として選び出され、不幸の物語が語り出される。この物語のなかで、それまでに起こったいくつかの小さな災厄が、当該の不幸のできごとの「きざし」として位置づけられる。そして、異なる社会的文脈で生じたさまざまなできごとが、ある様式にそったひと続きの物語として語られはじめる。

隠されたもめごとを公《おおやけ》にする機会

表明されなかった怒りや妬みの存在は、儀礼をふくむ次の六つの契機をとおして人びとに知られるようになる。①不定期に起こるのは、「叫び」とよばれるやり方である。昼間に腹立たしいことがあって気持ちがおさまらない人は、人びとが自宅でくつろいでいる宵の口に、相手を特定せず大声で、どんな腹立たしいことが起きたかを叫ぶ。それで、人びとはことのてんまつを知る。さらには、②ほぼ毎週定期的におこなわれるネットハンティング、③毎年、村の行事としておこなわれる「祖霊に感謝する酒」儀礼とそれに付随する「祖霊遊ばせ儀礼」がある。そして、④必要に応じておこなわれる儀礼では祖霊憑きや呪医の昇位儀礼、⑤祖霊憑きの人びとが自主的に集まる祖霊遊ばせ儀礼、⑥病気治療に伴う診断（占い）があげられる。

村びと総出でおこなわれるネットハンティングは、食用の肉を得ることを目的としている。しかし、立て続けに獲物がとれなかったり、村でいさかいが続いたりすると、人びとは次のネットハンティングで祖霊の意思を知ろうとする。この結果がよくない場合、呪医に同行を頼み、祖霊の意思を知る占いのネットハンティングに出かける。呪医が占いをして村のなかにある問題を指摘し、その問題に関わる人びとを特定する。特定された人びとは、ある樹木の枝を持ってネットハンティングの網をたたきながら謝罪する。謝罪後の猟で獲物がとれれば問題は解決したとされる。

「祖霊に感謝する酒」儀礼では、その年に新しく収穫したシコクビエを各世帯から集めて村長の妻が酒をかもす。酒ができるころに、占いを目的としたネットハンティングがおこなわれる。その後、祖霊祠を祀る役の女性と村の子どもたちが、村の祖霊の祠に、酒とネットハンティングの獲物を捧げて、祖霊への感謝を示す。同じころ、村長の家

写真 5-1　ネットハンティングに出かける村びと

のなかには祖霊憑きの村びと全員が、家の外には一般の村びとが集まり、その年とれたシコクビエでかもした酒を囲んで酒宴を開く。ひとしきり酒を飲むと、家のなかの祖霊憑きの人びとに祖霊たちが憑依し、その口をとおして、さまざまなことがらを語り出す。[5] これが「祖霊遊ばせ儀礼」である。

　この場面で、村長や年長者による祖霊の祀り方の過ちや、村びとのあいだにもめごとが隠されていることが公にされる。村長やそのほかの年長者が、特定の作法で祖霊に謝り、捧げ物をする約束をして、祖霊の許しをとりつける。もめごとの当事者だと指摘された村びとは、村長の家の外の酒宴の輪からよびだされて家のなかに入り、祖霊たちの前で自分の主張を述べたあと、詫びをいれる。その後、村長が「これで問題はきれいになった」と述べて和解がはかられたことを宣言する。興味深いのは、当事者と名ざされた村びとにその自覚がなくても「私が悪かった」と謝り、和解の成立を宣言することである。ここで言及されるもめごとは呪いにきわめて近い位置にある深刻な問題だと理解される。そして、ひとたび呪いが原因とされる病や災厄が生じると思い起こされ、災いをもたらした因果関係の物語を構成する要素となる。

　乾季に随時おこなわれる「祖霊遊ばせ儀礼」は、娯楽的な意味あいが強く、祖霊憑きたちが歌い踊るのを、ほかの村びとが見て楽しむものである。しかしそうした歌や踊りの合間に、村のなかの問題が指摘されることもある。ここでは当事者が名ざされないので、村びとの憶測をよぶ。

　問題の当事者がかなりはっきりと示されるのは、呪医による病気治療儀礼の機会である。治療儀礼では病気や災厄の原因に関する診断がおこなわ

写真 5-2　祖霊憑きの昇位儀礼のためのネットハンティングを仕切る村長

れる。原因として指摘されるのはおもに、呪いを意味する「人から来る病」や祖霊の怒りである。それが「人から来る病」だとわかると、呪った人の属性について細かな言及があり、思いあたる人がいる場合などには、関係者を集めた治療儀礼がおこなわれる。

公になった問題は置いておかれる

上記のような機会をとおして、村びとのあいだのさまざまなもめごとが周知の事実となる。実際、人の怒りや妬み、祖霊の怒りなどに帰せられる問題が起きるのは珍しいことではない。だが、その問題のすべてに対処がされるわけではないところが、ベンバのもめごとへの対処の特徴である。公になった問題のうち、実際に解決に結びつけられたのはごく一部にとどまる。ほかの問題の多くは、村びとが知ることになったあと、とくに対処もされず、いわば公の場にそのまま「置いておかれる」のである。これらは何かの契機に思いおこされて、ある特定の因果関係を示す物語の材料としてとりだされる。

事例から、少し詳しく説明しておこう。

一九八五年の三月から七月にかけて、肉を得るためのネットハンティングがおこなわれた。しかし七月まで三〇回近くの猟をしても、一頭の獲物もとれなかった。狩りの成果が悪いことは、祖霊の怒りを連想させる。何か悪いことのきざしではないかと案じた村長は、他の村に住む呪医をよびよせ、占いのためのネットハンティングをおこなった。呪医が同行したネットハンティングでも獲物はとれなかった。占いをすると、村長の祖霊祠の祀り方が悪いので祖霊が怒っているという。村長は納得しなかったが、村びと数名のとりなしによって、しかたなく祖霊の祠にニワトリを捧げて謝罪した。これによって問題は解決したとみなされた。

九月に祖霊の怒りがとけたことを確認するネットハンティングがおこなわれた。二頭のダイカーがとれ、村はひさびさの猟果にわいた。占いにより、村長の問題は解決したが、村にほかの問題があることが示唆された。しかしそれがどんな問題なのかを具体的に明らかにしようと動く村びとはおらず、話は立ち消えになる。その後のネットハンティングで何度も「問題がある」と示されるのだが、それをとくに解決しようとする動きはなく、問題がある可能性はただそこに置いておかれたのだった。

表 5-1 ネットハンティングと問題への対処

内容	日数・件数
ネットハンティングの日数	12日
上記のうち、呪医が同行したネットハンティングの日数	9日
存在が示唆された問題の数	17件
上記のうち、特定された問題の数	12件
上記のうち、解決された問題の数	3件
対処されなかった問題の数（問題が特定できないものも含む）	14件

出所：1984 〜 85年の観察をもとに筆者作成。

この結果を表5-1にまとめた。観察した一二日のうち、呪医が同行したネットハンティングは九回である。このうち、なんらかの問題があることが示唆された件数は一七件、そのなかで呪医の占いによって問題が特定された件数は一二件であった。ところがそのうち三件が解決をみただけで、それ以外の一四件は問題の特定も対処もまったくなされなかった。これをみると、占いは隠されたもめごとなどの問題を公にすることじたいに意味があり、その問題を解決するかどうかは、その問題に重要な社会的な意味が与えられたときだけ浮かび上がってくる対処なのだと考えることができる。

同時に注意しておきたいのは、降雨の不順や不作、動物の害、疫病の流行など、村全体の安寧に関わる問題は、人ではなく、祖霊の意思と結びつけて語られることである。大きな災害が起こると、それまで個別の文脈で理解されていた個人間のもめごとを示すできごとが、祖霊の意思を示すできごとにつながる物語として語られはじめる。そしてまた、後述するようにそれがある政治的な立場の表明になり、それまでの村の権威たる年長者たちの力を失墜させる道具にも使われる。

4 因果関係の「はじまり」をさだめ物語を生みだす

乳児が蛇にかまれた事件

公にされたできごとのなかには、重要な社会的意味を読み込まれ、相互に因果関係をもった物語として語られるようになったできごとがある。私が滞在していた村では、それらのできごとから、解釈の異なる複数の物語が生まれて村びとの対立が深まり、村の分裂につながった。表5-2にこれらを時系列にそって整理した。物語の核になったのは、一九八五年に乳児が蛇にかまれた事件、一九八六年の黄熱病の流行による子どもたちの死、そして同じ年に起きた若い女性Fの奇病の三つである。そのほかのできごとは、これら三つのできごとの意味を裏づけたり、因果づけたりするのに使われた。三つのできごとのうち、まず、乳児が蛇にかまれた事件について述べよう。

一九八五年のある日、私が自宅の前にいると、ただならぬ声が聞こえてきた。若い女性が半狂乱になって泣き叫びながら走ってくる。「この子が毒蛇にかまれた！　助けて！　この子が死んでしまう！」彼女は、ついさきごろ生まれた乳児を抱えて走ってきたのだ。いあわせた年長女性が応急処置をしているあいだに、私は車のエンジンをかけ、五〇キロメートル離れた病院にこの女性と乳児を連れていった。さいわいにも蛇の毒は死に至るほど強くはなく、応急処置も功を奏して、乳児は病院に一ヵ月ほど入院して無事に退院した。

村びとのあいだにはある噂が広がった。乳児が蛇にかまれる前日、ある盗難事件があり、激怒した村長が祖霊の住むミオンボ林に向かって「盗人が蛇にかまれますように！　盗人に祖霊の罰が下るよう、村長の名にかけて祖霊たちに告げる！」と、呪いのことばを叫んだ。ベンバには、蛇は祖霊の化身なので、祖霊に近い存在である乳児が蛇にかまれることはないという言い伝えがある。村びとは、村長の呪いのことばと、蛇にかまれるはずはない乳児の事件を、

表5-2　物語を構成する「できごと」の時系列的展開

年月	できごと
1984年1月	村長と青壮年男性たちの不和が顕在化する
同上	村長による村移転計画と祖霊祠の設置
1984年3月	ネットハンティング猟果が、はかばかしくない
同上	祖霊祭祀に問題があるとの占い
1984年10月	食用イモムシの不作、強風
1985年1月	村長が祖霊祠を新設
1985年2月	先代村長の重病・手術
1985年2月	盗難事件
1985年2月	乳児が蛇にかまれた事件
1985年3～7月	ネットハンティングの不猟
同上	ネットハンティングの占いにより祖霊祠の祀り方が悪いという結果が出る
1985年7月	資格のない者が祖霊祠を作り、火を汚したという祖霊の言葉が出る
同上	憑依した祖霊同士が言い争い、祖霊間のいさかいが明らかにされる
同上	2人の祖霊憑きのあいだにいさかいがあることが祖霊の言葉から明らかになる
1985年10月	ただならぬ問題があるとの占い
同上	若い女性Fの夫の浮気
1986年	黄熱病の流行、6人の子どもたちが亡くなる
同上	若い女性Fの奇病・死からのよみがえり
同上	先代村長が呪具をおいたことが判明
同上	チーフの裁判所へ訴え
1987年3	先代村長・村長一家が離村
同上	ほかの村びとが離散・村の分裂
1992年	村を再興するうごき・新村長が地域に戻る
同上	先代村長との和解をはかる

出所：観察と聞き取り調査にもとに筆者作成。
注：上記の灰色部分は、本章で扱う物語の核となるできごとであることを示している。

あきらかな因果関係にあるものとして捉えた。

この事件にまつわる物語は次のように語られた。「はじまりは盗難事件である。それが村長による祖霊へのよびかけにつながり、乳児が蛇にかまれるという災いが起こった。災いの原因は祖霊の怒りである。祖霊は乳児を蛇にかませることによって、その近親者が盗人であることを示した」と。ここでは、村長の行為は正しいという立場で語られた。毒蛇にかまれたにもかかわらず、乳児が命を落とさなかったからである。乳児が蛇にかまれたできごとは、「盗人に祖霊の罰が下るように」と、村長の権威にかけて祖霊との交信をはかった村長に応えて、祖霊が盗人に警告した印だと考えられたのだった。しかし、村長の怒りの正当性を示して盗難事件のケリをつけたはずのこのできごとは、その後一～二年のあいだに、まったく逆の解釈が加えられて語り直されることになった。

黄熱病の流行と若い女性の奇病

語り直しのきっかけになったのが、黄熱病の流行による六人の子どもたちの死と、若い女性Fの奇病である。これらはひとかたまりの災いのできごととして受けとめられた。

一九八五年末から八六年にかけて、高熱を発して身体中が黄色くなり、腹が異常にふくれる病気が流行した。病院では黄熱病と診断されたが、とくに症状がひどかった数人の子どもたちは、治療のかいなく高熱と身体の痛みを訴えながら亡くなったという。村びとの悲嘆ははかりしれなかった。

そんな矢先、村の若い女性Fが、とつぜん意識を失うという奇病にかかった。病院では診断がつかないまま、彼女は亡くなってしまう。さきに黄熱病で亡くなった子どものひとりは彼女の娘だったので、村びとはつぎつぎに彼女をおそった不幸に心を痛め、葬式には多くの人びとが集まった。ところが葬式の最中に、死んだと思われたその女性がいきなり息をふきかえし、むっくりと起き上がった。その場の混乱について人びとは多くを語らないが、家族やその他の村びとは彼女が生き返った喜びよりも、できごとのあまりの不気味さに恐れおののいたという。

女性は息をふきかえしてからも意識がはっきりせず、呪医の診断を受けた。診断のための占いと、占いの結果を確かめる過程で、先代村長がある家のなかに呪具を置いたことがわかる。

告発された先代村長は、呪具を置いたのは、盗みの真犯人を明らかにするためだったと弁明した。先に村びとが盗人だと噂した乳児の近親者は、先代村長の娘だったから、娘の潔白を信じる先代村長は、真犯人を見つけて娘への疑いをはらすために呪具を置いたのだと述べた。しかし、この弁明は受け入れられず、青壮年男性たちから邪術者として告発された。先代村長の弟である当時の村長も、私利私欲のために村長の地位を利用して祖霊をあやつろうとしたとして、邪術者のレッテルを貼られてしまった。

5　物語が再編される過程

個別のもめごとから分裂にむかう物語へ

上記の物語の変化を例に、一部の人びとのあいだの狭い文脈におけるできごととして理解されていたことが、村全体を巻き込む物語として動き出したプロセスをみてみよう。

乳児が蛇にかまれた事件の直後、物語は直接の関係者である盗人と村長を中心とする狭い文脈にあった。村長は、祖霊に「盗人が蛇にかまれるように」と祖霊に訴えかける。この行為は広義の呪いなのだが、村長として盗人に罰を与えるためになされた正当なおこないだと解釈されていた（図5-1）。

しかし、黄熱病の流行や女性Fの奇病に象徴されるように村全体の平穏を揺るがす災厄が立て続けに起きたことと、村の政治をめぐって、青壮年男性たちと村長や先代村長との意見の対立がめだつようになってきたことを背景に、それまでとくに対処されるわけでもなく放置されていたいくつかの問題に社会的な意味が与えられるようになる。それはネットハンティングの不猟や、占いで「ただならぬ問題」が指摘されたことを祖霊からの警告と意味づけ、村長たちの権力の正当性に異議をとなえる物語を生みだした。

告発の物語は次のようである。「ほんとうの災いは、黄熱病で子どもたちがつぎつぎに亡くなったことや女性Fの奇病、干ばつや食用イモムシが消えるなど、村の平常な生活を揺るがすようなできごと全体だった。その原因は先代村長による呪いである。また、私利私欲のために嘘をついて祖霊の祠を新設した村長への祖霊の怒りが事態をさらにひどくした。これがネットハンティングで示された『ただならぬ問題』である。村長はそのときすでに祖霊の守護を

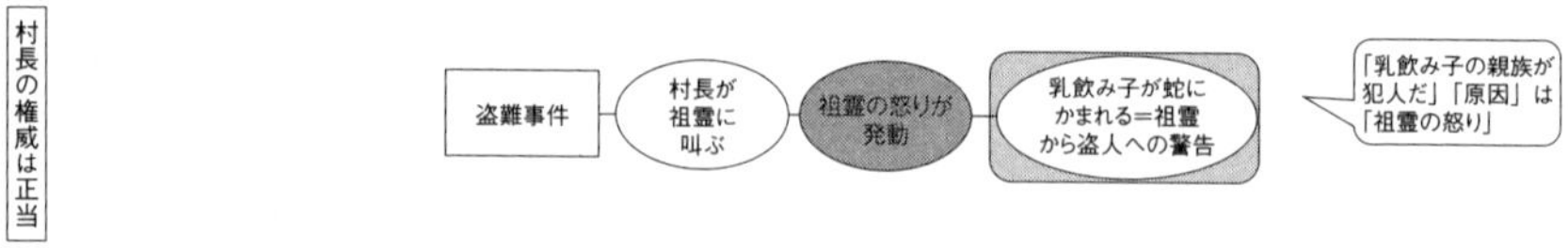

図5-1　盗難事件直後の物語（狭い社会関係の文脈）

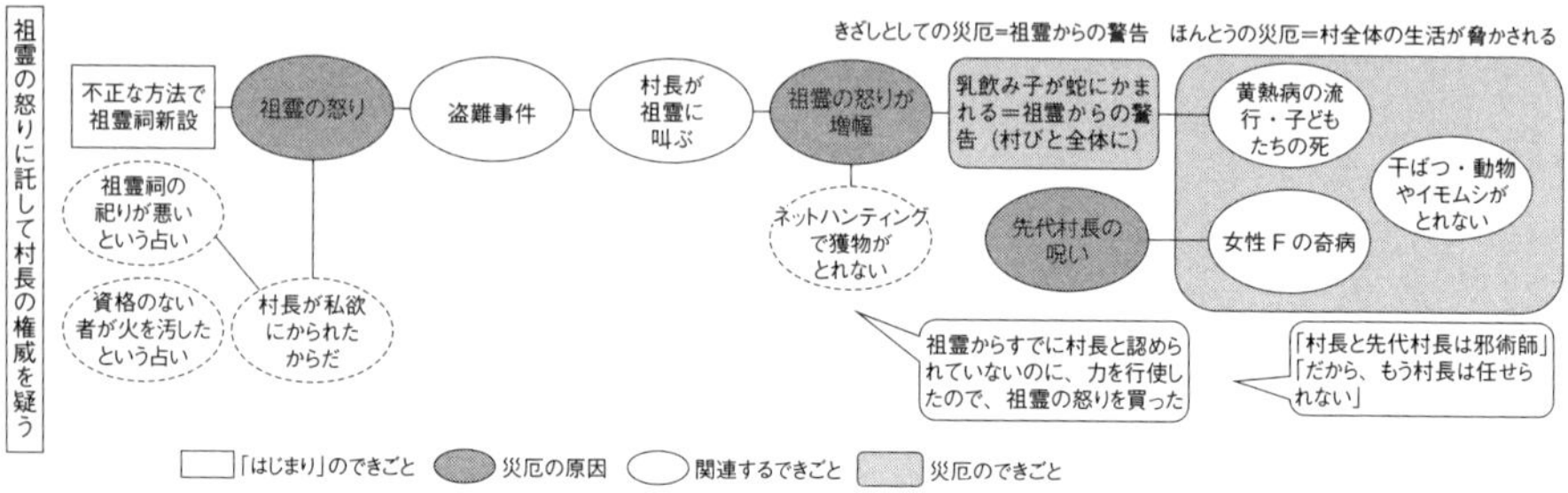

図5-2　村の分裂につながった文脈（村全体に関わる広い文脈）

得られなくなっていたのに、盗みがあったとき、祖霊に訴える力を使ったので、祖霊の怒りをかきたてた。だから、この（一連の）災いのはじまりは村長が不正な方法で祖霊の祠を新設したことである。乳児が蛇にかまれた事件は、不正な権力を行使しようとする村長への祖霊の怒りが現れたものだ。黄熱病や女性の奇病などその後に起きた大きな災いのきざしであり、祖霊からの警告だった。村長は村びとを守るものだという責務を忘れて私利私欲のために、先代村長は私憤のために祖霊を利用し、親族を呪った。それらが祖霊の強い怒りを招き、われわれに不幸をもたらした。彼らはただの邪術者だ」。

ここでは、盗難事件よりもずっと前のネットハンティングで明かされた問題にさかのぼって、それが指し示すところの村長による祖霊祠の新設を、すべての災厄のはじまりとして語り直し、乳児が蛇にかまれた事件をその後の一連の不幸のきざしとして位置づける（図5‐2）。それによって、当初はごく狭い人びとのあいだでの問題でしかなかった「乳児が蛇にかまれた事件」を、村全体の安寧に関わる文脈にまで広げたといえる。またそのような事態を招いた村長や先代村長を責め、その権威に異議をとなえる。この物語は多くの村びとに支持された。村長と先代村長は村びとからの信頼を失って邪術者だと断じられ、チーフの裁判所での和解調停もむなしく、一九八七年にこの村は分裂し消滅した。

村の再生へむかう物語

分裂から六年後、村長の継承資格をもつ先代村長の姉妹の息子によって村は再興される。村長の地位を継承するため、祖霊の扱いや作法についての教えを受ける必要があったこともあって、先代村長が呼び戻され、村に一緒に住むようになった。これに先だって、かつての物語はさらに語り直される。先代村長と新しい村長は、誤った解釈で村が分裂したことを祖霊に謝り、新たな庇護を祈った。

語り直された物語は次のようである。「ネットハンティングの不猟や占いで示された『ただならぬ問題』は、当時の村長らと青壮年男性が対立し、村が分裂の危機にあることを示唆していた。われわれはここでよく話し合うべきだった。黄熱病の流行と子どもの死は、チーフ領内全体に広がっていたのだから、村長ではなくチーフの祖霊祭祀が誤っていて、より大きな祖霊を怒らせたためだ。チーフの祖霊祭祀の過誤のせいで、雨も降らず食用イモムシが消えたから、われわれはたいへん苦労をした。われわれの土地も政府に売り渡されている。村の女性Fの奇病はその夫の浮気相手の呪いのせいで、先代村長の呪具とは関わりない。彼女の災厄は先代村長がいなくなってからも続き、毒蛇にかまれて足指を失うめにあっているからだ。先代村長はむしろ、薬草の知識を使って、夫の浮気相手の呪いから彼女を救ったのだ。自分の娘が盗人扱いされたことを怒って、呪具を置いたことは先代村長としてはあるまじき行為だが、それはもう済んだことだ。村長の責務を思い出して女性を救ったことが重要で、尊敬すべきだ」。

村を分裂にみちびいた物語においては、村長の過ちを災厄の「はじまり」とし、そこを基点とする一連の因果関係が語られていたが、この物語では、かつて一連の因果関係としてつなぎあわせていた事柄を分解し、災厄の「はじまり」が村長の過ちにはないことを示した点に特徴がある。「ただならぬ問題」は男性間の不和に、黄熱病の流行はチーフの不始末による祖霊の怒りが原因だと解釈する。さらに、女性Fの奇病を夫の浮気相手の呪いという、狭い当事者間の文脈へと引き戻している。

このように、村のもめごとや不幸のできごとは、状況に合わせて異なる物語となり、村びとの行動を方向づけてきた。分裂に結びつく物語とは違い、再生の物語には、祖霊憑きや呪医の関与で新たに明かされた問題は使われなかったことに注意したい。それにもかかわらず、物語はどれも「祖霊の怒り」を介しつつ、次のように変遷した。すなわち、①盗難事件をめぐる当事者の文脈に限られていたものが、②村長の私利私欲や先代村長の私憤を契機に引き起こされた祖霊の怒りが村びと全体の不幸を招いたという文脈に拡大したが、村の再興に先だち、③祖霊の怒りはチーフの過ちによって引き起こされたとして、村の文脈とは切り離され、女性Fの病は夫の浮気という夫婦間の個別文脈に発するもめごとだ、とする。

このように、物語のつなぎを祖霊に託すことで、物語がさししめす関係者の範囲は狭くも広くもなり、実際の身近なできごとをより広く一般的な文脈にのせかえることが可能になる。またその文脈において、当事者間の関係の社会的な意味が表現される。場合によっては、既存の権威にあらがう強い政治的な力ともなる。

6　おわりに――祖霊に託すことの意味

ベンバの村におけるもめごとへ対処のしかたは、その存在を衆目にさらし、それを多くの村びとが知ることにはじまる。村びとは、言葉で表明された怒りに際して当事者をなだめたり、関係者に和解をはたらきかけたりと、直接に対応をする。表明されなかった怒りや妬みを表に出すためには、ネットハンティングなど、いくつもの機会が備えられている。ここで表に出された問題は、多くが対処されずに置いておかれるが、問題とその当事者が特定されれば、当事者がそれを認め謝罪して和解が成立するような形式も用意されている。このようにベンバの人びとは、個別のもめごとや個人間のやりとりを、いわば集団化して対処するやり方を生み出している。

病気や災いの対処にも同じようなことがいえる。病気には、病院に行くとか薬草を使うとかいった対症療法をとるとともに、当該の病や災厄を引き起こした妬みや呪い、祖霊の怒りなどという原因をさぐり、その病や災厄の中にある人がいる「その場」とは別の層での因果関係を示すことによって、個人の身に起こったできごととその経験を社会化する。ひとりひとりのベンバはヘソの名によって祖霊に直接つながり、ベンバの暮らすミオンボ林は祖霊の住処であって、生活の安寧は祖霊の庇護によってもたらされる……このような考え方によって、個別に起こるできごとは因果的につながっていると解釈することができ、個人は経験をある社会的な物語へとつなげていく。

写真 5-3　祖霊のためのネットハンティング参加者たち

病や災厄の原因に、呪いや祖霊などの超自然的な存在が介在するという考え方は、ベンバだけでなく、広くアフリカ農耕民社会にみられる。こうした考え方は、当該の災厄が「なぜ私だけに」ふりかかったのかを説明する理論（災因論）として有効であるという指摘もされてきた（エヴァンズ＝プリチャード 二〇〇一、長島 一九八七）。ベンバの事例をとおしてみると、災厄を祖霊に託して語ることは、「なぜ私だけに」の問いに答えるだけでなく、特定の病気や災いなどの問題に直接関わる人びとの範囲を決め、関係者の社会的広がりを規定する重要な契機となる。

こうしたやり方と比較すると、牧畜民チャムスやトゥルカナの病気への対処は、えんえんと対症療法を繰り返し、あくまで「その場」を離れない強靭さをもつ。作道（二〇〇四）が述べるように、トゥルカナ社会にも病や災厄の原因を他者の怒りや妬みのせいだと考える考え方がみられるのだが、それは個別的な文脈にとどまっており、物語の語り直しによって、村レベルやチーフ領レベルという異なる文脈へと広げられるものではない。ベンバでは、村長、祖霊憑き、呪医など祖霊の作法に通じた専門家が活躍する儀礼などの機会がつねにあり、それぞれの場面でパターン化された物語の語り方が繰り返し人びとに示される。人びとがその物語を別の場所で繰り返し語ることをとおして、考え方と語り方の様式を集団的に共有し、ある特定の見方で現実を理解しようとするしくみができている。人びとは経験を「できごと」としてそのパターンに当てはめて解釈し、呪医ら専門家の示す物語を預言成就であるかのように支持もする。

人びとの日常生活においては、祖霊の世界が想定されていることによって、もめごとの当事者同士が直接的な接触を避けやすくなる。村が再興されたとき、新しい村長と先代村長が和解し、それぞれ謝罪したのだが、その謝罪はおたがいに対してではなく、祖霊への謝罪として間接的になされた。その結果、双方の名誉が守られ、どちらがどちらに対しても責めを負うことがなかった。当事者に思いあたることがなくても、「怒りっぽい」祖霊の機嫌をなおすためにという口実で、当事者の名誉を守りつつ謝罪を引き出すことができる。

さらに、村が再興されたときの語り直しの物語から明らかなように、そうした祖霊の世界が、個人間のレベル、村レベルとチーフ領レベルという複数の層としてイメージされているために、語り直すたびに、その因果関係を、いま直接関わっている世界の外側に位置づけ直すことが可能になっているのである。本章の事例では、村を再生するときの物語は、村長らの行為が村レベルで祖霊の怒りを招いたとした説明から、チーフの祖霊祭祀の過ちによって祖霊の怒りを招いたという村の外側のレベルでの説明に語り直され、村長らの責任を問う物語とは別ものになった。このように祖霊に託すことによって、日常に起きた呪いやいさかいなどのもめごとの原因は日常の外側に置いておかれるのだといえる。

本書の第一章を執筆している北村光二は、かつてトゥルカナを「深い関与」を要求する社会と表現し、その相互交渉の特質を、第三者的発言の徹底的排除（深い関与の必然）と「外部的な」正当性の基準の拒否にあるとした（北村二〇〇二）。これと対比すると、焼畑農耕民ベンバの相互交渉は、分かちあいに関わる規範やおたがいの社会的な位置関係にともなう規範「……すべきである」という、「外部的な」正当性の基準を参照することによって、その折り合いをつけるという特徴がある。このとき、その外部的な正当性は、祖霊に託して語られる超自然的な力とそれを背景とした権力の正当性を裏打ちする。とくに村びとの間に緊張関係が高まるとき、現前するできごとを「きざし」ととらえ、それをミオンボ林に住む「祖霊の意思」や「呪い」の証拠として読みとろうとする。ネットハンティングは祖霊の意思を知るための「占い」となり、猟の成果は「祖霊からのメッセージ」として、村びとの行動を方向づける。

祖霊から指摘された問題や「祖霊の怒り」は、村長ら既存の権威の正しさを問いただす政治的な力ともなって、ときに村びとを分裂させる。また、分裂した人びとを結びつけ、新たな村を創生する物語を語り直す材料ともなる。このような事例からみると、一定期間の定住を前提とする焼畑農耕民は、家畜のように確固とした具体が人びとをつなぐ牧畜民とは大きく異なるやり方で、社会関係を再生産してきたのだといえる。日常生活に祖霊の世界を交差させて祖霊の意思を参照し、困難を受け入れつつ現実を生き抜くやり方は、つぎつぎに新しい物語を生み出しながら、グローバル化が急速に進む大きな社会経済的変化のなかでも生きつづけている。

謝辞

本章では東京外国語大学ＡＡ研共同研究『人類社会の進化史的基盤研究三』研究会での議論を参照した。記して感謝したい。

註

1　ここでの記述は、おもに一九八三年から九二年に収集したデータにもとづいている。本章で記したネットハンティングや祖霊に感謝する酒儀礼は近年ではおこなわれていない。二〇〇五年以降については大山（二〇一五）を参照した。

2　掛谷は次のように述べる。「（前略）人びと生活の基盤とする自然環境は、熱帯多雨林、疎開林、サバンナ、半砂漠、あるいは海にかこまれた島々、温帯の森林帯や湖畔域など多彩であり、文化の諸側面にわたって自然との関わりが色濃くきざみこまれている」（掛谷 一九九六：三）。

3 植民地時代以降の国の土地制度も、この政治機構を土台とした総有制で、チーフの許可を得た村長は、その一帯の土地を利用する権限も同時に得る。村びとはその一帯の土地を自由に開墾し、使うことができるが、私有化はされないというのが、近年までの慣行であった。しかしこの慣行は一九九五年のザンビア政府による土地法の改正によって揺らいでいる（大山 二〇一一、二〇一五）。

4 ここで指摘される原因とは、いわゆる「災因」のことで、ベンバでは祖霊の怒りや人の呪い、妬みなどを介した超自然的な力の発動をさすことが多い。

5 祖霊たちは憑依のはじめに自身の名を名乗る。それぞれに個性があり、その性格は村びとによく知られている。村びとはまた、祖霊の系譜関係についても知っている。まれにベンバ王以外の「祖霊」も憑依することがある（杉山 二〇〇九、二〇一三）。

参考文献

今村 薫 二〇一〇『砂漠に生きる女たち』どうぶつ社。
エヴァンズ＝プリチャード、E・E 二〇〇一『アザンデ人の世界――妖術・託宣・呪術』向井元子（訳）、みすず書房。
太田 至 一九八六「トゥルカナ族の互酬性――ベッギング（物乞い）の場面の分析から」伊谷純一郎・田中二郎（編）『自然社会の人類学』アカデミア出版会、一八一―二一五頁。
大山修一 二〇一一「ザンビアにおける新土地法の制定とベンバ農村の困窮化」掛谷誠・伊谷樹一（編）『アフリカ地域研究と農村開発』京都大学学術出版会、二四六―二八〇頁。
大山修一 二〇一五「慣習地の庇護者か、権力の濫用者か――ザンビア一九九五年土地法の土地配分におけるチーフの役割」『アジア・アフリカ地域研究』一四（二）：二四四―二六七頁。
掛谷 誠 一九七四「『トングウェの生計維持機構』――生活環境・生業・食生活」『季刊人類学』五（三）：三―九〇頁。
掛谷 誠 一九八七「妬みの生態学」大塚柳太郎（編）『現代の人類学Ⅰ――生態人類学』至文堂、二二九―二四一頁。
掛谷 誠 一九九四「焼畑農耕社会と平準化機構」大塚柳太郎（編）『講座地球に生きる三 資源への文化適応』雄山閣出版、

一七一—一九四頁。
掛谷　誠　一九九六「焼畑農耕社会の現在——ベンバの村の一〇年」田中二郎・掛谷誠・市川光雄・太田至（編）『続自然社会の人類学』アカデミア出版会、二四三—二六九頁。
掛谷誠・杉山祐子　一九八七「中南部アフリカ・疎林帯におけるベンバ族の焼畑農耕」牛島巌（編）『象徴と社会の民族学』雄山閣出版、一一一—一四〇頁。
北村光二　二〇〇二「牧畜民の認識論的特異性」佐藤俊（編）『遊牧民の世界』京都大学学術出版会、八七—一二五頁。
北村光二　二〇〇七「『世界と直接出会う』という生き方——東アフリカ牧畜民的独自性についての考察」河合香吏（編）『生きる場の人類学』京都大学学術出版会、二五—五七頁。
作道信介　二〇〇四「トゥルカナにおける他者の『怒り』」田中二郎・佐藤俊・菅原和孝・太田至（編）『遊動民』昭和堂、四九二—五一四頁。
白川千尋・川田牧人（編）二〇一二『呪術の人類学』人文書院。
杉山祐子　二〇〇四「消えた村・再生する村——ベンバの一農村における呪い事件の解釈と権威の正当性」寺嶋秀明（編）『平等と不平等をめぐる人類学的研究』ナカニシヤ出版、一三四—一七一頁。
杉山祐子　二〇〇九「『われらベンバ』の小さな村」河合香吏（編）『集団——人類社会の進化』京都大学学術出版会、二二三—二五四頁。
杉山祐子　二〇一三「『感情』という制度」河合香吏（編）『制度——人類社会の進化』京都大学学術出版会、三四九—三七〇頁。
長島信弘　一九八七『死と病の民族誌——ケニア・テソ族の災因論』岩波書店。
西田正規　一九八六『定住革命』新曜社。
Harris, G. G. 1978. *Casting out Anger: Religion among the Taita of Kenya*. Cambridge: Cambridge University Press.
Richards, A. I. 1950. *Bemba Witchcraft*. Rhodes-Livingstone papers 34. Rodes-Livingstone Institute, Northern Rhodesia.
Roberts, A. 1974. *History of the Bemba*. London: Longman.

コラム1

澱まぬ風のなかで

稲角　暢

私は、憤然と座っていた。ひとりの男のささいな行動が、調査をいちじるしく妨害したのだ。帰国を間近に控えた私の調査スケジュールが、いっきに崩壊してしまったかのように思えた。私の感情は、色彩と模様をはげしく変化させていたが、私はそれを表現するすべを知らず、ただただ、赭色《そほいろ》の地面を睨みつけるばかりだった。骨組みがあらわな作りかけの家屋に、かわいた風がゆるやかに入りこみ、うつむく私の肌をそっと撫でていく。

私が調査をしているポコットは、ケニア中西部に住む遊牧民だ。私の研究の主眼は、家畜と人の関係である。人びとから、家族のメンバー構成や保有する家畜数、放牧地の情報、家畜キャンプが移動する経緯などを聞きとることは、私の重要な仕事のひとつだった。

二〇一五年三月のこの日、約束が突然キャンセルされたせいで、私は、新たな聞きとり相手をあわてて探さねばならなくなった。気候が不安定な地に生きる彼らは、風のように臨機応変に動く。私は、家畜の水飲み場でひたすら人びとを待ち、ようやく昼過ぎになったころ、調査対象の家長をひとり、つかまえることができた。

そして、その私の目の前には、酔態の男がひとりいた。調査助手のロロットである。五〇歳になる彼は、調査を開始した二〇一一年当初から、変わらず私を支えてきてくれた。ともに調査スケジュールを組みあげる相方であり、私の目的を人びとに代弁してくれる保護者であった。さらには、五〇年の経験にもとづき、確かな情報を提供してくれる知識の源であり、不満をぶつけあう友人で、生活をともにする家族であった。だが、この日、私とともに聞きとり相手を探しだしたロロットは、一瞬姿を消したかと思うと、数分後、据わった眼をして現れたのである。

理由は簡潔だった。水場ちかくの人だまりで、自家製の蒸留酒を一杯だけ飲まされたのだという。飲んだ量に嘘がないかはともかく、問題は、充分な通訳ができるかどうかである。一五分ほど試してみたが、的外れな応答や数字の間違いが何度もあり、彼は常になく酔っていた。

今日調査が進まなければ、帰国日までに仕事は終わらない。水泡に帰したこの日の努力と、調査の挫折を思い、ロロットに対する失望と怒りは際限なく膨れあがった。幾度となく繰り返されてきた同様の失敗を思うと、私はここで、彼と手を切るべきなのかもしれない。しかし、これまでの半身を切り捨てて、このさきどうしてこの地で生きていけよう。私は、ほとんど涙をこぼさんばかりになりながら言葉を失い、そして、ロロットの存在を完全に無視した。

そしてそのまま、二時間という時間が経った。いつのまにか風は強くなり、冷たさを伴いはじめている。ロロットは、ときどき家屋を出入りしながら、私の様子をうかがっていたが、ふと、私が見つめるさきの地面に置くように、ポツリと声を発した。

「もし、おまえのその状態がまだ続くのならば、私はもう、おまえとは仕事をしたくない」

そう言うと、ロロットはスッと外へ出ていってしまった。残された私は、呆然とするしかない。私のほうが、ロロットに「捨てられた」のだ。

本書の第一章で北村光二は、ポコットに隣接して住むトゥルカナについて、以下のように述べている。「たとえそれ（相手の行動）が自らの期待に反するものであっても（中略）、あくまでもコミュニケーションの接続によって共通理解を目指そうとする」（本書二二頁、括弧内は筆者注）。

ひたすら自分の感情との折り合いをつけることに腐心し、コミュニケーションを遮断し続けた私の態度は、ロロットにしてみれば理解不能なものだったに違いない。

このロロットの混乱に、当時の私はまったく気づくことができなかった。お互い理解不能なまま、残り数日間の調査を続けられるとは思えない。次の調査までは会わずにいよう、という言葉をひたすら交わし、私たちは別れた。ロロットは風とともに去り、その後、二度と姿を現していない。そして、私はこのときのことを、頭の片隅にそっと押しこんだのだった。

次に出会うとき、私たちはお互いを許しあえるだろうか。いつもの言い争いのあとのように、何事もなかったかのように抱きあい、挨拶することができれば……。ロロットの、しこりを残さぬ風のような精神に、私はいつも縋ってしまっている。

コラム2

大腸マッサージ最高！

羽渕一代

トゥルカナでは、身体の調子が悪くなると、マッサージが施されることが多い。調査地で調子が悪くなった私も何度かマッサージをしてもらったことがある。私は、自称、世界各国でマッサージを受けてきたマッサージマニアだ。

ケニアに渡航する前に、トゥルカナ調査に誘ってくれた同僚のソコミチがトゥルカナのマッサージをみせてくれた。どんな病気でもお腹をマッサージすることで治療するようであり、ビデオでみるとマッサージ師は、ぐいぐいと親指を腹にめりこませていた。どうみても気持ちよさそうではない。マッサージを受けているおじちゃんも「ホイットコイ、ホイットコイ」と高い声でわあわあ叫んでいる。痛いのだろう。

トゥルカナはケニアの北西部で生活する遊牧民である。二〇〇七年、ソコミチが調査をしていたマッサージ師にマッサージをしてもらうことになった。このおばちゃんは街はずれに住んでおり、住居は丸い籠を地面にそのままひっくり返した形をしている。その家の庭で地面にそのまま寝っ転がって、マッサージを受けるのかなあ、と思っていると、カンガ（布）と油がないとマッサージはできないし、そもそも夜中か早朝にするもんだという。翌朝、一番鶏が鳴いたら、太陽があがる前に来るようにと言われた。

早起きして、懐中電灯の明かりを頼りにおばちゃんの家に行くと、娘さんがマッサージを担当するという。男性を全員追い払い、籠型の家のなかに入ると、着物を脱ぐように言われる。カンガを敷いて、そこに横たわるとマッサージがはじまった。なぜか、ケニアのブルーバンドというマーガリンのにおいがした、と思ったら、娘さんが、日本の給食に出てくるような小分けにされたマーガリンを二袋ほど手に塗って、私の体に塗りはじめた。アシスタントが用意してくれた油は、キオスクで売っている小分けしたマーガリン、ブルーバンドだったのだ。私は自分の身体がトーストのパンになったような気がした。無論、宮沢賢治の『注文の多い料理店』の主人公になった気分であった。

マッサージそのものは、日本のマッサージとほとんど変わらなかった。日本にも大腸マッサージという便秘気味の女性に推奨されるマッサージがあるが、それと同じ手技であったし、痛くない。頭の先から足の先まで、顔をふくめて全身くまなくマッサージをされ、大変気持ちよかった。しかし、身体中のマーガリン臭さはいただけなかった。「毎日来い」と言われたが、すぐにフィールドに行く必要があり、その時は一度しか受けられなかった。なぜかよくわからないが、その場で対価を要求されたことはない。

翌年、私は三度目の調査のためにトゥルカナにいた。一週間がたったころ、激しい下痢と頭痛、身体が鉛みたいな気分がするような何かにかかっていた。風邪の症状はなく、とにかく頭痛がする。トゥルカナの家族は「エデケ（病気）？」と聞いてくる。「オー（はい）」と言うと、お母さんがマッサージをしてくれるという。二日間にわたって、夜中のマッサージを受けた。お母さんは「エオシンアガチン（うんこ）」と何度もいう。下痢しているのに、うんこがあるのだろうか？よくわからない。しかし、マッサージそのものは、やはり日本のマッサージと同様で、下手な日本人よりもずっと気持ちのよいものだった。ここでも対価が要求されなかった。トゥルカナにいるあいだは高い施術料を払わなくてもマッサージをしてもらえるのかなあ、よいところだなあ、と思っていた。

しかし、そうは問屋がおろさない。この調査の帰りに、昨年のマーガリン・マッサージのおばちゃんのところに寄ったところ、ヤギをご所望された。もちろん、トゥルカナの関係性のなかでは断れない。そして、四度目の調査のとき、私のお母さんはヤギを三頭、私にご所望してきた。これまでもっとも高額な相談だった。でも断れない。

トゥルカナでは、個人の問題を個人だけのものにしておかない。人々は、自分の問題を友達や家族に相談しあうことによって、関係性を構築している。そんな社会で、私には調査の手伝い以外に、周囲の人にやってほしいことがなかった。いつも、誰かが私にやってほしいこと（つまり何かを購入してほしいということ）の相談を受ける一方だった。マッサージを受けてから、私は、友達や家族にやってほしいと心の底から思うことをみつけられて、なんだか楽しい気分になったのだ。フィールドでは、病気にならないとなかなかマッサージをしてもらうことができないけれど、私は、いつもマッサージをお願いしようと企んでいる。私にとって、トゥルカナでのマッサージが心の底から欲しいと思うものだから。

コラム3

妻がいてこそ男なれ

関根悠里

「結婚したい」が彼の口癖だった。煙草をふかし、ミラー（ニシキギ科の植物で合法麻薬）を噛みながら、ことあるごとに「妻がほしい」とぼやく。三〇代後半の彼はそうやってよく皮肉っぽくも寂しそうに笑っていた。

東アフリカのケニア東部、タナ川流域に暮らすオルマ（Orma）の人びとは、ウシやヒツジ、ヤギを飼いながら生活する牧畜民である。イスラム教徒である彼らの家族は一夫多妻であり、裕福な男性は複数の妻をもつことも珍しくない。そうでなくとも、未婚のままで人生を終える男性はほとんどいない。

彼にもまた妻がいた。しかし子どもが生まれてまもなく不仲になり、離婚して妻は出て行った。男やもめとなった彼は、幼い息子とナイロビで暮らし続けることをあきらめて故郷に戻る。帰る家をもたない彼は、村の有力者に嫁いだ姉のもとに転がり込み、そこで新しい生活を始めた。

オルマの一般的な住居は木枠に葦のような草をかぶせたドーム型の小屋である。妻ひとりにつきひとつの小屋があり、複数の妻をもつ夫は日ごとに別々の小屋で寝起きする。すべての妻を公平に扱うことが肝心だ。『クルアーン』にだってそう書いてある。

少年は母親の小屋で暮らすが、青年期を迎えると母のもとを離れ、仮小屋を建てて生活するようになる。その小屋は母のものと比べると粗末で天井も低く、中は蒸し暑い。結婚するまでのまにあわせの住居だ。

彼が暮らしていたのはその仮小屋だった。幼い息子は姉の小屋に預け、ひとりで寝起きする。家事をしてくれる女性はいない。池で服を洗い、鍋をかき混ぜながら、「俺には妻がいないから、なんでも自分でやらなきゃいけない。でも、なかなかうまいもんだろ？」といつものシニカルな笑顔を浮かべる。

ある日、ちょっとした事件が起きた。小屋の外で彼と甥（姉の息子）が激しく口論している。足元には壊れたラジオ。話を聞くと、小屋で寝ていた彼が外のラジオの音に怒り、甥から取り上げて地面に叩きつけたという。

彼は、ちょっと尋常じゃないくらい興奮していた。いまにも甥を叩かんばかりで、周囲の男たちに止められている。安眠をさまたげられる不快さはわかるが、何もそんなに怒ることはないだろう？　でも違った。彼が本当に怒っていたのは、騒音にではなかった。

彼は甥の態度に怒っていた。年長者に払われるべき敬意の欠如に。「あいつは俺を尊敬していない！」。そう何度も繰り返す。

興奮した彼を止める男たちはみな一様に苦笑していた。しょうがねえな、という顔だ。侮るような、哀れむような。

三〇代後半にもなって妻をもたず仮小屋で暮らす彼は「男」とみなされていなかった。母の小屋を出て、仮小屋での暮らしを終え、妻を迎えてその小屋で寝起きするのが一人前の「男」。一〇代も後半を迎え、そろそろ仮小屋暮らしを始めようかという甥にとって、彼は尊敬すべきおとなの男性という枠からはみだした存在だったのだ。

オルマの男性が妻を娶るためには、結婚相手の父や祖父、おじなどをひとりずつ訪ね歩いて、許可を得なくてはならない。さらに現金や種々の贈り物に加え、八頭の未経産のメスウシを婚資として用意する。そんな財産が手元にあることはまれで、親族や友人などを頼み回ってなんとか調達する。結婚に至る過程それ自体がひとつの試練で、妻がいることは試練をのり越えて一人前の「男」となった証明なのだ。じゃあ、その証明を失ったら？

オルマ男性の暮らしはわりと気楽なものにみえる。洗濯や炊事、乳搾りは全部女性の仕事だし、家畜は少年たちが放牧する。男たちは日がな木陰に座って、チャイを飲んだり煙草を吸ったりしながら雑談に興じるか、うろんな顔でミラーをくちゃくちゃ噛むばかり。でもその気楽そうな「男」の日々は、意外と盤石なものではないようだ。

「早く結婚したい」。帰国が迫り荷物を整理する私の隣で彼が言う。親類を通じて女性を紹介してもらえそうだという彼にねだられ、私は婚資の足しにとしぶしぶお金を置いていく。結局、甥に新しいラジオを買ってやったのは私なのだ。これ以上壊されたらたまらない。愚痴はもう聞き飽きたし、さっさと結婚して、そのぼやきをのろけに変えてくれ。

第Ⅱ部 紛争を乗り切る

和解の儀礼をおこなうダサネッチとニャンガトムの男性（佐川徹撮影）

主権国家間の限定的な衝突が前提としていた、戦争の時間的・空間的な孤立性が弱まり、戦争は今や社会の領域全体を洪水のように覆い尽くしているように見える。例外状態が永続的かつ全般的なものとなったわけだ。 ――アントニオ・ネグリ、マイケル・ハート『マルチチュード（上）』日本放送出版協会、二〇〇五年、三六頁、（傍点は原文のまま）

第6章　国家に頼らない遊牧民の生き方
——周縁化・併存化・独立国化

湖中真哉

1　はじめに

本章では、東アフリカ遊牧民が国家とどのように接してきたのかについて考えてみたい。国家とは何だろうか。私たちは、多くの場合、それを考えずに過ごしている。人はある国家のなかに生まれ、国民としての自覚をもつようになり、やがて、国家はその人にとって空気のように自然なものとなる。あなたが危機に晒されたとき、もちろん例外はあるものの、多くの場合に国家はあなたを守ってくれる。通貨から安全保障に至るまで、知らず知らずに、あなたは生のさまざまな部分を国家に委ねて生きているはずだ。国家のない生、あるいは国家に頼らない生を考えることは、国家にどっぷりとつかりきっている私たちにとって、とてつもなく難しい課題である。

しかし、もし、国家をつくろうとはしてこなかった社会があるとしたらどうだろうか。あるいは、もし、国民として名ばかりの地位を与えられるだけで、実際はろくに国民として扱われなかったとしたら、私たちはどうするだろうか。あなたが理不尽な暴力に襲われたとき、あなたの国の警察や軍隊があなたを守ってくれなかったらどうするだろうか。

　東アフリカ遊牧民はこれまでそのような事態に直面してきたし、いまもなお、日々直面している。彼らにとっての国家は、私たちにとっての国家とは大きく異なっており、空気のようなものでも自然なものでもない。遊牧民が暮らす地域には、国家に生の多くを委ねず、文字通り自らの力で歩んできた生がある。いうまでもなく、どっぷりと国家につかりきった私たちからみれば、そのような生は過酷にみえる。そんなのはまっぴら御免だと思うかもしれないが、もし、私たちが人類と国家との関係を考え直し、国家から根源的に自由な生の在り方を考える思考実験に挑もうとするなら、そこから学ぶ価値は多少なりともあるはずだ。

　私は一九九〇年に調査研究を始めて以来、東アフリカ遊牧民から数え切れないほど多くのことを学んできた。しかし、最初から遊牧民と国家の問題を考えてきたわけではない。調査を進めていく過程で、いかに彼らが国家から等閑視され、虐げられてきたのかを徐々に知るようになり、彼らと国家の関係について考えざるをえなくなったのである。

　ただし、私が本章で考えたいのは、彼らがどのように国家と接してきたのかという課題であり、国家そのものの在り方ではない。もちろん、彼らがおかれた現状を改善するためには、国家そのものがよくなり、遊牧民に対する待遇も改められなければならないのは間違いない。ただし、残念ながら現時点では、彼らが暮らす国家そのものが劇的に改善するという見通しはまったくない。そうである以上、ここで私は、東アフリカ遊牧民自身と同じ戦略を取らざるをえない。すなわち、国家そのものはすぐにどうにかなるものではないから、こうした現状のなかでとりあえず暮らしていくためには、どのようにして国家と接していったらよいかを考えるしかない。

　このような課題意識のもとに、本章では、東アフリカ遊牧民と国家の関係に注目し、彼らがどのように国家と接してきたのかを考えてみたい。なお、この調査における対象者は深刻な人権侵害を受けてきた人々であり、国名や民族名、個人名などを明かすことができないため、本章では「東アフリカ遊牧社会」とだけ述べておく。東アフリカ遊牧社会は多様性を特徴としており、本章で述べていることは、必ずしも東アフリカ遊牧社会のすべてにあてはまるわけではないことはお断りしておかねばならないが、ここでは、少なくともその特徴の一端を示すことを試みたい。

2　国家なき遊牧社会

アフリカの社会は、一九世紀にヨーロッパ諸国によって植民地支配されるようになった。その統治に際して、ヨーロッパ諸国が直面した課題は、彼らの社会が国家をもたないということであった。東アフリカ社会を対象とした体系的な調査は、おもにイギリスの社会人類学者たちが、植民地時代末期の一九四〇年代から五〇年代にかけて実施した研究に遡る。彼らの研究は、アフリカの政治体系の解明を中心的な課題としていたが、彼らもやはり同様の課題に直面した。

東アフリカでは、エチオピアには紀元前五世紀から王国が存在しており、また、現在のウガンダやルワンダ、ブルンジなどの国家に属しているいわゆる大湖地方には、ブニョロやブガンダ、アンコーレ、ルワンダ、ブルンジなどの諸王国が成立していた。しかし、これらの例外を除き、東アフリカの社会の大部分は、国家をもたない社会であることが判明した。社会人類学者たちは、こうした社会を「無頭制社会（acephalous societies）」「国家なき社会（stateless societies）」「統治者なき部族社会（tribes without rulers）」などと表現した。生態人類学では、おもに狩猟採集民社会の研究にもとづいて、同様の概念として「平等主義社会（egalitarian societies）」という表現がもちいられた。

こうした特徴をもつ社会は、西洋近代国家が通常前提としているような統治機構を欠いていた。すなわち、地域全体を束ねる強い政治的な権力をもった指導者や、その支持基盤となりうる階層型の社会組織がみられなかったのである。少なくともそこには、西洋近代国家と同様の整った形態では、議会や役所や裁判所もなければ、警察も軍隊もなかった。東アフリカでは、それに代わって、人々の系譜関係に関わる親族組織と、年齢および性別にもとづいて形成される年齢組織が、社会を構成する原理であると考えられるようになった。

こうした特徴は、東アフリカの遊牧社会のみならず農耕社会にも存在するが、とりわけ、それが顕著に見出され、国家なき社会の典型例とされたのが東アフリカ遊牧社会である。そして当時、国家に代わる組織原理として親族組織や年齢体系が注目を集めるようになったのである。

ただし、こうした親族組織や年齢組織は、あくまで遊牧社会の特徴の一要素に過ぎない。より重要なのは、遊牧社会の根底にある彼らなりのものの考え方や見方であり、平等主義的な親族組織や年齢組織は、こうした考え方や見方が比較的明確な形で姿を現した結果に過ぎない。社会組織を前提としない相互作用の在り方の研究に突破口を開いたのが、わが国の生態人類学の成果である。本書の序章で、曽我と太田が述べているように、確かに、遊牧民の考え方や見方は印象的であるが、本章の課題である国家という観点からいうと、そもそも、国家を前提としない考え方やものの見方が、今日なお東アフリカ遊牧社会の根底にあるように思われてならないのである。ただし、それは必ずしも、彼らが好きこのんで維持してきたわけではないことは指摘しておく必要がある。次節で述べるような、国家からの周縁化がその背景にある。

3 周縁化——国家に包摂される遊牧民

東アフリカ遊牧社会は、植民地期にはヨーロッパ諸国の統治下に入ってはじめて「国家」と出あうこととなった。植民地政府は、統治の都合で遊牧民を支持したかと思えば、突然敵視することもあり、武力的な弾圧がおこなわれることもあった。今日なお東アフリカ遊牧民は、しばしば保守的、頑迷、非合理的、反抗的な人々だといわれるが、これらの多くは、政治的な理由で植民地時代に作り上げられたステレオタイプ・イメージに過ぎない。

植民地時代には、東アフリカ遊牧民は、植民地の開発計画の主要な対象とはされてこなかった。当時、東アフリカ遊牧社会で実施された居住地や放牧地の制限、徴税、徴兵、野生動物の保護などの政策は、彼ら自身の福利のために実施されたものではなく、当時の入植者を中心とするヨーロッパ人の福利のための政策に過ぎなかった。

一九五〇年代から六〇年代にかけて東アフリカ諸国は相次いで独立を達成した。しかし、独立後の政権における政治的指導者は農耕民が中心を占めていたため、東アフリカ遊牧民は、独立後も従属的な立場に置かれ続けてきた。警察や軍による武力行使をともなう弾圧も、植民地時代と同様に継続された。遊牧民を対象とする開発計画が立案されることはそもそもごく稀に過ぎなかった。それが立案された場合でも、野生動物の保護による放牧地の制限など、遊牧民以外の人々の利益を保護するための政策や、潅漑農耕や牧場（ランチング）の導入など、遊牧民を無知で劣った人々と決めつけた政策が中心を占めており、大半の開発計画が失敗した。さらに、こうした失敗の理由は、政策担当者の不適切な計画立案ではなく、遊牧民の無知や保守性のせいにされてしまうのである。

かつては、遊牧民は自らが中心であるような世界を生きてきたが、国家の一部として包摂されるようになってからは、あたかも存在しないがごときに扱われるようになってしまい、遊牧社会は周縁化（marginalization）されてきた。それでは、こうして国家に包摂されることで、遊牧民の生活はどのように変わったのだろうか。それまで、国家が発行する通貨を使うことのなかった人々が使うようになり、家畜の放牧をしていた子どもたちが学校に通うようになり、おもに未婚の青年男子が担当していた地域のセキュリティは――少なくとも建前上は――政府の警察や軍が担当することになった。それまで国家と接してこなかった人々にとって、これらが大きな変化であったことは想像に難くない。

国家と国民の関係は多岐にわたる検討を必要とするが、国民経済の基盤となる国家の通貨と国民生活の治安や安全を維持する安全保障は、国家のさまざまな働きのなかでも、最も基本的なものであるといってよい。以下に本章では、国家が発行する通貨と国家による安全保障の二つの課題に絞って、東アフリカ遊牧民と国家の関係を考えてみたい。

4　併存化――遊牧民と国家の通貨

国家の最大の役割のひとつは、その国の通貨を発行することである。日本円なき経済生活や日常生活を考えることは、国家の通貨にあまりにも依存しすぎている私たちにとってとてつもなく困難なことであるが、東アフリカ遊牧社会ではどうだろうか。

東アフリカ遊牧民のある小さな町に、当該国政府と地方議会の主導のもとに、一九九一年にこの地域一帯で最大の家畜定期市が開設された。当該国では、一般に無知な民として蔑まれてきた遊牧民は、現金経済の意義を理解せず、家畜を売却しないだろうといわれていた。しかし、こうした予想は大きく裏切られた。開設されるやいなや家畜市は大盛況となり、家畜市の開設以前と比べると、家畜の出荷頭数は五倍に伸びた。多いときには、二千頭近くの家畜、千人近くの人が家畜市に集まって来るようになった。一〇〇キロメートル以上離れた場所から徒歩で家畜を売却に来る人もいた。

こうして遊牧民が家畜定期市の開設を歓迎したことは、先に述べた「遊牧民は保守的であり変化を受け容れない」というステレオタイプ・イメージを完全に覆したといってよい。この地域で市場経済が発達しなかったのは、彼らが保守的な気質をもちあわせていたからではなく、政府による市場環境の整備が同国のほかの地域に比べて著しく立ち遅れていたからに過ぎず、先に述べた周縁化によるものと考えられる。

家畜定期市が盛況を極めると、今度は反対に「この地域の遊牧民は彼らの家畜をすべて売り払ってしまうのではないか」と噂する人も出現するようになった。私も、人々が家畜をどんどん売り払ってしまい、それによって得た現金を使用して、外部から押し寄せてくるさまざまな商品を購入するようになると予想していた。事実、遊牧民は、家畜市に併設されているバザールでインド製の自転車、中国・韓国製のラジオやデジタル時計をつぎつぎに購入していた。

つまり、文字通りの市場経済化、グローバリゼーションの波が遊牧社会に押し寄せてくると思われたのである。

そこで、私はこの地域の遊牧民が、家畜定期市をどのように捉えて、どのような取引をおこなっているのかを調査してみることにした（湖中 二〇〇六）。一九九六年の八月二九日から一〇月二四日にかけて、六回の家畜市における総計三六二例の取引事例を収集した。そのうち、家畜を売却した理由を調査すると、最も回答の多かった理由は「家畜の確保」で四二％を占め、「食料の確保」（一九％）、「サーヴィス関連」（一三％）、「日常雑貨類の取得」（一〇％）などの理由が続いていた。つまり、「家畜の確保」が最も高い割合を占めていることが判明したのである。

遊牧民は、家畜を売却して商品を購入していると予想していた私は驚いた。商品の購入やサーヴィスを得るためではなく、家畜を確保するために家畜を売却するとは、いったいどういった意図にもとづく取引なのだろうか。調べてみると、ずいぶん奇妙な取引がみられることが明らかになった。オスウシを売却して、未経産のメスウシを購入しようとしていた人や、年老いたメスウシを売却して若い未経産メスウシを購入しようとしていた人がいた。儀礼で使用するための家畜を購入しようとしていた人もいれば、体力をつけるために肉を食べようとして家畜を購入しようとしている人もいた。遊牧民は、家畜定期市において、市場取引をするのみならず、自分の都合に応じて融通無碍にそれを幅広い交換の場として利用していたのである。家畜定期市に来たにもかかわらず、まったく現金を使用しないで、家畜と家畜を物々交換して帰る人すらいた。さらに、くわしく検討してみると、遊牧民が購入したいと考えている家畜は、若い未経産のメスの家畜であり、売却したいと考えている家畜は去勢オスや不妊の家畜であることがわかった。つまり遊牧民は、去勢オスを商品として売り払いつつも、メスの家畜が出産して家畜群を増やしていくことを期待して、若いメスを購入しようとしていることが明らかになった。

それでは、なぜ遊牧民はメス家畜を必要としているのだろうか。それは、長期的な時間幅で考えると、遊牧民にとってメス家畜とは、自然の恩恵がもたらす自然資本のようなものだからである。遊牧民は、メス家畜が出産し続ける限りにおいて、経済的に自立できる潜在的可能性を手にすることができる。メス家畜が出産すれば、泌乳を開始し、乳は主食としてその遊牧民の食生活を支えることができる。つまりメス家畜をもつ限り、彼らは自律的な生業経済を維持し、生活の基盤を確保することができるのである。

また、遊牧社会では、メス家畜を相手に贈ったり貸したりすることによって、結婚を含むさまざまな人間関係を形成していくことができる。さらに調べてみると、家畜と家畜を交換する物々交換レートが定められていることも明らかになった。たとえば、未経産のウシ一頭は未経産のヤギ・ヒツジ一二頭と等価交換される。また、遊牧民は、家畜と物々交換することによってさまざまな物品を入手していることも明らかになった。たとえば、未経産のヤギ・ヒツジ一頭と交換できる小さな槍は、「未経産のヤギ・ヒツジ分の槍」と表現され、仔ウシ一頭と交換できる大きな槍は、「仔ウシ分の槍」と表現される。つまり、国家が発行する通貨に頼らなくても、遊牧民は出産可能なメスの家畜をもつ限り、そしてその自然の恩恵を基盤として動く共同体の仕組みがある限り、家畜を遊牧民同士の通貨として生きていくことができるのである。

家畜定期市が開設されれば、遊牧民は市場経済にのみこまれてしまうという私の予想は間違っていた。もし、国家の通貨や市場経済が安定的な生活を約束してくれるのであれば、それに全面的に依存して生活していくことが可能であり、事実、東アフリカ諸国でも裕福な層はそのような道を選んだ。しかし、遊牧民以外の人々が経済の実権を握っている国家において、著しく周縁化されている彼らが市場経済のなかで良好な位置を与えられる可能性は極めて限られている。旱魃になれば、家畜の価格は暴落して外部から来た商人に安く買いたたかれてしまうし、都市部で賃金労働に従事しても、不安定な経済のなかで容易に解雇されてしまう。このように、彼らは市場経済から見放され、危機に直面する可能性が高い生活を営んでいるが、遊牧を基本とする経済と社会の仕組みは、危機に対応するセーフティーネットの役割を果たしているのである。

遊牧民は、市場経済を拒絶して遊牧を基本とする生業経済に引きこもったのでもなければ、それまでの彼らの生業経済を全面的に放棄して、市場経済にのみこまれてしまったのでもなかった。国家が発行する通貨や市場経済がもたらす便益は享受しながらも、それに全面的に頼り切ってしまうのではなく、もともと遊牧民がもっていた家畜を資本や通貨とする生業経済を巧みに組み合わせながら、両者を併存化させる道を選択したのである。ここでは、通貨や市場について述べたが、こうした二重の併存化は、教育や宗教など、遊牧民の生活のあらゆる側面に見出される。

遊牧民は、新しい事態に対して柔軟で融通無碍な対応をとってきたが、本章の課題である国家についていえば、彼らは国家か遊牧共同体かという二者択一ではなく、その両者を併存化させていく戦略をとってきたといってよい。グローバリゼーションがさまざまな場面で議論される今日、私たちは、グローバルかローカルか、近代か伝統か、国家か共同体か、市場経済か生業経済かといった二者択一的な考え方に陥りがちである。しかし、両者を巧みに併存化させてきた遊牧民のしたたかな生き方から私たちが学ぶべきことは多い。

5　安全保障の危機にさらされた遊牧民

法にもとづいて国家の治安を維持し、国民を不当な暴力から保護することは、およそ、国家に求められる条件のなかでも、最も基本的なもののひとつである。しかしながら東アフリカ遊牧社会では、必ずしもこの条件は満たされておらず、事実上の無法地帯といわれることもある。彼らの社会では、今日なお紛争が頻発しているが、こうした紛争は、遊牧民が伝統的に繰り返してきた家畜の略奪合戦であり、遊牧民の好戦的な気質がもたらすものだという見方がとられてきた。そのため、紛争が発生しても、たいして関心が払われず、遊牧民にはよくあることとして放置されてきたのである。

ここでは東アフリカ遊牧社会で近年発生したある紛争をとりあげる（湖中 二〇一二a、二〇一二b、二〇一二c、二〇一二d、二〇一二e、二〇一五、二〇一六、二〇一八、二〇一九）。この紛争は二〇〇四年に始まり、二〇一〇年に終結した。私の調査では八〇件以上の個別紛争が起こり、死者数の総計は五六七人にのぼる。この紛争は、ほとんど報道

写真 6-1　焼き討ちされた家屋

されることがなく、ある国際機関の報告でも、紛争についての情報が不足し、紛争によって発生した国内避難民が無視されてきたことが指摘されている。

二〇〇四年に私は、それまで調査をしていた遊牧民の集落の近くで紛争が発生したという情報を耳にした。その時点では、私もまた、この地域によくある遊牧民同士の家畜の略奪合戦だと高をくくっていたし、地域住民もまたそのように認識していた。その後、私が調査地としていた集落の裏山で大規模な銃撃戦があり、集落の人々もかけつけて応戦した。集落の周辺には、紛争で居住地を追われた国内避難民が、国際機関による人道支援で得たテントを屋根にかけて暮らしていた。

当該国の新聞やテレビの報道、あるいは国際機関の報告書では、この紛争は伝統的な家畜略奪であるとか、民族間の諍いであるとか、旱魃によって稀少化した資源をめぐる争いであると報じられてきた。しかし、紛争地を訪れ、地域住民に焼け落ちた住居の跡に案内されたとき、何か腑に落ちないものを強く感じた（写真６‐１）。通常、遊牧民同士の紛争の場合、襲撃の対象となるのはあくまで家畜であり、住居を焼くという襲撃方法がとられることはないからだ。

調査の結果、衝突していた両民族は、この紛争が起こる以前には良好な関係を維持していたことが明らかになった。両民族のあいだでは、通婚や贈り物もおこなわれていた。また、牧草地や水場も両民族は融通し合って利用してきたことも明らかになった。つまり紛争の主因は、どうやら伝統的な家畜略奪でも、民族間の諍いでも、旱魃によって稀少化した資源をめぐる争いでもないことが徐々に明らかになってきた。

それでは、いったいなぜ紛争が発生したのだろうか。二〇〇五年の五月には、ある丘で大規模な決戦がおこなわれた。双方三〇〇人規模の兵力が集結して、銃撃戦が繰り広げられ、二六人が死亡した。襲撃を受けた人々はすぐに警察を呼んだが、現場に到着したのは紛争の翌日のお昼だった。紛争後、戦死者の遺体から携帯電話が発見された。その携帯電話の連絡先には、国会議員、県議会議員、末端行政首長、警察署の電話番号が登録されていた。襲撃者は携帯電話で議員や警察らと連絡をとりあっていたとみられ、警察の到着が遅れたのは、警察が襲撃者によって買収されていたからだと思われる。このとき、ある負傷者が捕虜となった。襲撃された人々は、紛争の主因を知るために彼を拷問した。真相を吐けば病院に連れて行ってやると偽りながら、捕虜を殴り続けたのである。捕虜の口は堅かったが、殴り続けると、ある国会議員が彼ら若者に襲撃に行くように指示したと告白した。そして、捕虜は殺害された。

写真 6-2　AK-47 自動小銃（写真は AKS-47）

その後、私は襲撃側の民族の人々を対象とする調査も実施したが、彼らの口は堅く、おそらく組織的な箝口令が敷かれていると思われた。やむなく襲撃側の調査は断念して、襲撃側の人々と紛争以前には共住していた被襲撃側から情報を集めたが、その内容は伝統的な家畜略奪合戦とはまったく異なっていた。

ある国会議員の立候補者は、選挙前の二〇〇〇年に選挙区を訪れて選挙活動をおこなった。その演説で彼は、近隣の民族を襲撃して住民を追い払い、その土地に移住する計画を「選挙公約」として発表した。このように、外国人や余所者への敵対心を煽って、大衆の人気を得る政治手法は一般にアイデンティティ・ポリティックスとよばれ、冷戦体制が崩壊したグローバリゼーション期の政治の特徴とされている。そして、二〇〇二年末の選挙で、この立候補者は有権者の支持を得て国会議員に当選した。

そして二〇〇四年四月、この国会議員は、いよいよ「選挙公約」の実現に向けて動いた。紛争が続いていた隣国からAK‐四七自動小銃約五〇〇丁を密輸して貨物トラックで運び込み（写真6‐2）、若者に分配し、その直後に組織的な襲撃が開始された。四ヶ所が立て続けに襲撃され、うち二ヶ所で合計二五〇軒以上の家屋が焼かれた。家屋が焼かれたのは、居住地からの立ち退きを促す意図があったからだと思われる。

紛争を主導した国会議員は、略奪によって得た家畜の四割を取り分としているという。それを売却して得た現金を、私腹を肥やすほか、武器の購入や警察の買収に充てているものと思われる。被害住民を保護する目的で派遣されたはずの政府の武装特殊部隊ですら買収されていた。「パトロール」にみせかけながら、収賄金の受け渡しをするのだという。収賄金をもらった警察は、襲撃があっても車の燃料がなかったなどとさまざまな言い訳をして出動せず、現場への到着は翌夕になることもあった。調査が進むにつれて、この紛争の背景には劣悪な国家統治と腐敗の問題があることが明らかになっていった。

警察から、被害者側の集落に電話がかかってきたこともあった。「襲撃側よりももうちょっとはずんでくれたら、お前らを助けてやってもいいんだぜ」。警察が「武装解除作戦」の名目で被害者側の集落に来たにもかかわらず、一丁の銃も押収せず、住民ひとりを殺害し、一一人に重軽傷を負わせ、六人の少女に対して性的暴行を犯して帰ったこともあった。

このように、警察も特殊部隊も政治家も、つまり国家の側の人間はみな彼らを紛争から保護しようとはせず、平然と見捨ててきたのである。その結果、この地域の遊牧民は家族や友人を殺され、生活の基盤である家畜を奪われ、居住地を追われて国内避難民となった。ある国際機関は、この紛争によって発生した国内避難民の数を二万二千人と推計している。二〇〇五年五月には、赤十字が緊急人道支援の物資を配給したが、十分な規模の国際的な支援もおこなわれなかった。それでは、こうした自らの生の自律性を脅かされる絶望的な状況のなかで、遊牧民の国内避難民は、どのようにしてこの紛争に立ち向かってきたのだろうか。

6　独立国化——協働集落による安全保障

写真 6-3　ある協働集落の一画

襲撃が始まった当時、襲撃を受けた人々は、比較的安全なほかの地域に避難したため、もとの居住地はいったん完全な無人の地となった。しかしながら、もし、そのまま他地域で避難生活を続ければ、もとの居住地を襲撃側に譲り渡してしまうことになる。そこで彼らは会合を重ねて、避難後に無人地帯となっていた場所に戻っていくつかの協働集落を建設し、集団で防衛と相互扶助にあたることにした（写真6 - 3）。協働集落は、後に述べるただひとつの例外を除いて、「胞族（phratory）」という伝統的な親族組織ごとに形成された。こうして大きな危機に際して親族組織ごとに協働集落を形成することは、重要な儀礼の際にもみられることであり、彼らの在来の文化に根差した行為である。

協働集落は、被害者側の利用地域の西端に位置しており、その場所を越えた地点に彼らの住居はひとつもない。つまり協働集落は、その集落の存在自体が、敵側に対して自分たちの居住地の限界点を示す役割を担っており、文字通り「前線」であった。

また、協働集落は、国家や援助機関が十分な支援をおこなわなかったために、地域住民が生存のために自律的に創り上げた国内避難民キャンプでもある。協働集落では、警備員をふくめた大規模な放牧組織が編制され、人々は日常生活のあらゆる側面で協力し合った。つまりそれは、国家が国民を保護することを怠ってきたがゆえに、やむなく地域住民が形成した安全保障と日常生活の拠点であるといってよい。私が確認した限りでは、おもな協働集落は一〇ヶ所に形成されており、合計約六七〇〇人がそこで避難生活を送っていた計算になる。

しかしながら、こうして協働集落が建設されたことで略奪が終わったわけではなかった。二〇〇六年ごろから、今度は、協働集落に対する大規模な襲撃が仕掛けられるようになった。紛争末期の二〇〇九年ごろには、協働集落の家畜が略奪され続け、女性や子どもも見境なく殺害されるようになった。当時、このままでは協働集落にも殲滅の危機が迫っていると住民は嘆いていた。しかし、そのなかでたった一ヶ所だけ、難攻不落の協働集落があった。ほかの協働集落では家畜を略奪され続けていたが、この集落では、戦死者はいたものの、驚くべきことに設立以来一頭も家畜を略奪されていなかったのである。

この集落には、ひとつの例外的な特徴があった。ほかの協働集落は胞族ごとに作られて各地に点在していたが、この巨大集落のみ、親族組織をまったく問わずにただ一ヶ所に人々が集結する方針で建設された。先に述べたように、国家なき社会の組織原理として親族組織は重要なはずだった。しかし、この地域の遊牧民は危機に瀕してそれも捨て去り、結果的に、協働集落のなかで最大の巨大な集落を建設することに成功した。あまりに巨大な集落だったため、中心部にはその国の首都や大都市の名前がつけられ、密集区にはその国のスラム街の名前がつけられていた。この協働集落は文字通り「独立国」のようなものだと、住民が自覚していたことが窺える。

この集落では、「槍を持って闘う遊牧民の戦士」という伝統的なイメージを覆す戦法がとられていた。まず、この集落には退役軍人四人がいたので、彼らが司令官となり、青年たちに対して武器の扱いから戦術に至るまで、近代的軍事訓練を施した。彼らは、集落の周囲に三二ヶ所の塹壕を掘ってそこに立てこもる近代的戦術を採用した。情報の機密性という点でもぬかりがなかった。協働集落の会議は、いっさいの政府関係者を排除して開催された。政府関係者が買収され敵方に通じている可能性があったからである。敵方の予言師がスパイとして侵入したことがあったが、厳重な警戒態勢がとられていたので、集落の人々が直ちに発見して殺害した。また、携帯電話を無線機代わりとして使用することで、小隊を機動的に連携させる新たな戦術があみだされた。なかでも、最も重要な戦術上の特徴は、この集落では報復攻撃をいっさい行わなかったことである。青年たちは敵地への報復攻撃を繰り返し主張したが、長老たちが押しとどめた。倫理的理由によるものではない。防衛戦術に徹したほうが戦術上有利だと、集落の司令官たちが判断したからである。

警察も特殊部隊も彼らを守ってくれない以上、武装による自衛以外に彼らが生き延びる術はなかった。この紛争では、弾薬が切れた側が退却を余儀なくされることがたびたびあり、近代的武器の物理的な量が紛争の勝敗を大きく左右した。そうである以上、協働集落の人々は、ありとあらゆる手段を尽くして武器を入手しようとした。彼らは家畜を売り払い、その代金で紛争地の武器商人から、あるいは警官や軍人からつぎつぎと不正に武器を購入した。政府の軍服も不正に購入し、迷彩服を着て弾帯をかけた村人は、外見からは正規軍兵士とまったく見分けがつかなかったという。さらに、集落内で寄付金を募り、大金を積んで、いざというときのために警察から四機のバズーカ砲を不正に購入した。

二〇〇九年の九月に発生した紛争では、難攻不落の集落の近くで二四人が虐殺された。当時この土地では雨が比較的よく降ったため、牧草が豊かであった。虐殺された人々は、この土地で一時的に家畜を放牧するために放牧キャンプに来ていたのである。この事件はさすがにメディアでも大きく扱われ、新聞の一面トップ記事として報じられた。赤十字も緊急の飛行機を飛ばした。こうして虐殺事件が新聞沙汰になったために国内治安大臣が国会議員に圧力をかけたことが、紛争終結のひとつのきっかけとなった。

メディアでは今日に至るまでいっさい報道されていないが、二四人が虐殺された同じ日に、実は過去最大規模の敵軍兵力が難攻不落の集落に向かっていた。偵察隊が即座にそれを発見して、携帯電話で連絡した。この紛争中、最大かつ最後の決戦がおこなわれ、難攻不落の集落では訓練を受けた青年たちが、司令官の指揮のもと、警察から購入した四機のバズーカ砲をもちいて、襲撃者を引きつけて迎撃した。防衛戦術に徹したほうが戦術上有利だということは、はからずもこのときに証明された。バズーカ砲で吹き飛んだ敵側一二〇人の死体は、葬儀も現場検証もおこなわれず、すべてハイエナが食べた。その後、集落では人肉の味をおぼえたハイエナを警戒したそうである。

二〇〇九年に紛争が終結したもうひとつの理由は、この戦闘で攻撃側が「難攻不落の集落」の圧倒的軍事力を思い知ったからである。攻撃側の人々と話した際に、彼らは異口同音に難攻不落の集落の恐ろしさを口にした。攻撃側の人々の集落では、多数の戦死者が出たとの悲報を耳にして女性たちが泣き崩れたという。敵の戦意を喪失させ最終的に平和をもたらしたのは、美談になるような善意ではなく、腐敗によって得られた圧倒的軍事力だった。

ただし、ここで私は、東アフリカの遊牧民の暴力を賛美しようとしているのではない。敵方に対する容赦ない暴力が行使され、違法行為が容認され、多くの人命が失われたことは、決して賞賛に値することではない。しかし、国家に生命を脅かされる心配のない私たちの立場から、国家から見放されたがゆえにやむなく自衛のために銃をとった彼らを安易に非難することも、また許されることではないだろう。

少なくとも私は、この紛争の調査を通じて、本書の序章で曽我と太田が述べている東アフリカの遊牧民の強烈な自律性、へこたれない強靱な精神、しぶとい気骨を改めて思い知らされた。そしてそれは、遊牧民の国家に頼らない生き様に通じていることを痛感したのである。先に述べた「武装解除作戦」のあとに難攻不落の協働集落を訪問しようとした警察を、人々は空砲を放って撃退した。警察はそのまま逃げ帰ったという。協働集落は、少なくとも国家の根幹を成す安全保障において、文字通り独立国の様相を呈している。

7 おわりに

東アフリカの遊牧民は、近代西洋社会と同様の意味では、もともと国家をつくってこなかった。しかし、そこには遊牧を基礎とする強靱な共同体があった。家畜という自然と社会の資本をもつ限りにおいて、人々は経済的な自立の可能性を手にすることができた。そして、いかなる代価を払っても、その家畜を自分たちが守ることが原則であった。

やがて東アフリカの遊牧民は、植民地国家と独立後のポストコロニアル国家という外部からもたらされた国家権力に包摂されることになった。ただし、それらの国家において東アフリカの遊牧民は政治的にも経済的にも周縁化され、彼らが中心的な位置を占めることはほとんどなかった。それでも、基本的には彼らの国家に対する対応は、むしろ融通無碍なものであった。国家のなかで遊牧民が周縁化されている現実を容易に覆すことができない以上、国家が発行する通貨だろうが、市場経済だろうが、学校教育だろうが、遊牧共同体の根幹を侵食しない限りにおいては、彼らは何だって受け容れてきたのである。そこでとられたのは遊牧共同体と国家の「併存化」という戦略であった。

しかし、周縁化の果てにその国家が、今度は腐敗した権力や富の力を使って居住地と家畜を奪う紛争をしかけ、遊牧民の自律性を奪おうとする事態が発生したとき、彼らは敢然とそれに立ち向かった。ただし、彼らがそこで採った戦略は、たんなる遊牧民の伝統への回帰ではなく、さらに融通無碍なものであった。生存の危機に瀕して、近代的な戦術を全面的に採り入れ、親族の組織原理すら放棄して団結した。国家に生を委ねることができなくなったとき、彼らは、少なくとも安全保障に関して、自らの生命を賭して国家の役割を代替するというとてつもなく重い代価を支払いつつも、国家に頼らない生を生き抜いたのである。

今日、私たちが生きる国家が、私たちを生存の危機に追いやる可能性は少ない。しかし、それは同時に、私たちが知らず知らずのうちに生のあらゆる側面を国家に委ね切って生きていることを意味する。いかに国家に批判的で、国家からの自立心が旺盛な人であっても、私たちの社会における生は、じつは国家に頼り切ることによって維持されている。本章で扱った東アフリカ遊牧民は、少なくとも安全保障に限っていえば、いざとなれば国家に頼らずに自分たちで国家の役割を代替し、ある種の独立国を創り上げさえする。それはもちろん彼らが周縁化されてきたからにほかならないが、私たちとは比べものにならないぐらい根源的な意味で自律的な生がそこにある。他人事とは思わないでほしい。たび重なる経済危機など、グローバリゼーションによって不確実性が増し、国民に対する保護が縮減される新自由主義が基調となる世界では、私たちだって、この先、国家に頼らないで生きていくことを真剣に議論しなければならなくなるかもしれない。

私が東アフリカ遊牧民から学んだことをここでようやく理解していただけるだろうか。それは、国家に包摂されていても、融通無碍に国家と接していても、国家に生のすべてを譲り渡すことはしなかった真に自律的な生の強靱さである。東アフリカ遊牧社会に対する国際開発であれ国際支援であれ平和構築であれ、安定した国家を前提とする思考にどっぷりつかってしまった私たちは、すべてこの地点から考え直す必要があるのではないだろうか。

さて、その後に、協働集落がどうなったのかを紹介してこの章を閉じよう。紛争が終結してからも、用心深い遊牧民は、しばらくは協働集落に暮らして様子をうかがっていた。しかし、両民族のあいだに徐々に平和と友好が戻るにつれて、協働集落から少しずつ人が去り始めた。現在では、あの巨大な協働集落は、わずかな住居跡のみを大地に残して消え去ってしまった。協働集落の軍事力は圧倒的であり、それを利用してこの地域の支配を企むこともできたはずである。命がけで団結したのだから、そのまま協働集落に強いアイデンティティを感じ、それにこだわり続ける人がいてもおかしくなかったはずである。しかし、遊牧民のなかにそうした人物はひとりもいなかった。

ああやって一ヶ所にみんなで住んでいると、何より牧草はすぐになくなってしまう。それに、家畜につく害虫は増えるし、伝染病は流行するし、汚れは溜まるし、ろくなことがないんだ。紛争さえ終われば、協働集落とは、さっさとおさらばだよ。遊牧民はこうして何事もなかったかのように、家畜を連れて再びもとの居住地に戻っていった。私は、風が吹くばかりの何もない平原に戻った協働集落の跡地であっけにとられながら、思い出すほかなかった。そうだった、彼らは遊牧民だったのだと。

謝辞

現地調査では東アフリカ遊牧社会の皆様に御協力いただいた。また本研究はJSPS科研費JP20401010, JP24651275, JP25257005, JP16K13305, JP18H03606, 静岡県立大学教員特別研究推進費の助成を受けておこなわれた。以上の御厚意と御協力に、心より御礼申し上げる。

参考文献

湖中真哉　二〇〇六『牧畜二重経済の人類学――ケニア・サンブルの民族誌的研究』世界思想社。
湖中真哉　二〇一二a「劣悪な国家ガヴァナンス状況下でのフード・セキュリティとセキュリティ――東アフリカ牧畜社会の事例」松野明久・中川理（編）『GLOCOLブックレット〇七――フード・セキュリティと紛争』大阪大学グローバルコラボレーションセンター、三九―五二頁。
湖中真哉　二〇一二b「アフリカ牧畜社会における携帯電話利用――ケニアの牧畜社会の事例」杉本星子（編）『情報化時代のローカル・コミュニティ――ICTを活用した地域ネットワークの構築』国立民族学博物館調査報告一〇六、二〇七―二二六頁。
湖中真哉　二〇一二c「紛争と平和をもたらすケータイ――東アフリカ牧畜社会の事例」羽渕一代・内藤直樹・岩佐光広（編）『メディアのフィールドワーク――アフリカとケータイの未来』北樹出版、一三六―一五〇頁。
湖中真哉　二〇一二d「遊牧民の生活と学校教育――ケニア中北部・サンブルの事例」澤村信英・内海成治（編）『ケニアの教育と開発――アフリカ教育研究のダイナミズム』明石書店、三六―五八頁。
湖中真哉　二〇一二e「ポスト・グローバリゼーション期への人類学的射程――東アフリカ牧畜社会における紛争の事例」三尾裕子・床呂郁哉（編）『グローバリゼーションズ――人類学、歴史学、地域研究の立場から』弘文堂、二五七―二八四頁。

湖中真哉　二〇一五「やるせない紛争調査——なぜアフリカの紛争と国内避難民をフィールドワークするのか」床呂郁哉（編）『人はなぜフィールドに行くのか——フィールドワークへの誘い』東京外国語大学出版会、三四—五二頁。
湖中真哉　二〇一六「アフリカ国内避難民のシティズンシップ——東アフリカ牧畜社会の事例」錦田愛子（編）『移民／難民のシティズンシップ』有信堂、六〇—八〇頁。
湖中真哉　二〇一八「物質文化と配給生活物資の相補的関係——東アフリカ遊牧社会における国内避難民のモノの世界」湖中真哉・太田至・孫暁剛（編）『地域研究からみた人道支援』昭和堂、六五—九〇頁。
湖中真哉　二〇一九「国家を代替する社会——東アフリカ遊牧社会におけるローカル・インジャスティス」細谷広美・佐藤義明（編）『グローバル化する正義の人類学』昭和堂、二三三—二五九頁。

第7章　身体と暴力
――武装解除期のカリモジョンとドドスの病

波佐間逸博

1　紛争における日常

本章では、ウガンダ北東部の国境地域に暮らす牧畜民が紛争状況下でどのような生活をおくっているのかを記述し、暴力に起因する病とそれへの対処の意味を分析する。現地調査の対象はカリモジョンとドドスの二つの牧畜社会である。調査をおこなった二〇〇〇年代は、ウガンダ政府による強制的な武装解除政策が実施され、複雑で入り組んだ武力紛争が発生した。人びとはこれに深く巻き込まれながら、家畜略奪（レイディング）や武装解除の際に行使される暴力に関連させる形で、病にまつわる知と実践の体系を発達させていた。一般的に、武力紛争の被害者にとって身体の痛みや病は、強く不快な経験と、自身が置かれた周縁性を再認識させる。したがって、暴力に関連して生じる病や心身の傷はリアルな直接経験であるとともに、共同体自身が抑圧的な暴力の生起そのものに抵抗し、自らを癒してゆく社会的な営みへと連なりうる。こうした社会と身体が相互に連関しあっている様相から、紛争と病、そして治療実践を記述することが本章の目的である[1]。

武力紛争の被害者や彼らの生活に関する先行研究の多くは、紛争が人びとの心身や生活に深刻な影響をおよぼすことを指摘してきた。たしかに、戦争や政治的な暴力の被害者における病のリスク要因を特定することには、尊い意義がある。[2] たとえば、集合的な暴力が人びとの健康と福祉にとって最大の脅威であるという認識を有する医療人類学は、戦争や政治的な暴力を目撃し証言することを主要な課題としてきた（Inhorn 2008）。

しかしながら、私の調査地では拷問や殺人は暴力の語りの焦点ではなかった。むしろ、人びとはより深く、より長引くタイプの暴力の進展を見きわめ、それへの対応を念入りに説き起こし、既存の知識や新しい戦略、それを支えるさまざまな生態・文化資源に関する認知の共有をはかっていた。「緊急事態」に直面している人びとが、突発的暴力や惨事を絶望的に語るばかりでなく、情勢変動のタイミングや潜在している可能性を注意ぶかく探っている創造的行為に関心を向けることも大切だろう。武力行使をともなう集合的暴力に研究者などの外部の者が焦点を合わせる際、生命を危機にさらす圧倒的な暴力のシークエンスや惨事を繰り返しくわしく語るまさにそのことによって、それらが宿命づけられてしまうという警句がある[3]（たとえばScheper-Hughes 1995）。この不幸な現実の再構築という私たち自身の悪循環から抜け出す鍵は、紛争社会に生きる人びとの分析的で実践的な営みに目を向けるなかにあるはずだ。

以下では、紛争によって引き起こされた苦境のうち、とくに国際社会の支援を受けながら政府が主導した、牧畜社会への統制政策を契機として、人びとの日常生活が暴力行使の対象となってゆき、生活の持続がきわめて困難な状況に追い込まれていった過程をみていく。それをふまえて、家畜の略奪を狙う襲撃と国家による暴力がひきおこす身体の傷や病、そして他者を支配するために行使される暴力という圧倒的な力に対する人びとの試行錯誤の社会的な意味を明らかにしよう。

2　国家統制の矛盾

ケニアや南スーダンと国境を接するウガンダ共和国の北東部には半乾燥サバンナが広がる。国内でもっとも乾燥したこの土地は「カラモジャ地域」(Karamoja Region) と称され、ここにはカリモジョンやドドス、ジエ、ポコットなど、ウシ、ヤギ、ヒツジに強く依存した牧畜生活を営む民族集団が居住している (図7 - 1)。住み込み調査をおこなったカリモジョンとドドスは、東ナイル系の共通の言語を話し、しばしば通婚や放牧地の共有をおこなう。いずれの社会でもひとつの家族のメンバーは、半定住的な集落と、遊動的な家畜キャンプに分かれて居住している。半定住的な集落は数年に一度移動するが、その距離は数百メートル程度である。集落の周りには畑が作られ、小規模な農耕がおこなわれている。平均的な集落には二〇〇人ほどの人びとが暮らす。おもな居住者は女性と幼い子ども、そして高齢者である。家畜キャンプには主として青年男性が居住し、牧草や水場を求めて家畜群とともに頻繁に移動する。ただし、集落の居住者もミルクを利用できるよう、出産して日の浅いメスの家畜、とくにメスウシの一部は集落にとどめおく。カラモジャ地域では二〇〇六年から政府による定住化政策が実施され、家畜キャンプの移動は強く制限された。それ以前には、乾季には三、四日に一度、数十キロメートルを移動することもめずらしくなかった。

牧畜民に対してウガンダ政府が武装解除や定住化政策を強行した背景には、カラモジャ地域の諸集団が、国境をまたぐ形で隣接するケニアのトゥルカナ、南スーダンのトポサといった民族集団も巻き込みながら、ウシをはじめとする家畜の略奪 (レイディング) を介して、ときには激しく対立してきたことがある (図7 - 1)。とりわけ、内戦状態にあった隣国のスーダンと、独裁軍事政権崩壊後のウガンダ中央政府軍から、略奪と交換をつうじて大量の自動ライフル銃がこの地域に流入した一九七〇年代以降から現在まで、銃をもちいたレイディングが日常の光景となってきた[4]。ウガンダ政府は、この略奪と流血の日常化に対して、一九八〇年代からカラモジャ地域に政府軍を派遣して牧畜

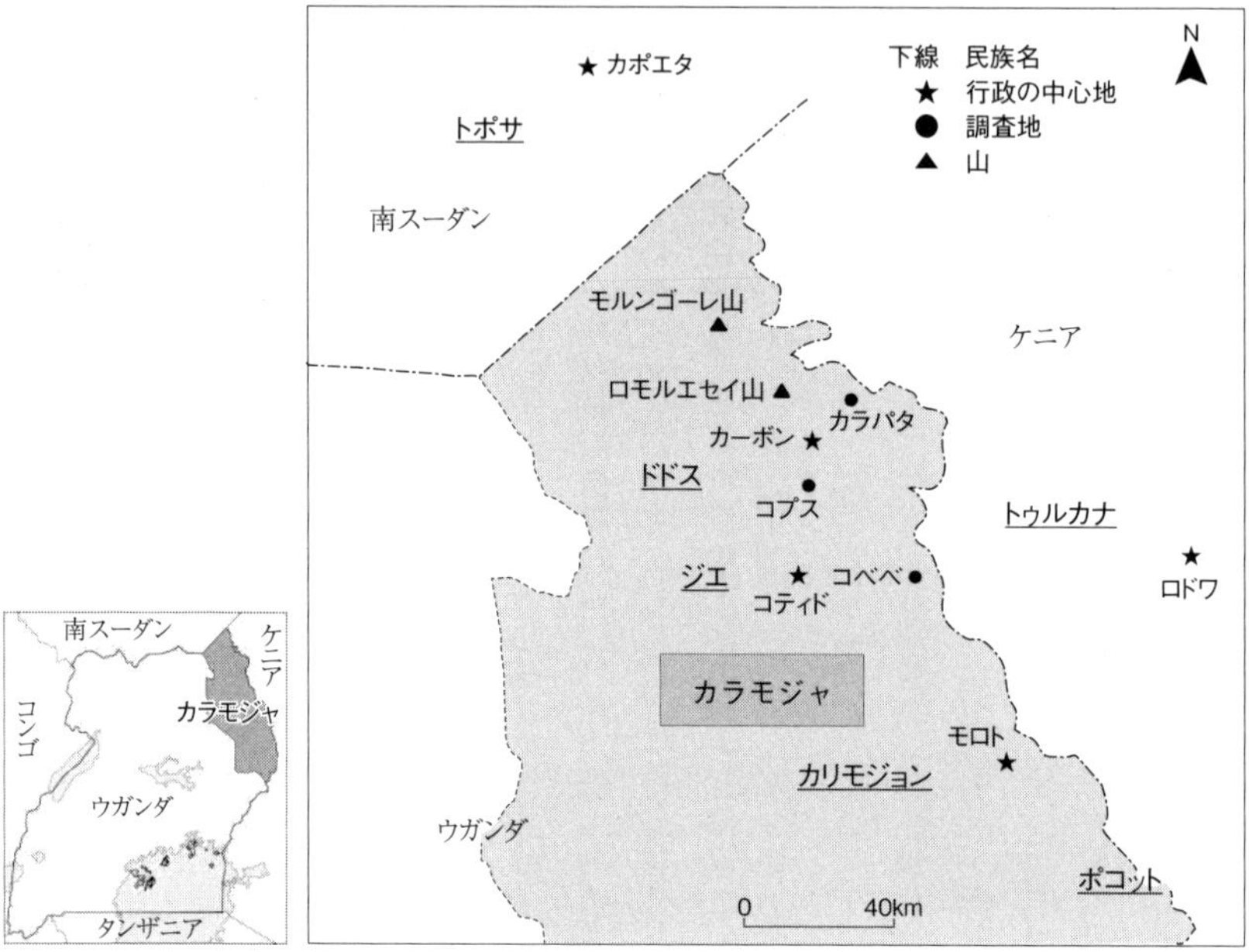

図 7-1　ウガンダ北東部カラモジャ地域の地図

民の武装解除政策を実施してきた。だが、この試みにおいて、政府軍は銃を除去する一方で、暴力をともなう政治対立を背景に、その供給源ともなってきた。たとえば、反政府勢力への対策として、（一方的に都合よく）政府側の兵力とみなされたカラモジャ地域の複数の民族集団の各個人に場当たり的に銃が渡された。[5] また、政権の交代時には、敗走していく旧体制側の兵士が地元の住民に銃を提供して、それとの交換によって食料を手に入れた。

　私は一九九九年と二〇〇五年に、カリモジョンの男性たちが所持していた三四丁の銃について、その入手方法を調べてみた。それによると、現ムセベニ政権のもとで地元の治安部隊[6]として徴用された人びとに対して支給された銃は（一〇丁）、家畜との交換で武器商人から入手した銃（一六丁）に次いで多かった。具体的には、それらは、陸軍特殊部隊である反家畜窃盗部隊（Anti-Stock-Theft-Unit）や地域歩兵隊（Local Defense Unit）といった治安部隊から、支払いの遅延する給料のかわりとして、また防衛手段として支給されたものだった。給料の未払いや厳しい軍の規律により除隊者が後を絶たず、兵力維持が困難であった治安部隊では、こうした銃の「横流し」が隊員の引き留め策として常態化していた（波佐間 二〇一二：三八—三九）。武装をめぐる矛盾の構造は、けっして遠い過去の遺物ではない。

また、政府軍が地元民の生活への顧慮を欠いた統制を強行したため、それはカラモジャ地域に暮らす人びとの安全を脅かす深刻な要因となり、新たな紛争の火種ともなってきた（波佐間 二〇一五：二〇五—二四〇）。二〇〇一年に、現政権によるウガンダ人民防衛軍（Uganda People's Defense Force）の派兵をともなう武装解除計画が始まると、カラモジャ地域では、キャンペーンをつうじて地域の発展を妨げる銃の害悪が広く訴えられ、提出された銃と引き換えに日用品を配るという形で、開始から一～二ヵ月間で一万丁近い銃が回収された。しかし、軍側の指揮官の交代を機に、物理的暴力の行使をともなう「包囲捜査強襲」へと作戦は転換する。これは密告にもとづいて、銃を所持していたり、家畜を略奪した容疑をかけられた牧民の居住する集落を歩兵が取り囲み、全住民を排除して住居を一軒ずつ捜索する方法である。そして、集落の外に整列させた人びとを検査し、その場で抵抗する者や事前の密告で名前の挙がった者は収容所に連行され、拷問がおこなわれるようになったのである。

やがて現地の不満の高まりとともに、地元の青年男性とウガンダ軍兵士のあいだの武力衝突が拡大すると、二〇〇四年にウガンダ政府は牧民を対象とした反乱鎮圧作戦を開始した。駐留軍が増強され、無差別で過剰な暴力を行使する包囲捜索強襲の頻度が高まっていったのである（波佐間 二〇一二）。

3 「保護」のもとでの死

カラモジャ地域の牧畜社会における生活の実情に対する国家側の無関心を致命的な形で示しているのが、二〇〇六年以降に開始された奇妙な形態の家畜キャンプだ。ソマリアと南スーダンへのウガンダ軍の派兵にともない、カラモジャ地域に駐留する部隊の再編成が始まると、「カラモジャの武装解除と開発の統合計画」が実施された。現地住民の安全を確保するという理由で、半定住集落の集中する地域に構築された軍の駐屯地に、強制的に家畜と人びとを定住させたのである。こうして駐屯地に設置された家畜キャンプを、地元の牧畜民は「基地の家畜キャンプ（awi ngina ngikeyain）」とよび、当局は「保護された家畜キャンプ（protected kraal）」と呼んだ。

この家畜キャンプには、武装した家畜略奪集団から人びとや家畜を守る役割があった。たとえば、日々の家畜放牧には兵士が同行して、襲撃された場合には応戦することになっており、ときにはキャンプに配備された戦車も使用される（写真7-1）。しかし、現地の人びとは「基地の家畜キャンプ」の防衛力に疑問を抱いており、「軍隊は武器を豊富に所有しているが、略奪者との戦い方を知らない。彼らは殺され、武器を奪われ、ウシを奪われる。軍隊は弱い」と語る。

写真7-1 「基地の家畜キャンプ」から略奪現場に向かう戦車と兵隊

［事例］あるドドスの家族は、二〇〇六年二月に、彼らが居住する半定住集落から一キロメートルのところに「基地の家畜キャンプ」が構えられたものの、家畜の群れを収容することを拒んでいた。すると軍は、「基地の家畜キャンプ」を拒む集団に対して攻撃を加えた。人びとは所在をつかまれないようにするため、小集団ごとに散らばり、頻繁に移動して居住せざるをえなくなった。その結果、大勢の人びとを結集させた強固な防衛体制を敷くことができず、武装解除を免れたほかの集団が組織するレイディングのリスクにさらされることになった。そのためにこの家族は、軍側に「自発的に」自動ライフル銃を提出し、「基地の家畜キャンプ」に家畜を収容することを受け入れた。しかし、「基地の家畜キャンプ」を使った日帰り放牧

を開始してからわずか一週間後、放牧中の水場において銃撃されて二人の牧童が死亡し、牛群全体が略奪されてしまった。応戦すべき兵士はその現場にいなかったのだ。

「基地の家畜キャンプ」では一般の家畜キャンプと異なり、家畜の採食時間や放牧地域、キャンプ自体の移動について軍の許可を得る必要があった。家畜管理の重要な項目を牧畜民自身が独自には決定できなくなったのである。さらに、兵士による粗暴な振る舞いと家畜の窃盗にも人びとは悩まされていた。「基地の家畜キャンプ」への収容を拒む人びとは、従来どおりの遊動生活を続ける道を模索しながら、県から村までの各行政レベルの議長をつうじ粘り強く交渉に努める一方で、家畜を南スーダン国境近くの山岳地帯まで避難させた。

これに対して軍側は、包囲捜索強襲や軍駐屯地への牛群の強制的接収を実行したが、狭隘な山間部での交戦で多数の死傷者を出して徹底的に敗退した。たとえば二〇〇六年にモルンゴーレ山で実施された軍事作戦では、包囲した兵士と家畜キャンプの内部にいる牧民のあいだで銃撃戦が発生し、司令官を含む二〇人以上の兵士が死亡した。また二〇〇九年には、ロモルエセイ山で放牧中の牛群を連れ去ろうとした兵士が牧畜民の激しい抵抗にあい、兵士側に多数の死傷者が出て、敗走する兵士を戦車が途中で拾い上げて救出することになった。

不利な戦闘が続いたあと、政府軍は陸上戦をあきらめて、武装ヘリコプターを使った執拗な空爆に頼るようになる。これに対してカリモジョンやドドス、ジエの牧畜民側は、国外に避難場所を求めた。カリモジョンとジエはケニアとの国境を越えて東のエスカープメントを下り、トゥルカナが居住する牧野に家畜群を退避させた。ドドスは、南スーダン南部に居住するトポサの家畜キャンプに家畜群を移動した。その際には、民族横断的に個人間で結ばれていた友人関係が活用されたが、避難先の土地に友人をもたない者は、友人をもつ者に同行することで共住が許容された。そして、牧野での出会いをつうじて特定の個人と親交を深め、永続的な友人関係を新しく作り上げていった。

「基地の家畜キャンプ」を作ろうとする政府の試みは英語で（ウシの）「接収（impound）」とよばれていたが、牧畜民側からみればまさに「レイディング（家畜の略奪）」であり、「ウシの人質」を取ることにほかならない。すなわち「接収」は、銃の所持や家畜略奪の容疑者の家族の牛群や、準郡（サブ・カウンティ）全体の牛群を軍の駐屯地や「基地の家畜キャンプ」に軟禁することによって、牧畜民に、銃の提出や兵士の遺失物の発見、家畜略奪の容疑者の連行などへの協力を強要する計略にもなっている。

カラモジャ地域の牧畜民に対するこの時期の統制・開発政策は、軍による武力の行使が集中した地域とそうでない地域の牧畜民集団のあいだに武装の格差をもたらし、レイディングにおける加害と被害の関係を固定化し、増幅させた。このような深刻な事態に対して、牧畜民たちは黙ってはいなかった。たとえばドドスの青年男性は、「ツバのない赤い帽子をかぶる者たち（*Ngirengelem*）」とよばれる武装集団を組織して抵抗を試みた（写真7-2）。これは軍の監視の届かない奥地に身を隠した青年たちが自発的に形成した組織であり、激化するレイディングから牧畜民を守ることができないどころか、ひたすら抑圧を続ける軍への抗戦を、二〇〇九年から四年間にわたってドドスの全域で展開した。[7]

写真 7-2　ツバのない赤い帽子をかぶる者たち（*Ngirengelem*）

この武装集団がユニフォームのように身につけ、名前の由来にもなっている「ツバのない赤い帽子」は、兵士たちがとった偽装作戦に対抗する戦略と関連している。軍による暴力が激しさを増すとともに、家畜キャンプだけではなく半定住集落もまた攻撃の標的になった。兵士たちは反撃を受けることを恐れ、包囲捜索強襲の際には制帽を脱いで、現地の牧畜民のようにトーガ（一枚布）で身体をおおい、カモフラージュするようになったのである。これに対して地元の青年たちは「ツバのない赤い帽子」をかぶることで、人びとが兵士と地元の青年を区別できるようにしたのだった。またこの帽子は、政府軍との戦闘のときには、遠くから帽子を振って示すことで「真の牧畜民」であることを相互確認するためにも役立った。

私が調査していたドドスの集落には、三〇歳代のコミュニティ・ヘルスワーカーが暮らしており、個人的な記録を残していた。それによると、その集落では二〇〇九年六月から一二月のあいだに一一人が死亡したが、それはすべて交戦中に落命した「ツバのない赤い帽子をかぶる者たち」であった。この死亡者数にもとづいて、この期間の集落における粗死亡率を計算すると、一万人あたり毎日一・六人となる。[8] この値は、ジャスパースとコガリ（Jaspars & Khogali 2001）が定めた粗死亡率の尺度に当てはめてみると、サハラ以南のアフリカにおける正常粗死亡率の約三倍に相当し、「深刻な状況」と「統制不能の緊急事態」のほぼ中間の状態と解釈される。

ひとつの社会で死が青年男性に集中することは紛争社会にあっても特異なこととされるが、グレイたちの研究は（Gray et al. 2003）、カリモジョンの社会では、家畜略奪をめぐる戦闘中の銃傷が原因で多くの青年男性が死亡していることを見出した。しかし、国家の統制が暴力性を強く帯びながら長期化している現在のカラモジャ地域では、青年たちの死因は、国家の反牧畜民政策——より正確には国家による暴力に対する抗戦——と強く結びついているように思われる。

4　暴力の病

暴力による身体の損傷と不安は直接的、間接的に生に関わる。たとえば暴力やその脅威によって基本的な生活環境が悪化し、生業基盤が維持できなくなると、それらの圧倒的な力は人びとの身体に生命にさえ関わってくる「傷」をつくってしまう。カリモジョンとドドスは、このような日常生活に対する破壊的な力をもまた、身体の異常な状態を引き起こすものとして理解している。以下で具体例をあげて検討しよう。

人びとは暴力という概念を精密に使い分ける。彼らが一般に使う「暴力」に関連することばは、「エグリグリ

（*eguriguri*）」と「アデデング（*adedengu*）」である。エグリグリは、「他者の身体への直接的な攻撃」と翻訳することができる。そのなかでも「他者を支配する意図をもつ者による横暴な力」は、アデデングということばで区別される。たとえば家畜キャンプを政府軍の兵士に攻撃され、人びとがそれを撃退したとする。ここでの牧畜民側の力の行使は「強靭さをもって拒みぬくこと（*akichakim ka agogongu*）」であり、エグリグリであるとされる。一方、敗北した軍隊が翌日に人びとに対して爆撃をおこなったとしよう。これは「感情のもつれ（*edinget*）」にもとづくコントロールの効かない行為と考えられており、アデデングとみなされる。また、牧畜民自身の行為であっても「家畜略奪の攻撃（*arem*：原義は「強奪する」）」は、「牛群を支配したいという欲求が略奪を実行させる」という理由から、アデデングとされる。これは、他者の牛群を支配する欲求につき動かされた、横暴な力の発現とみなされているのである（なお、以下で使用する「暴力」ということばは、とくにことわらない限りアデデングを意味する）。

カリモジョンとドドスの人びとは、暴力とは、人間がそれに能動的に働きかけてコントロールできるものと考えている。なぜならば、暴力はそれにさらされることによって学習されるものだからである。人びとの説明によれば、たとえ直接に暴力を経験したことがなくても、「なされるべきでなかったこと」（つまり暴力）を「みる」ことや模倣をつうじて、暴力は次世代に「伝わる（*aputoru*）」ものである。たとえばドドスの調査助手ロクンは、彼も暮らしている集落の長である父親と私との、武装解除政策をめぐる会話のなかで以下のように語った[9]。ロクンには一九八〇年の大旱魃の際に赤十字社が運営した移動式青空教室での二年間の就学経験があるが、学校教育をまったく受けていない父親は同意を示しながら息子の語りに聞き入っていた。ロクンの見解は、この地域の人びとと一般の考え方を表現しているとみなしてよいだろう。

兄弟や父親が拷問を受け、ウシが奪われたとする。それをみた人、とくに子どもにとっては平和を保つことが難しくなる。そのような経験をした子どもには暴力が伝わる。その子は同年の子とヤギ囲いのなかで遊んでいるとき、もう自分のヤギと静かに遊ぶことができない。他の子を支配したいと思って、力ずくで別の子が遊んでいるヤギを連れていってしまうし、友人に「遊ぶのは止めろ」と命令したりする。「一緒にいる（*akitumun*）」という以前のやり方を壊す。暴力をみた子は大人になるとレイディングや戦争をいつもおこなうようになる。こういうわけでカラモジャでは現在のような暴力が続いている。暴力を取り除く方法は、人びとのあいだに暴力が広がるのを止め、「一緒にいる」ということを思い出すことだ。

私は近年の暴力経験の全体像を把握するため、二〇一三年八月から二〇一四年三月にかけて、ドドスの居住地（コプスとカラパタ）と、カリモジョンとジエ、トゥルカナが共住している居住地（コベベ）にあった半定住集落で、一八歳以上の男女七七人[10]（男性六三人、女性一四人）に対して聞き取り調査をおこなった（図7-1）。その結果、全体の九二％の人びと（男性六〇人、女性一一人）が、家畜略奪集団や駐留する軍隊からの暴力による怪我や病を経験していたことが分かった。調査対象者が最後に経験した怪我や病に注目してみると、七一人のうち一六人ではウシをめぐる略奪集団からの暴力が、そして五五人では軍による暴力が原因だった。その五五人のうち五三人（九六％）の怪我と病は、二〇〇六年の「カラモジャの武装解除と開発の統合計画」の実行により「基地の家畜キャンプ」が導入されたあとの経験である。前節でみてきたような武器や治安のコントロールの強化にともなう国家による暴力は、身体の深い傷として牧民のひとりひとりに記憶されている。

人びとの語りにおける病者の身体は、生活の経験から切り離された事象ではない。牧民たちには「暴力の病（*edeke ngolo eyanete adedengu*：文字どおりには「暴力が運んできた病」）」ということばがある。これは、暴力による身体の損傷はもちろん、身体に直接加えられた暴力ではないが、なんらかの意味で暴力に起因している病を指示している。これには、下痢症や栄養失調、感染症だけではなく、空爆や包囲捜索強襲から身を隠すために余儀なくされたブッシュでの生活中に罹ったマラリアや肝炎、膵炎といった病が含まれる。このような間接的な暴力もまた病を引き起こすと了解されているのだ。病は、人為のおよばない「自然」の不運なめぐり合わせではない。以下では「暴力の病」のうち、栄養失調と「心臓の病」、そして「狂気の病」を取り上げて、カリモジョンとドドスの人びとの病の認識とその背景を押さえておこう。

栄養失調

暴力に起因する病のなかで最も深刻だと認識されているのは栄養失調であり、これは生業基盤に対する軍事介入の影響の大きさを反映している。「基地の家畜キャンプ」の導入にともなう混乱によって、家畜の健康を最優先事項として営まれていたこれまでの牧畜を継続することは不可能になり、畑から作物の収穫を得ることも困難になった。家畜を南スーダンに避難させた世帯では、半定住集落に留まる家族のメンバーがミルクを手に入れられなくなった。幼い子どもには、世帯内の食料不足の影響がもっとも致命的に現れる。具体的に説明しよう。

先述したように強制的な定住化政策にともなって、軍隊はしばしば牧民の家畜を強制的に「接収」して、家畜囲いの開門を許さず、「基地の家畜キャンプ」に家畜を閉じ込めたままにした。そのためにキャンプ内の家畜囲いのなかは、家畜の糞尿で汚れた。牧畜民たちは良好な牧草地にアクセスし、キャンプ内の衛生状態を改善するために、新しい土地へキャンプを移動するように「基地の家畜キャンプ」の司令官に頻繁に申し入れた。しかしこれはすべて黙殺され、その結果、飼養の環境の悪化により、口蹄疫や牛肺疫、ダニ媒介性疾患、腸内寄生虫症の流行によって多数のウシが病死したのである。人びとが所有する小規模な畑も破壊された。多くの牧畜民が家畜を失い、そして政府軍による暴力を恐れて外出できない日々が続いた。そのため、野生植物の採集や交換といった食物入手の手段さえ失い、とくに食料のストックがない世帯は深刻な飢えと栄養失調に陥ったのだ。

［事例］三〇代のドドス男性ロチョキョとその妻ローノには三歳の娘ポコルがいた。二〇一〇年一二月、カラパタ準郡の

医院の敷地内に作られた救援食料の配給所に連れられてきたとき、ポコルは痩せて咳き込んでおり、下痢をし、腹はふくらんでいた。皮膚には疥癬があって指でつまむと伸びたまま戻らず、唇は赤く変色し[11]、目は白く濁り、起き上がることができなかった。ローノは娘の痩身（エロゴ）を「暴力の病」と呼んでいた。彼女への聞き取りによると、二〇〇九年二月には家畜略奪集団や政府軍による暴力が深刻になり、ロチョキョは家畜を引き連れて南スーダンに逃げた。そのために彼女とポコルは、ミルクを利用することができず飢えに耐えて暮らしていた。この世帯には畑があったが、政府軍が戦車で畑を蹂躙したため収穫は皆無だったという。

栄養失調症は紛争社会の典型的な健康問題だが、ドドスの人びとは、唇と目の色、皮膚の疥癬と下痢の有無、皮膚の張りと腹の膨らみの程度、行動異常といった独自の基準にもとづいて、子どもの飢えによる痩身の危険度を分類している。具体的にはトゥトゥカン（ミルク不足による体重減少）→エセニ（病的な体重減少）→エキカル（過剰な泣きをともなう体重減少）→エロゴ（痩身）と区分され、エロゴに近づくほど生命の危険が高くなるとされる。医療機関で働く地元出身のスタッフはそれらの語を、低たんぱくやエネルギー摂取障害による栄養失調を指示する専門用語（クワシオルコル、マラスムスなど）に翻訳していた。

「心臓の病」

身体損傷や栄養失調と同様に、多くの人びとを悩ませているのは、地元の医療従事者や病人自身が処置を試みたにもかかわらず、しつこく長引くタイプの説明のつかない症状である。これは、暴力の被害者に特有の症候群といったものではない。多くの人びとは、めまい、胸痛、消耗、ロンゴッコ（*longwoko*）とよばれる「狂犬」のような激怒、結核、摂食障害、痩身、腹痛、卒倒、無痛、マラリア、咳などの多様な症状や病を、錯綜した形で訴えるのである。そうした病にまつわる語りにおいて特徴的なのは、暴力の経験につきまとう困窮が、病のプロセスとともに語られることである。

たとえば、「心臓の病」という、めまいや胸痛、消耗、激怒をおもな症状とする病がある。この症状を語るときに人びとは、心臓の異常な動きを社会的な不安にともなう感情のあり方と関連づけて説明する。[12] 例をあげよう。以下は、父親が放牧中に何者かによって殺害され、その後、「苦悩の心臓」によって母と姉が続けて死去した、二〇代のカリモジョン男性エドモとの会話である。

（エドモ）父が殺されたことを知った母は地面の上を転がった。悲しみ、苦悩して心臓が閉じ、無痛状態となって岩の上を転がり、下腹部の傷のために死んだ。姉もことばを発することさえなく二週間で死んだ。ウシが奪われ、愛する者が殺されると、心臓は苦悩で満たされる。
（筆者）対処方法はないのか？
（エドモ）アキシリルウォリウンによって心臓を取り戻すことができる。私の家族が死んだときにはすべての人びとがやってきた。「黙りなさい。私の兄は殺されたが私は生きている。死ぬときまでは自分を殺すな」という友人のことばは（私の）心臓を減らした。

「アキシリルウォリウン」という語には「シル（*sil*）」と「エルウォル（*eruor*）」が含まれている。家畜の特定の模様と関連するシルは（写真7-3）、「間」「無」「穏やかさ」を意味するとともに、その派生語である「エキシル（*ekisil*）」は「平和」を意味する。エルウォルは「語り」を意味し、アキシリルウォリウンは「語りによって鎮める」と翻訳できる。子や親、配偶者、友人などを病や戦いで亡くした者は、死にともなう感情により「心臓」が「増える」「閉じる」という変化を起こし、「語りによって鎮める」ことは、その心臓が「減る」「開く」ように作用するのである。

アキシリルウォリウンの場では、語り手は「苦悩の心臓」を抱えた者に対して、自身の「大切な他者（*ngikaminan*）」

との死別の経験を語る。両者とも知る痛切な過去をともに思い起こし、そこで語り手はそれでもなお「私はここに生きている」という事実を強調する。「兄は殺されたが私は生きている」と語っているのは、「苦悩の心臓」の経験があなただけのものではないことを知らせるとともに、ともに生活している他者の存在こそは生きることの前提であることを確認しているのである。アキシリルウォリウンが具体的に実践された事例はのちほど記述する。

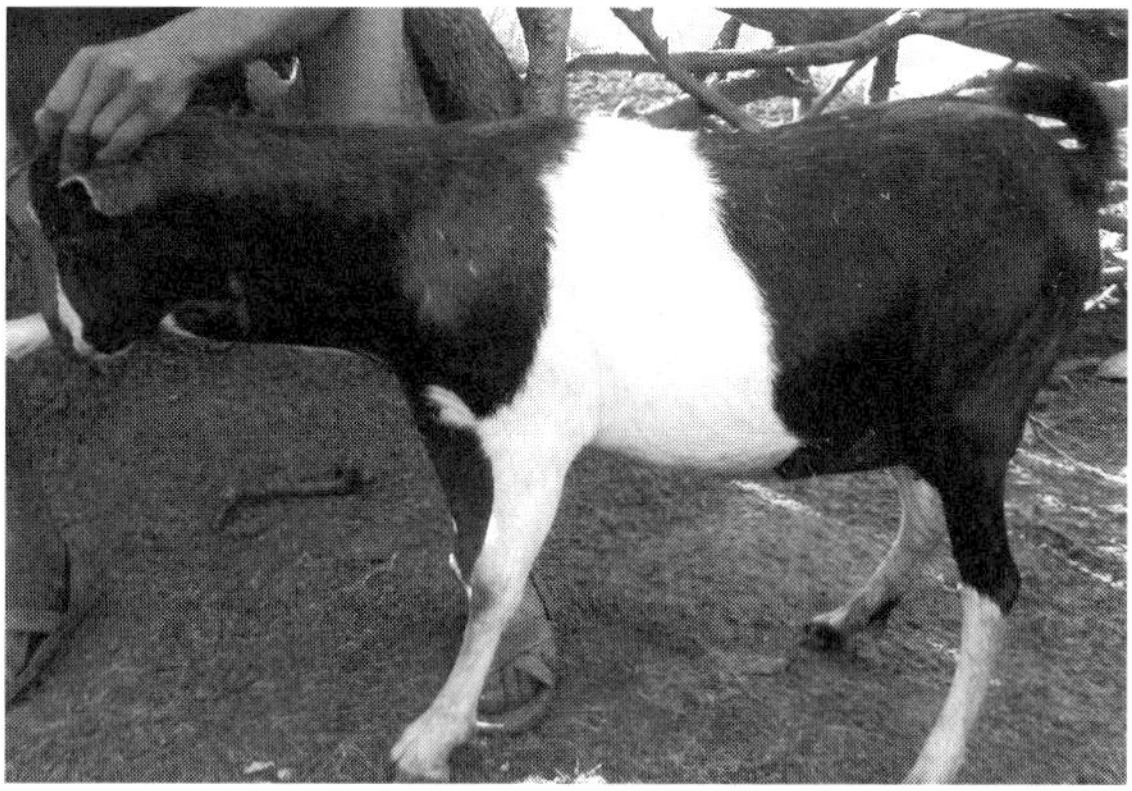

写真 7-3　シルという模様（背中から腹への白抜きの縦線）のヤギ

病の説明は、長い語りという形式をとるときには常に、いつしか拷問、空爆からの避難生活、貧困、家族との死別といったトピックにおよんでいく。人びとが病の不満や身体の苦痛を告げるとき、暴力のさまざまな爪跡が病の発症や症状の悪化として顕現すると解釈されることによって、ひとつの語りに統合されるのである。それが人びとなりの病因論的な説明であるにしても、そうした語りによって人びとは、病の経験は個人的なものであると同時に社会的な意味をもつことを強調しているように私には感じられた。

「心臓の病」は、居住地が暴力にさらされると同時に発症するのも特徴だ。たとえば「エトゥクリ（*etukuri*）」とよばれる病は、連続的な銃声や戦闘ヘリコプターの飛行音、ロケット砲の炸裂音の衝撃が「心臓に入る」ことによって引き起こされ、「心臓の病」の一種である。こうした音が「心臓に入った」者は、銃撃が鳴り響き発射音が近づくと、心臓の鼓動が激しくなり、心臓と頭部の血管が鼓動とともに跳ね上がり、胸痛を覚えて呼吸困難になり、喘ぎ、動けなくなって卒倒したり、錯乱したりする。こうした症状を自覚する者は、「私のなかにエトゥクリがある」と表現する。以下は、政府軍と交戦して逮捕され、拷問による吐血と咳き込みでエトゥクリが始まったと語るカリモジョン男性による症状の説明である。症状の現れは、ミルクから脂肪分を分離するためにひょうたんに入ったミルクを揺さぶるときに反響する「ブック、ブック、ブック」という音が胸のなかから聞こえてくるというものである。

それは結核の発作のようだ。エトゥクリは心臓と血管を「ブック、ブック、ブック」と叩く。体が震え、倒れ、息ができず、世界が回る。

エトゥクリの説明には、戦闘を説明するのと同じ表現が使われる。たとえば、心臓が異常に揺れ動く音は、家畜キャンプへの攻撃の際に打ち込まれた自動ライフル銃の発射音（これ自体も「ブック」という擬音語で表現される）と対応する。耳と皮膚によって感知される外部の刺激が身体の内部に反響し、病が発症するのである。

「狂気の病」

カリモジョンとドドス社会において「狂気の病（*ngikerep*）」は、政府軍による強制的な武装解除の以前からあった。その原因の代表的なものは、精霊との出会い、他者からの呪詛、結婚をめぐる思春期の女性と彼女の家族との葛藤などである。しかし、武装解除の開始以降は、銃所持の容疑で誤認逮捕されて拷問を受けたり、拷問による家族の死や障害を経験した者が、その痛みの記憶を「ンガタメタ（考えすぎること：*ngatameta*）」によって発狂するというケースが多発した。カリモジョンとドドスは痛みを含むすべての感覚を心臓がとらえると考えている。そして、その感覚の記憶は頭によってなされる。狂気の病では、その記憶をンガタメタによって、頭と心臓の異常な動き（「閉じる」「熱くなる」「増える」）が現れる。この頭と心臓がつながっている感覚は、頭と心臓の鼓動が同期していることを根拠にして得られている。

具体例をあげよう。アムリアという女性には三〇代の息子コデットがいたが、彼は「狂気の病」のために二〇〇七年に獄死した。コデットの狂気は、彼が銃の所持を疑われ、軍駐屯地の小屋に二週間閉じ込められたあとに発症した。監禁中の拷問で、吐血するまで殴られ、解放後、咳き込みと狂気のために連れていかれた病院で、彼は結核と診断された。その後二度目の通院から戻ってきた夕方、コデットは「兵士が来た」「ヘビが来た」と叫びながら、息子を弓で射って死なせてしまった。その後すぐに県都にある監獄に送られたが、彼は酸乳やソルガムを含む差し入れなど一切の食物を拒み、二週間で絶命した。そのときのコデットの感覚を、アムリアは以下のように説明した。

ウシを盗られたこと、飢えの恐れ、友人が死んだこと、死んだ人や怪我した人をみたこと、拷問の記憶などのすべてが、一日中、彼の問題を作った。彼は話すこともできなくなった。同じ房に入れられている人が「コデットは自分がどこにいるのか理解しておらず、頭痛、めまい、疲れを訴えている」と言った。ンガタメタ！ンガタメタ！ンガタメタのせいで狂気が（コデットを）捕まえた。狂犬みたいに怒り、記憶がまったく消えた。コデットはそんなふうだった。

コデットの直接の死因は、狂気の症状とされる拒食だったようである。彼の家族の牛群がレイディングにあい、そこで兄が撃たれて亡くなった。友人と死別した経験というのは、友人ロキルが駐屯地の収容所内で首を吊って自殺した事実を指している。コデットは生前、ロキルの死について私に以下のように語った。

ロキルは昼間に捕まった。すぐにポリタンク二つ分の水汲みをやらされていた。一方の手にひとつ、他方の手にひとつ（両方で四〇リットル）。午後に家族が食べ物を差し入れた。彼はそれを食べ、それから収容所に戻って首を吊った。拷問を受ける前に死ぬことにしたのだ。翌朝私はその姿をみた。

二〇〇一年以降、強力に存在感を高めていった国家の暴力的な介入を起点とし、カラモジャ地域の牧畜民の生活が深刻な困難に見舞われてきたことをここまでみてきた。彼らがこの苦境を、それ以前の経験をもちいて解釈したり、過去の紛争を描写することばによって理解し、対処の方法を見出すことができたとしても、そのような既存の知識をすべての問題の解決に応用できたとは考えにくい。そして、彼らが巻き込まれた大混乱はもちろん一過性のものでも、容易に適応できるものでもなかった。つまり、この国家暴力の激流は、そのなかに身をおき直接に感覚しながら、新しい認知をすくいあげ、そこから得られる知を使って対処することを、人びとに鋭く迫るものであったに違いない。次節では、「暴力の病」を抱えた身体から、他者と平和に共生する身体へと転換させるために、どのような試行錯誤が編み出されているのかをみてみよう。

5　身体の非暴力化

「暴力の病」に対する牧民の在来の治療実践は、歌と踊り、語り、生業活動を重要な資源としながら、暴力に抵抗しようとしている。一般に、戦争によって傷ついた人びとの治療や生活支援は、外部社会によっておこなわれる心理療法や人道支援まで広範にわたる。しかし、カリモジョンとドドスの対処方法はそのような形をとらない。「暴力の病」を抱えた身体への治療の場に臨む参加者たちが共同で取り組んでいるのは、病者を中心にした非暴力化の課題である。人びとのあいだには、暴力は「伝わる（*aputoru*）」という明晰な認識があると、四節で述べた。彼らは自らの創意によって、「暴力の病」を抱えた者に平和（エキシル）を保ち、過去の経験を忘れるようようながし、社会的な暴力の連鎖を断ち切ろうとしている。

ドドスの人びとが「心臓の病」と「狂気の病」に対処する治療実践のなかで核心的な役割を担うのはアブリ（*abur*）とよばれる歌と踊りであるが、その場には、毎回二〇人程度が参加していた（表7-1）。そして多くの場合、治療

表7-1　カラモジャで実施された「暴力の病」に対する治療実践（2011年）

事例番号	病者	病の原因	儀礼への参加者数（人）	
			カラモジャの牧畜民	現地駐留軍の兵士
①	10歳代女性	精霊との出会い	17	0
②	20歳代女性	他者による呪詛	11	0
③	20歳代女性	結婚をめぐる家族との葛藤	15	0
④	20歳代女性	軍との交戦による夫の死	15	1
⑤	20歳代女性	夫のバラックでの拘束と拷問	25	2
⑥	20歳代男性	軍隊との交戦	14	1
⑦	20歳代男性	バラックでの拘束と拷問	31	2
⑧	20歳代男性	バラックでの拘束と拷問	23	4
⑨	30歳代男性	空爆後のレイディング	22	2
⑩	40歳代女性	軍との交戦による息子の死	13	2
⑪	40歳代男性	バラックでの拘束と拷問	24	3

実践を主催する人とは異なる民族の人びとや政府軍の兵士も、この実践に同席していた。カラモジャ地域に駐留する政府軍は、ほぼ完全にカラモジャ地域の牧畜民以外の者によって構成されている。そのためアブリに参加した兵士は、すべてドドスではなく、ガンダやテソ、アンコーレ、アチョリ、ランギといった農耕民社会の出身者であった。そのなかから、上官の命令にしたがわず訓練や実戦への参加を拒む兵士や、戦闘糧食であるトウモロコシの粉を牧民のミルクと日常的に交換している「特別な関係」にある兵士、そして「暴力の病」の症状を示す兵士などを、ドドスの女性たちが軍の駐屯地から連れ出してくるのだ。牧畜民は、圧倒的な武力行使の主体である政府軍の戦闘行為を拒絶しながらも、兵士たちの個人個人とはある種の生活世界の感覚を共有できるのである。ドドスの治療実践に他民族の牧畜民が参加した理由は、自身の「暴力の病」を治療するため、あるいは儀礼を主催する人や参加者と友人関係を結んでいるためであった。このように人びとは、「彼ら」と「われわれ」、「敵」と「味方」という、集合的で二者択一的な思考を振り切っている。そのうえで、暴力的状況というリアリティを構成している細部にこそ、別の帰結がもたらされる鍵があると知覚し、周辺部分に関与する人びとへの働きかけの余地を見出すことによって、病の治療の場を、抑圧と暴力を止める抵抗の場として形成しようとしているのである。

治療実践では、薬草治療によって病者の体内にある有害な物質を排出

写真7-4　暴力の病を癒す歌と踊りの場、アブリ（*abur*）

するとともに、語りと歌によって身体を非暴力化し、踊りと意識変容をつうじて死と再生のプロセスをたどることが強調される。まず、エムロンとよばれる伝統医による薬草治療では、病者は薬草を浸した水を飲み、激しい下痢と嘔吐を繰り返すとともに、粉状の点鼻薬によって大量の鼻水を出す。さらに、特定の体色（黒、青、赤黒のいずれかであり、伝統医が夢見をつうじて特定した体色）のオスヤギあるいはオスヒツジの腰部の肉および大腸と小腸を煮込んだ大量のスープを飲み、多量の発汗をうながす。同時に、伝統医や病者の家族が「耳元でささやく」形式での語りかけによって、四節で述べた「語りによって鎮める」（アキシリルウォリウン）ことを試みる。その内容は、過去に起こったことを忘れること、穏やかでいることをうながすものである。たとえば、あるドドスの伝統医は病者に対して、「思い悩むことはない。心臓を減らしなさい。人びとはともにいて、平和である。静けさが病を癒す。平和は薬である」とアドバイスした。その後、特定の色彩（白、赤、青、緑）を帯びた「聖なる土（*emunyen*）」を病者の身体に塗布する際にも伝統医は「語りによって鎮める」ことを繰り返した。

つづくアブリの過程では、参加者たちがポリタンクや水に浮かせた半切りヒョウタンを激しく叩いて「薬の歌」を歌うなかで、病者がほかの参加者とともに踊る（写真7‐4）。その途中で焚き火に倒れこんだり、高木から飛び降りようとする病者を、周りの者が押さえることもある。やがて病者は卒倒し、ンギジョキン（*ngijokin*）とよばれる異様な意識状態になる。この際、病者の身体は仮死的な状態にあり、放置すると完全な死にいたるとされる。周囲の者や伝統医は、家畜の首につける鈴を打ち鳴らし、「平和を保ちなさい」「過去を忘れなさい」ということばをささやきかけながら、病者の心臓に触れる。「薬の歌」を歌うことで、病者の「固く閉じた心臓（*ipukit etau*）」は「開放される」と表現される。「苦悩の心臓」は死と再生をつうじて、病を得る以前の状態になるのである。

精霊との出会いや他者の呪詛による「狂気の病」とは異なり、「暴力の病」の治療における「薬の歌」とは、「歴史（*ngakiro nguna etakanuiyete*：「起きた出来事」）」を歌うものである。この歌は、自身の身の上に生じた出来事を病者に忘れさせるためのものだが、それは、喪失感や痛みから眼を逸らすように、あるいは在った出来事を無かったかのようにとりあつかうように、病者に迫るものではない。むしろ、病者に身体的事実をもたらしている個別の暴力経験を、他者の生活経験の配列のなかに重ねなおすことをとおして、忘却が実現するといってよい。「平和が薬」であり、「薬の歌」によって病者の苦悩が癒される。それには、病者と同様に生きる者たちが暴力のなかで苦闘し、大切な他者と死別し、敗北し、敗北から免れた過去を有すること、そのような経験をしながら人びとが死んでいったこととともに自分たちの生きる現在があることに思いいたる過程を、病者が経ることが重要なのである。

二〇一三年一月、ひとりのドドス男性が密告者による間違った情報のために軍に連行され、駐屯地で拷問を受けたあと狂気に陥った。この男性を治療するときに歌われた「薬の歌」を確認しておこう。この歌は、近年に実施された強制的な武装解除から「カラモジャの武装解除と開発の統合計画」にいたる国家暴力を軸としつつ、大きく時間をさかのぼる政治権力による抑圧にも言及しており、カラモジャ地域の牧畜民に対する国家による集合的暴力を思い返すものとなっていた。治療の場で歌われた全一四曲中、聞き取り得た九曲の詩の内容は以下のとおりである（カッコ内は出来事が生起した年）。

① 家畜キャンプを四度にわたって爆撃し、移動後のキャンプ地を再爆撃した軍の愚行（二〇〇九年）
② 前政権の民兵として現政権と交戦した男性の家の焼き討ち（一九八八年）
③ 虚偽の事実を報告し続ける軍の諜報活動員に対する呪詛（二〇〇一年）
④ ヘリコプターの飛来と爆撃（二〇〇七年）

⑤　二〇〇一年から二〇〇五年の第一期武装解除で「敗北した政府」による「カラモジャの武装解除と開発の統合計画」の実施（二〇〇六年）
⑥　軍隊による家畜キャンプの包囲捜索強襲の失敗（二〇〇九年）
⑦　包囲捜索強襲をおこなった政府軍の兵士が、傷つきやすくて大切なもの（姻族をもてなすために特別な飾り模様を刻印したヒョウタンと幼い子どもたち）に対して示した破壊性（二〇〇一年）
⑧　武装解除を拒否する青年に対する軍による暗殺計画（二〇〇二年）
⑨　植民地政府およびイディ＝アミン政権期に、牧畜民の伝統的な衣服の着用を禁止され、裸になったジエとドドスの女性たちによる雨季の濁流への集団身投げ（一九五〇年代と一九七一年）

誰の目にも明らかなように、「薬の歌」は国家による暴力を一貫して歌い上げるものであった。病者は自身の経験から遊離した別のストーリーによって慰められるわけではない。自身が経験した現実と関連性の高い出来事の歌に身を任せることで、病者自身の「私」の経験は、同じように圧倒的な力によって抑圧された他者の生の経験と重ね合わせられる。病者は、それと直面することによって「忘れる」のである。

伝統医と参加者たちが作る集合的な治療実践を終え、日常生活に戻った病者には、日々の生活に関心を傾けさせるために親族や友人が生業活動への参加をうながす。この生業活動を活用する実践は、家畜と家族をうしなった病者を、群れの所有者のもとに牧夫としてふたたび組み込むものである。彼にはほかの牧民が付き添い、搾乳や放牧、給水などを一緒におこなう。家畜を見分け、コミュニケーションをとり、放牧地をみることで「心臓」が癒されると牧民は説明する。政府軍の兵士が暴力をふるうときには、自動車のタイヤから作られる牧民のサンダルや放牧で使う杖、そして水が拷問の道具となり、また、水場や集落が集まる共有地は重要な軍事拠点となっていた。夕方に家畜が休息していた場所には、逮捕された人びとが自分自身を埋めて拷問を受けるための深い穴を掘ったこともあった。家畜の放牧という生業活動が癒しとなるときには、このようなランドスケープと日用品が、危険ではない元の姿へと再移行していると考えられる。

私の調査助手であるロカペルの例をみてみよう。彼は一五歳のときに家畜キャンプを包囲した軍との銃撃戦で父を殺害され（牛群の大半は「接収」された）、兄を拷問による打撲の後遺症でうしなった。その後、彼は「狂気の病」の一種（*akiwaar*）にかかり、かつては自分が知っていた人と家畜に関する記憶を完全に喪失するとともに、会話困難になった。彼は薬草と歌と踊りの治療を受け、つぎにオジ（父の姉の夫）の助言で、多数の家畜を所有していた男性のもとで暮らすことにした。最初、ロカペルは少数のウシの世話を手伝いはじめたが、彼にはつねに同年代の牧童が付き添い、仔ウシと母ウシとを引き合わせる作業から搾乳まで介助をしていた。当初はウシの乳房に触ることさえためらったロカペルは、回数を重ねるとやがて自分でしゃがみこんで搾乳するようになった。二ヵ月ほどでロカペルはすべての母ウシたちを搾乳するようになり、搾乳中の母ウシをなだめるための音声コミュニケーションもとれるようになった。雨季になり、ウシの日帰り放牧に同行しはじめるようになったころ、彼は、かつての自分やほかの牧童がそうするように歌を作った。「雨が降っている／黒綿土《ブラックコットンソイル》がふくらんだ／草は萌え（土地を）覆った／胃は満たされ／油で満ちる／ロメリアクワン（＝ウシの個体名）の背中でコブが揺れる」という詩である。詩の意味は素朴なものであり、「雨が降ると水分を含んだ土壌がふくらみ、そこに草が生え、新鮮な牧草を食べたウシが肥えてコブは脂肪で満たされる」というものだ。この詩には、季節の移り変わりとウシの身体の変化をとおして、牧野における自然の連関性に対する新鮮な驚きのような意識が表現されており、ロカペルが回復したことを示唆する内容となっている。

約一年間牧童として放牧キャンプに滞在したあと、集落に戻ってきた彼は、自分がおもに担当していた群れの個体数が大きく増加したのを目にして、人びととともにそれを喜んだ。当時の生活史を私に語るとき、彼は、家族と家畜という生存基盤の喪失と失意のトラウマ体験ではなく、むしろ、日々の家畜管理の責任と栄光の経験に焦点を合わせていた。

「暴力の病」はその対処の過程に人びとを動員することを介して、社会的非暴力を創出する根源となる。暴力を直接に経験した被害者だけではなく、身近な他者への暴力を目撃した者もまた、彼ら自身が暴力の行使者となる可能性がある。そのような身体は、過去を忘れ、平和を保つことを強調する治療実践をとおして非暴力化されることになる。一方、治療実践への参加者たちは病者の身体を焦点として、非暴力化に向けた相互行為を紡ぐ。この場で参加者には、ことばと身体による介入を的確に繰り出すことが求められる。そこには病者の身体の変化を自身の身体のうえに再現しながら、非暴力化の過程をたどるという共同の経験がある。実際にアブリのクライマックスでは、病者だけでなく参加者たちもまた、次々と異様な意識状態になっていく。つまり治療実践の場は、病者の癒しの過程に関わる人びと全体にとって、身体を暴力から解放する試みの現場なのである。

紛争を経験した社会では、暴力に対処し抵抗することは、病を治療し、予防し、よりよい生を生きるために不可欠である。外部世界からもたらされる生物医療（biomedicine）は、人びとの経験を顧みず、疾患に関連する身体内部の機能的、形態的変化だけに焦点を合わせる。そのように病を個人化・病理化する観点からすると、「原野の医療」は場当たり的であり、気慰み的であると見下されることになろう。しかし「暴力の病」への対処において、抑圧や支配の力に抵抗することは絶対不可欠の課題である。この現実をふまえるならば、対話と対面をつうじた平和創造の努力を含む牧畜民の医療こそ根源的で理にかなったものといえよう。

6　抵抗としての生活

二〇一三年に入り、カラモジャ地域では地元の住民が主体となって平和会議がおこなわれた。八月にはドドスとカリモジョン、トゥルカナ、ジエの人びとが、行政やＮＧＯとかけあって平和会議を仲介させ、民族横断的な共同家畜キャンプの設営と、家畜略奪と紛争の拡大を防ぐ連携・連絡会議の常置を実現させた。また、地元の牧畜民のあいだでは、家畜略奪の賠償額を決定し、すべての準郡レベルで略奪家畜の探索員を選定するといった、国境を超えた新しい試みが創り出された。そして現在、カラモジャ地域では略奪集団の活動が牧畜民の牛群を脅かすことはなくなった。政府による抑圧的な政策も二〇一八年現在ぱったりと止まっている。「基地の家畜キャンプ」は解消され、人びとはふたたび自由に家畜キャンプを設営するようになった。

平和会議という広域的で横断的な対話集会は「私たちの充分な身体と生活」を求めるものであり、さまざまな試みはそのような生の感覚にもとづく努力でもあっただろう。事実認定にはさらなる検証が必要だが、政府が暴力的介入を中止したのは、他者を支配する暴力の拡散を抑えるための強力な想像／創造性と実践が牧野の民によって駆使され、その抑圧の意思をくじくことに成功したからではないだろうか。

カラモジャ地域では政府軍による暴力が一〇年以上におよび、同時にカリモジョンやドドスを含む牧畜民同士のレイディングが続いたために、あまりにも多くの命が失われ、平穏な生活が犠牲になった。しかし同時に、それに抗う実践として暴力の拡散を抑えるための創造的な試みを、人びとが駆使していたことも重要である。彼らが自分たちをとりまく支配関係の逆転や権力の獲得を声高に要求することはなく、ただ生を遂行し続けてきただけであるとしても、彼らは世界を大きく変えてきたし、支配と暴力を打ち破る認識と実践の豊かな可能性を切り開いてきたといってよい。牧畜民たちは語りや歌、儀礼、水や草、家畜などの社会・生態・文化資源をたくみに組み合わせた相互行為と、暴力の行使とのあいだの相互関連性を知り尽くしていた。暴力の病に対する治療実践が示しているのは、彼らが暴力をもちいることそのものに反対したという事実にほかならない。そして、物理的な武力の弱小さのためにとうてい手にできないとされるもの、すなわち支配と抑圧からの日常の解放を、生活に根ざした知の力をもちいて勝ち取ったとはいえないだろうか。そうであるならば、彼らは戦場の軍人としてではなく、牧野の民のままで勝利したといえるだろう。

現実の全体と向き合うことは、未知な可能性への信頼を切り開き、われわれの生きる現在を不安や恐れから解き放つ。つまり、世界を生き尽くす過程のなかに希望は宿る。これが遊牧の復権を実現させたサバンナの民たちから私が得たフィールドの思想である。

註

1　現代アフリカの脈絡に即して社会的身体を分析した研究として、作道による医療人類学研究がある（たとえば、Sakumichi 2011, 作道 二〇一二）。ケニアのトゥルカナにおいて、旱魃と劣悪な食糧条件を原因とする新しい病をめぐる民族医療を研究した作道によると、人びとは病者の身体に「生きられた苦境のメトニミー」を読み取っている。

2　東アフリカ牧畜社会における家畜略奪（レイディング）をはじめとする紛争発生のプロセスや脈絡の理解に関しては、多くの蓄積がある（河合 二〇一三、佐川 二〇一一、曽我 二〇〇七）。だが、紛争下の人びとの身体や感情、心身のあり方を論じた研究は限られている（Pike et al. 2010）。

3　医療人類学者ナンシー・シェパー＝ヒューズは、苦悩を記述する民族誌には「批判的内省」と「人間の解放」の潜在的な力があるが、その「証言」の働きが冷笑主義を帰結する危険性も内包していると記している（Scheper-Hughes 1995）。

4　レイディングの多くは民族集団の異なる人びとや、その下位の社会集団である地域集団の異なる人びとに対して企てるものだが、民族や地域集団の内部で生じるレイディングもめずらしくはない。

5　たとえば、一九八〇年からの第二次オボテ政権のもとで、当時の反政府勢力「国民抵抗軍（National Resistance Army）」を抑える兵力として、きわめて少人数ではあったがカラモジャ地域の牧畜民がリクルートされ、銃が支給された。

6　武装解除政策の一環として作られた組織であり、違法な銃の所持者が銃を政府に提出することによって部隊に加入できる。

7　カリモジョンとジエもそれぞれに青年たちが武装集団を組織し、政府軍との戦闘を続けた。カリモジョン社会を構成する三大地域集団のひとつであるボコラの武装集団は「（政府の命令を）理解しない者たち（*Ngiketeui*）」と名乗っていた。

8　二〇〇九年六月から一二月（二一四日間）における調査対象集落の人口は三〇三人であり、死亡者数は一一人であった。これより以下の方法で粗死亡率を算出した。

　11/214=0.0514　0.0514/（303+11）=0.0001637　0.0001637*10000=1.637

9　本論で記載している個人名はすべて仮名である。

10　このインタビューでは、ドドス五九人（男性四五人、女性一四人）、カリモジョン男性一七人、トゥルカナ男性一人の合計七七人から回答を得ることができた。

11　唇の色は黒いのが正常であり、栄養不足になると赤くなり、死の直前には黄色になる。

12　カイロにおけるスーダン人難民には、病を表現するなかで、社会と文化の喪失について語るときに、「心臓」や「血」などのメタファーを使う特徴がある（Coker 2004）。またパイクたちは（Pike et al. 2010）、自分の家畜群に対して三回目のレイディング被害を受けたケニアのトゥルカナ女性が、その後に陥った自身の病を「常に急いで鼓動する心臓」と語るのを記録している。カラモジャ地域の牧畜民たちによる病の語りにおいても、心臓は病因に直結する重要な臓器である。そして、それは触れることができ、また外部の刺激にあわせて振動する性質をもつことが強調される。

参考文献

河合香吏　二〇一三「制度としてのレイディング――ドドスにおけるその形式化と価値の生成」河合香吏（編）『制度――人類社会の進化』京都大学学術出版会、二一九―二三六頁。

佐川　徹　二〇一一『暴力と歓待の民族誌――東アフリカ牧畜社会の戦争と平和』昭和堂。

作道信介　二〇一二『糞肛門――ケニア・トゥルカナの社会変動と病気』恒星社厚生閣。

曽我　亨　二〇〇七「『稀少資源』をめぐる競合という神話」松井健（編）『自然の資源化』弘文堂、二〇五―二四九頁。

波佐間逸博　二〇一二「ウガンダ北東部カラモジャにおける武装解除の実施シークエンス」『アジア・アフリカ地域研究』一二（一）：二六―六〇。

波佐間逸博　二〇一五『牧畜世界の共生論理――カリモジョンとドドスの民族誌』京都大学学術出版会。

Coker, E. M. 2004. "Traveling pains": Embodied metaphors of suffering among southern Sudanese refugees in Cairo. *Culture, Medicine and Psychiatry* 28(1): 15-39.

Gray, S., M. Sundal, B. Weibusch, M. Little, P. Leslie & I. Pike 2003. Cattle raiding, cultural survival, and adaptability of East African pastoralists. *Current Anthropology* 44（supplement）: 3-30.

Inhorn, M. 2008. Medical anthropology against war. *Medical Anthropology Quarterly* 22(4): 416-424.

Jaspars, S. & H. Khogali 2001. Oxfam's approach to nutrition surveys in emergencies. *Oxfam Policy and Practice: Agriculture, Food and Land* 1: 45-77.

Pike, I., B. Straight, M. Oesterie, C. Hilton & A. Lanyasunya 2010. Documenting the health consequences of endemic warfare in three pastoralist communities of northern Kenya: A conceptual framework. *Social Science & Medicine* 70(1): 45-52.

Sakumichi, S. 2011. Flesh on memory: An embodiment of droughts among the Turkana, the pastoralist in northwestern Kenya. In (B. N. Pirani, ed.) *Learning from Memory: Body, Memory and Technology in a Globalizing World*. Newcastle upon Tyne: Cambridge Scholars Publishing, pp. 233-260.

Scheper-Hughes, N. 1995. The primacy of the ethical: Propositions for a militant anthropology. *Current Anthropology* 36(3): 409-440.

第8章　敵と友のはざまで

——ドドスと隣接民族トゥルカナとの関係

河合香吏

1　はじめに

ドドスは東アフリカ・ウガンダの北東端、ケニアと南スーダンとの三国国境地域に住むウシ牧畜民である。

この地域に住む牧畜民たちは、民族集団間で互いに家畜を略奪しあう敵対的な関係にあるかと思えば、異なる民族集団に属する人びとが同じ場所に放牧キャンプを設営したり、放牧地や水場を共有したり、異なる民族集団に属する友人[1]同士が互いを訪ねあったり、家畜を贈与したり交換したりするといった非敵対的な関係にもなる。ドドスと隣接する牧畜民族集団とのあいだに、過去から未来永劫かわらぬ「宿敵」や「盟友」とよべるような安定した、あるいは固定した関係を見出すことはむずかしい。両者の関係を経時的にみた場合、あるときは「敵」同士の関係であり、別のあるときは「友」同士の関係であるといったように、同じ相手との関係が、言わば真逆の関係に反転するような事態が繰り返される、きわめて特殊な関係世界を彼らは生きている。敵対的か非敵対的かの区別は明瞭であり、具体的にいえば、隣接する民族集団のどちらかがどちらかに家畜の略奪を試みるという事態が一件でも発生すれば、その瞬間に両者は敵対的な関係となり、その後、和平会議を経ることによって略奪行為が消失すれば「平和（peace）」と訳されるドドス語の *ekisil* すなわち、非敵対的な関係になるのである。

本章の目的は、ドドスと隣接する牧畜民族集団のうち、ケニア・ウガンダ国境をなすアフリカ大地溝帯の高度差一千メートルほどの断崖をはさんで東の低地平原に隣接するケニアの牧畜民トゥルカナが、ドドスにとってどのような存在なのかについて、具体的な事例に即して検討することにある。そのために、人びとの行為・行動に関する観察データに加えて、ドドスの人びとがトゥルカナについて言及する際の言説データも積極的に用いることとする。

家畜を群れごと略奪する（後述の理由から、この略奪行為を「レイディング」とよぶ）敵対的な相互行為は、自動小銃などの小火器で武装した集団を組織して遂行されるものであり、紛れもない暴力行為である。レイディングの応酬が東アフリカ牧畜民についてしばしば言及される「好戦的な牧畜民」像を作り上げてきたのは間違いないだろう。だが、紛れもない暴力とはいえ、ドドスのレイディングは「戦争」ないし「戦争の原初形態」や「未開の戦争」といった戦争の一類型といってしまうことを躊躇させる側面をもっている。それはすなわち、レイディングがあくまでも家畜の略奪を目指すものであり、「戦争」のもつ諸要素、たとえば、隣接集団の人びとの土地を侵略するとか、隣接集団の人びとを支配（奴隷化など）するとか、大量殺戮によって隣接集団そのものを滅亡させるといったことを、ドドスは、そしておそらくはほかの隣接民族も、目指してはいないということである。それ故に、「戦争（英語では war, warfare）」と訳されてきたドドス語の *ajore* という語を、私は一貫して「家畜の略奪を狙った襲撃」と理解してきたし、本章でもこれを踏襲して、ドドスに関するこれまでの拙稿（河合 二〇〇四、二〇〇六、二〇〇九、二〇一三、Kawai 2013など）において用いてきた用語に統一して、「レイディング」とよぶこととする。だが、この事情は、同じく「好戦的」とみなされているほかの東および北東アフリカに広く分布する牧畜民に必ずしも共通するわけではないことを断っておかねばならない。それは、たとえば、南スーダンやエチオピア南西部の牧畜民のなかには、内戦の影響もあるかと思われるが、「戦争」とよんで差し支えない敵対的相互行為を繰り広げている牧畜民族集団もあるためである（栗本

一九九六、佐川 二〇一一など）。

2 ドドスと隣接する諸民族集団

ドドスは、多くの牧畜民が住むウガンダ北東部カラモジャ地域の最北東端に位置するカーボン県に分布する。周辺に住む牧畜民としては、北に南スーダンのディディンガとトポサ、南に国内のジエとマセニコ、そして東に既に述べたケニアのトゥルカナが隣接する。これらすべての牧畜民たちはウシを中心に、ヤギ・ヒツジ（以下、小家畜とよぶ）とロバを保有し、トゥルカナのみがラクダも保有している。言語系統的には、ディディンガを除くすべてが東ナイロート語群テソ＝トゥルカナ系（カリモジョン・クラスター）に属し、それぞれ多少の違いは認められるものの、互いに言葉の通じる関係にある。これらの民族集団間には言語だけでなく、文化的にも社会的にも互いに似通った特徴を認めることができる。その最も顕著な特徴は、いずれの民族集団でも、主要な食料供給源としてウシに高い経済的価値をおくのみならず、たとえばウシは儀礼における供犠獣として、あるいは婚資や友人とのあいだで交わされる贈与・交換材として用いられるというように、ウシには文化的にも社会的にも最大の価値がおかれていることであろう。そして、人びとの生活と人生を大きく規定するこの価値観を背景に、この地域の牧畜民たちは隣接集団とのあいだでレイディングを繰り返してきたのである。

本章では、分析対象として、ドドスの分布域の中でも、一九九六年の予備調査時から二〇一四年まで集中的な現地調査をおこなってきたカラパタ（Kalapata）地区の事例を用いる。カラパタはドドスの分布域の最北東部を占める対トゥルカナの最前線にあたり、カラパタ・センター（Kalapata Centre）とよばれるこの地域の中心地[2]はケニア国境から西へ約二〇キロメートルの距離に位置する。おそらくこうした地理的近接に起因して、この地域のドドスにとっては、トゥルカナとの関係がほかの民族集団との関係に比べて、良くも悪しくもより強い傾向にある。したがって、本章でとりあげるドドスの隣接集団とは、主としてトゥルカナになることを断っておきたい。

3 二〇一三～一四年乾季の状況

ドドスの居住形態と調査地の概要

ドドスは家族のメンバーが「集落（*ere*）」と「放牧キャンプ（*awi*）」（家畜キャンプともいう。以下、キャンプと略す）とに分かれて居住する。集落もキャンプも移動をするが、前者は移動距離が短く、また移動頻度も低い半定住的なものであり、後者は頻繁に、しばしば長距離の移動を繰り返すものである。また、前者では灌木を密に組んだ堅牢な柵で囲った敷地のなかに土壁・藁葺き屋根の小屋を建てるが、後者は、棘のあるアカシアの枝などで家畜囲いを作り、その一角に滞在者の居場所を設ける簡易なものである。集落に住むのは既婚の男女、未婚の女性、幼い子どもたちであり、集落にはこれらの人びとの主食となるミルクを供給する泌乳中のメスウシとその仔ウシが残される。他方、キャンプには一〇歳前後の少年から一〇代、二〇代の未婚の青年たちのほとんどすべて、三〇代の若手の既婚男性にくわえ、少なくない数の四〇～五〇代の壮年男性が、集落に残した個体を除いたすべての保有家畜とともに滞在して、放牧活動に従事する（写真8－1）。

キャンプは複数の家族によって共同で設営される場合が多く、多数の家畜が集中するために、これを狙ったレイディングの危険に常にさらされている。そのため、私がキャンプに滞在することは長いあいだ許されなかった。私はカラパタ・センターからほど近い集落に住みこませてもらい、キャンプから集落に戻ってくる牧童たちにキャンプのようすを訊ねるようにしていた。だが、レイディングの被害があったり、何らかの儀礼が実施されたり、病気の蔓延で家畜が次々と死んだりといった特別な出来事がないかぎり、「キャンプは平穏だ。問題は何もない」という答えが繰り返されるばかりだった。私が知りたいと思っていたキャンプでの暮らし、すなわち日常の些細な出来事の一部始終など、そもそも記憶にとどめられるものではなく、彼らとしても話しようがなかったのだろう。

ところが、二〇一三年一一月、一九九六年にドドスを最初に訪れて以来、私は初めてキャンプに滞在することが許可された。キャンプはカラパタ・センターから徒歩で二時間ほどの距離にあるコシキリア（Kosikiria）という丘の麓に設営されていた。二〇〇二年以来、一〇年余りをかけて進められてきたウガンダ政府による武装解除政策がほぼ成功裡に終わり、ドドスの男性たちはみな銃を失ったため、代わりにすべてのキャンプにウガンダ人民防衛軍（ＵＰＤＦ）の軍人が駐屯して護衛をするようになっていた。トゥルカナとの関係も良好で、レイディングの危険はほとんどないと判断されたのである。私は、儀礼や結婚式などの際に集落に戻ったり、ほかの集落を訪ねたり、所用で首都のカンパラに出かけたりしながらも、帰国直前の二〇一四年二月までの約三カ月間を、キャンプの柵のなかに小さなテントを張って暮らした。以下では、ドドス社会における武装解除の経緯と、それにより人びとが被ることとなった変化について記述する。

写真 8-1　放牧キャンプの朝

ドドス社会とドドスの牧畜活動に起きた変化

カラモジャ全域の武装解除についての詳細は波佐間逸博による本書第七章に述べられているが、ドドス社会において武装解除が人びとのあいだで話題になりはじめたのは二〇〇一年一一〜一二月の調査時であった。当時、カラモジャ地域の南部ではとりわけ大規模なレイディングの応酬が繰り広げられ、手を焼いたウガンダ政府はＵＰＤＦを派遣して、一時は空爆におよぶ武力鎮圧の試みを経たのち、武装解除に力を注いでいた。ドドスの住むカラモジャの最北東部（現カーボン県）においても、非合法に所持されている銃の回収を目指して、二〇〇二年一月二日を最終期限として銃の自主的供出が求められ、それ以降は軍事力に訴えて無条件に銃を召し上げる「銃狩り」が開始された。その一方で、ドドスの青年たちに対して、所持している銃を持ってＬＤＵ（Local Defense Unit）なる自警団に入団することが要請された。当時のカラパタ一帯では、頻発するトゥルカナのレイディングに人びとはみな危機感を募らせており、銃を手放すことなど考えにもおよばなかった。政府はＵＰＤＦを国境付近に派遣し、トゥルカナの撃退に当たらせるなど、セキュリティの回復に乗り出したが、人びとは軍隊の防衛体制が画一的で表層的であることを指摘し、疑念を隠そうとはしなかった。曰く、「軍隊はわれわれドドスの土地を知らない」「ウシの通る道を知らない」、そして「ウシを敵から守るというのなら、すべての放牧地、すべての水場に兵士を配置し、夜にはすべてのキャンプと集落に兵士を滞在させるべきだ」とし、定時のパトロールなどには何の意味もないと揶揄して、銃の供出を拒み、同時にＬＤＵへの入団にも積極的な姿勢をみせなかった。

その後、私はドドスからしばらく遠ざかることとなり、次にカラパタを訪れたのは一〇年後の二〇一二年二月のことだった。このあいだにドドスにおける武装解除は順調に進められ、ほぼ全域で成功をおさめて一応の終結をみていた。「ドドスには銃は一丁も残っていない」と人びとは言い、かつて私が住んだ集落でも二〇〇二年の銃狩り前に所持されていた一四丁の銃は、そのすべてが失われていた。だが、同じように武装解除の対象となっていたジエはブッシュのなかに逃げこんで銃を巧みに隠し、銃狩りは困難を極めていた。また、ケニアのトゥルカナはウガンダの武装解除とは無縁であった。こうした状況下、銃を持たぬドドスは、銃を未だ保持するジエとトゥルカナの脅威にさらされ、頻繁にレイディングの被害にあっていたのである。私が住んでいた集落の家長の息子が一人、ジエによるレイディングで命を落とした。また、最大時には二〇〇頭に達していた家長の牛群は六〇頭ほどにその数を減らしていた。

翌二〇一三年一一月、再びカラパタに戻った私は集落に一頭の家畜もいないことに驚いた。家畜は強制的にすべてキャンプに移されていたのである。巨大なキャンプがコシキリアの丘の麓に設営されており、キャンプを構成する家畜囲いの数はゆうに百を超えていた。そして、キャンプの主門のすぐ脇にＵＰＤＦの兵士が駐屯し、また、銃を持ったＬＤＵのメンバーも滞在していた。彼らは夜間のキャンプを警護し、日中は国境方面へ放牧に行く放牧群に護衛として銃を携帯して付き添っていた。銃狩り後の政府およびＵＰＤＦの措置はこのように、家畜を強制的にキャンプに集中させ、これを護衛するという方法をとった。つまり集落に家畜を残して分散飼育することを禁じ、この禁を破って集落に残した家畜がレイディングの被害にあったとしても保証はしないとしたのである。多くの人びとが保有家畜のすべてをキャンプに移した。集落で暮らす人びとはミルクを断たれて、ソルガムやトウジンビエなどの雑穀を中心とする食生活に甘んじていた。ササゲやインゲンマメなども摂っていたが、タンパク質不足は明らかだった。

コシキリアの巨大なキャンプはそもそもの始まりから問題を抱えていた。膨大な数の家畜が集中したため、キャンプ地周辺の牧草があっというまに減少していったのである。キャンプの周辺は遠くの放牧地まで行く体力のない仔畜群の放牧地とされ、成獣群は次第に遠方まで放牧に行かねばならなくなった。乾季の深まった二〇一四年一月末にはケニア国境付近まで放牧に出かけるため、午前三時過ぎ、まだ夜明け前の暗闇のなか、キャンプを出発するといったことまで起きていた。キャンプのさまざまな問題を話しあう場である毎朝の会合でも、牧草の枯渇はいちばんの議論になり、キャンプの分裂や移動が検討され始めた。そして、二月上旬、私が首都のカンパラへ出かけていた一週間ほどのあいだに、コシキリアのキャンプは分裂し、約半数がケニア国境まで徒歩で小一時間の距離にあるロセラ（Losera）の丘の麓に新しくキャンプを設営した。国境にごく近い場所にキャンプを設営できたのは、トゥルカナとの関係が非敵対的な状態で安定していたためである。そして、乾季の深まるなか、二月半ばにはトゥルカナがケニアの平原から家畜群を連れて断崖を登ってやってきた。彼らは国境付近にキャンプを設営し、ウガンダ国内に放牧に現れるようになったのである。

4　トゥルカナとは何者か

二〇一三～一四年の乾季、ドドスとトゥルカナの関係は非敵対的なものになっていた。本節ではまず、非敵対的な状況下におけるドドスとトゥルカナのやりとりについて、キャンプ滞在時に得た観察事例を紹介する。つぎに、ドドスの人びとによるトゥルカナについての言説データを提示する。

二〇一三～一四年、乾季におけるトゥルカナとの出会い

二〇一四年二月一七日。午前七時五〇分ごろ、日帰り放牧に出かける牛群を追って、私もキャンプを出た（写真8‐2）。この日はカラパタで私が住みこませてもらっていた集落の家長（以下、家長）の四男（三〇代前半）をはじめ、彼と同世代の青年六人が家長の保有する牛群を追った。彼らの手には放牧用の杖のほか、狩猟のためであろう、弓矢や先端部を重くした棍棒があった。九時一〇分、青年たちはウシたちがゆったりと採食を始めたのを確認すると、牛群の動きとは無関係にどんどん先に進みはじめた。私は牛群について行くべきか、彼らの後を追うべきか迷ったが、ウシたちを顧みることなく草のなかを進んで行く青年たちは何か目的をもっているようにみえたため、彼らを追うことにした。一一時四五分、三〇頭余りの牛群と一〇〇頭をゆうに超える大きな小家畜群（ヤギとヒツジの群れ）に出会う。群れは休息中であり、地面にしゃがみこんで反芻している個体も多い。群れから一〇メートルほど離れた木の下に三人の男がこちらに背を向けて座っていた。ひとりは少年のようだ。ほかの二人は壮年とやや年配と見受けられた。家長の四男が私に耳打ちをした。「トゥルカナだ」。しばらくして気がつくと、むこう向きで木の下に座る三人のトゥルカナの背後十数メートルのあたりにドドスの男たちが一五人ほど半円状になって座り込んでいた。この形態は、儀礼をはじめ、家畜を屠って男性が共食する際の座り方——ドドス語で *akiriket* という——そのものであった。そのなか

から、四男がまず立ち上がってあたかも演説をするかのように三人のトゥルカナに向かって語り始めた。ピンと張り詰めた空気が流れる。「この緊張感は何なのだ?」と私はフィールドノートに記している。四男に続いて、ほかのドドスの男性たちが代わる代わる立ち上がって演説をする。長い語りが続き、そのあいまにトゥルカナの壮年男性が小さな声でつぶやくように短く答えるというやりとりが三〇分以上続いた。ドドスの男たちは、さかんに *akimuj*（食事、食べ物の意）の言葉を発し、「われわれは腹が減っている。ウシのミルクは涸れ、食べるものがない」といった内容を繰り返した。約四五分後、時刻は一二時三〇分になろうとしていた。トゥルカナの年配男性が白いヤギを連れてきた。集まったドドスの男たちは二〇人ほどになっていた。トゥルカナの壮年男性が、連れて来られた白いヤギの後頭部を、先端部を重くした棍棒でひと殴りし、ヤギは瞬時に息絶えた。ドドスの若者たちが木の枝を集めてきて火をおこし、ドドスの壮年男性がヤギの解体を始める。ヤギが焼き上がり、ドドスの男たちに次々と肉が手渡され、食された。トゥルカナの男たちの姿はみえなくなっていた。「ほとんど恐喝」と私はフィールドノートに記している。

写真 8-2　丘の上から放牧地を望む

一三時一三分、肉を食べ尽くすと、ドドスの男性たちは三々五々その場を立ち去った。家長の四男が、いつのまにか側に来ていたトゥルカナの壮年男性から「*Lokone*（友よ）」と呼び止められた。四男は「ナウニャだ、（雄ウシ名は）アリンガボックだ」と名乗った。そのあと、二人は私から少し離れた場所へ移動し、こそこそと何事かを話すと、四男はすぐに私のところへ戻ってきて「行こう」と私を促した。そして、「（おまえは）見たか?」と言い、大きな目をくるりと回してさらに大きく見開いて軽く微笑んでみせた。彼は「友を得た」とひとこと言うと、大股で仲間の方へと向かった。ドドス社会でもトゥルカナ社会でも、家畜のやりとり（贈与や交換、片方が家畜を供出してもう片方がそれを食す、などの行為）をした者同士はそのやりとりによって「友人」となる。家長の四男とヤギを供出したトゥルカナの壮年男性はこの日、「家畜をやりとりした」ことにより友人となったのである。二人はもはや無名のドドスと無名のトゥルカナの関係ではなく、今後、さまざまな相互行為の相手となる民族集団を超えた友人関係を築いたのである。ドドス社会でもトゥルカナ社会でも、友人は親族や姻族に匹敵する、場合によってはそれを超えるほどの信頼関係を構築する相手となる可能性をもっており、人生のさまざまな機会に互いに助け合うことが期待される重要なパートナーである。

午前中は野生動物の狩猟をするなど、牛群の動きを意に介さないような行動をしていた家長の四男と仲間の青年たちだったが、午後は放牧活動に集中した。深く狭い沢を何度か渡渉し、巨岩の裂け目に水が残っている場所で給水した。長い距離を歩いてキャンプに帰り着いたのは陽もとっぷりと暮れた午後七時を回った時刻だった。

この日の家長の四男たちの行動は、かつて私がトゥルカナで調査をしていたときに「集団ナキナイ」と呼んでいたものと酷似していた。「ナキナイ（*nakinai*）」（トゥルカナ語、ドドス語に共通）とは、「私に〇〇を与えてくれ」という意味で、ものやサーヴィスを要求したり請願したりするときに頻繁に使われる言葉である（以下、「私に〇〇を与えてくれ」という言葉で示された要求や請願のことを「ナキナイ」とよぶ）。トゥルカナのナキナイは「自分は、当該のものやサーヴィスを強く欲している」という自己主張の極めて強い表現と、親しい間柄にある者同士であれば、ものやサーヴィスは与えられて当然（なのでお礼の言葉もない）といった態度などで特徴づけられる独特な交渉のかたちをとる。交渉場面においては、あまりにも高圧的な態度で迫ってくるトゥルカナの強烈なやり方をにわかには理解できないこともあり、多くのトゥルカナ研究者がこの独特な交渉をとりあげ、それを理解することの難しさにふれている（伊谷一九八〇、一九八二、太田一九八六、北村一九九一など）。私もまた、トゥルカナの地に滞在中は来る日も来る日も飽くことのないナキナイ攻勢にあって心底疲弊したが、なかでも最も強烈で、どうにもかわしようのないナキナイが「集団ナキナイ」だった。これは一〇人から数十人という大人数でやってきて、私のテントの前に座り込み、そのなかのひとりないし数人が代わる代わる要求内容を演説するというものである。座り込みを決めこんだ人びとはみな、要求が受け入れられるまで断固として立ち去ろうとはしない確信犯的な態度をとり、要求された者にとっては逃げ場のない厳しいナキナイであった。

ナキナイはドドスでも観察され、私もそのターゲットになってきたが、トゥルカナに比べれば要求されるものやサーヴィスは比較的容易に対応可能であったし、初対面の見知らぬ人から要求されることはなかった。だが、家長の四男たちは三人の初対面のトゥルカナに対してヤギを要求し、多勢にものをいわせ、相手のトゥルカナにほとんど断る余地を与えない厳しいナキナイを演じてみせた。ナキナイを断る方法は「ない」というか「嫌だ」というほかないのだが（太田 一九八六：一九六）、おそらく三人のトゥルカナはドドスの活動域内で放牧をしていることに多少なりとも恩義や負債の念を感じていたためであろうか、いずれの断り方も選択できなかったと推察される。ドドスでこのようなナキナイに出会ったのは初めてであったが、この出来事のあった五日後の二月二二日、この日、私は体調を崩してテントのなかで一日臥せっていたのだが、夕方、日帰り放牧から戻った家長の三男がやってきて、「トゥルカナのヤギだ」と、私にひとつかみの焼き肉を手渡した。彼もまた放牧中に、小家畜の大群を連れて放牧に来ていたトゥルカナからナキナイによってヤギ一頭を得て、これを屠ってみなで共食したのだという。非敵対的な関係時に、トゥルカナがドドスの地へ放牧に来ることをドドスが拒むことはないが、ドドスたちはどうやら少なからず、集団ナキナイによってトゥルカナのヤギを食しているようだ。ドドスの人びとも指摘するところだが、トゥルカナは、小家畜を数多く保有しており、一〇〇頭や二〇〇頭の群れもめずらしくない。トゥルカナの灼熱の大地は「ヤギ（の生育）に向いている」とドドスの人びとはいう。多数のヤギをもつトゥルカナから一頭のヤギを要求して、得て、みなで共食し、ヤギの持ち主であるトゥルカナの男性とは友人関係を築く——それが「悪いこと」であるはずはないのである。先述のとおり、「友」は親族や姻族とともに、人生のさまざまな機会に互いに助け合うことが期待される重要なパートナーとなりうる存在だからである。

ドドスが語るトゥルカナ像

ドドスがトゥルカナについて語る際に、何度も繰り返される主要な言説がある。それは意外な内容であるがゆえに私の記憶にも印象深く残っている。ここではその内容のいわんとすることを考えてみたいと思う。ドドスの人びとにとってトゥルカナの人びととは、互いにレイディングをしあう可能性のある、潜在的に敵対的な相手である。その一方で、ドドスの人びとは、トゥルカナの人びとがドドスの活動域内の放牧地や水場など牧畜活動に関わる資源を利用することを許容・黙認したり、個人レヴェルでは友人同士として、互いを訪ねあったり、家畜の贈与や交換をしたりするなど非敵対的な相手でもある。トゥルカナの人びとはドドスの人びとにとって、敵対的でありかつ非敵対的でもあるというように、そもそもアンビヴァレントな存在であるのだが、ドドスの人びとはそれをどのようにとらえているのだろうか。ここでは、ドドスの人びとが語るトゥルカナの人びとについての言説を取りあげる。

敵対的な関係にあるとき、すなわちレイディングの応酬が続いているときには、トゥルカナの人びとはドドスの人びとにとって現実的な脅威であり、紛れもない「敵」である。「敵」はドドス語で *emoit* といい、この語は辞書的には「異民族」という敵味方を問わないニュートラルな意味もある。だが、日常的に、より頻繁にこの語で言及されるのはレイディングという行為と結びついた異民族、すなわち「敵」を意味する場合である。ドドスがこれまでに経験してきた経緯からすれば、隣接集団（異民族）はいずれも敵であった過去があり、その後、非敵対的な関係に移行していたとしても、いつまたレイディング合戦が始まるかもわからない潜在的な敵であるのだから、このことに違和感はない。

トゥルカナによるレイディングで牛群のほとんどすべてを奪われたとき、あるいはそうしたことを過去の出来事として語るとき、トゥルカナへの怒りの感情が言語化されることはめずらしくないし、それはむしろ当然であろう。だが、その一方で、ドドスの人びととはトゥルカナの人びとがおかれた「状況」にしばしば言及する。トゥルカナによるレイディング被害にあった直後に家長が語ったのは次のようであった。曰く、「トゥルカナの住む土地は（国境の）断崖の急斜面を降りた低地にあり、そこは灼熱の地である。乾季になると草も水もなくなって家畜のミルクも涸れる。トゥルカナの人びとには集落 *ere* がない（集落を作らない）。キャンプ *awi* しかない（作らない）。だから、男も女も老人も幼い子どももみなが移動生活をしている。それは厳しい生活だ。だが、トゥルカナは（老若男女の）誰も彼もが家畜をとても愛しているのだろう（だから誰も彼もが常に家畜とともに移動生活を送っているのだ）」と。冷涼な高地に住むドドスと比較して、高度差一千メートルの低地である灼熱の大地に住むトゥルカナの過酷な自然環境下における生活に対する、こうした「慮り」ともとれる言説は、繰り返し聞かれた。

上記のような言説は、ドドスとトゥルカナの関係が非敵対的であるときよりも、むしろ、レイディングの応酬が続いている敵対的な関係のただなかにあるときにしばしば聞かれるというある種の逆転現象すら起きている。家畜を奪っていったトゥルカナに対して、自らの家畜を奪われた当の男性が「（家畜を奪っていった）トゥルカナは食べるものがなかったのだ」などと、あたかもそれなりの事情があったことを認めるかのような発言をする場面に出会ったときには、私も耳を疑った。トゥルカナはあなたの家畜を奪った相手ではないのか、怒りの感情は当然のものであるし、敵愾心や憎悪の感情をあらわにする方が自然であろう、と。もちろん、このような言説を繰り返すからといって、ドドスの人びとは、トゥルカナの人びとにウシを与えようとか、ウシをとられてもよいと思っているわけではないはずである。あくまでも推測の域を出ないが、ドドスの人びとはレイディングに関する否定的な発言を注意深く避けているように思われる。あるいは、彼らはレイディングに対する道義的・倫理的な判断基準をもちあわせていないといった方がよいかもしれない。ドドスもまたレイディングという方途を家畜の獲得手段のひとつとしている以上、レイディング自体を否定することはできないのかもしれない。レイディングの被害にあうことは不幸で不運なことである。だが、そうした状況を受け入れる強靱な精神をドドスの人びとはもちあわせているのかもしれないし、そうした心性が上記のような言説の背後にあるのかもしれない。

レイディングにより家畜を失った喪失感は甚大であり、被害者は悲嘆に暮れて、人に会うのを避けるかのように集落内の屋敷から出なくなることも少なくない。とくに大切な財産であり、強いアタッチメントの対象であるウシが群れごとすべて奪われたときには、悲しく、口惜しく、怒りの感情もわいてこよう。だが、持続的な怒り、たとえば恨み辛み、敵愾心や復讐心などをドドスの人びとは煽ることはない。言説のみならず、行為としても、トゥルカナから受けたレイディングに対して報復や復讐としてトゥルカナを攻撃するといった事例は、明瞭には認められない（河合二〇一三：二二八―二二九）。一方、自らが仕掛けるレイディングについて、「トゥルカナがドドスの多くのウシを奪っていったのだから、レイディングに行くのは当然だ」といった発言が聞かれないわけではないが、そのときにレイディングに行く相手がジエであったりするのだから、この言説には説得力はない。トゥルカナの人びとは、ドドスの人びとにとって敵にも友にもなる可能性のある相手だが、こうした事態をドドスの人びとはどのように「生きて」いるのだろうか。最後にこの点を検討することにより、本章の結びとしたい。

5　おわりに――環境還元論的な理解と牧畜価値共有集合の可能性

ドドスの人びとはドドス以外の牧畜民族集団に属する友を複数人もっており、そうした相手とはドドス同士の友人関係と同じように互いを訪問しあったり、家畜やもののやりとりをしたりすると聞かされてきた。家長の友であるトゥルカナの男性が訪ねてきて数日間、集落に逗留したことを私はみてきた。また、家長の長男が、訪ねてきた彼のトゥルカナの友に一頭のロバを贈与したこともみてきた。家長の保有する家畜群には、トゥルカナからレイディングによって獲得した個体のほかに、トゥルカナの友から贈与や交換によって得た個体とそれらの子孫が存在するし、二〇一三～一四年の調査時はトゥルカナとの関係が非敵対的に安定していたこともあり、家長の四男は一〇〇キロメートルほども離れたケニアのカクマ（Kakuma）までトゥルカナの友を訪ね、自分の婚資として使うためのヤギを得て帰ってきた。

確かにトゥルカナの人びとはドドスの人びとにとってレイディングを仕掛けてくる可能性のある危険な相手である。ただ、トゥルカナのレイディング集団による被害にあった者たちは、家畜を失ったことによる喪失感と悲哀の感情を抱き、嘆くにもかかわらず、その感情の矛先が怒りや敵愾心や復讐心となって、トゥルカナという全体的、集合的な対象へ向かうことはまずない。レイディングの首謀者やレイディングの行為遂行集団に含まれていたトゥルカナと、そうではないトゥルカナとは、同じトゥルカナという民族集団に属するということ以外に何の関係もないのである。またドドスもトゥルカナも、おのおのの社会において、家族ごとに自律性の高い生活を送っているが、このことも、ドドスの人びとがトゥルカナの人びとを集合的、一枚岩的にとらえて、レイディング被害にあったあとで、報復や復讐と称してトゥルカナをレイディングするといった行為に出ない理由となっているのかもしれない。

ドドスの人びとは一義的にトゥルカナの人びとをすべからく「敵」とはみなしてはいないし、レイディングの応酬をしあう敵対的な関係にあるときですら、トゥルカナのレイダーがレイディングという手段に訴えざるをえなかった、その境遇を「慮る」かのような発言が前面に出ることも少なくない。そこには、トゥルカナの人びとが暮らす土地の環境条件に関する言説が多々含まれ、その劣悪さや脆弱さが強調される。環境の劣化が行きつく先にしばしばレイディングがあることはドドスにおいても同様であり、たとえば大旱魃に見舞われて、牧草や水の不足から家畜が次々と斃れてその数を減らした場合には、隣接集団に対するドドスのレイディングが増える傾向があることを、ドドスの人びと自身も認めている。おそらくドドスの人びとはトゥルカナの友とのつきあいのなかで、互いの住む土地を行き来するといった実践によって、それぞれがおかれた環境について、そしてそこでの暮らし向きについて、互いによく知っているのである。だが、ここにはただたんに環境還元論的にトゥルカナのレイディングを理解するだけにとどまらない、トゥルカナに対するある種の評価が関与しているように思われる。すなわち、ドドスもトゥルカナも、ウシに最大の価値をおく同じウシ牧畜民であるという前提である(佐川 二〇一一、河合 二〇一三)。トゥルカナのおかれた環境に関する言説は、その多くが牧畜活動と直接的に関係するものであった。

ドドスと隣接する牧畜諸民族、具体的には本章第二節であげた南スーダンのトポサ、ディディンガ、ウガンダ国内のジエ、マセニコとの関係は、これまでにみてきたトゥルカナとの関係と同様に、レイディングをしあう敵対的な関係にあったり、レイディングをしあわず、個人間で家畜の贈与や交換をしたり、放牧地や水場をともに利用しあう非敵対な関係にあったりする、相反する二面性をもっている。また、これらの諸民族はいずれもウシに高い経済的、社会的、文化的価値をおくという共通点をもっている。さらに、これらの社会においては、年齢体系、儀礼の種類やその実施方法、婚資交渉の仕方、「雄ウシの歌」という音楽ジャンルの存在、家畜を屠ったときにおこなわれる腸占い、エムロンとよばれる預言者の存在など、互いに似通った社会制度や行動規範や慣習が共有されている。そのような「緩やかな」まとまりを、私は「牧畜価値共有集合」とよんだ(河合 二〇一六)。本章では、このなかからドドスとトゥルカナの関係を取り上げたが、それは、地理的近接性にもとづくが故である。すなわち、ドドスにおける私の調査地であるカラパタ地区は、ほかの諸民族と比較してトゥルカナとの距離が、国境を隔てているとはいえ、物理的により近い。とりわけ、非敵対的な関係時における人の行き来や、家畜の贈与や交換に関するエピソードはトゥルカナとのあいだにより頻繁に認められる傾向がある。データを取ったわけではないので推測の域を出ないが、おそらくドドスの居住域のなかでも北部に位置する場所ではトポサやディディンガとの関係が、南部に位置する場所ではジエやマセニコとの関係が優越するのではないかと思われる。したがって、牧畜諸民族間の関係の「縮図」としてカラパタ地区のドドスとトゥルカナの関係を取り上げたことに大きな問題はなかったと思う。

ドドスとトゥルカナは多くの時間を敵対的な関係として過ごしてきたにもかかわらず、ドドスが語るトゥルカナの人びとに関する言説は、敵対する相手に対するものとして容易に推察できるような、敵愾心や怒りや憎しみに満ちたものではなく、むしろ、相手の境遇への「慮り」にも似た発言が卓越していた。それは、隣人としてのトゥルカナの人びとの存在を肯定する類いのものであったと言いかえることができよう。ドドスもトゥルカナも、同じ「ウシに生きる牧畜民」としての「共通性」を認め合い、両者のあいだに社会的な序列化が認められないという意味で「対等性」に立脚し、そのうえで隣人として出会い、互いに共在・共存し続けるための根本的な認識を共有しているのだと考えられる。そしてそれは私が「牧畜価値共有集合」と名付けた、ドドスと隣接するほかの牧畜諸集団に対しても同様に認められる共在・共存のあり方なのではないだろうか。

謝辞
本章は、東京外国語大学アジア・アフリカ言語文化研究所の共同利用・共同研究課題「社会性の起源――ホミニゼーションをめぐって」の研究会における議論に一部、基づいている。議論に参加してくださった共同研究員のみなさまをはじめ、関係各所に謝意を記したい。

註

1 この地域の牧畜民は、自民族集団以外の民族集団に属する友人を複数もっており、自民族集団の友人と同様な親しい関係が築かれている。

2 末端行政府の役所（sub-county office）や警察、診療所、教会、小学校などが古くからあったが、二〇〇二年ごろから商店やNGOの支所などが次々と建設され、二〇一四年現在、それらが四〇戸ほどを数えるちょっとした「町」の様相を呈するようになっている。

参考文献

伊谷純一郎　一九八〇『トゥルカナの自然誌』雄山閣。
伊谷純一郎　一九八二『大旱魃――トゥルカナ日記』新潮選書。

太田　至　一九八六「トゥルカナ族の互酬性――ベッギング（物乞い）の場面の分析から」伊谷純一郎・田中二郎（編）『自然社会の人類学――アフリカに生きる』アカデミア出版会、一八一―二一五頁。
河合香吏　二〇〇四「ドドスにおける家畜の略奪と隣接集団間の関係」田中二郎・佐藤俊・菅原和孝・太田至（編）『遊動民（ノマッド）――アフリカの原野に生きる』昭和堂、五四二―五六六頁。
河合香吏　二〇〇六「キャンプ移動と腸占い――ドドスにおける隣接集団との関係をめぐる社会空間の生成機序」西井凉子・田辺繁治（編）『社会空間の人類学』世界思想社、一七五―二〇二頁。
河合香吏　二〇〇九「徒党を組む――牧畜民のレイディングと『共同』の実践」河合香吏（編）『集団――人類社会の進化』京都大学学術出版会、一四九―一七〇頁。
河合香吏　二〇一三「制度としてのレイディング――ドドスにおけるその形式化と価値の生成」河合香吏（編）『制度――人類社会の進化』京都大学学術出版会、二一九―二三六頁。
河合香吏　二〇一六「『敵を慮る』という事態の成り立ち――ドドスにとって隣接集団はいかなる他者か」河合香吏（編）『他者――人類社会の進化』京都大学学術出版会、二〇七―二二五頁。
北村光二　一九九一「『深い関与』を要求する社会――トゥルカナにおける相互作用の『形式』と『力』」田中二郎・掛谷誠（編）『ヒトの自然誌』平凡社、一三七―一六四頁。
栗本英世　一九九六『民族紛争を生きる人びと――現代アフリカの国家とマイノリティ』世界思想社。
佐川　徹　二〇一一『暴力と歓待の民族誌――東アフリカ牧畜社会の戦争と平和』昭和堂。
Kawai, K. 2013. Forming a gang: Raiding among pastoralists and the "practice of cooperativity." In（K. Kawai. ed.）*Groups: The Evolution of Human Sociality*. Kyoto: Kyoto University Press and Melbourne: Trans Pacific Press, pp. 167-186.

第9章 「男らしさ」を相対化する
――ダサネッチの戦場体験

佐川 徹

1 はじめに

エチオピアとケニア、南スーダン、ウガンダの四国国境付近に暮らす牧畜集団間には、今日まで武力を用いた紛争が頻発してきた。本章ではこの地域に暮らすダサネッチの男性がなぜ戦いに行くのか、そしてなぜ戦いに行かなくなるのかを検討する。このテーマについてはすでに別稿（佐川 二〇一一）で詳述しているが、本章ではそこでは取り上げていないデータも用いて、ダサネッチの男性が自己の体験に依拠して戦いに多様な評価を与えていることを明らかにしよう。二〇一六年時点でのダサネッチの人口は約七万人であり、その大部分はエチオピア連邦民主共和国の南部諸民族州サウスオモ県ダサネッチ郡に暮らしている。彼らは近隣に分布する六つの集団のうち、カラとホールを「われわれの人びと（*gaal kinnyo*）」に分類する。それに対して、トゥルカナとニャンガトム、ハマル、ガブラは戦いの対象となる「敵（*kiz*）」集団として言及される。

東アフリカ牧畜社会を対象とした多くの研究は、「なぜ人びとは戦いに行くのか」という問いを立て、その答えを模索してきた。それに対して本章では、「なぜ人びとが戦いに行かなくなるのか」という問いへの答えを重点的に探ってみたい。ダサネッチの集落に暮らして人びとの行動や会話を見聞きしていた私は、男性が戦いに行く理由を理解するためのヒントは比較的容易に得ることができた。過去の戦いで敵から奪ってきた家畜は家畜囲いのなかにたくさんいるし、敵の成員を殺害した経験をもつ男性も珍しくない。人びとの日常会話では、数十年前に起きた大規模な戦闘から直近の襲撃にいたるまで、戦いに関する話題は頻繁に登場する。敵に自分が滞在している集落を攻撃され、家畜を奪われたり、生命の危険にさらされたりするおそれもある。幼少時からこのような社会環境に身を置いていれば、成長したら自分も戦いに行くことを自明なこととして感じるようになるのではないか、と私には思えたのである。

そのため、フィールドワークを進めるなかで私が疑問を抱くようになったのは、いかなるきっかけで人びとが「戦いにはもう行かない」と考えるようになるのかという点であった。この問いに対して、従来の研究は多くの東アフリカ牧畜社会に存在する年齢組織と関連づけた説明をしてきた。たとえばケニア中北部のサンブルでは、青年期、つまり年齢組への加入儀礼を終えてから結婚するまでの十数年間は「戦士」階梯である。伝統的に、彼らは家畜を敵の攻撃から守り、また敵の家畜キャンプへ襲撃を試みてきた。結婚を済ませて「長老」階梯に移行した成員は、血気盛んな若者を管理して暴力を抑止する役割を担う（Spencer 1965）。

ダサネッチでも若い男性は戦いに行くことを望み、年長の男性はそれを押しとどめようとする大まかな傾向がある。だが調査を進めるにつれ、一〇代から二〇代の時点で戦いに行くことをやめる人もいれば、四〇代から五〇代になっても戦いに積極的に参加する人がいることがわかってきた。戦いに行くのか行かないのか、また戦いに行こうとする者を鼓舞するのか押しとどめようとするのかは、年齢組織上で規定された役割によって定められているのではなく、各人の個別的な意思に強く依拠して決定されている。では、その意思決定、とくに「戦いに行かない」という決定はいかなる理由でなされているのだろうか。私は、できるかぎり多くの男性に過去の戦場体験を語ってもらい、また戦いを現在どのように捉えているのかを尋ねてみた。すると、少なからぬ男性が自らの戦場での体験にもとづいて「私は戦いを否定した」と述べた。私にとってとくに印象的だったのは、戦場での体験を契機に生じた戦いや男性性に対する自分の捉え方の変化を、人びとが淡々と語ってくれたことだった。なぜこのことが印象的だったのかは、本章の最後で触れることにする。

以下ではこの調査結果にもとづいて記述を進めよう。まず、戦いに行く動機として人びとが語る内容をまとめ、つぎにダサネッチの襲撃部隊の特徴を示す。そして、人びとがどのような体験をとおして「戦いにはもう行かない」と考えるにいたったのかを検討し、牧畜社会で暴力が管理されるあり方を再考してみたい。なお本章で言及する調査対象者の年齢は、私が戦いに関する集中的な調査をおこなった二〇〇六年時点のものである。

2　なぜ戦いに行くのか

ダサネッチの男性、とくに若い男性が戦いに向かう動機はなんだろうか。彼らがもっともよく口にするのは仲間への「嫉妬（*inaf*）」である。ダサネッチの男性は一〇代半ばから後半に年齢組へ加入する。年齢組とは年齢の近い男性により構成される組織であり、平均すれば六〜八年ごとに新たな年齢組が結成されている。幼少時から近しい関係を築いてきた同じ年齢組の成員は、信頼できる仲間であるとともに、「男らしさ＝勇敢さ」をめぐって競いあうライバルでもある。ダサネッチの男らしさは、若い男女が集まる夜のダンスで華麗に跳躍することや、割礼の際に痛みに耐えることなどをとおして示されるが、自己の男性性を誇示する絶好の機会は敵との戦いである。

ダサネッチの男性が戦いに行き始めるのは、年齢組へ加入する前後の時期からである。この時期の若者は、仲間が戦いで活躍し、周囲の人からその勇敢さを称えられている場に居合わせると強い嫉妬を抱き、自分も戦いに行って同じように戦果をあげることを望むようになる。たとえば、ある三〇代男性が初めて戦いに行ったのは一〇代のときであるが、その契機となったのは、彼の年齢組仲間らがトゥルカナの家畜キャンプを襲撃して七人のトゥルカナを殺し

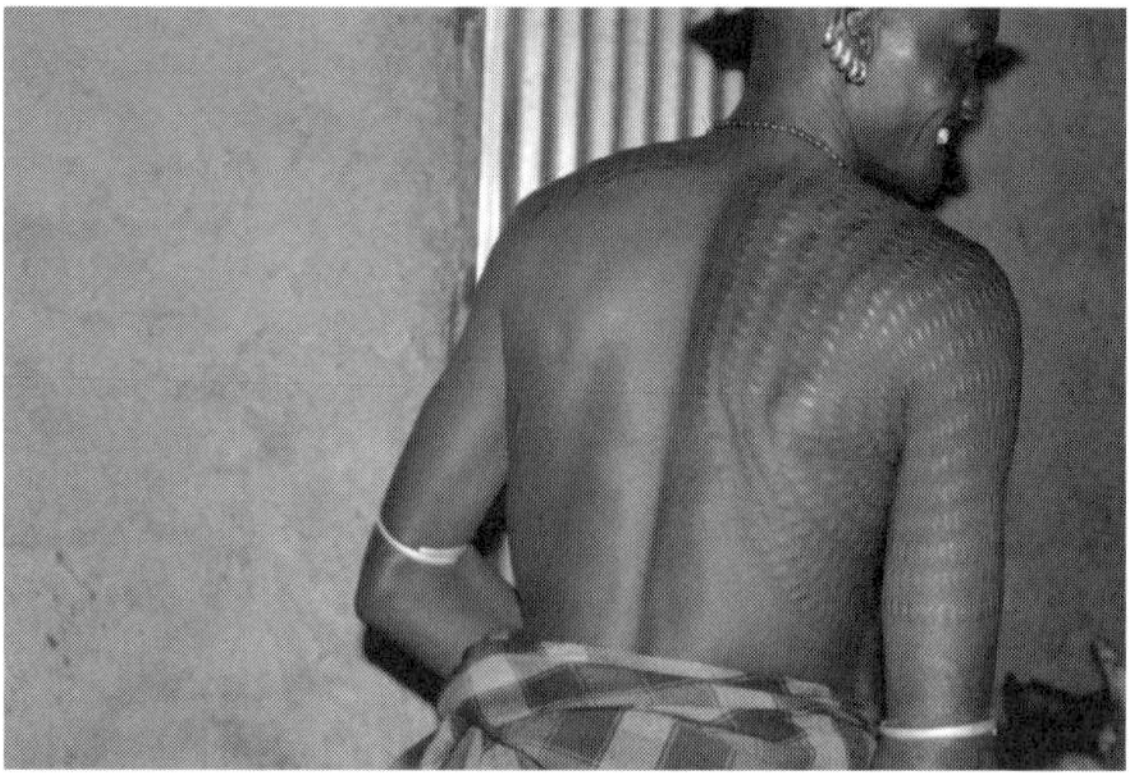
写真 9-1　チェデを背中に刻んだ男性。1 人目の敵を殺した場合は胸に刻み、2 人目の敵を殺した場合は背中に刻む

てきたことである。襲撃に加わらなかった彼を含めた五人の若者は戦果をあげた同輩に嫉妬し、すぐに部隊を結成して戦いへ向かった。

彼らが望む戦果はおもに二つある。ひとつは敵の家畜を略奪することである。奪ってきた家畜は自分ひとりで独占するのではなく、平均するとその七割強を親族などに分配している。この気前のよいふるまいをとおして当該人物の社会的名声は高まる。もうひとつは敵の成員を殺害することである。敵を殺害した男性は集落へ帰ってくると一・五センチメートルほどの長さの傷を胸一面にナイフで刻んでもらう。このチェデ（*chede*）とよばれる胸の傷によって、過去の戦いで敵を殺した「勇敢な男（*maa nyare*）」であることが身体に刻印されるのである（写真9－1）。

まだ戦いに行ったことのない若者や戦いの体験が浅い男性と話していると、しばしばチェデを得ることへの渇望を表明する。ある日、二〇代初めの若者から戦いに関する話を聞き終えた私は、別の人の家でコーヒーをご馳走になった後、帰路についた。すると、先ほどの若者がわざわざ駆け寄ってきて「私がチェデを欲していることをもう一度話させてくれ」と訴えかけてきた。なぜそれほどまでチェデにこだわるのかと尋ねると、この男性を含めた多くの若者は「それが男ではないか」と短い答えを返してくるだけである。一方、チェデがあれば「胸を張って」歩くことができる、つまり性的な魅力が増すため、「毎晩女性と楽しむことができる」と答えた二〇代男性もいた。別の二〇代男性は、ダサネッチでもっとも重要な儀礼であるディミ（*dimi*）と関連づけてチェデの重要性を語った。ディミとは長女が一〇歳ごろに達した両親がおこなう儀礼であり、この儀礼を終えた両親は社会的年長者として認知される。チェデのない人物がディミをおこなうと、その最中にロバが鳴き声をあげながら乱入してきて儀礼を妨害するが、ロバはチェデがある人をおそれるのでそのような男性のディミは平穏に進むのだという。

年齢組に加入する前後の若者にとって、戦場は戦果をあげるために早く行ってみたい場であると同時に、不安を喚起する場でもある。年長の男性から戦いの様子を聞いたことはあっても、その場で何が起きているのかを実際に目にする機会は少ないからである。若者が抱えるこの不安を解消して、彼らを戦場へ向かわせるのがグオフ（*gwof*）である。グオフとは普段は胃のなかにある小さな物体だという。しかし、「グオフが胃から外へ出て、心臓をとおり、頭をとおり、肝臓に入り、肝臓を殺す」と、その人物は「頭と心臓、肝臓がひとつ」になる。つまりグオフが上半身を一周りすることで、余計なことは何も考えずに自分が達成したい目標に向かって突き進むことができるようになる。グオフが体内を駆け巡った人物は、息遣いが荒くなり低く声をふるわせながら、はげしく体を揺らしたり小刻みに飛び跳ねたりする。この身体が高揚した状態のことを「グオフした」とダサネッチは表現する。集落から戦いに向かう前や進軍の途中でグオフすることで、若者は家畜を奪ったり敵を殺害したりするために迷いなく敵地へと向かう[1]。

グオフするのは「睾丸に水が入った者」、つまり性的に成熟した者だけである。では男性はどのような状況におかれるとグオフするのか。それは年齢組仲間や近所の住人から、戦いに行った経験がないことを指摘されたり、ほかの「勇敢な男」と比較して戦果をあげていないことをからかわれたり、過去の戦いで人びとが活躍した様子を綴った唄を仲間が歌っているのを耳にしたときである。つまり、他人の言葉が刺激となって「嫉妬が入りこむ」ことを契機に、その人物の体内でグオフが動き始める。

ここで興味深いのは、グオフするかどうか、またグオフした後にいかなる行動をとるのかは自分では管理できないと人びとが考えていることである。以下に記す三〇代男性の事例はこの点をよく示している。彼は幼いころにエチオピアの首都アジスアベバで教育を受けた後に、ダサネッチの地へ戻ってきた。彼は国家の最辺境地域に位置し初等教育も普及していないダサネッチにおいて、外部世界のことをよく知る特異な存在である。私が驚いたのは、その彼の胸一面に殺人の証である傷が刻まれていたことである。「そのチェデはどうしたのですか」と聞くと、彼はつぎのように説明した。

高地人の土地（アジスアベバのこと）で学校に行った。戦いはよくないということは知っていた。ダサネッチを殺すこともトゥルカナを殺すことも同じだ。ニョギッチ（*nyogich*）をもつ。高地人の土地にいるときは戦いになど行かないと思っていた。ダサネッチの土地に帰ってきて、年齢組仲間が戦いの唄を歌っているのを聞くと、私はグオフした。トゥルカナとの戦いへ行きひとりの男性を殺した。どうして自分がそうしたのかはわからない。

「ダサネッチを殺すことも敵を殺すことも同じだ。ニョギッチをもつ」という言い方は、学校の教師やキリスト教の宣教師が、ダサネッチに敵集団の成員を殺すことをやめるよう諭す際によく口にする表現である。ニョギッチとは、ほかのダサネッチや「われわれの人びと」であるカラやホールの成員を殺した人物が「もつ」ものである。ニョギッチをもつ者は浄化儀礼をせねばならず、また儀礼をおこなっても早死にする運命にある。そのため、人びとはほかのダサネッチや「われわれの人びと」に傷害を負わせることを強くおそれる。一方、敵集団の成員を殺してもニョギッチはない、あるいは、「半分のニョギッチをもつ」ことになるものの浄化儀礼をすれば問題ない、というのが多くのダサネッチの認識である。教師や宣教師は、このニョギッチという語を「罪」という意味に読み替え、敵を殺すこともダサネッチや「われわれの人びと」を殺すことと同じ罪であると、人びとに説いている。

前述の男性は首都で受けた教育によって、集団属性にかかわらず人を殺すのがよくないということは「知っていた」。だが、年齢組仲間が過去の戦いで活躍した人を称える唄を低い声で一斉に歌っているのを聞くと、知らぬ間にグオフして、戦場に行き敵を殺してしまった。この人物は、学校教育をとおして得た知識よりも、ダサネッチの仲間のなかに身をおいたときに生じた情動が、当時の自分の体を動かしたと私に説明していたのである。私には、殺人にいたったこの経緯の説明が「本当の話」なのかはわからない。だが少なくとも、ダサネッチの文化的文脈においてこの説明が適切なものとみなされると認識していたから、彼は私にこのように語ったのだと考えることは許されよう。

ダサネッチは、若い男性が戦いに行くことを「男子の生理」と表現する。これが単なる比喩表現でないことは以上の内容から明らかだろう。ダサネッチの男性は、誰でも一定の年齢に達すると仲間への嫉妬が契機となってグオフするし、それを自分の意思で回避することはできない。女性が性的成熟を迎えると自動的に月経を迎えて血を流すことと同じように、性的成熟を迎えた男性がグオフして戦場に行き血を流すことは、「自然な」身体現象なのである。

3　どのように襲撃部隊は構成されるのか

つぎに戦いの規模と襲撃部隊の構成を概観しておこう。ここまでは「戦い」という語だけを用いてきたが、ダサネッチ語には集団間の戦いを指す語が二つある。スッラ（*sulla*）とオース（*osu*）である。スッラは数人から数十人の規模でなされる小規模な襲撃である。スッラへ行く場合には、おもに同じ年齢組の親しい仲間を夜のダンスの場によぶ。ダンスの合間や終了後に「薮に行く」、つまり人気のない場所へ集まり、戦いに行く意思の有無を確認して、意思のある者は家へ銃を取りに帰り、そのまま敵地へ襲撃に向かう。

一方、オースとは百名から一千名程度の成員が参加する戦いである。オースは規模の大きさにより三つに細分されるが、もっとも大規模な動員がなされるのは人びとが「家畜の皮を敷く」とよぶプロセスを経た戦いである。この場合は、敵地へ戦いに向かう旨を他村に住む人たちにも伝えて、戦隊に加わる人が集まってくるのを数日から十数日間待つ。一定の人数が集まると、強い呪術的力を有した年長の男性がと殺したウシの皮を地面に敷き、戦地に向かう人がその上を通り過ぎる際に祝福を与える。この祝福を受けた日に人びとは戦いへ向かう。

部隊の構成について二つの重要な点をあげておこう。一点目は、戦いに参加するのは相手となる敵集団に隣接する地域集団（en）の成員にほぼ限られるという点である。地域集団とは居住地と放牧地を大まかにを共有する単位であり、ダサネッチには八つの地域集団が存在している。たとえば、二〇〇〇年にダサネッチとトゥルカナとのあいだで戦われた「カナマグロ村の戦い」は、「家畜の皮を敷く」プロセスを経た動員がなされ、過去二〇年でもっとも多くの死傷者を出した戦いである。この戦隊の中心を担ったのはトゥルカナに隣接して暮らす地域集団インカベロの成員であり、トゥルカナとの境界域から遠く離れた土地に暮らす地域集団であるインコリアやンガーリッチの成員はほとんど参戦していない。戦いは、もっとも大規模な動員がなされる場合であっても、ダサネッチ全体のなかでは「ローカルな」レベルで展開しているのである。

二点目は、ダサネッチの部隊にはしばしばほかの民族集団の成員も加わる点である（河合 二〇〇九参照）。ある七〇代男性によれば、彼が若いころにダサネッチは、現在はアクセスすることができなくなったナイタという地で、農牧民トポサとともに家畜を放牧していた。トポサの男性がダサネッチの集落を訪問してきたとき、彼はこのトポサと友人になった。後日、彼が友人の家を訪問すると、ちょうどトポサがスーダン（現・南スーダン）南部の民族集団ディディンガのコティエン村へ攻撃に向かうところだった。彼はこの部隊の一員として戦いへ行きひとりのディディンガを殺害した。

この話は一九六〇年代の体験を語ったものであり、またダサネッチはトポサをカラやホールと同様に「われわれの人びと」に分類しているが、部隊が民族境界をまたいで構成されることは近年でも珍しくないし、また敵集団の成員と行動をともにすることもある。たとえば、以下は五〇代男性が語った一九九〇年代の話である。

一七人のダサネッチがニャンガトムを攻撃する目的でカラム村付近を進んでいた。腹が空いたので近くの森で木の実を集めようとすると、トゥルカナの男性も木の実を集めていた。彼が「どこに行くのか」と尋ねてきたので、ダサネッチが「ニャンガトムへ行く」と言うと、彼は「トゥルカナもニャンガトムに攻撃されているので私も行く」と言った。この男性は近くの家畜キャンプへダサネッチを招き、小家畜を殺してその肉をふるまい、「私もチェデを欲する。お前たちと同じ男だ」と述べた。この男性を加えた部隊は、その日の夜にニャンガトムの集落へ近づき、明け方にそばを通りかかったニャンガトムを銃撃した。

ここまで記してきた襲撃部隊の構成からだけでも、この地域の戦いがわれわれが「戦争」という語からイメージする内容、つまり国民国家間の戦いのあり方とは大きな違いがあることがわかるだろう。国民国家間の戦いは、同じ政治体の成員、つまり国民のなかから法の規定にしたがい均質的に動員された人たちが、同じように均質的に動員された別の政治体の成員と戦うというのがその理念的なあり方である。それに対して、この地域の戦いでは同じダサネッチであっても敵集団と隣接しない地域集団の成員はほとんど参戦しないし、異なる民族集団の成員であってもダサネッチの部隊の一部を構成することがある。この地域の戦いを、相互に明確に境界づけられた内的に均質な民族集団同士の戦いとして捉えることが不適切な所以である。また戦場に向かう道中で偶然遭遇したトゥルカナを部隊に加えている事例からわかるように、部隊の輪郭は柔軟に変化する。最後に付け加えれば、ダサネッチの部隊には国家の軍隊組織に特徴的な階層構造は存在しない。つまりダサネッチの襲撃部隊は、戦いが始まるまでの過程で同じ場に居合わせることになった、「戦いに行く」という意思を共有した対等な個人が、民族境界を横断して構成する一時的な集まりとして特徴づけることができる。

4　なぜ戦いに行くことをやめるのか

自分の勇敢さを誇示するために、誰から命令されることもなく仲間とともに戦いへ向かう若者の姿は、「遊牧の戦士たち」（トーマス 一九七九）という語が喚起するイメージによく合致する。では彼らはいったいどれぐらい戦いに行き、またいかなる理由で戦いに行くことをやめるのだろうか。

そのことを明らかにするために、私は一七四名の男性にこれまで出向いたオースの名前と各戦場での体験に関する聞き取り調査をおこなった。調査対象としたのは一〇代から八〇代の男性であり、すべての地域集団の成員から話を聞くことができた。調査を開始した当初、私はスッラに行った回数も数えようかと考えていた。だが調査を進めると、人によってはスッラに五〇回以上行ったと話す場合もあり、正確な回数の同定が困難だったため、オースの回数に絞った調査をおこなうことにした。その結果、男性がオースにおこなった平均回数は三・四回であることがわかった。ただし単なる平均回数に還元してしまっては、この調査から明らかになった興味深い二つの点を見落としてしまう。それは、年齢組に加入した大部分の男性は少なくとも一回はオースへ行ったことがあるという点、そして男性がオースに行った回数には大きなばらつきがあるという点である。

一点目については、一度もオースに行ったことがない男性は一七四名中二三名であったが、そのうち一三名は一〇代半ばから後半の男性であり、今後年齢を重ねる過程でオースに行くと予想できる。残りの一〇名はいずれも二〇代ないし三〇代の男性であるが、そのうち三名はスッラへは行ったことがある。ほかの六名はキリスト教に改宗した男性や学校教育を長く受けた男性であり、牧師や教師の教えを守り戦いに行っていない。明確な答えがなかったのは一名だけである。つまり、外部世界から強い影響を受けた人たちを除いたほぼすべての男性は、少なくとも一度は戦いに行った後、ある時期から行かなくなる。その理由を問うと、人びとは過去の戦いでの体験を省みて「戦いを否定した」からだと述べる。

二点目については、調査対象者の居住地や年齢の違いによりオースに行った回数が異なるのは当然なのだが、ここで注目したいのは幼いころから近所で暮らして親しい関係を築いてきた男性同士でも、戦いに行った回数に大きな違いがみられることである。たとえば、同じ地域集団の同じ年齢組に帰属する四〇代の男性八名の回数を比較してみると、ある男性は若いころに一回オースに行った体験があるだけなのに対して、別の男性は九回もオースに行き、四〇代に入ってからも参戦したことがある。このようなばらつきが生じる理由としてもっとも重要なのが、人びとがあるときから「戦いを否定した」ことである。以下では、彼らが「戦いを否定した」理由を三つにまとめよう。

感情的説明――戦いで臆病者になった

私にとってもっとも意外だったのは、オースやスッラに一回から二回行っただけで、「私は臆病者になったから戦いを否定した」と述べた男性が、少なからずいたことである。「臆病者（*maa sier*）」とは「勇敢な男」の対極にある、ダサネッチの男性にとっては最大の侮蔑語である。なぜそのような語を用いて自己を表現するのかについては別稿（佐川二〇一一）で分析したので、ここでは語りの内容を簡潔に記そう。

人びとが「臆病者になった」理由として語った内容は三つに分けることができる。ひとつめは戦場で自分が死の危険にさらされたことである。人びとはたとえば、「銃弾が大量に体をかすめた。まわりを多くの死体に囲まれて怖くなった」（二〇代男性）といったように、短くシンプルなことばで戦場での恐怖を語る。とくに、一九八〇年代後半からこの地域に自動小銃が普及したことで、戦場で命を失う危険は高くなった（写真９-２）。人びとは近年の戦場の様子を描写する際に、両手の指を交互に隙間なく組み合わせてみせる。指は銃弾を表しており、戦場で逃げる隙間がないほどに銃弾が飛びかっている様子をこの手ぶりで示しているのである。人びとは幼少時から戦いについて多くの話を大人から聞いているが、戦場の熾烈さについて教えられることはあまりな

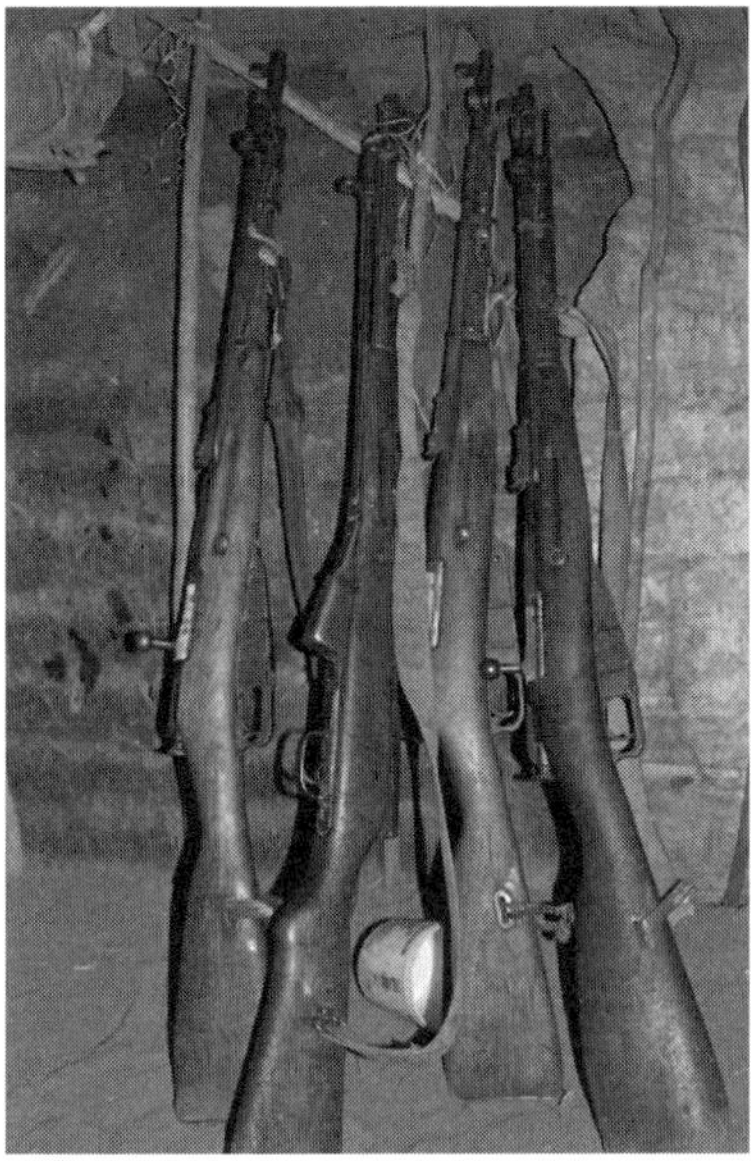

写真9-2　ダサネッチの男性が所有する銃。多くの男性はホールの地へ向かいウシと銃を交換する

いため、耳で聞いていた知識と自分がその場に身をおいて体験した現実のギャップからも大きな衝撃を受ける。

二つめは、ともに戦いに出向いた仲間の死にショックを受けたことである。ある四〇代男性によれば、友人が戦死したことを村に帰ってその家族に伝えると、妻と子どもはひたすら泣き続けた。彼はこの姿を見て「戦争は苦いことがわかった」ために「戦いを否定した」のだと語った。七〇代男性は過去の体験を振り返りながら次のように述べた。「友人が死ぬ。かつては彼の家に行きその妻がコーヒーでもてなしてくれていたが、もうコーヒーを飲む相手はいない。これは悪い。互いの家畜と子どもをよく知った敵が死ぬのも悪い。敵の地を訪れても誰も助けてくれない」。毎日のように相互の家を訪問してコーヒーを共飲していた友人を失うことで、それまでのように一日を過ごすことができなくなる。死亡したのが戦いの相手となった敵集団の成員でも、それが家畜キャンプで共住したことのある友人であれば喪失感を抱く。自分が何者かをほかの成員に説明してくれる友人がいたからこそ、平和時には敵集団の地でも安心して訪問できていたが、友人が死亡してからは積極的に訪問しようと思わなくなる。親しい者の死は自分の行動範囲を大きく狭めてしまう。このように日常生活のあり方を変質させてしまう戦いは「もう十分だ」と、彼は若い時期に感じたのだという。

三つめの内容は、集団的な暴力が行使される戦場で、ダサネッチが助けあうどころか自己中心的なふるまいを重ねているのを目撃したことである。「臆病者になった」人たちの語りの中心を占めるのは、戦場で戦果をあげるために身勝手な行動を取る男性の姿や、仲間を見捨てて逃げ帰る男性の姿、敵から奪った家畜をめぐりダサネッチ同士が争う姿である。ダサネッチでの私の「兄」にあたる三〇代男性は、一〇代後半に何度かこの地域で戦いに参加した後、二〇代前半にエチオピア国軍に入隊し、三〇代になりダサネッチの地に戻ってきた。彼によれば、ダサネッチと国軍での戦いのもっとも大きな違いは、ダサネッチでは戦場で少し戦うと誰からの許可を得ることもなく集落へ帰ってしまう者がいること、そして部隊の統合性を損ないかねない行動をとったそのような成員が罰せられないことをあげた。[2]ダサネッチの部隊が対等な個人により一時的に構成される集まりとして特徴づけられることは前節で指摘したが、とくに大量の銃弾が行きかう大きな戦いの場では、この脱中心的な構成を反映するように人びとの結束は比較的容易にゆるんでしまう。

「臆病者になった」と語った人は、戦場で命を落とす危険にさらされ、仲間を失い、誰からも助けを得られなかった体験から生じた感情によって、「戦いはもう十分だ」と考えるにいたった。彼らは、「もし年齢組仲間から『この臆病者』と罵倒されても自分はもうグオフしない」と述べる。戦場体験から、「戦果」とは仲間の迷惑を顧みず自分勝手にふるまった結果として得られた事例も多いことを知った彼らは、チェデを得たり敵の家畜を略奪したりすることに価値を見出さなくなり、「戦果」をあげた仲間に嫉妬することもなくなる。グオフは、嫉妬から自由になった人の体内ではもう駆け巡らないのである。

運命論的説明——戦いに行くことは神が望んでいない

ここまでに示したのは、熾烈な暴力が展開する戦場とその場での人びとのふるまいに嫌気がさした人たちの言明である。それに対して、いままで何度も戦いに行き、戦場に対してとくにネガティヴな思いは抱いていないのだが、もう戦いに積極的に行くことはないだろうと述べる人たちがいる。たとえば、ある七〇代男性は、なぜ若いころに戦いに行くことをやめたのかという問いに対してつぎのように答えた。「大きなオースに五回は行った。ニャンガトムとの『ニビリヤガの戦い』を最後に戦いへ行くことはやめた。当時はチェデを求めていたが、いつまでたっても敵を殺すことができなかったので、自分はそういう者として生まれたのかと考えて、戦いに行くことを望まなくなった」。ごく最近まで戦いに行っていた四〇代男性は、「チェデはもう望まない。すでに多くの戦いへ行った。それでも敵を殺していないということは、私がチェデを刻むことを神が望んでいないということだ」と語った。

彼らはいままでチェデを求めて積極的に戦いに参加してきた。年齢組仲間は敵の成員を殺してチェデを得ていくのだが、彼らはいくら戦いに行っても敵を殺すことができない。銃の腕前などにおいて自身と仲間との間に大きな違いはないのだと、彼らは強調する。自分だけが仲間から取り残されていくような思いも抱きながら、彼らは次第に仲間との間に戦果の面で生じた違いには、神の意思が作用しているのではないかと考えるようになる。ダサネッチによれば、空や大気に遍在する神（*waago*）は世界に恵みと災いをもたらす存在であり、究極的には世界のあり方も人の人生もこの神によって決定されているのだという。右記のように語る男性たちは、戦いで自分が敵を殺害できないのは神が定めた運命のためであり、今後いくら戦いに行っても自分はチェデを刻むことができないだろうとの思いにいたり、戦いへ積極的に出向くことをやめたのである。

神の決定に帰するのとは異なるが、ある種の運命を受け入れて戦いに行くことをやめた男性はほかにもいる。ある四〇代男性は、チェデを求めてオースに五回行った体験があるが、いまでは「戦いはもう十分だ」と感じているという。彼はトゥルカナとの「グゥオロの戦い」の際に左の頬を銃弾がかすり、同じくトゥルカナとの「ヘレク村の戦い」の際には腕に銃弾を受けた。ダサネッチの言い伝えでは、一度銃弾を受けて死ななかった者は二度目に銃弾を受けても死なないが、三度目に銃弾を受けた場合には必ず死ぬといわれている。彼の年齢組仲間はこの言い伝えに言及しながら、戦いに行くことをやめるよう彼を説得した。腕を負傷し銃を適切に扱うことができなくなったため、実際には再度戦場に向かうことは難しかったかもしれないが、彼自身はチェデを得たいという気持ちをまだ強くもっていたという。しかし、もう一度銃弾を受けた場合に彼がたどる運命に仲間が触れたことで、彼は戦いから退くことを納得できたのである。

経済合理的説明――戦いに行っても得られるものはない

「戦いを否定した」理由として言及される第三の内容は、「戦いに行っても得られるものはないことがわかったからだ」という、「経済合理的」とでも表現できそうな内容である。このような説明をする男性の多くは、数少ない戦場体験から「臆病者になった」男性とは違い多くの戦いに出向いた体験があり、また「神の決定」を強調する男性とは違い戦場で戦果をあげたことのある人たちである。

彼らに戦果をあげた戦いでの体験を重点的に尋ねた後で、「その後は戦いに行ったのですか」と質問すると、「戦いはもう十分だ」と述べる。その理由を尋ねると、つぎのような直截的な表現をともなう答えを返してくる。「人を殺しても人はその肉を食べることができない。敵の肉を食べるのはいいことだろうか」(七〇代男性)。ダサネッチが敵を殺した場合、死体を仰向けにしてその頭を「死の方角」である西側に向かせると、あとは放置してくる。荒野に残された死体は相手民族の成員が回収していくこともないため、ハイエナやハゲタカがその肉を食べる。殺しても獣の餌になるだけの人を殺すことには意味がないと、人びとは語るのである。

もっとも、敵を殺害した男性はチェデを刻むことで「勇敢な男」であるという社会的名声を得たのではないか。そのように尋ねた私を驚かせたのは、チェデを刻んでも「利益がない」と語った者が多くいたことである。たとえば、八〇代男性は「チェデは飾り(*bokom*)にはなるが、それだけのものだ」と述べる。ここで「飾り」と訳したボコムとは、ネックレスなどで身体を飾りたてることを意味する。新しい装飾品を身につけ始めたときと同じように、チェデも刻んだ当初はその人物を魅力的な男性に見せる。だが、しばらくするとチェデは単に「いつもただ胸にあるもの」として周囲の人から捉えられるようになり、それをもつ当人になんの実益ももたらさないのだという。

このような語りを、年長者が「過去の栄光」を謙遜しながら述べたものとして解釈すべきではない。最近の戦いで敵を殺してチェデを刻んだ若い男性も、似通った内容を語るからである。たとえば、三〇代男性は「スッラに行きガブラを殺した。チェデを刻んだが利益はない。だからいまは平和だけを望む」と述べ、二〇代男性は「多くの人が死に戦いは苦いことを知った。かつてはチェデを求めており、いま実際にチェデを刻んだ。これがあっても何も得ることができない」と語る。チェデを刻んだ男性は「敵の目が白く見える」、つまり暗闇のなかでも敵の姿がよく見えるようになるとダサネッチはいう。そのような人物が戦隊に加わると優位に戦いを進めることができるので、人びとはチェデを刻んだ仲間にともに戦いへ行くよう頻繁に誘いにくる。しかし、チェデを得ても「利益がない」ことを悟った彼らは、「私はもう十分だ」といって誘いを断るのである。

家畜の略奪についてはどうだろうか。七〇代男性は二つの「肉」を対照的に位置づけながらつぎのように述べる。「人が死ぬのは悪い。死んだ人の肉は食べることができない。使いものにならない。家畜を奪うのはいいことだ。家畜はその肉を食べそのミルクを飲むことができるだろう」。彼によれば、「食べられない肉」でしかない人を殺すことは無意味だが、「食べられる肉」をもつ家畜が得られるのは「いいこと」であるため、人びとは戦いに向かうのだという。

だがこの言明に反して、戦いに何度か行くなかで「家畜を略奪しても利益がない」と考えるようになる人も出てくる。第一節で触れたように、略奪してきた家畜の多くは親族らに与えるが、奪ってきた当人は「自分の意思で分配している」というより、「なかば強制的にもっていかれてしまう」と感じることもあるようだ。戦場から集落に帰還し、連れ帰ってきた家畜を自分の家畜囲いに入れると、近隣に暮らす親族が断りもなく家畜囲いに入ってきてその家畜を連れていく。とくに未婚の若い男性が奪ってきた場合は、父方のオジなどが各人への分配頭数すら決めてしまうこともある[3]。結婚して子どもができるころには家畜分配の裁量権も増すが、家畜を一人占めすると人びとからケチだと噂されたり、親族による呪詛の対象にされたりすることもあるため、それなりの数は与えざるをえない。連れ帰ってきた家畜が新たな環境に慣れず衰弱死してしまうことも多い。どうにか手元に残った家畜も、年齢組仲間から儀礼などの機会にと殺するよう要求される対象になりやすい。

命がけで奪ってきた家畜の多くは他人の手に渡り、自分が自由にできる家畜はわずかである。その結果として自分の社会的名声は高まるかもしれない。しかし名声というあいまいなものを得るより、自分の家畜群を目にみえる形で早く大きくしたいと考えている人は、戦いに行くのではなく集落に残って自分の家畜をしっかり世話していたほうがよい、と判断するようになるのである。

5　どのように暴力は抑止されるのか

私がダサネッチで調査を開始したのは二〇代前半の時期であり、加入した年齢組も一〇代半ばから二〇代前半の若者により構成されていた。まだ戦いに行ったことのない年齢組仲間から、「チェデを刻みたい」という熱のこもった語りを何度も聞いていた私にとって、グオフして戦いに行くことは「男子の生理」だという人びとの言葉はすっと腹に落ちるものだった。だが、より幅広い年齢の男性から話を聞くことで、若者は戦いに行き、戦場体験を重ねるなかで、戦いへ行くことを自ら控えるようになることがわかった。ここまでみてきたように、それは単に身体能力が衰えたからとか、年齢組織上で「長老」階梯へ移行したからという理由のためではない。

「戦いを否定した」人たちに共通しているのは、自ら戦場におもむきその場で体験したこと、そしてその体験が自己の感情や日常生活にもたらした変化を、その後の行為選択のもっとも基本的な参照点に据えていることである。「臆病者になった」と自己を位置づける人は、戦場での熾烈な体験を経て戦果をあげることに意義を見出さなくなり、自らを戦いに動員した「男らしさ」をめぐる文化規範から距離をとっている。「神の決定」を強調する人は、戦いに繰り返し出向くなかで、敵を殺害できるか否かは当人の「男らしさ」とは別の次元で決まっているとの考えにいたることで、チェデを得ることへの渇望は弱まっていく。「戦いからは何も得られない」と語る人は、殺人や家畜の略奪が実益をもたらすわけではないことを実感し、「男らしさ」の最高の証として刻んだはずのチェデを「利益をもたらさないもの」と評価してみせる。彼らは、幼少時から耳で聞いていた戦いの場に実際に身をおくことで、自己の行動を方向づけてきた「男らしさ」をめぐる言説群を内在的に相対化する視点を獲得していく。この視点をとおして、人びとは各人のより個別的な動機づけに即した形で、つぎの戦いに行くのか行かないのかを判断し決定できるようになるのである[4]。そして、ともに戦いに行くよう誘いかけてきた仲間にその決定を主張し、ときに自己の体験に依拠した言葉を連ねながら、仲間が戦いに行くことを押しとどめようと説得を試みる。

「はじめに」で触れたように、東アフリカ牧畜社会をめぐる従来の研究は、血気にはやり暴力に訴えがちな「戦士」を「長老」が管理することで、近隣集団との間に秩序が維持されるのだと論じてきたが、ダサネッチにおける暴力の行使と抑止のあり方を理解しようとする際には、この説明では不十分である。たしかに、ダサネッチでも頻繁に敵を襲撃して集団間関係を悪化させる特定の若者を、年長の男性が叱責したり呪詛をかけたりすることがある。また、その対処が若者が戦いに行くことを抑制する効果を一時的にもたらす場合があるのもたしかである。しかし、ダサネッチの年齢組織でもっとも重要な役職に就く七〇代の男性が、「われわれが『戦いに行くな』といっても若者は聞かない。『あなたたちも若いころはチェデを刻んだのでしょう』と彼らに言われたら、『そのとおりだ』としかわれわれには答えられない。われわれも昔はグオフして戦いに行っていたのだから」などと語るのである。結局、自分たちがそうであったように、当人が戦場体験をとおして自ら「戦いはもう十分だ」と考えるようになるのを待つしかないのだと、この年長者は述べる。

一方、いまでも戦いに行って戦果をあげたいと考えている若い男性は、年長の成員から戦いに行くことを思いとどまるよう命令されても、従う気はないと述べることが多い。ただし同時に彼らは、同じ年齢組の仲間が戦いに行くなと主張するときにはきちんと耳を傾けるのだという。自分自身の戦場体験にくわえて、ともに戦いに出向いて体験を共有した仲間がとるようになった自分とは異なる視点が、戦いに行くのか行かないのかを判断する際のもうひとつの基本的な参照点とされているのである。異なる年齢組間の集団的で階層的な関係をとおしてではなく、同じ年齢組の仲間同士の個人的で対等な関係をとおして、敵への暴力行使に一定の抑止作用が働いているのだ。

ただし、ここで付け加えておくべきなのは、「戦いはもう十分だ」と感じたからといって、必ずしも人びとが暴力と無縁の生活を送るようになるわけではないことである。なぜなら、敵集団が自分の暮らす集落を襲撃してくる場合があるからだ。その際、黙って襲撃を見ているだけでは家畜を奪われ家族を殺されるばかりであるから応戦せざるをえないし、奪われた家畜を奪い返すために相手の集落まで追撃していくかもしれない。

私は一連の戦場体験を聞き終えた後、「戦いはいいものか悪いものか」という素朴な質問をあえてぶつけてみた。すると、すでに頻繁に戦場に出向いている人は、「いいも悪いもない。死ぬ者は死ぬ、戦場から帰ってくる者は帰ってくる、チェデを刻む者は刻む。それだけだ」（五〇代男性）、「戦いはいいか悪いかではない。ただ戦うだけだ」（二〇代男性）などと答えることが多かった。戦場での体験を重ねている人ほど、戦いを積極的に何かを獲得する機会としてではなく、自分たちが直面せざるをえない「そこにある現実」として捉えている様子がうかがえる。「戦いを否定した」人は、自分の「男らしさ」を証明するためではなく、牧畜民としての生活を続けていくためのやむをえざる対処として、戦うことを続けるのである。

6 おわりに

本章の「はじめに」で、「戦いを否定した」人たちが戦場体験を経た心境の変化を淡々と語ったことが印象的だったと記した。なぜ印象的だったのかといえば、「男らしさ」が強く称揚される戦時下の社会状況において、「戦いを否定した」男性は同じ集団の成員から「臆病者」と蔑まれたり、共同作業から排除されたりするといった「社会的圧力」に苛まれることになるのだろうと、私が暗黙のうちに考えていたからである。しかし彼らの語りからは、「戦いを否定した」ことへの恥じらいやその反作用としての気負いを感じることはなかった。私が想定したような「社会的圧力」を人びとが感じていなかったとすれば、それは北村（一九九六）が記しているトゥルカナが他者との交渉に臨む際の特徴、つまり「道徳」のような外的な正当性の基準に依拠してある行為や主張に善悪の判断をくだすのではなく、ある行為や主張の正当性を対面的コミュニケーションの過程で双方がともに納得していくという特徴が、ダサネッチにも該当することに関係しているだろう。

第一節で示したように、ダサネッチには「男らしく」ふるまうよう男性を動機づける文化規範が存在しているが、重要な点はそれが「威信序列システム」のようなものとして人びとの認識や行動を単一的に規定しているわけではないことである。「戦いを否定した」人は、規範と自己の体験や体験から生じた感情との齟齬に拘泥するのではなく、むしろその体験や感情を自分の「戦いに行かない」という行為選択を支えるものとして、戦いへともに行くよう誘いにきた相手に説明していく。彼の主張を聞く仲間は、「男らしさ」をめぐる規範に依拠して彼を「臆病者」と罵るのではなく、その主張を彼の直接体験から導出されたものとして受容し、ときにその主張に応じて自己の行為選択もかえていく。自己の体験や感情を規範に従属させることなく他者に提示し、またコミュニケーションの過程で他者の語る体験や感情に突き動かされる可能性に開かれていることが、たがいに対等な存在として他者とともに生きることへ直結するのだという学びを、私は戦いに関する調査をとおしてダサネッチから得たのである。

註

1 グオフと似通った状態は近隣集団の研究でも指摘されている。ダサネッチの北東に位置するホールは、感情が高ぶり攻撃的になったときの心身状態をシ・アウとよぶ。この感情はアイデンティティが決定的に変化するときに生じ、とくに男性が野生動物や敵を殺すときに強まる。シ・アウの状態になると恍惚とした身震いをしたり、意識を失うこともある。この「トランスのような状態」はリンニュ、あるいはリニュとよばれる（宮脇 二〇〇六：一三五―一三六、Echi-Gabbert 2013: 58-59）。ダサネッチの南東に位置するガブラでは、敵を殺害した男性を称える戦いの唄が歌い始まると男たちが興奮して「トランスのような状態」に陥る（Tablino 1999: 146-147）。ガブラの南に隣接するレンディーレでは、若者は夜のダンスの際などに攻撃的な興奮や性的興奮、欲求不満が原因となってキンタという怒りの状態にいたる（Schlee 2014: 124-125）。

2 トゥルカナにおける調査では、戦場から離脱した成員や戦場で臆病な行動をとった成員に直接的・間接的な制裁が科せられることが多いと報告されているが（Mathew & Boyd 2011, 2014）、私の知るかぎりダサネッチではそのような事例はわずかしかない。

3 この「分配」から逃れるために、若い男性は戦場からの帰り道に友人の集落に寄り、奪ってきた家畜の一部を預かってもらうことがある。戦いのほとぼりが冷めたころに、この「隠しておいた家畜（*aani kaiet*）」を自分の群れに入れる。

4 東アフリカ牧畜社会において、戦いに行くことは男性が少年から青年へと地位を移行する際に果たすべき「通過儀礼」だと指摘されることがある。しかし、集団的な暴力が行使される戦場とは絶命することを含めた予測不能性に満ちた場であり、「参加者にとって問題なのは、ひとつの定式に従うこと」（ブロック 一九九四：一九八）である場としばしば特徴づけられる「儀礼」という語で、戦いへ参加することを表現するのは不適切である。ただしメアリー・ダグラスによれば、アフリカ中央部に暮らすレレの男性は、成人式の際に社会的分類をまたぐ境界的動物であるセンザンコウを実際に食してみることで、社会の分類体系そのものが恣意的であることに気づき、世界をより深い次元で理解するのだという（ダグラス 一九七二、田中 二〇〇五）。このように「通過儀礼」を、自らが生まれ育った社会の支配的な認識枠組みを相対化する感覚が醸成される機会として位置づけるならば、戦いに行くことはたしかにダサネッチの男性にとって「通過儀礼」的な役割を果たしているといえる。

参考文献

河合香吏　二〇〇九「徒党を組む――牧畜民のレイディングと『共同の実践』」河合香吏（編）『集団――人類社会の進化』京都大学学術出版会、一四九―一七〇頁。
北村光二　一九九六「身体的コミュニケーションにおける『共同の現在』の経験――トゥルカナにおける『交渉』的コミュニケーション」菅原和孝・野村雅一（編）『コミュニケーションとしての身体』大修館、二八八―三一四頁。
佐川　徹　二〇一一『暴力と歓待の民族誌――東アフリカ牧畜社会の戦争と平和』昭和堂。
ダグラス、M　一九七二『汚穢と禁忌』塚本利明（訳）、思潮社。
田中雅一　二〇〇五「変態する身体――モダン・プリミティヴという実践」山下晋司（編）『文化人類学入門――古典と現代をつなぐ二〇のモデル』弘文堂、二五七―二六九頁。
トーマス、E・M　一九七九『遊牧の戦士たち』田中二郎・向井元子（訳）、思索社。
宮脇幸生　二〇〇六『辺境の想像力――エチオピア国家支配に抗する少数民族ホール』世界思想社。
ブロック、M　一九九四『祝福から暴力へ――儀礼における歴史とイデオロギー』田辺繁治・秋津元輝（訳）、法政大学出版局。

Echi-Gabbert, C. 2013. *Deciding Peace: Knowledge about War and Peace among the Arbore of Southern Ethiopia*. Ph.D Thesis, Martin Luther-Universitat Halle-Wittenberg.

Mathew, S. & R. Boyd 2011. Punishment sustains large-scale cooperation in prestate warfare. *Proceeding of the National Academy of Sciences of the United States of America* 108(28): 11375-11380.

Mathew, S. & R. Boyd 2014. The cost of cowardice: Punitive sentiments towards free riders in Turkana raids. *Evolution and Human Behavior* 35: 58-64.

Spencer, P. 1965. *The Samburu: A Study of Gerontocracy in a Nomadic Tribe*. London: Routledge & Kegan Paul.

Schlee, G. 2014. *The Social and Belief System of the Rendille: Camel Nomads of Northern Kenya*. Halle: Max Planck Institute for Social Anthropology.

Tablino, P. 1999. *The Gabra: Camel Nomad of Northern Kenya*. Nairobi: Paulines.

第10章　交渉の決裂と離別
——人殺しをめぐるアチョリの規則と相互行為

川口博子

1　ある殺人事件をめぐる葛藤

男は黙って地面に目を落としたあと、どこか遠くを眺めた。男のまなざしは私をすり抜けて、中空を漂っていた。私は次のことばを継ぐことを拒絶され、おずおずとたばこに火をつけた。男の口から漏れ出た白い息は風に溶け、つかのまの無為のときは灰とともに消えた。そして私は、ある事件に関する聞き取り調査を始めた。[1] 男の答えの大半は、過去におこなった人殺しの代価として賠償をすることへの不満であった。

男は政府軍兵士として実家から遠く離れた駐屯地で暮らしていたが、一九八四年のある日、母親が毒殺されたという知らせを受けて、息せき切って実家に戻った。そして容疑者であった親戚の女を銃で撃ち殺した。男はそのあと、逮捕されて服役した。殺された女の息子は男の家の近隣に暮らしていたが、事件のあと、別の土地に住居を移した。

二〇〇六年、女の息子たちは男に慣習的な賠償を要求し始めたが、交渉が成立することはなかった。男は、この要求を拒否したのだった。二〇〇八年、女の息子たちは村のなかの権威者に調停を依頼したが、そこでの交渉も平行線をたどるのみだった。しかし男は、あるときを境に一心に賠償財を準備し始めた。そして二〇一二年九月に賠償財を権威者のもとに差し出したのだが、それは女の息子たちによって受け取りを拒絶され、行き場を失った。彼らが、権威者のまえで拒絶をしめす直接的な言動をすることはなかったが、結局、賠償財は権威者のもとに預けられたままになった。

この事件の経過を追っているうちに、ある疑問がわいた。女の息子は自ら賠償を要求したにもかかわらず、それを受け取らないことによって何を実現しようとしているのだろうか。男はいまや、賠償することを望んでいるのだが、何が彼をそうさせたのだろうか。私には彼らが何を望み、何をしようとしているのか、まったくみえなかった。彼らは何を目指していたのか――本章ではこの素朴な問いの答えを探していきたい。

2　紛争処理における離別という選択

私たち人間が暮らす社会には、ことの大小を問わず必然的に紛争が存在する。それぞれの社会には、家庭内の諍いから集団間の争いまであらゆる紛争を処理するための法や規則が配置されており、ひとたび紛争が起これば、当事者はそれらを参照しながらその解決を模索することになる。法あるいは規則において、私たち日本人にもっともなじみ深いものは、近代西欧法にもとづく国家法だろう。そして紛争は、国家法にもとづいた公的機関、すなわち裁判所において処理されると考えがちである。

冒頭であつかった事件は、ウガンダ共和国北部のアチョリ社会で聞き取ったものであるが、ここでもまず、警察の介入と裁判、そして懲役刑といったように国家法による紛争処理がおこなわれている。これに加えてアチョリ社会では、殺人に対する賠償をさだめた慣習法が、国家法と併存しており、国家法で裁かれたとしても、慣習法による賠償が免除されることはない。対象になる紛争の程度に差はあるが、現代社会では、どの国や地域においても複数の法や規則が多元的に併存している状態、つまり多元的法体制にある。

近年、近代西欧法にもとづいた紛争処理のあり方は、罪に対して罰を与えることだけを追求する応報的なものであり、「被害者の癒し」や「被害者と加害者の和解」「当事者を含むコミュニティの再建」という修復的な側面を軽視しているという批判がなされている（ゼア 二〇〇三）。紛争処理研究では、近代西欧法に由来するのではない地域固有のやり方に、社会関係を修復する側面を見出し、和解を推進するべきだと主張する傾向がある。

しかしこの考えは、必ずしも紛争当事者の意思と合致するものではない。裁判所が加害者に対して量刑を決定して罰をくだすときに、被害者の存在が無視されてしまうという状況に問題があることは、間違いない。しかしながら、当事者が必ずしも社会関係を修復したいと考えているとは限らない。人類学者の加藤（二〇一一：二八一）は、修復的な紛争処理の考え方が「社会関係の活性化をとおして紛争状況を修復し、かつ、紛争処理の実践を通して社会関係への信頼を賦活化させようとする」ものであると指摘する。そして加藤（二〇一六：一七三）は、こうした修復的な紛争処理が想定する社会関係は、ときには当事者にとって生きづらいものになることを想定しながら、「二度と顔を合わせたくないような相手との関係切断のための関係性のあり方」について、人類学者は踏み込んだ研究をおこなう必要があると述べている。

ここで重要なことは、紛争処理のあり方を、応報か修復かという二元論に帰すのではなく、紛争当事者がいかに過去の出来事を引き受けて現在を生きようとするのかという点であろう。それぞれの当事者は、社会にある法や規則を参照するなかで行為を選択していくのであり、法や規則そのものが修復的であるかどうかは結果に依存するということである。そして、結果的に当事者たちが離別を選択した場合にも、それはその現在において、当事者たちによって選択された決定であり、同時に社会的な秩序は維持されることもある。

本章では、賠償財の受け渡しをめぐるプロセスをとりあげ、当事者たちが、どのように規則をもちいて、いかなる選択をしてきたかを検討する。そのさいに、北村（二〇〇四）が議論した相互行為の場面における規則の統制的側面と構成的側面を手がかりにする。北村は先行研究にもとづきながら、「規則に従う」という現象において、両者を次のように規定している。規則の統制的側面では、「同様の状況で誰もがそうするという前提で負担をひき受ける」、すなわち「そうすべき行為を選択して、相互行為の場を秩序だったものにする」ということに、規則の構成的側面では、「どこで何をするかについて第三者的な想定を相手と共有する」、すなわち「そこでの行為を特定の意味をもったものとして構成する」ということに重点がおかれている（北村 二〇〇四：四八〇）。規則の二つの側面は、相互行為がおこなわれる場面の特性に依存して、どちらかが強調されるものである。それゆえに、規則の両側面を検討するためには、その場面がどのようなものであるかが検討されねばならない。

本章であつかう事例では、争いの当事者が最終的には権威者による調停をとおして合意を形成する場の決定には従わず、対面的な相互行為をもたない場で離別を選択する。本章では、その離別にいたるまでの過程を検討し、人びとがいかにして規則に従い、規則をとおして現実に直面する出来事に意味づけするのかを明らかにしていこう。

3　アチョリの人びとと首長

アチョリの人びとは、ウガンダ共和国北部と南スーダン共和国南部にまたがって暮らしている。ウガンダ北部は行政区分でもアチョリ準地域（Acholi Sub-region）とよばれ[2]、約一三八万人が暮らしている。年間の降水量は一千〜一五〇〇ミリメートルで、四〜一一月の雨季には山林が青々と茂り、一二〜三月の乾季には砂を舞いあげる勁風のなかに、アカシアがたたずむ。人びとが生活を営む場では、丈の長いイネ科草本が生い茂り、ところどころに聳え立つヤシが大きな扇状の葉を揺らす。おもな生業は農耕であり、主食としてシコクビエやソルガム、サツマイモ、キャッサバを、副食としてゴマや落花生、豆類、在来野菜などを栽培している（写真10‐1）。同時にウシやヤギ、ヒツジ、ブタ、ニワトリを飼養している。私は二〇〇八年から現在まで、この地域で調査をおこなってきた。

アチョリは、父系出自をたどる親族集団を形成して、結婚後は夫方に居住する。西ナイロート系の言語にふくまれるルオ諸語のひとつを話す人びとである。ルオ諸語を話す人びとの集団は、他民族の襲撃や旱魃などによって現南スーダンのバハル・エル・ガザル（Bahr el Ghazal）から南下し、その一部が現在アチョリとしてウガンダ北部に定住した。植民地期の口頭伝承にもとづいた研究では一六〇〇～一六五〇年ごろに移動してきたといわれてきたが（Crazzolara 1937, Bere 1934）、近年では一五世紀中期には現アチョリ準地域に到着していたといわれている（Atkinson 1994）。そして一八世紀末までに七〇ほどの首長（*rwot*）を中心とした領土を形成した（Atkinson 1994）。首長位は特定の父系親族集団のなかで世襲される。

写真 10-1　除草作業のあとに牛耕が始まる

かつて西ナイロート系の社会では、首長などの指導者が権力を維持するためには、人びとの支持を得ることが重要であった（栗本 一九八八）。首長は武力によって人びとを保護し、人びとからは貢納や労役を受け取るという互恵的関係が存在していたのである。とくに人びとが首長に要請する役割のひとつは、地域社会で起こる紛争を調停することであった。

けれども首長の権威は大きく揺らいできた。一九一〇年にイギリスが現アチョリ準地域の一部を保護領にして支配が強化されていくにつれて、首長の地位は行政首長に取って代わられた。また、ウガンダの独立（一九六二年）以降も首長の権力は政府によって抑制され続けてきた。さらに一九八六年にウガンダ北部において政府軍と反政府軍の地域紛争が始まると、反政府軍の兵士となった若者は首長や長老の儀礼的権威に従わなくなったのである（Behrend 1999: 24）。

首長の権威が復活したのは、一九九〇年代後半からである。国際ＮＧＯ

や外国政府がウガンダ北部紛争の解決にむけた援助活動をおこなうなかで、首長は地域社会の価値観にもとづいた平和構築の担い手として支援をうけた。同時にウガンダ政府が首長位を公的に認めたことで、首長の社会的な立場は強化された。こうして首長は、近年、殺人にともなう賠償の調停者として、地域社会における立場を強化している。

4 アチョリ社会における殺しと死の清算

アチョリ社会では、ひとたび「人殺し」が起こると、殺した者とその親族および死んだ者の親族のどちらもが、「クウォー（*kwor*）」をもつことになる。これはとりあえず、ひとりの人間の死をめぐる因縁のようなものであるといっておこう。それぞれの当事者は、その「人殺し」が故意か過失かにかかわらず、規定されたプロセスをとおして死を清算しなければならない。また死を清算するまでは、当事者の親族集団同士は儀礼的な忌避関係になり、共飲共食したり通婚したりすることは禁忌になる。すなわち死の清算は、当事者だけではなく親族集団全体に課せられるのである[3]。

現在、死を清算するためには、当事者親族のあいだでの賠償が必要とされる。殺した者の親族が賠償財を支払い、死んだ者の親族がそれを受け取ると、その場で必要な儀礼がおこなわれ、両親族のあいだの社会関係の亀裂は埋め合わされて、手打ちになる。そして死んだ者の父方傍系親族の男性のひとりが賠償財を婚資にして結婚し、その妻が生んだ最初の子どもに死んだ者の名前をつけることによって死んだ者を社会的に再生する。これをへて「クウォーは終わる（*kwor otumo*）」といわれる。

このプロセスが完了しない限り、死んだ者は、殺した者の親族と自分の親族の両方に災いをもたらすと考えられている。つまり賠償財の授受には、親族間の社会関係の調整と死者の弔いという二つの側面があり、社会的秩序の回復とは、「生きる者のあいだの因縁」および「生きる者と死んだ者のあいだの因縁」を解消することである。それゆえに、殺した者とその親族が賠償財を支払わなければならないのと同時に、死んだ者の親族もこれを受け取らなければならない。本章では、この二つの因縁を解消するために当事者間でおこなわれる行為を規定するものを「清算の規則」とよぶことにする。ただし、ひとつの親族集団内部で人殺しが起こった場合にも、その親族集団の構成員たちはクウォーをもつことになる。たとえば、父親が息子を殺した場合には、その親族集団の構成員で賠償財を用意し、そのうちの誰かひとりが受け取って、一連の儀礼的行為を遂行する。次節以降でも親族集団内で起こった殺人事件をあつかうが、アチョリ社会ではこうした死の清算は決して珍しいことではない。

ただし植民地期以前のアチョリ社会では、死んだ者の親族が「報復殺人をおこなうこと」と、「殺した者の親族から賠償財を受け取ること」が、ともに「クウォーを支払う（*culo kwor*）」とよばれていた（Girling 1960）。つまりここでは、クウォーを負っていたのは死んだ者の親族であり、それを支払う主体も死んだ者の親族である。このような清算の規則は、ほかの西ナイロート系社会にもみられる。パリ社会の調査をおこなった栗本（一九九四：一四九）は、死んだ者の親族は「クウォル（*kwor*）とよばれる、ある種の負債」を負うことになることを指摘し、この「負債」を払うために必要な行為は、「相手側のメンバーを殺すこと」または「殺人者の側から支払われた賠償財を受け取ること」であるという。

しかし現在、アチョリの人びとに「クウォーを支払う」とは何かと質問すると、以下の二つの行為が言及さる。ひとつは植民地期以前と同様に、死んだ者の親族が「報復殺人をおこなうこと」であるが、もうひとつは、殺した者とその親族が「賠償財を支払うこと」である。あとでも問題にするが、ここでは、死者の親族が「賠償財を受け取ること（*gamo lim kwor*）」は、以前とは異なり「クウォーを支払う」行為とはみなされていないことを強調しておこう。このような変化が生じた過程には、植民地期からはじまった近代西欧法の導入が関係していたと考えられる。

そして現在、死んだ者の親族が賠償財の受け取りを拒否した場合には、それを首長が引き取って運用するという代替の手続きが用意されている。清算の規則において正しい行為とは、双方の当事者が賠償財を受け渡すことであるために、この手続きは、折り合いがつかないときの最終手段である。それでも、受け取りの拒否が調停の場で容認されることをとおして、「人殺し」をめぐる不和状態にひとつの区切りをつけることになる。また現在は、報復殺人が実行されることはほとんどない。それが正当であると認められるのは、殺人が起こったその場でそのときに報復殺人がおこなわれる場合だけである。このときには調停による賠償はなされない。

現在では調停のための組織が整備され、中立的な第三者として首長の代理を務める賠償議長（*won kom me pido kwor*）が配置されている地域もある（写真10-2）。賠償議長は、有力な親族集団のなかで世襲される場合もあれば、経験を評価されて首長に任命される場合もある。首長または賠償議長に加えて、書記（*karam*）と会計員（*lakan lim*）、複数の評議員（*lamemba*）が地域内から選出されて調停にあたる。ひとたび人殺しが起こると、死んだ者の親族が報復殺人や略奪・破壊行為をおこなうこともあるため、調停をとおして賠償を遂行することは社会的秩序を維持するために重要な役割を果たしている。

写真 10-2　首長による調停の場に集まった人びと

調停の場で首長（あるいは賠償議長）は、清算の規則を人びとに告げ、その規則に従う行為によって「クウォーが終わる」ことこそが、実現されるべき事象であると述べる。人びともまた、この規則に従って行動することが正しいことであると表明し、そのように振る舞う。これは、社会的に「そうすべきである」と認識されている規則を遵守することの確認である。それは同時に、調停の場を管理する首長の権威の表明でもあり、人びとは首長の権威と采配に従うことが、調停の場での「正しい」行動様式であると理解する。首長の権威の源泉は、人びとが調停を必要としている事実にある。清算の規則と首長の采配は、清算の渦中にある人びとの行動の参照基準になっている。しかし調停の場の外において、人びとは必ずしも、自らの行動を「正しい」か「正しくない」かという基準で判断しない。人びとは、禁忌が解除されていない状態においても、既存の社会関係にもとづいて意思決定し、関係性を維持したり、変更したりする。そして清算のプロセスにおいて、人びとは個別の社会関係や相互行為をふまえて、実際の首長の采配に拘束されない行動をすることもある。

しかし、賠償は必ずしも円滑に進むわけではない。次節以降では、調停の場でのふさわしい振る舞いと、調停の結論に反する意思表明、そして人びとと規則の関係について検討する。

5　調停の場における行動様式と清算の規則に反する「肝のなか」

人びとは賠償財の受け取りを拒否することがあるが、調停の場で首長や賠償議長などの権威者に逆らおうとしたり、清算の規則を否定したり、清算の要請を拒絶したりはしない。調停の場では権威者に対する行動様式が定められており、人びとはそれを遵守している。ここで、本章の冒頭で示した男による殺人事件に戻って、その調停の場と、それ以外の文脈において、当事者が清算の規則にもとづいていかなる発言と行動をしているのかをみてみよう（図10‐1）。男の母親は、自分の夫が死去したあと、その弟Cと結婚している。

殺された女Aの息子Bが居住地域の賠償議長に訴えたことで、二〇〇八年に調停が開かれた。Cは当初、「先にAが私の妻を殺したのだから、まずAの親族が私の妻に対する賠償をするべきだ」と主張した。そのあと数年にわたって調停が続き、男は二〇一二年に賠償財を準備した。しかしBは同年九月に、「男は賠償財を支払うために、私の母の土地を売り払った。まず土地を返すべきだ」と訴えた。賠償議長らは地域住民を招いて集会を開き、その土地の所有者が誰なのかを検証した。すると地域住民の誰もがBの訴えを否定し、その所有者は男の母であったと語った。そ

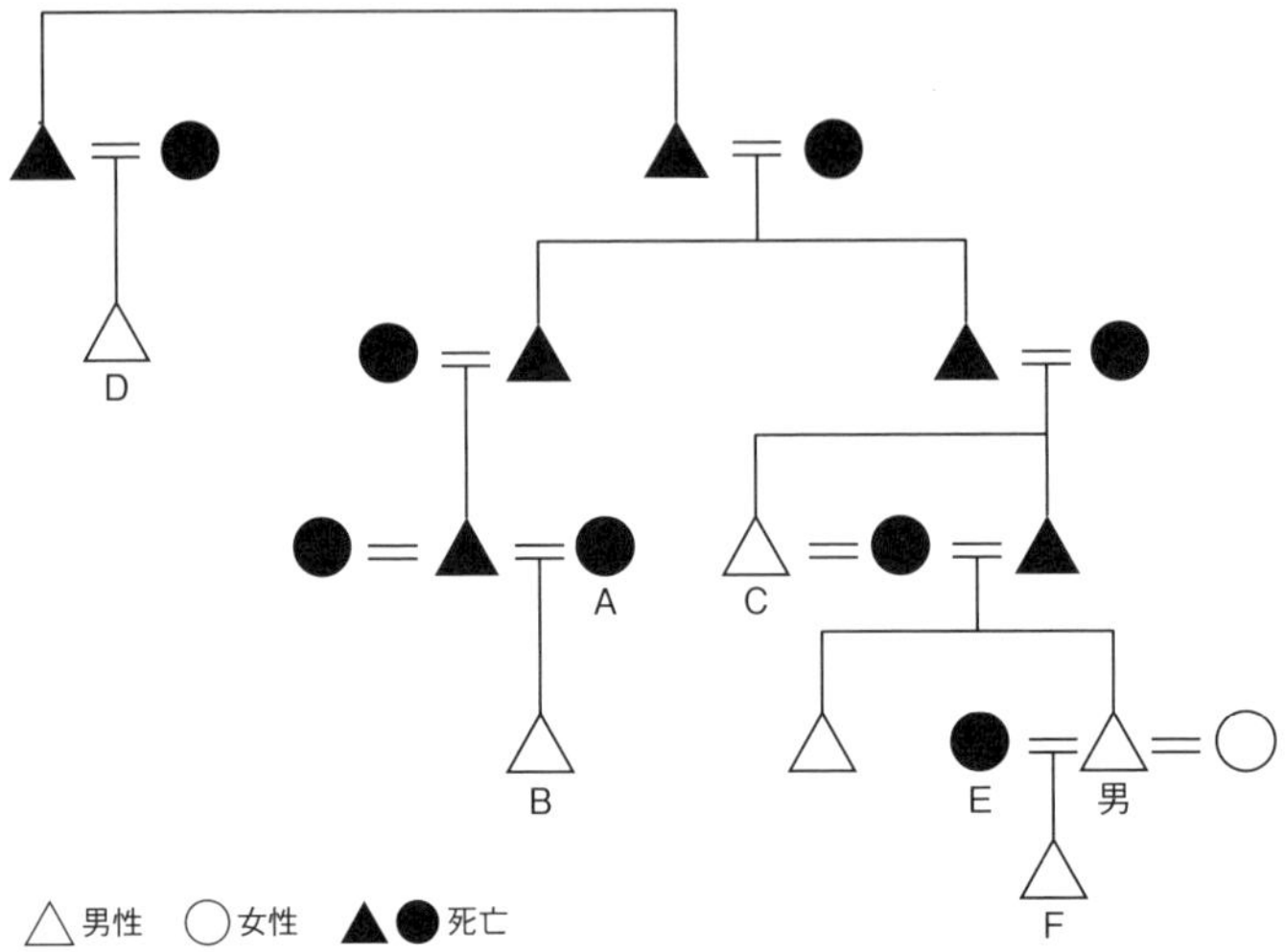

図 10-1　男による殺人事件の関係者をしめす家系図

して評議員がBに対して、賠償を受け取るように促したが、Bは終始俯いたままで何も語らなかった。Bはこの会議の結論にまったく同意していなかった。しかし、Bの息子がかしこまった面持ちで立ち上がり、「私たちはこの結論を受け入れる。（賠償を受け取るときの儀礼に必要な）ヒツジを準備する時間が必要だ」と語った。集会がお開きになると、Bはすぐにその場を立ち去り、会場を振り返ることはなかった。一〇月になると、賠償財の受け取り日時を決めないBに業を煮やした賠償議長らは、Bを何度も呼び出した。しかしB自身がそれに応じることはなく、代理でやってきた息子が「ヒツジがまだ用意できない」「（誰が賠償財を受け取るのかを決めるために）死者を呼び出すのがむずかしい」と言うばかりだった。そしてBが賠償財の受け取りを半年間引き延ばしたいと申し出たとき、評議員たちは「賠償財を受け取らなければ、クウォーは終わらない」という長い説教をして、Bが時間稼ぎをしていることを批判した。しかしBは、そのあとも言い訳を続けるばかりだった。

　上記の事件では、二〇一五年二月現在も賠償財の受け渡しは成立していない。しかしながら調停のプロセスにおいて、当事者が清算の規則を明確に拒絶する発言をすることはなかった。最初に不満を述べたCは、先に殺した者の親族が死んだ者の親族に、まず賠償財を支払うべきだと主張している。つまりCは、自分の親族が先に賠償財を支払うことは、規則の不適切な適用であると指摘するにとどまった。さらにBやその息子も、死んだ者の親族が賠償財を受け取らないという代替の手続きが用意されているにもかかわらず、調停の場では賠償財の受け取りを拒否することはなかった。彼らは、そうするための準備が整っていないために、現在は賠償財を受け取ることができないと主張した。それぞれの当事者は、清算の規則が指示している賠償を直接的に否定したのではなく、それをいま現在、実行しない／できない理由を提示することによって受け渡しを引き延ばし続けたのである。すなわちここでは、「社会的秩序を回復するために賠償財は授受されるべきだ」という、規則の統制的側面が強調されていることになる。

当事者の誰もがこうした行動様式をとるのは、調停の場では首長や賠償議長らの采配に従うことが正しいとされているからである。調停の場で発言するために、首長あるいは賠償議長を中心として評議員が鎮座する円のなかに立ち入るときには、必ず礼をしなければならない。もちろん調停における発言権は、首長または賠償議長によって管理されていて、彼らの許しなしに話し始めたり、彼らの制止を無視して話し続けたりしてはならない。首長の権威は、まさに彼が社会的秩序を回復しようとしていること、そして人びとが首長による調停を必要としているという事実によって維持されている。そこでは、清算の規則に従うことによって回復されると想定されている秩序を実現することが最終目標として掲げられているのである。

しかしながら調停の場にふさわしい行動様式に沿った発言は、実行に移されないこともある。調停の場で賠償をすると明言したとしても、必ずそうしなければならないわけではない。調停の場以外の文脈では、Cは当初、賠償を拒否していたし、男とBの両者にとって類別的祖父にあたるDは、男の近親に対して、賠償財の支払いを分担しないようにに働きかけていた。男の近親者はそれに応じて、誰ひとり賠償財の支払いに協力しなかった。つまり首長の権威や清算の規則は、最終的に賠償を人びとに強制することはできないのである。

一方、時がたつとともに、Bを中心とした人びとは、事件以前の社会生活を再開していた。BはCと酒を飲み交わすようになったし、年齢が近いAの夫、DそしてCは、親しい付き合いを続けていた。一方、男に対して協力的な行動をとるものは現れなかった。人びとは日常生活のなかで、社会関係を修復しながら行動し、修復できない社会関係については修復しないままに生活しているのである。

当事者は、調停の場では首長の采配に従うように行為する一方で、調停の場以外の文脈においては、それに反する行動もとる。調停の場では、社会的秩序を回復することが悪いという者はいないし、それが実現するならばそれに越したことはないが、誰もがそのプロセスを迷いなく歩むわけでもない。人殺しという過去の出来事を水に流して、お互いに手を握り合うことなど、まっぴらごめんだという者もいるだろう。首長は、当事者がそれぞれの理由を提示しながら賠償を拒否する行動を指して、「異物がいまだに彼の肝のなかにある（*kwir pudi tye ki cwinye*）」と表現し、「肝のなか」にあるものまで強制することはできないという。

6　規則による意味づけと死んだ者がもたらす災い

それでは、このように受け取りを拒否された賠償財の行方はどうなるのだろうか。そして賠償財の受け渡しを完了させないことは、何を意味しているのだろうか。調停の外では、調停の場において振る舞うべき行動様式ではなく「肝のなか」が発言や行為に現れる。そして、当事者は「生きる者と死んだ者のあいだの因縁」をもとに、調停の場とは正反対の行為を選択することもある。

事件の後日談に戻ろう。二〇一四年、賠償財は首長のもとに預けられた。これを指して男は、「賠償した」「クウォーは終わった」と言ったが、そう考えるしかないという様子で黙り込んだ。この賠償財は、二年のうちに死んだ者の親族が受け取らなかった場合には、首長の財産になり、貧しい人びとの扶養などのために使われることになっている。評議員のなかには、殺した者にとっては賠償財を首長に渡した時点でクウォーが終わるが、死んだ者の親族のクウォーはそれを受け取るまでは終わらないと語る者もいる。ただし、首長に預けるというやり方もまた、清算の規則にもとづいた適切なものであるといわれる。つまり賠償財の受け取り手がいないことは想定されており、死んだ者の親族による賠償財の受け取りを首長が代替することが定められているのである。

それにもかかわらず、この代替の手続きは、死んだ者の親族が殺した者の親族に対して復讐し続けることができるという解釈を生む。Bが賠償財の受け取りを引き延ばし続けているさなか、彼に「お前の母はまだ、男の家のなかで戦っている。このまま彼女に任せよ」と言った者がいるという。「死んだ者が戦う」とは、生きる者に災いをもたらすことである。二〇一二年に男が突如として賠償の支払いを始めたのは、二〇一一年に男の第一夫人E（図10 - 1）が病気によって死亡したことと関係しているといわれている。そして二〇一五年一月にも、男の息子Fが自殺を図った。こうした不幸は、Bの死んだ母親によってもたらされたものと解釈することができる。つまりBは、賠償財を受け取らないこと（＝男に因縁の清算をさせないこと）をとおして、男と母親との関係を破綻したままにし、もうひとつの復讐を実行しようとしたのである。これは、死んだ者の親族が殺した者やその親族を殺すという意味での復讐ではなく、死んだ者自身が行為主体となっておこなう復讐である。つまり死んだ者の親族は、殺した者との社会関係の修復を拒絶するだけでなく、死者による復讐を意図していたのである。

ここに、人びとが清算の規則に依拠して出来事に意味づけをする姿がみえてくる。調停の場において人びとが表明していることは、「社会的秩序を回復するために賠償をおこなうべきだ」という清算の規則に従うことである。ここでは、「賠償財は授受されるべきだ」という規則の統制的側面が強く現れる。しかしながら死んだ者の親族は、「賠償財を受け取らない」「受け取りを拒否する」という行為を選択して因縁を解消しないことをとおして、「肝のなか」にあるものを実現させようとした。すなわちここには、「因縁を解消するためには賠償を授受しなければならない」「賠償を授受することをもって因縁が解消されたとみなす」という、規則の構成的側面が現れているのである。

賠償を拒否することは、同時に、社会的秩序の回復を目指すことの否定であり、そのために必要な相互行為の遮断である。清算の規則は一方では「生きる者のあいだの因縁」と「生きる者と死んだ者とのあいだの因縁」を解消することで社会的秩序の回復をめざしている。しかし同時にその規則は、「賠償財が授受されなければ因縁は解消されない」という解釈をとおして、当事者間の離別を可能にするものとしても存在している。ただし、賠償財が受け渡されない限り、両当事者に災いが降りかかるたびに当該の死んだ者が想起される。この意味で離別は一時的なものであり、当事者間の相互行為が再開される可能性はつねに存在している。

7　おわりに

現在、ウガンダ北部のアチョリ社会では、清算の規則にもとづいて数多くの調停がおこなわれている。私は本章において、決裂した交渉について述べてきたが、もちろん多くの場合には、交渉のすえに合意が形成され賠償が受け渡されている。しかし今回の事件のように、当事者が対面的な相互行為を遮断し、離別する可能性が残されていることは指摘に値すると思う。最後にアチョリ社会の交渉における相互行為のあり方について、トゥルカナ社会を参照しながら検討してみたい。

北村（一九九六）は、トゥルカナがおこなう対面的な交渉を「身体的コミュニケーション」として理解しようとし[4]、「現在」の経験としての交渉におけるそれぞれの「能動性」に着目することの重要性を指摘した。そのうえで北村は次のように述べている。「他者の能動性を感受しつつ、その受動性に引きこもることなく、わたしの能動性も否応なくその場に晒すことになるというのでなければならない。この場合の受動性への退避とは、「権力」への服従、あるいは、その時の経験に先行する（すなわち「過去」の）規則や規範への従属を意味するはずである」（北村 一九九六：二九〇）。トゥルカナの交渉は「他者とわたしがそれぞれの能動性として絡み合うことに潔く身を投じることによって可能になる」（北村 一九九六：二九〇）のである。また太田（一九九六）は、家畜の所有と権利をめぐる交渉を事例に規則の運用について論じている。太田は、規則が、「自己の正当性を主張するための『持ち駒』」（同上：二一一）として交渉のなかで選択的に言及されるものであり、「機械的に運用されるものではな」く、「つねに解釈に晒され運用される」（同上：二一二）ものであると指摘する。つまり、トゥルカナの人びとの交渉とは、つねに当事者同士が対面的な場で発揮する能動性によって継続される。そして、規則は絶対的なものではなく、それを適用することが正しいかどうかは、交渉のなりゆきに依存するのである。

交渉のコンテクストが異なるので一概に比較することはできないが、アチョリの人びとは、トゥルカナの人びととは大変異なる性質をもっているのだと思われる。私はアチョリの人びとと生活をともにするなかで、親しみをおぼえるような「おだやかさ」と同時に、それと表裏一体の「執拗さ」を感じとってきた。アチョリの人びとは、まず社会的に共有された規則に依拠して、みずからの発言や行為に正当性を付与することで、能動性を発揮させる。いいかえればアチョリの人びとは、規則あるいは権力者を介して他者に意思を伝えている。こういった仕方では、「他者とわたしがそれぞれの能動性として絡み合う」とはいいがたい。しかし同時に、これはおだやかなアチョリの人びとならではの能動性のあり方であり、そこでは、調停の場や首長の権威を破壊する事態が慎重に回避されている。さらにアチョリの人びとは、清算の規則の構成的側面に依拠することによって、その能動性を執拗に表出する。このプロセスをつうじて最終的に、社会的秩序を維持したまま、当事者がその場において納得する結果が引き出されているのである。私には、このおだやかさと執拗さの先にある離別もまた、アチョリ社会における重要な紛争処理のあり方なのだと思える。

謝辞

本調査は、日本学術振興会の特別研究員奨励費（課題名「紛争後社会における人々の和解と平和構築に関する研究——ウガンダ北部アチョリを事例に」研究課題番号JP13J02856　二〇一三〜一五年度）によって実現した。調査に協力していただいたアチョリの首長や事件の当事者のみなさまに、心からお礼を申し上げます。

註

1　この事件は、私が二〇一二年から二〇一五年にわたってグル県のある地域で聞き取り・観察したものであるが、プライバシー保護のために具体的な地名や個人名は明記しない。

2　グル県（Gulu District）、アムール県（Amuru District）、ンウォヤ県（Nwoya District）、パデー県（Pader District）、アガゴ県（Agago District）、キトゥグム県（Kitgum District）、ラムォ県（Lamwo District）の七県をふくむ。地域住民のほとんどがアチョリ人である。

3　賠償の受け渡しには父系親族集団（*kaka*）全体が参与しなければならないとされる。しかし実際に賠償財を提供するのは三親等以内ほどの拡大家族（*doggola*）であることが多い。

4　北村（一九九六）は、これを「人びとが身体をもったものとして直接対面したときになされるコミュニケーション」と規定している。

参考文献

太田　至　一九九六「規則と折衝――トゥルカナにおける家畜の所有をめぐって」田中二郎・掛谷誠・市川光雄・太田至（編）『続・自然社会の人類学』アカデミア出版、一七五―二一三頁。

加藤敦典　二〇一一「義のない風景――ベトナムの文学作品にみる法と社会の外がわ」石田慎一郎（編）『オルタナティブ・ジャスティス――新しい〈法と社会〉への批判的考察』大阪大学出版会、二七九―三〇二頁。

加藤敦典　二〇一六「けんか別れの作法――人類学者が和田法社会学から学ぶもの」西田英一・山本顯治（編）『振舞いとしての法――知と臨床の法社会学』法律文化社、一七二―一七五頁。

北村光二　一九九六「身体的コミュニケーションにおける『共同の現在』の経験――トゥルカナの『交渉』的コミュニケーション」菅原和孝・野村雅一（編）『叢書・身体と文化（二）コミュニケーションとしての身体』大修館、二八八―三一四頁。

北村光二　二〇〇四「『比較』における文化の多様性と独自性の理解――牧畜民トゥルカナの認識論（エピステモロジー）」田中二郎・佐藤俊・菅原和孝・太田至（編）『遊動民（ノマッド）――アフリカの原野に生きる』昭和堂、四六六―四九一頁。

栗本英世　一九八八「祭司・首長・王――ナイル系諸社会における政治権力の本質」『季刊人類学』一九（四）：五四―七三頁。

栗本英世　一九九四「南部スーダン・パリ社会における殺人――その調停可能性と不可能性」比較法史学会（編）『文明のなかの規範　比較法史研究――思想・制度・社会　第三巻』未来社、一四七―一五九頁。

ゼア、ハワード　二〇〇三『修復的司法とは何か――応報から関係修復へ』西村春夫・細井洋子・高橋則夫（訳）、新泉社。

Atkinson, R. 1994. *The Roots of Ethnicity: The Origins of the Acholi of Uganda Before 1800*. Philadelphia: University of Pennsylvania Press.

Behrend, H. 1999. *Alice Lakwena and the Holy Spirits War in Northern Uganda 1985-97*. Oxford: James Currey.

Bere, R. 1955. Land and chieftainship among the Acholi. *The Uganda Journal* 19(2): 49-56.

Crazzolara, P. J. 1937. The Lwoo people. *The Uganda Journal* 5(1): 1-21.

Girling, F. 1960. *The Acholi of Uganda*. London: Her Majesty's Stationary Office.

コラム4

小石に気をつけろ!

作道信介

カクマの町はずれには小さな空港がある。その近くに奇妙な色の小石が散乱しているところがある。珍しいので拾っていると近くにいる人に注意をされた。小石は、飛行機の到着を待っている人やそれに乗る予定の客がトイレットペーパー代わりに使ったのである。普通はトイレットペーパーとしては葉っぱが使われるが、葉っぱのない空港周辺では代わりに石が使われるのだ。だから、黄色や茶色の珍しい石があるからといって気楽に手にとってはまずい。大便がついている。その小石が増えたということは、飛行機の往来が増えたということだ。小石は、人の行き来が頻繁になり、物資の流通も多くなったことを表す。いいかえれば、大便のついた小石の数が増えたことは、カクマの地域変化を象徴している。

カクマは、遊牧民トゥルカナの中心地のひとつである。彼らはケニアの北西部の乾燥地帯でラクダやロバ、ウシ、ヤギ、ヒツジを飼って暮らしてきた。従来は乳製品を主食としていたが、そこに大きな変化が起きた。一九八〇年代の大旱魃とその後に作られた難民キャンプの影響である。家畜が減り、隣国の戦禍をのがれた難民が大挙してやってきたために、援助物資としてトウモロコシの粉が配給された。そして新しい病気が発生した。糞肛門病である(作道二〇一二)。

乳製品を主食とする遊牧民は、普通は軟便傾向にあるのだが、糞肛門病はめずらしく便秘を主症状とする病気だ。便秘のほか、発熱や下痢などの多様な症状を示す。この病いは、大旱魃によって主食が乳製品から援助物資へ変化したことによって引き起こされたといわれている。トウモロコシの粉などの新しい主食が胃や腸などにへばりついたのだ。

治療には主としてマッサージとスープが使われる。マッサージは腹部にこびりついた糞を指でほぐすためになされ、スープは糞を柔らげるためにもちいられる。スープの話は老人が教えてくれた。マッサージのあとでヒツジを殺し、その肉のスープを作って飲ませるのだ。脂分の多いスープが胃腸にこびりついたトウモロコシなどを流してくれるのである。

早朝五時ごろ、上空を飛行機が翼をきらめかせて飛んで行く。下界の林間ではマッサージ師による老婆へのマッサージが始まった。萎びた胸としわがれた腹部が揉みしだかれていく。腸に指がめりこんでいる。さらに肩甲骨も揉まれる。

マッサージは身体の構造に即していて精度が高い。マッサージを受けた人のなかには糞肛門病以上の重病が見つかった人もいた。あるマッサージ師は患部のしこりを僕にさわらせてくれた。そこは思った以上に筋張ってコリコリしていて、犬の乳首のような感触がした。また、こうした治療にはマッサージ師と病者だけが関与するのではない。ある日、マッサージ師が病者の女の首に腕を巻き付けるようにして揉んでいるのに出会った。レスリングの技であるヘッドロックのようだ。そのマッサージ師は、やがて近くにいる僕の首まで巻き込んでいった。このとき、マッサージのやり方や意味が身体から身体へ伝えられる。

また、ある日、遠くの国境地域へ行く男がたずねてきた。国境にはマッサージ師がいないことを心配して、僕が外から来た人間だから薬をもっていないか確かめにきたのである。糞肛門病はかくも広がっていた。

僕も施術してもらった。僕はよくぎっくり腰になるのだが、彼らにいわせるとぎっくり腰も糞肛門病の症状のひとつである。病んだ内臓と腰が接触するという理屈だ。そこでマッサージをお願いした。油を塗った指がまさぐるように腹や腸をしごいていく。その指は内臓を突き立てるようにマッサージを続ける。

「痛い！　痛い！」

僕は、大きな声をあげてしまった。柔らかい内臓のぐにゃりとした感触と骨部のコリコリした痛み、苦痛と快感が入りまじった感覚だ。揉まれるのは胃と小腸、大腸、十二指腸、肋骨など。右手と左手で絶え間なく繰り返されるマッサージは痛いものの、くせになりそうだ。マッサージは、マッサージ師の家族の衆人環視のなかでおこなわれる。子どもとヤギが苦しむ日本人をじっとみていた。

参考文献

作道信介　二〇一二『糞肛門』恒星社厚生閣。

コラム5

イエコの結婚

白石壮一郎

社会人類学の教科書には、親族に関するさまざまな制度が書いてある。婚姻は、親族関係を考えるさいの重要な要素だ。アフリカの諸社会では、婚姻にともなって婚資の支払いの取り決めがあるし、その後の姻族関係にもいろいろな制度がついてまわる。教科書だけで理解すると、伝統的な制度に閉じ込められた窮屈な生活を思い浮かべてしまう。しかし、制度にしたがって関係を表現することは、現地の人びとにとって喜びでもある。

ウガンダの東端、エルゴン山のサビニ人の農村を調査中のこと、私の居候先であるナココ家の三女で当時一七歳だったイエコが結婚した。サビニ社会においては、両家のあいだで婚資交渉がもたれて、夫方から妻方に支払われるウシやヤギの頭数など、婚資の内容に関する合意が作られ、一部の婚資が先払いされた時点で結婚が成立する。本来は婚資が全部支払われた時点で成立というべきだが、近年は例外なく婚資の支払いには数年から一〇年以上の時間がかかる。

イエコは隣村の青年ムタイに連れ去られるようにして駆け落ちした。事態を知ったナココ家は、ムタイの実家のほうに婚資交渉の招待状を届けた。その数日後、ナココ家の敷地内にあるバナナ園の脇に、周囲の家々から集められた椅子とテーブルが用意され、新郎側の父母や父方オジ夫婦にあたる人々をむかえ、交渉がなされたのだった。

こうした駆け落ち婚が最近は珍しくないとはいえ、イエコの父母は「こうしたやり方はよくない」と態度を硬化させていた。しかし、いざ交渉の席につけば話し合いは穏やかだった。とくに婚資の一部としてソーダ（瓶詰めのコーラなどの炭酸飲料）やニワトリ数羽、イエコの母親への贈り物である洋服の生地などが相手親族の女性たちによって運ばれてくると、いっきに場が和んだ。またムタイは、イエコの父ナココの祖母の氏族の出身であるため、両氏族間の良好な関係をあらわすこの結婚は喜ばれた。

この翌日から、イエコはムタイとともに隣村で暮らし始めた。以後、私はこのムタイやかれの兄弟たちと会うたびにお互いを名前ではなく「*kaapikoi*（義理の兄弟）」とよび合うようになった。こうして呼び合うと、これまで隣村の青年だった彼（ら）のことがぐっと近い存在になり、私はムタイとイエコの家、その周囲にあるムタイの兄弟たちの家の前を黙って通り過ぎることはできなくなった。

写真１　幼い甥を抱く15歳のイエコ

いまでも印象に残る場面がある。イエコの母は木炭の行商にたずさわっている。ロバ三頭を連れて山麓の炭焼きの男から木炭を仕入れて村に戻り、翌日に山腹の県庁の町まで売りに行く。ある日、私はムタイとイエコの弟と一緒に、町に向かって崖道を登って行ったのだが、行商の帰りに町からロバを連れて戻ってきたイエコの母と出会った。私はいつものとおり「母さん、こんにちは、おつかれさま」という挨拶のことばをかけたが、同行のほかの二人も彼女も黙ったままであり、さらに彼女は私たちとすれ違うとき、目も合わせずに草むらのほうに大きく迂回して通り過ぎて行ったのだ！

文字通り劇的な場面だった。これは、人類学の教科書には「忌避関係（avoidance）」として記されているもの、この場合は義母（妻の母）と義理の息子（娘の夫）とのあいだに生じる関係の表現だったのだ。

別の例もある。イエコの弟と私、それにムタイと同じ氏族の青年が三人で連れ立って隣村への道を歩いていたときのこと。あちらから見慣れない老婆が歩いてくる。私は彼女のほうに歩み寄って挨拶をした。あとでわかったのだが、彼女はイエコの母と同じ氏族の出身であった。

彼女は私に向かって挨拶をしながら、長いことみなかったがいつ来たのか、どれだけ外国にいたのか、などと問いかけてくる。そのとき、ナココ家の者たちは元気か、などと問いかけてくる。そのとき、ムタイの弟トンゴイが通りかかったので、私とイエコの弟が「よう、*kaapikoi*」と挨拶すると、老婆もトンゴイに「どうして私に挨拶に来ないのか」と言いながら、握手を求める。彼女のことをよく知らないトンゴイが戸惑っていると、彼女は私に、もしかしてこの青年は先ごろうちの娘（イエコのこと）と結婚したという氏族の者ではないか、と聞いてきたので、私はそうだ、と答えた。老婆はにやりと笑い、トンゴイに曰く「そうだ、お前たちは私らの家から娘をもらったのだから、私に敬意を表さねばいけない（気軽に握手なんかしてはいけない）のだ」。この老婆は、すべてを知る年長者として我々にゲームを仕掛けてきて、みごとに若者たちをやりこめたのだ。このときのやりとりは、その後にムタイやトンゴイとの話題のなかで幾度も再現され、そのたびに笑い合った。

ある日、ひとりの娘イエコの結婚によって生じた新たな姻族関係。制度は、その関係への認識やリスペクトを表現する手段となっている。ここにあげた例をみてもわかるように、人びとは新たに生じた関係を喜び、こうした表現を日常のなかで楽しんでもいるのである。

コラム6

牧童の狩り

庄司　航

アカシアの木立が作る木陰に入り、砂の上に寝転ぶと、この暑さも多少はやわらぐというものだ。井戸で水を飲み終えたヤギたちもみな砂の上に足を投げ出している。牧童の少年も少し離れた木の陰に寝そべっている。どこか遠くから眠気を誘うような鳥の声が聞こえる。

私は、牧畜民トゥルカナの家畜放牧のやり方を調査するために、ケニア北西部の半乾燥地に来ていた。この土地は、降雨量が少ないために農耕には適さず、人びとはヤギやヒツジ、ラクダ、ウシといった家畜に強く依存する生活をしている。ミルクを飲むにせよ、肉を食べるにせよ、あるいは家畜を売って金に換えるにせよ、家畜はもっとも大切な財産である。そして家畜群を維持するためには、毎日休むことなく放牧に連れてゆくことが、もっとも重要な仕事のひとつとなる。

私は、家畜が食べる植物の分布と放牧ルートとの関係に関心をもっていたので、家畜が放牧中にどんな植物を食べているのかをこまかく記録する作業を熱心にやっていた。この土地は大変に暑く、こうした調査では体力も精神力も消耗した。のどが渇くので水をもっていくのだが、ぬるい水を大量に飲んでいると、しだいに水がのどを通らなくなってくる。比叡山延暦寺には、千日のあいだ、毎日のように何十キロメートルと歩く「千日回峰行」とよばれる荒行があるというが、乾燥地域で家畜放牧の調査を続けていると、自分も何かそのような修行でもやっているような気分になってくる。

けれども、家畜を放牧している少年たちは、楽々とその仕事をこなしていた。家畜は自分たちでまとまって行動しており、牧童たちは、たまには石を投げたりして群れの動きをコントロールしているが、それ以外の時間には、黙々と植物を食べている家畜を横目に、木陰でほかの少年たちとしゃべったり、野生動物をつかまえることに没頭したりしていた。

ある日、ひとりの少年は放牧に行くときに弓矢をもってきた。自分で作ったものだという。動物を射るつもりらしかった。機会はすぐにおとずれた。

「見ろ！」

少年が指さす木の枝には鳥がとまっていた。少年は狙いを定めて矢を放ったが鳥は逃げてしまった。そもそも矢はまっすぐに飛んでおらず、とても命中しそうには思えなかった。少年は残念そうな顔をしたが、すぐに矢を拾いに行った。この少年は、それからたびたび放牧に弓矢をもってきたが、いっ

こうに獲物に命中する気配は感じられなかった。

ある日、ついに少年はリスの仲間をつかまえてきた。それは弓矢を使って捕えたものではなかったが、火をおこし、それを丸焼きにして食べる少年は満足そうにみえた。

このほとんど成果をあげることのない少年の狩猟は、食料獲得のためというよりは遊びとよぶほうがふさわしくみえる。どうやら放牧という活動には、毎日欠かさずに続ける勤勉さと、遊びながらそれをこなす緩やかさが同居しているようだ。私は家畜の採食をやっきになって計測していたが、もしかしたら、私も牧童たちといっしょになって遊ぶことが、放牧活動をよりよく理解する方法だったのかもしれない。

寝そべっていたヤギのなかから立ち上がるものが出始めた。もう休息は十分だというのだろう。やがて少年も起きあがった。

「さあ行こうぜ」

少年が私のほうを向いて言った。ヤギの群れがいっせいに動き始める。私たちもそのうしろから歩き出した。陽はまだまだ高い。少年は歩きながら何かの歌をうたっていた。私も真似をして、何かこの土地にふさわしい歌をうたってみようと思ったが、なかなか適当な曲を思いつかないのだった。

第Ⅲ部　グローバリゼーションに向き合う

生まれたての子ヤギをバイクタクシーに乗せて運ぶボラナの青年（孫暁剛撮影）

実践的で、価値を付与され、同時に自明視されている近接が長期的に再生産しうるかどうかは、ローカル化された空間や時間と、ローカリティを再生産するための知識をもつローカルな主体との相互関係が、途切れることなく築かれるかどうか、にかかっているのである。この途切れることのない相互関係が脅かされるときには必ず、歴史的と呼ぶにふさわしい問題が浮上する。

——アルジュン・アパデュライ『さまよえる近代』平凡社、二〇〇四年、三二三頁

第11章　伝統の「便宜的」な使い方
――「コミュニティ主体」の動物保護とマサイ

目黒紀夫

1　「コミュニティ主体」の動物保護と「マサイの伝統」

東アフリカに暮らす遊牧民のなかでも有名なマサイ。[1]その多くにとって、いまでは自動車や携帯電話は暮らしに欠かせないし、役所や市場、学校、病院に行くことはけっして珍しくない。それなのに、メディアにマサイが登場するときには伝統的な側面が強調されがちだ。それはマサイがとくに強く結びつけられる動物保護にも当てはまる。過去の政策が住民を自然の破壊者とみなし抑圧してきたことへの反省から、今日の動物保護では「コミュニティ主体の保全（community-based conservation：ＣＢＣ）」が重視され、地域社会の生活や権利を尊重し、その知識や文化を基盤とするようになっている（Western & Wright eds. 1994）。そしてマサイが暮らす地域でＣＢＣを推進する各国政府や国際援助機関、ＮＧＯは、自分たちの活動がマサイの伝統に沿っていることを強調する。

たとえば、千人以上のマサイと契約を結んで彼ら／彼女らの土地に動物保護区をつくったＮＧＯは、それを「歴史的な契約」とよび、「この契約を結んだマサイ・コミュニティの価値観をたたえます。マサイは三〇〇年間、野生動物をまもってきたのです」と述べた（IFAW 2013）。また、「スポーツをつうじた保護」ということでマサイ・オリンピック（コラム7参照）を開催するNGOは、それが「伝統的なマサイの戦士の技能」にもとづくことを強調するのと同時に、「ライオンの狩猟は、もはや受け入れられない文化だ。ほかの野生動物を殺すことと同じようにやめなければいけない」と主張している（Maasai Olympics n.d.）。

ここで注意してもらいたいのは、最初のNGOが動物保護はマサイの伝統だといって称賛していたのとは対照的に、二番目のNGOはライオンの狩猟というマサイの伝統を非難していた点だ。どちらの組織もマサイが昔と変わらずに「伝統的」な暮らしを続けているかのように語る点で一致する。けれども、そこでいう「マサイの伝統」の中身も評価もまったく違うのだ。そもそも、CBCの現場では〈地域〉と〈外部〉のあいだにさまざまな認識のずれがあり、〈外部〉は自らの価値観や利害関心に沿って〈地域〉を一方的に表象しがちだ。それに対して最近では、そうした〈外部〉の思いこみを理解したうえで〈地域〉が戦略的に振る舞うようになっている事実が指摘されてもいる（目黒二〇一四）。

そうした議論をふまえてこの章では、〈地域〉と〈外部〉を仲介する立場にある人びと、すなわち、「コミュニティ主体」の保護活動のリーダーに着目したい。彼らは〈外部〉の価値観を完全に受け入れ、〈地域〉の保護活動を主導する理想的な「主体」としてドナーやメディアで紹介されることが多い。しかし、本当にそうした住民が〈外部〉の理念や理想をすべて受け入れているとはかぎらない。むしろ、よそ者の理屈にうまく合わせた発言や行動をすることで支援を引き出し、自らの生活を向上させようとしていたりする。

伝統的なイメージが強いマサイは、自分たちがどのようにみられているかを理解したうえで、自らの伝統を明確かつ強烈に主張する（Hodgson 2011, Wijngaarden 2016）。ただし、CBCをもちこむ外部者とくらべるとマサイ自身が語る「マサイの伝統」には意味の幅というかズレがある。グローバリゼーションの時代である今日、私たちと同じようにマサイの人びとも「新しい」ものと「古い」もののあいだで揺れ動いている。そうしたときにこの章では、「マサイの伝統」をめぐるマサイ自身の説明の違いを、その背景となる各人の経験をふまえて検討する。そしてそこから、〈地域〉の歴史と〈外部〉の倫理のどちらも「便宜的」にもちいて生きる、「遊牧民らしい」マサイの姿を明らかにしていきたい。

2 アンボセリ地域のロイトキトク・マサイ

写真 11-1 アンボセリ国立公園の展望台からの眺め

まず、私のフィールドを紹介しよう。アンボセリ地域とは、ケニア南部でタンザニアとの国境に接するカジァド県・南カジァド国会議員選挙区（面積六三五六・三平方キロメートル、二〇〇九年の人口約一三万七千人）のことだ。この地域の大半を占める平野部の年間降水量は、平均四〇〇ミリメートルを下まわる（写真11-1）。ただ、国境の南のキリマンジャロ山と北東のチュル丘陵から地下水が流れていて、それを利用した灌漑農地が急速に拡大している。

アンボセリ地域は、マサイのなかでもロイトキトク地域集団（以下、ロイトキトク・マサイ）が数百年前から居住地としてきた。マサイはとくにウシに高い価値を認める半定住的な遊牧民で、その社会は年齢組と年齢階梯からなる年齢体系をもつ（Spencer 2003）。約一五年を周期とする通過儀礼のなかで結成される年齢組は、同時期に割礼を中心とする成人儀礼を受けた男性によって構成される。そして、その男性たちは一団となって、未割礼の少年階梯から戦士としての役割を期待される未婚の青年階梯、そして既婚の世帯主であり儀礼の執行や紛争解決を担う長老階梯へと移行していく。

マサイ社会には全体を統轄する政治的な権威や機構はなく、土地や資源は地域集団ごとに共同体的に管理・利用されてきた。しかし一九五〇年代以降、ケニアのマサイランドにはランチング制度が導入されるようになり、地域集団の共用地は個人または集団のランチ（牧場）として細分化されてきた。当初は個人のもち分が認められなかった集団ランチの土地も、その多くが現在までに私有地へと分割されている。アンボセリ地域も同様で、六つの集団ランチのうちキマナでは共有地のすべてが私有地へと分割済みであり、それ以外の集団ランチでも分割が進んでいる（図11-1）。そして、こうした土地の所有・管理制度の変化にともなって、社会における権威の所在やその役割の変質が生じている（目黒　二〇一五）。

3　動物保護の歴史と認識のずれ

アンボセリにおける動物保護

ここでは、あとで紹介する具体的な事例をよりよく理解し

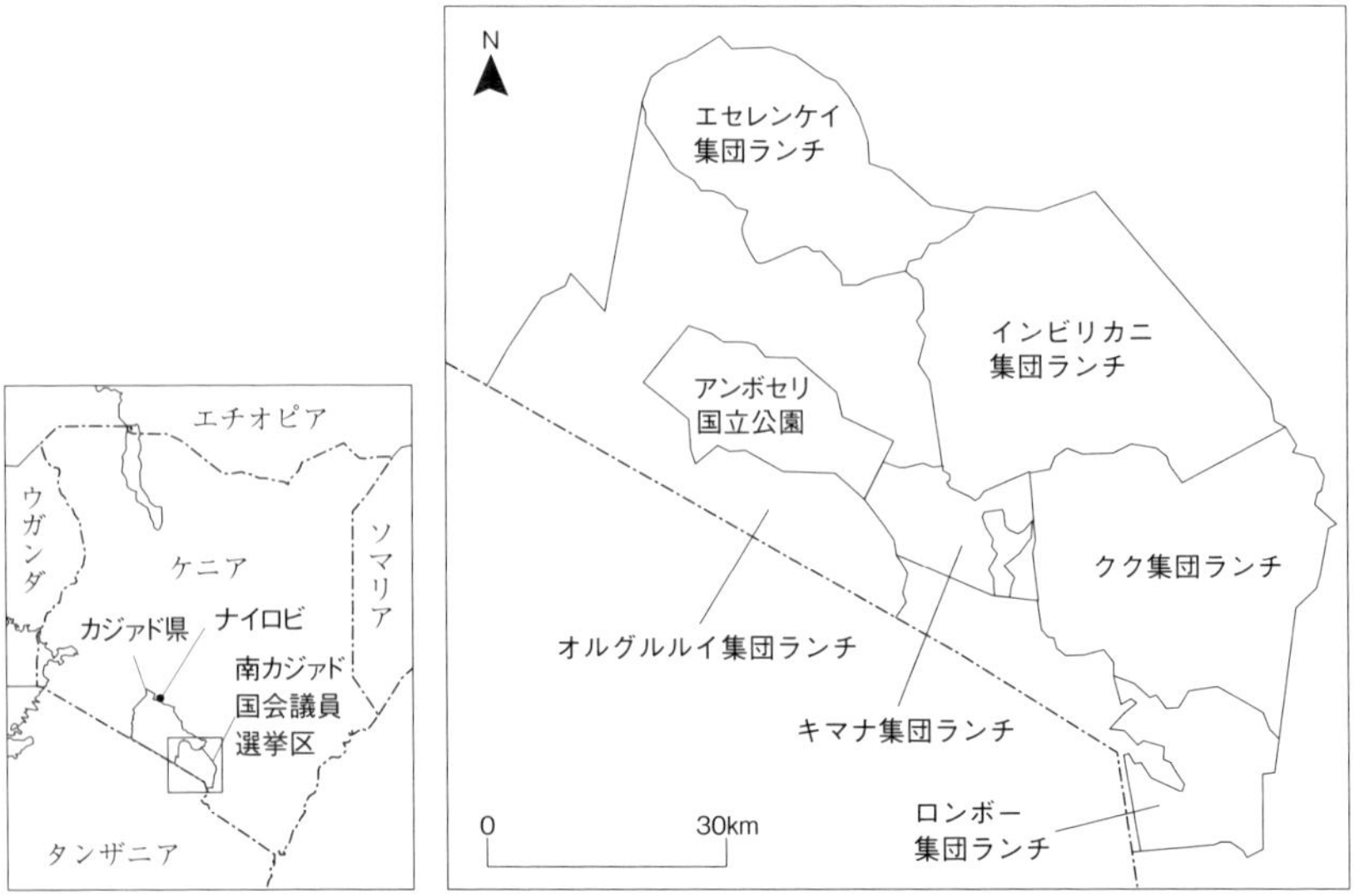

図11-1　南カジァド国会議員選挙区の位置（左）とその拡大図（右）

ていただくために、アンボセリ地域における動物保護の歴史と最近のCBCの概要、〈地域〉と〈外部〉の間の認識のずれを順に説明していく。

ケニアは一八九五年にイギリスの保護領になり、一九二〇年に植民地となった。保護領の時代からマサイによる狩猟は禁止され、アンボセリ地域には動物保護区が設立された。ただし狩猟の取締りは厳しいものではなく、動物保護区のなかでマサイは野生動物と共存していた。しかし、この関係は一九四五年に国立公園法が制定され、ケニアにアメリカ流の国立公園制度が導入されたことで変化した。原生自然保護主義の考えに立つ国立公園は「手つかずの自然」の保護を至上命題としており、自然の破壊者とみなされた住民はその土地から強制的に排除されることになったのだ。

アンボセリ地域は一九四〇年代に国立公園の候補地となった。すると、それが設立されれば乾季の大切な放牧地を失うロイトキトク・マサイは、野生動物を狩り殺して抵抗した。最終的に一九七四年にアンボセリ国立公園が設立されるまでに、政府や国際援助機関は地域社会に対してさまざまな援助を約束したが、土地を奪われることを恐れた地域社会は交渉に応じることなく抵抗を続けた。

その後、ケニアでは一九九〇年にCBCが国家政策として位置づけられ、ケニア野生生物公社（Kenya Wildlife Service：KWS）がさまざまな取り組みを開始した。アンボセリ地域では、一九九二年にKWSがキマナ集団ランチ（面積二五一平方キロメートル、登録メンバー八四四人）に野生動物サンクチュアリを作ることを提案した。地域住民は当初は政府に土地を奪われることを危惧したが、観光収入への期待から一九九五年に設立に合意し、一九九六年にオープンしたキマナ・サンクチュアリは住民によって管理された。そこでKWSはそれを動物保護にたいする「地域コミュニティの完全な参加と関与」が実現した事例として広報した（KWS 1997）。この時期にはほかの集団ランチでも民間資本による観光開発が進んだ。ただ、キマナ集団ランチは期待したほどの観光収入を得られず、「地域コミュニティの完全な参加と関与」を放棄した。二〇〇〇年からサンクチュアリを外部の民間企業に貸し出すと、そのもとで観光開発が進んだことで、キマナ集団ランチの収入は大幅に増える結果となった。

一方、グローバルNGOのアフリカ野生動生物金（African Wildlife Foundation：AWF）は、生態系を保護するために住民を組織してコンサーバンシーとよばれる民間保護区を作るプロジェクトを二〇〇七年から開始した。二〇一三年六月までにAWFはキマナ集団ランチのメンバー約四〇〇人と契約し、六つのコンサーバンシーを設立した。二〇一一年からは世界的な動物愛護NGOの国際動物福祉基金（International Fund for Animal Welfare：IFAW）と連携し、オルグルルイ集団ランチ（面積一四七〇・五平方メートル、登録メンバー約三四〇〇人）と交渉をはじめた。そしてIFAWは二〇一三年七月に約一六〇〇人のメンバーと本章の冒頭で述べた「歴史的な契約」を交わし、キテンデン・コンサーバンシーを設立した。

また、アンボセリ地域で観光業を営む欧米人のなかから、NGOを設立してKWSとともに「コミュニティ主体」の保護活動をおこなう者も現れた。密猟の取締りや奨学金の提供、被害の補償など、その活動は多岐にわたるが、そうした組織のひとつが二〇一二年から隔年で開催しているのがマサイ・オリンピックである（目黒二〇一六、コラム7参照）。賞金や賞品を提供するかたわら、野生動物の経済的な価値や保護の重要性、狩猟の無意味さを教える環境教育をおこなっている。

このように現在のアンボセリ地域ではいくつものCBCが取り組まれ、具体的な利益を生み出している。けれども、野生動物が日常的に保護区のそとに出てくるために、農作物や家畜だけでなく人が襲われることもひんぱんに起きている。二〇一二年七月に家畜を放牧していた青年がバッファローに殺されたときには、政府の対応のまずさもあって数百人のマサイが報復と抗議の狩猟をおこない、バッファローだけでなくアフリカゾウなどを槍で殺してまわったことで大きな騒ぎとなった（目黒二〇一四、第六章参照）。

このように便益と被害が混在するなかでマサイと野生動物が共存しているとき、〈地域〉と〈外部〉のあいだには大きな認識のずれがある。それを次に説明しよう。

動物保護をめぐる〈地域〉と〈外部〉の認識のずれ

ＣＢＣを推進するＫＷＳやＮＧＯは住民に対して、野生動物は観光資源でありその保護は国にも地域社会にも利益と発展をもたらすと、繰り返し主張してきた。また、そうした便益を得るためには地域社会が野生動物と共存することが必要だという。そこでいう共存は、狩猟はもちろん野生動物の行動を邪魔することは一切しないで、それが国立公園のまわりの住民の土地を自由に利用することを見守ることを意味する。ある日の集会でＫＷＳの職員は、野生動物とのあいだに「友情をはぐくむ」よう住民に訴えてさえいた（写真11-2）。

写真 11-2　KWS・NGO と住民の話し合いの様子

これに対して大半の住民は、野生動物の経済的な価値を理解し観光開発にも積極的だ。しかし、彼ら／彼女らが望む動物保護とは共存ではなく分離のことであり、政府が野生動物を保護区のなかに閉じこめるか、その全周を電気柵でかこって野生動物がそとに出られないようにすることを要求している。ＫＷＳの職員が野生動物との友情を求めたときは何人もの住民が激昂し、野生動物がいかに危険であるかを主張して、その職員を猛烈に非難した。

このように動物保護のあるべき姿が〈地域＝分離〉と〈外部＝共存〉で正反対なのは、両者の野生動物についての理解が正反対だからでもある。住民は話し合いの場で繰り返し野生動物は有害で危険な存在であり、自衛策として狩猟は必要だと主張する。[2] 実際、かつてのマサイの狩猟には「男らしさ」を証明するという目的以外に、危険な野生動物を殺したり人びとの生活圏から追い払ったりする意味があったと、長老たちは語る。

それに対してKWSやNGOは、住民の側に問題があるから野生動物は人間を襲うのだといい、人びとが適切に振る舞えば危険はないし友情を築くこともできると主張する。あるいは、「家畜（牧畜）は野生動物と共存できるけれども畑（農耕）はできない」という。遊牧民であるマサイは狩猟も農耕もしてこなかったので野生動物と平和に共存できたのに、多くの住民が農耕をはじめたことであつれきが拡大したというのだ。この発言は、マサイが歴史的に狩猟をしていたことにくわえて、牧畜をおもな生業としていた過去にも獣害があったという事実、そしてマサイは日常生活のなかで危険な野生動物を狩猟するだけでなくそれと遭遇しないよう注意していた事実も無視している。[3]

4 〈地域〉と〈外部〉のあいだで語られる「マサイの伝統」

地域社会も外部組織も内部には意見の違いを抱えている。それでも大多数の住民と主要なドナーとのあいだには前節でみたような認識のずれがある。一方、最近のアンボセリ地域では、外部組織の設けた役職に就いたりそれに雇われたりする住民が増えている。そうした住民がCBCの理想的な「主体」として外部組織によって表象されることが多いが、そうして〈地域〉と〈外部〉のあいだに立つようになった住民は、はたして動物保護やマサイの伝統についてどのように考えているのだろうか。それを次にみていきたい。

保護と農耕のあいだ――オスプコ・コンサーバンシー

AWFは二〇〇八年一〇月に、キマナ集団ランチのオスプコ地域に最初のコンサーバンシーを設立した。メンバー五〇人は各自の放牧地六〇エーカー（〇・二四平方キロメートル）を提供するかわりに、毎年三万ケニアシリング（約四三〇ドル、以下の為替レートは話題の出来事が起きた時点のもの）を受け取る契約だった。最初は現金収入を喜んでいたメンバーだが、その金額の引き上げをAWFが拒否し続けると、七人のメンバーがコンサーバンシーを脱退してその土地で灌漑農耕をはじめた。そのなかには設立当初から二〇一四年まで委員長を務めた長老サンカン（以下、名前はすべて仮名）も含まれていた。

サンカン（七二歳、以下もふくめて年齢はすべて二〇一四年のもの）は過去にはキマナ集団ランチの委員長も務めた人物であり、地域のなかでも開発や援助に関する知識が豊富だった。彼は二〇〇九年に契約金の額に不満を感じはじめ、AWFに繰り返しその増額を要求した。そして二〇一四年三月に二人の妻とともにコンサーバンシーをやめた。この当時、契約金の額は年間三万六千ケニアシリング（約四〇〇ドル）になっていたが、灌漑農地として貸し出せばそれ以上の収入が得られることは周知の事実だった。実際、サンカンと彼の二人の妻はコンサーバンシーの三〇倍となる一エーカーあたり年間一万五千ケニアシリング（約一七〇ドル）の金額でコンサーバンシーに提供していた土地を貸し出している（写真11‐3）。

写真 11-3　サンカンから土地（元コンサーバンシーの敷地）を借りて耕す地元住民

サンカンは地域住民の代表として長年にわたってAWFと交渉し、電気柵の設置や補償金の支払いなどを要求してきた。しかし、自分たちが主体的に保護活動をおこなう素振りはまったく見せなかった。あくまで便益を重視する彼の態度は〈地域〉の典型のようにも思えるが、そうした行動はコンサーバンシーに残っている住民にどのようにみられているのだろうか。

サンカンのあとに委員長になったレイヤン（男性、三六歳）は、コンサーバンシーが野生動物の生息地の保護を意図していることを理解していた。また、彼自身は別の場所で農耕をしているので今後もコン

写真11-4　ゲーム・レンジャーの制服に身を包んだパルミア

サーバンシーとの契約を続けるつもりだった。その一方で、コンサーバンシーをやめて農地にするメンバーが出てくるのは契約金が少ないのだから当然だと話していた。また、住民が観光業から利益を得たり充分な補償がされたりすれば問題はなくなるけれど、それが実現できないのであれば野生動物は保護区のなかに閉じこめるべきだといい、「分離」を求めてもいた。

レイヤンは〈外部〉がめざす動物保護を理解していたが、〈地域〉でいわれるように野生動物を分離する必要性も認めていた。また、危険な野生動物が集落の近くに来れば昔は狩猟していたといい、かつての共存が外部者の考えるようなものではなかったこともわかっていた。野生動物との共存は便益と費用の両方をもたらすし、コンサーバンシーは最大の利益をもたらす土地利用ではないことを理解しているからこそ、それをやめるというメンバーの選択肢を認めていたものと思われる。

一方、サンカンの家族では彼をふくめて五人がオスプコ・コンサーバンシーに所属していたが、そのなかでただひとり、いまでもメンバーであり続けているのが息子のパルミア（三九歳）だ。彼は二〇〇〇年から現在までゲーム・レンジャーとしてアンボセリ地域で働き、いまは隊長格の職についている（写真11-4）。彼はたとえ家族が脱退しても自分はコンサーバンシーに残り、すべてのコンサーバンシーの利益となるような活動をしたいという。

そんなパルミアは、農耕は動物保護に反するという。また、観光業が発展すれば充分な現金収入が得られるのだから、農耕や牧畜よりも動物保護をつうじた観光開発に力を入れるべきだともいう。ただ、一エーカーで半年のトマト栽培が四〇万ケニアシリング（約四五〇〇ドル）を稼ぎ出すのにくらべたらコンサーバンシーの契約金は少なすぎるといい、その土地で農耕をはじめるメンバーが現れるのも当然だと語っていた。また狩猟については、「それは過去の文化だ」という以上は何も口にしなかった。

コンサーバンシーを代表するサンカンやレイヤンと違い、パルミアは保護活動を仕事としている。そんな彼は地域のなかでも動物保護に意欲的であり､観光業を強く支持する一方で狩猟と農耕を否定していた。この点で彼は〈外部〉寄りの意見をもつ住民といえるだろう。ただし、農耕が保護よりも多くの収入をもたらす環境にあってメンバーが後者から前者へと土地利用を転換していることについては、彼はそうした行動に一定の理解をしめしていた。この点で〈外部〉の理念を無条件に受け入れているわけではないことがわかる。

教育と経験のうえに作られる考え――キマナ・サンクチュアリ

キマナ集団ランチは、キマナ・サンクチュアリの土地を二〇一四年からアメリカに本部をもつオリーブ・ブランチ・ミッション（Olive Branch Mission：ＯＢＭ）に貸し出している。ＯＢＭはキマナ・サンクチュアリを調査研究の拠点にして、外部の大学生や研究者を受け入れることを計画している。そして、そうした人びとを補佐する調査助手として地元のマサイの若者を雇い、専門的に教育・訓練している。ここでは二〇一三年から雇われている三人の男性調査助手の考えをみていきたい。

最年少のカラマ（二五歳）は、中学校で野生動物クラブに所属したことで動物保護に興味をもち、卒業後には、二〇一一年から二〇一三年までＫＷＳが運営する専門学校で環境管理を学んだ。彼は野生動物が利用できる土地を確保することが動物保護としてはもっとも大切だという。また、遊牧民のマサイは伝統的な保護主義者だけれども、いまではその伝統は失われてしまったので住民の意識を高めるための環境教育が必要だともいっていた。

カラマは青年階梯に属していた時期にライオンの狩猟に参加したことがある。彼によれば、マサイは伝統的に野生動物と共存してきた保護主義者だといっても、男性はみな狩猟ができるのだ。また、法律によって狩猟が禁止されていることに賛成し、被害への報復や個体数を減らすための間引きとして野生動物を殺すことに懐疑的だというのだけれど、マサイの伝統文化としてライオンの狩猟は残すべきだともいう。そして、アンボセリ地域で活動するＮＧＯは、人間や環境を無視して野生動物のことばかり考えていると批判していた。

二人目のラライト（二七歳）は、中学校で狩猟が環境破壊であることを学んでから動物保護に関心をもつようになったという。中学卒業後には首都ナイロビの専門学校で観光マネジメントを勉強したが、それは環境保全の仕事に就職するうえで観光業の知識が役立つと考えたからだった。彼はゲーム・レンジャーによる密猟の取締りを強化すること、大量の農薬や化学肥料を使う非持続的な灌漑農耕をやめさせること、外貨獲得と地域開発につながる観光業を振興することを主張していた。また、マサイ・オリンピックはマサイの伝統にもとづくうえに環境教育をするよい機会でもあるので素晴らしいと絶賛していた。

ラライトは、小さいころにはライオンを狩猟することに憧れていたが、学校に通い続けてきたため、その経験はない。そんな彼はライオンの狩猟には何の意味もないといい、それを継続することに反対だった。と同時に、伝統的にマサイはライオン以外の野生動物はけっして殺さず平和に共存してきたという。多くの長老がマサイはライオン以外も狩猟してきたと話していると私がいっても、ラライトは自分の理解に誤りはないという。しかし彼の友人は、農耕民の母親をもち他民族が多く住む町で育ったラライトはマサイの伝統を物語としてしか聞いたことしかないため、間違った理解をしているのだろうと話していた。

最年長のキシレティ（三〇歳）は、ＯＢＭで働く以前には大学で環境学を専攻しており、三人のなかでもっとも環境や野生動物についてくわしいと自負していた。彼は大学で環境学を選んだ理由を「自然が好きだから」と説明する。そして、動物保護の理由として将来世代の教育をあげた。つまり、本や写真、動物園で野生動物を学ぶのでは不充分であり、自然に暮らしている野生動物をみて学べるよう保護しなくてはいけないというのだ。

キシレティはまた、マサイが野生動物と歴史的に共存してきたといい、それはマサイが農耕をせずに牧畜だけで暮らしてきたからだという。昔であれば家畜被害があったことを彼は認める。ただ、保護区の近くに多くの人間が暮らし畑を作るようになったことで問題が深刻化したといい、動物保護のためにそこから住民を強制移動させるべきだとも主張する。そして、狩猟はマサイの伝統文化として過去には重要だったけれども、動物保護の観点からいまでは何の意味もないといっていた。

高等教育を受けた後に今の職についた調査助手の三人は、野生動物との共存はマサイの伝統だったがいまでは失われているといい、住民への環境教育が必要と考える点で一致していた。ラライトであれば狩猟に一切の価値を認めず、キシレティであれば住民の強制移住を容認していた。それとは対照的に、ライオンを狩猟した経験があるカラマはその文化的な価値を認めるだけでなく〈外部〉の動物愛護的なアプローチを批判してもいた。教育をつうじて動物愛護の思想が人びとの言動に影響をおよぼしている事実が前二者からわかる一方、後者の例からは〈地域〉の経験が〈外部〉の倫理への批判的な視点を提供する可能性がうかがえる。

動物愛護の最前線――キテンデン・コンサーバンシーとマサイ・オリンピック

二〇一三年七月に「歴史的な契約」によって設立されたキテンデン・コンサーバンシー。キテンデンは、オルグルルイ集団ランチのなかでアンボセリ国立公園の南南東に位置する地域であり、ゾウなどの野生動物が日常的に利用している場所である。そこを農地開発からまもるため、IFAWはその地域の約一六〇〇人のメンバーと契約を結んだ。彼らは各自、オルグルルイ集団ランチが私有地に分割されたときに入手した一〇エーカーの土地を提供したのである。この契約にもとづき土地所有者は年間六千ケニアシリング（約七〇ドル）を受け取ることになっている。

IFAWは二〇一一年からアンボセリ地域で活動をはじめた。そのさいに、長年ゲーム・レンジャーとして働いてきた地元出身の男性ルディシャ（四〇代）を地域住民との連絡役として雇った。キテンデン・コンサーバンシーについて知りたいという私に対して彼はまず、「われわれは保護主義者だ」といった。そして、マサイの伝統文化は動物

写真 11-5　集落に戻り「伝統的」な装いをしているサルバビ

保護に役立つといい、二つの根拠をあげた。第一には、マサイは野生動物を食べず、何の利益もない野生動物と昔から一緒に暮らしてきたこと。それが現在では野生動物から利益を得ているのだから、マサイは保護の動機をもつようになっているという。第二には、マサイが遊牧民であること。農作物が食べられてしまうため、畑と野生動物は共存できないけれど、家畜は野生動物と同じ資源を利用しながら一緒に暮らしていくことができるという。

　こうしたルディシャの説明は〈外部〉が住民に語る内容と一致する。ただ、狩猟の経験をたずねるとルディシャは、青年のころには何回もライオンの狩猟に出かけたし、ゾウを何頭も殺したと笑顔で答えた。自分を雇用する組織の理想を語った直後に、彼はそれがもっとも敵視する行為を犯した事実を恥じたり悔いたりすることなく語っていた。ここからは、〈外部〉に雇用されてその理想を流暢に語るようになったとしても、それがすなわち〈外部〉の価値観を共有し、それが信奉する倫理に染まったことを意味しないことがわかる。

　一方、第二回マサイ・オリンピックのときにオルグルルイ集団ランチは、CBCを推進しているとして特別に表彰された。そこで集団ランチを代表したのは青年階梯のリーダーであるサルバビ（二二歳）だが、彼はロイトキトク・マサイではじめての学校に通う青年リーダーである。マサイの青年たちは慣習的に、親元を離れて自分たちの集落を作り集合生活を送ってきた。彼らのリーダーはその集落に暮らすのが慣例だが、サルバビは普段は学校に通っていて休日や必要が生じたときに集落に戻る（写真11・5）。彼がリーダーに選出されたのはこれからのマサイ社会には学校教育が必要と考えられたからで、就任のさいには国会議員なども駆けつけて盛大に祝福したという。

そんなサルバビに動物保護や狩猟についてたずねると、CBCを受け入れるかわりに地域コミュニティはKWSやIFAWから奨学金をもらっているのだから、いまとなっては文化的な価値も認められないライオンの狩猟は必要ないという。また、マサイ・オリンピックはよいイベントだともいう。なぜなら、かつてマサイの青年がライオンを狩猟していたのはほかにすることがなくて暇だったからで、それがいまでは陸上競技の練習で青年たちは忙しくなったし、いい成績をあげれば賞金ももらえるので狩猟をやめる理由は充分にあるという。また、サルバビは学校でマサイ社会をとりまく世界が大きく変化していることを学んだという。そして、伝統的な集落は残しながらすべての青年が学校教育を受けられるようにマサイ社会も変わらないといけないと話していた。

サルバビの口からは野生動物の危険性や狩猟が共存に果たす役割が語られることはなく、彼の説明はマサイ・オリンピックを主催する動物愛護NGOとかかわりがなかった。二〇一二年にひとりの青年がバッファローに殺されたとき、数百人の男性が報復のためにバッファローやアフリカゾウを殺してまわったことについても、自分がリーダーだったらそんなことはさせなかったという。ただ、人や家畜をライオンなどの野生動物からまもることはいまでも青年階梯の責務だとはいう。また、二〇一五年にはケニアの首都ナイロビでマサイ・オリンピックについてのシンポジウムが開催され、彼も講演をした。そのなかで彼は、マサイは伝統的に野生動物を食べるために狩ることをせず、遊牧民として共存してきたことを説明する一方で、現代のマサイが狩猟をやめて野生動物を保護する最大の理由は経済的な利益だといい、マサイ・オリンピックもふくめたプロジェクトへの援助を聴衆に訴えていた。そうした語りのなかでは、動物愛護者が語るような野生動物への愛着などは一言も口にされなかった。

5　「生活の便宜」としての「マサイの伝統」

前節では、〈地域〉と〈外部〉の中間に位置づけられるような住民が、動物保護のあり方やマサイの伝統をどのように考えているのかをみてきた。そのなかでは、コンサーバンシーを脱退して農地の貸し出しをはじめた長老サンカンは〈地域〉の典型といえそうだ。それに対して、原生自然保護主義を支持し住民への強権的な手段を否定しないキシレティはやや極端であるとしても、ほかの二人の調査助手（カラマ、ライト）だけでなく、サルバビも住民への環境教育が必要だと考えていたし、それ以外に取り上げた住民も〈外部〉の理解や主張に沿った発言をしており、それを支持しているかのようにみえなくもない。

しかし、彼らの発言を細かくみていくと、一概にそうとはいいきれないことがわかる。たとえば、サンカンのあとに委員長となったレイヤンも彼に同調しなかった息子のパルミアも、コンサーバンシーから離脱して自分の土地を農民に貸し出すというサンカンの選択が、収入の面で一定の合理性ないし妥当性を備えていることを認めていた。また、IOBMの調査助手で狩猟経験があるカラマは動物愛護のアプローチに批判的であったし、ゲーム・レンジャーからIFAWの職員となったルディシャや青年たちのリーダーとしてマサイ・オリンピックで表彰されたサルバビは、動物保護の動機として便益を強調することはあっても動物愛護の倫理を口にすることはなかった。つまり、〈外部〉の理解に沿った「マサイの伝統」を「正しい」こととして語るようになったといっても、それは〈外部〉と同じ価値観をもつようになったからではなく、そうすることが「生活の便宜」にかなうと判断したからだと思われる。

ここでいう「生活の便宜」とは、「生活文化の真正性」をめぐる議論のなかで松田（二〇〇九）が用いている言葉だ。それを「マサイの伝統」の文脈でいいかえると、「何が正しいマサイの伝統なのか」というwhatの水準で「真正性＝正しさ」を考えるのではなくて、「どうすればマサイの伝統が今の生活に資するのか」というhowの水準で「種々の言い分を操るプロセス」（松田二〇〇九：二一三）に着目するときに「正しさ」の判断基準となるのが、「生活の便宜」である。もちろん、住民がwhatの水準における「正しさ」をまったく気にしていないわけではない。ただ、〈外部〉がいう（whatの水準における）「正しさ」は彼ら／彼女らにとって、「生活の便宜」という目的を実現するための手段としての（howの水準における）「言い分」に過ぎないように思われるのだ。

そのように考える理由として、第一回および第二回マサイ・オリンピックで総合優勝をしたチーム（集落）が、「これでは紅茶も飲めやしない」といって大会後に優勝トロフィーの買い取りを主催NGOに求めていた事実がある。競技には本気でのぞみ、優勝すれば全身で喜びを表現し、表彰式でスポンサーが狩猟をやめるようよびかけたときには肯定的に答えていた彼らだが、大会後の生活に役立たないトロフィーには何の未練もないのだ。さらに、欧米的な発展に憧れるマサイの男性の多くが、どんなに生活が変わっても家畜（とくにウシ）は持ち続けたいといっている事実がある。彼らにとって、家畜を所有し自分で世話をすることは大切な「マサイの伝統」なのだ。そうしたとき、たとえば〈外部〉が主張する「マサイの伝統＝野生動物との平和裏の共存」は、〈地域〉の人びとが望む「マサイの伝統＝家畜の所有」にとって「便宜」となるからこそ「正しい」ものとして認められることになる。

〈地域〉は一枚岩ではなく、この章で取り上げた住民にしても「種々の言い分を操るプロセス」には個人差がある。ただ、〈地域〉の歴史や〈外部〉の思想がどうであれ、自らについての「伝統的」なイメージや言説を「便宜的」に使いながら生活を組み立てていこうとしている点は共通している。そしてまた、断固として自信をもって自己肯定的に自らの「言い分」を語る点も共通していた。たとえば、マサイ・オリンピックによってマサイの文化が変わっていくことをどう思うのかと青年たちのリーダーであるサルバビに聞くと、彼は「マサイの文化は変わっていない。尊敬という核は変わっていない」と強く反論した。

グローバリゼーションのなかで直面する価値の「正しさ」にこだわりすぎるのではなく、それがローカルな価値のために有用であれば使うし、無用であれば使わないといった「便宜的」な生き方をするマサイ。ただしそれは決して、

「遊牧民らしさ＝遊牧民としての『正しさ』へのこだわり」を捨て去ったことを意味しない。これからもマサイは変わっていくだろうし、そして同時に、マサイらしくあり続けるだろう。

註

1　本章の第一節から第三節の詳しい内容については目黒（二〇一四）を参照のこと。また、ＣＢＣやマサイについては英語を中心に膨大な先行研究があるが、ここでは紙幅の都合もありその紹介は割愛する。

2　実際には多くの住民が、野生動物のなかには無害で共存することに何の問題もない種もいることを認めている。ただ、外部者との話し合いの場では、彼ら／彼女らにとって深刻な問題をもたらす種を念頭においてこのように主張を展開している。くわしくは目黒（二〇一四）を参照のこと。

3　〈地域〉と〈外部〉のあいだにこうした認識のずれが発生する根底には、ＫＷＳだけでなく主要なＮＧＯの多くがＩＦＡＷから多額の金銭支援を受けており、思想的ないし政策的に動物愛護の影響を強く受けている事実がある（Kabiri 2010）。つまり、ここでみてきた〈外部〉の主張はＣＢＣの理念そのものというよりも、それと動物愛護の理想が合わさったものなのである。

参考文献

松田素二　二〇〇九『日常人類学宣言！――生活世界の深層へ／から』世界思想社。
目黒紀夫　二〇一四『さまよえる共存とマサイ――ケニアの野生動物保全の現場から』新泉社。
目黒紀夫　二〇一五「野生動物保全が取り組まれる土地における紛争と権威の所在――ケニア南部のマサイランドにおける所有形態の異なる複数事例の比較」『アジア・アフリカ地域研究』一四（二）：二一〇―二四三頁。
目黒紀夫　二〇一六「マサイ・オリンピックの先には何がある？――ケニア南部における『コミュニティ主体の保全』の半世紀」山越言・目黒紀夫・佐藤哲（編）『アフリカ潜在力五　自然は誰のものか――住民参加型保全の逆説を乗り越える』京都大学学術出版会、二五三―二九一頁。
Hodgson, D. L. 2011. *Being Maasai Becoming Indigenous: Postcolonial Politics in a Neoliberal World*. Bloomington: Indiana

University Press.

IFAW（International Fund for Animal Welfare）2013. In Africa, historic agreement for elephants in the creation of the Kitenden Corridor. IFAW（http://www.ifaw.org/united-states/news/africa-historic-agreement-elephants-creation-kitenden-corridor 二〇一五年八月一二日閲覧）

Kabiri, N. 2010. Historic and contemporary struggles for a local wildlife governance regime in Kenya. In（F. Nelson, ed.）*Community Rights, Conservation and Contested Land: The Politics of Natural Resource Governance in Africa*. London: Earthscan, pp. 121-144.

KWS（Kenya Wildlife Service）1997. *National Parks of Kenya 1976-1996: 50 Years of Challenge and Achievement "Parks beyond Parks."* Nairobi: KWS.

Maasai Olympics n.d. Behind the starting gun. Maasai Olympics（https://www.maasaiolympics.com/maasai-olympics-kenya-history 二〇一七年五月一一日閲覧）

Spencer, P. 2003. *Time, Space and the Unknown: Maasai Configurations of Power and Providence*. London: Routledge.

Western, D. & M. R. Wright（eds.）1994. *Natural Connections: Perspectives in Community-based Conservation*. Washington DC: Island Press.

Wijngaarden, V. 2016. *Dynamics behind Persistent Images of "the Other": The Interplay between Imaginations and Interactions in Maasai Cultural Tourism*. Berlin: LIT Verlag.

第12章 「ボーシィ」たちの「旅」の終わり
——観光業に従事する「マサイの戦士」の経験

中村香子

1 ケニアにおける民族文化観光と「マサイ」

アフリカ屈指のビーチリゾート、モンバサ。まぶしいエメラルドグリーンのインド洋と果てしなく続く真っ白な海岸はまさに「パラダイス」とよぶにふさわしく、この景観に魅了された多くのヨーロッパ人が長期のバカンスをここで過ごす。リピーターとして何度も訪れる人も多い。そして、このビーチを闊歩する「マサイの戦士」の姿は、大自然の雄大な魅力にアフリカらしいエキゾチシズムを加え、観光客の視線をひきつける[1]。

レイとタセランは、モンバサを仕事場にするベテランの「観光マサイ」である[2]。二〇一一年九月のある日、彼らはいつものようにビーチの砂の上に赤い布を広げてビーズの装身具を陳列し、その脇に腰をおろしてまばゆいインド洋の水平線の果てを眺めていた。彼らの目のまえを、ときどき水着姿の観光客が行き交う。

「ハロー、べっぴんさんたち！　アメリカのどこからですか。ぼくの店をみていってよ！」

「ハーイ、ガイズ！　今年も会えましたね。お元気でしたか」

写真 12-1　ビーチで観光客との出会いを待つサンブルの「戦士」

「そうです、ぼくたちは『マサイ』です。写真ですか。お安いご用ですよ。一緒に撮りましょう」

二人とも学校教育は受けていないが、彼らの英語はとても流暢だ。全身をビーズの装身具で飾りたてた「伝統的」な「マサイの戦士」に英語で話しかけられれば、観光客はちょっと奇妙に感じるに違いない。彼らは英語だけでなく、ドイツ語やフランス語やイタリア語、ときにはヘブライ語まで使いこなしながら観光客とやりとりする。彼らの仕事は観光客にビーズの装身具を販売することと、リゾート・ホテルをまわって「マサイ・ダンス」を披露することである。八〇〇キロメートルも離れたケニア北部の半乾燥地から彼らがここに出稼ぎに来るようになって、もう一〇年近くになる。

天然の鉱物資源がとぼしいケニアは、国内総生産のおよそ九・八%（二〇一六年）を観光収入が占める観光立国である。[3] 看板商品は、サバンナの景観とそこに生息するゾウやライオン、サイ、キリンなどの野生動物と広大な大自然と共生しながら生きる「伝統的」で「野性的」な「マサイ」の姿である。また、モンバサとその周辺に広がるインド洋のビーチリゾートには主としてヨーロッパから多くの滞在型の観光客がリピーターとして何度も訪れる。

ケニアで「マサイ」として観光業にたずさわっている人びとのなかには、じつはマサイ（Maasai）だけではなく、サンブル（Samburu）とよばれる別の民族の人びとも多数含まれている。ともにウシに高い価値をおく牧畜民であり、歴史を遡れば起源を同じくしていると考えられている。マー（Maa）語という共通の言語を話し、「戦士（モラン）」

とよばれる未婚の青年層の存在や、「戦士」がダンスのなかで高くジャンプをすること、赤い布を好んで身にまとうこと、カラフルなビーズを多用した装身具を身につけることなど、二つの民族には共通点が多く、多くのケニア人も両者を区別しない。レイもタセランもサンブルである（写真12-1）。

彼らは、「伝統的」で「美しき野性人」という「マサイ」に対するステレオタイプなイメージを利用しながら、どのように商売をおこなっているのだろうか。そもそも国際観光というグローバルな産業にたずさわるためには、高度な外国語力や損益の計算能力が必要になってくる。こうした能力は彼らの売り物である「伝統」や「野性」とは相互に矛盾する。本章では、外国資本の高級ホテルの「搾取」ともよびうる低額の報酬に抗いながら、観光客と直接やりとりしつつ観光の現場で働く人びとが、いかなる経験をし、また、その経験をとおして、自らの世界観をどのように再構築しているのかをみていきたい。

2 サンブルの「戦士（モラン）」をとりまく社会状況と出稼ぎ

サンブルやマサイの人びとの生業である牧畜業とは、牧草を求めて移動しながら家畜を繁殖させ、そのミルクと肉を消費するという生き方だ。彼らは、必要に応じて家畜の一部を売却するが、それと同時に出稼ぎによって現金収入を得ていることも多く、観光業への参与も重要な位置を占めている。近年のサンブルの人びとをとりまく社会的な状況についてみておこう。

サンブルの男性は、一五～二五歳になって成人儀礼（割礼）を受けるまでは「少年」、割礼を受けてから二五～三五歳で結婚するまでは「戦士（以下、モランと記す）」、結婚後は「長老」とよばれる。つまりモランとは成人しているが未婚の青年たちのことであり、男性であれば誰もが割礼後にひとつの年齢組に所属してモランの時代を過ごす[4]。モランである期間は人によって異なるが、長い人では約一五年である。誇り高きモランは「食事を女性とともにとらない」「女性の目にふれた食べ物を口にしない」という厳しい規則を遵守し、派手な装身具を身につけ、ダンスと恋愛に明け暮れて過ごす。モラン期は華やかな青春期である一方で、長老会議で決定される結婚開始儀礼がおこなわれるまで、結婚することがゆるされていない。従来は、ほとんどの人がモラン期を謳歌し、自分たちより年少の男性たちが割礼を受けてモランとなる時期が来たら、結婚してモランから引退してきた。

しかしながら、近年では学校教育が急速に普及し、人びとの価値観が大きく変容している。モラン期というのは楽しく誇らしい時代であるが、働き盛りの青年が一〇年以上もダンスと恋愛に没頭して過ごすことは「時間の無駄」であると考えたり、食事や結婚を制限する規則を不自由に感じたりする人が増えた。こうした意識の変化と同時に現金経済も普及し、牧畜業だけに依存して生計をたてていくことが困難になった。そして一九八〇年ごろから、首都のナイロビや海岸のリゾート地モンバサに出稼ぎに行く男性が増え始めた。

3　ビーチリゾート・モンバサで働くサンブル

サンブルが観光業に初めて参与したのは、一九六〇年代後半といわれている（ブルーナー 二〇〇七）。当初は、観光事業をおこなう欧米人がサンブルの村にやってきて、外見の美しい人びとを幾人か選んで連れて行き、ナイロビ近郊で観光客向けのダンスショーに出演させていたという。この当時、観光業はごく限定された人びとの仕事だった。しかし一九八〇年代にサンブル自身がモンバサという活動拠点を開拓して以来、多くの人びとにとって観光業が主体的に参加できる現金稼得手段のひとつとなった（中村 二〇〇三、二〇〇七）。

故郷から八〇〇キロメートルも離れたモンバサは、物理的にも、そして精神的にも遠い異郷である。見慣れた故郷の乾いたサバンナとはまったく異なる景観、暑く湿気を含んだ空気、見知らぬ植物、異なる民族や慣れない食生活、マラリアの恐怖……。人びとは、モンバサの北にあるムトゥワパという小さな町にひとつのコミュニティを築いて暮

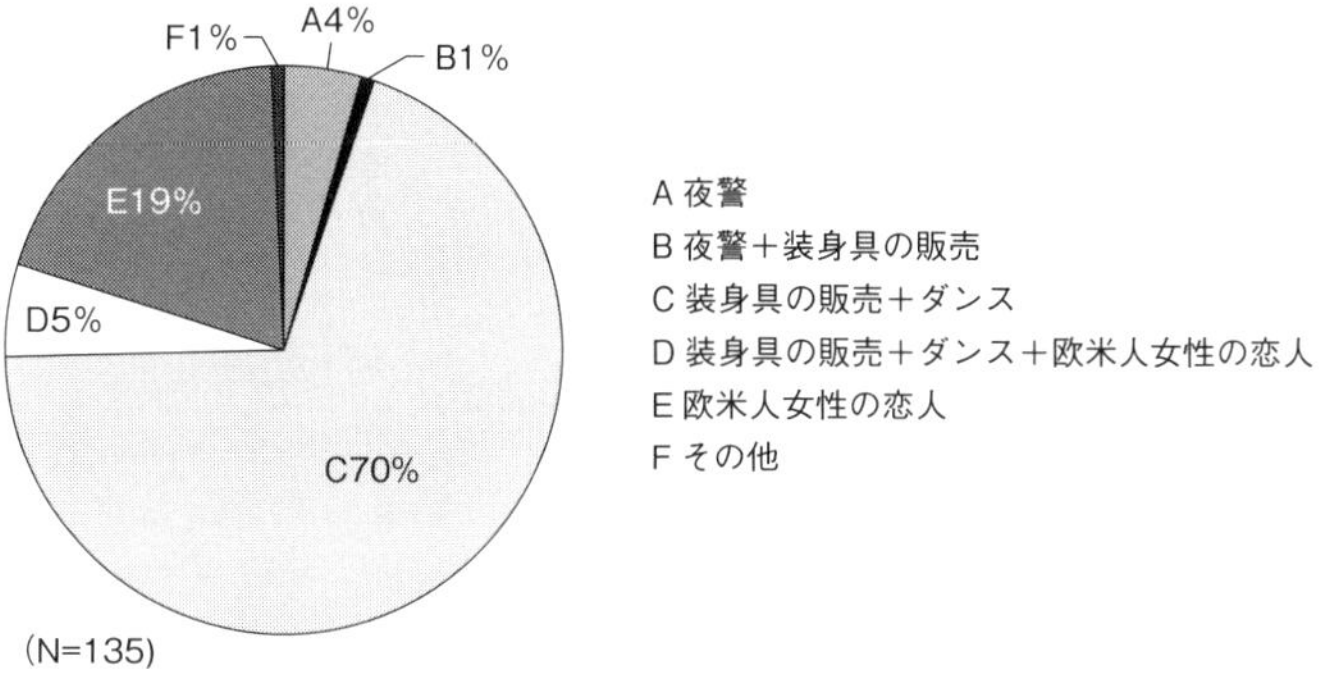

図 12-1　モンバサでのモランの仕事

らしている。二〇〇二年のある日、ムトゥワパ周辺には一六四人のサンプルが居住していた。そしてそのうち一二・二%（二〇人）が長老期の男性で、八二・三%（一三五人）が当時のモランであるモーリ年齢組の男性だった。残りの五・五%（九人）は長老期の男性の妻である。図12‐1は、一三五人のモラン期の男性がおこなっていた仕事の種類と人数の割合を示している。夜警が四%を占めている。治安の悪いケニアで夜警という仕事は、強盗に襲われる危険といつも背中合わせであるにもかかわらず、もっとも薄給な仕事のひとつだ。しかし、過去に仕事をした経験がまったくなくても、また、学校教育を受けていないために英語やスワヒリ語が理解できなくても、この仕事は問題なくできる。初めてモンバサに出稼ぎに来た人は、たいてい最初はこの仕事につく。しばらく夜警をしながらお金を貯めて、販売するための装身具を少しずつ買い集める。あるていど装身具が集まったら、その販売を少しずつ開始する。販売が順調になってくると夜警をやめて、ホテルのダンスショーに出演する仕事と装身具販売とを組み合わせるようになる。こうしたモランがもっとも多く、全体の七〇%を占めていた。次の段階では、装身具販売とダンスの仕事に「欧米人女性の恋人」を組み合わせる者が出現する。「欧米人女性の恋人」を「仕事」とよぶことには語弊があるかもしれないが、これについては後述する。

4 ダンスショー出演と装身具販売

一週間の働き方

表12-1は、二〇一二年の調査時に装身具の販売とホテルでおこなわれる「マサイ・ダンス」のショーに出演する仕事を組み合わせていた人びとの一週間の仕事場を示している。冒頭のレイとタセランもこの組み合わせで仕事をおこなっていた。この働き方をしている人はたいてい、朝から夕方まではビーチで装身具を売り、夜は曜日ごとに決まったホテルのショーに出演する。水曜日と木曜日は貸し別荘が立ち並ぶ一画にあるショッピングモールの駐車場にマーケットがたつので、ビーチで販売するかここで販売するかを選択する。彼らはダンスショーに出演する仕事のために、「サンブル・ダンサー協会（Samburu Dancers' Association）」というグループをつくってホテルと契約している。[5]二〇〇二年の調査時点には一〇前後のホテルと契約を結んでおり、それぞれのホテルが週に二〜三回のショータイムをもっていたため、グループのメンバーはいくつかに分散して参加していた。しかし、二〇一二年九月の調査時点ではイスラム過激派が関連するいくつかの事件が起きるなど、治安が悪化した影響を受けてケニアを訪れる観光客数が激減した。このため、多くのホテルがショーの開催を見合わせており、サンブルが契約を結んでいるホテルのうち、ショーをおこなっていたのはわずかに五つのみだった。こ

表12-1　装身具販売とダンスショー出演の仕事場（2012年）

	朝〜夕	夜
月	ビーチで装身具販売	Aホテル（2,000シリング）
火	ビーチで装身具販売	
水	ビーチで装身具販売 ショッピングモールの駐車場で装身具販売	
木	ビーチで装身具販売 ショッピングモールの駐車場で装身具販売	いずれかに参加： Bホテル（3,000シリング） Cホテル（隔週、2,000シリング） Dホテル（月1回、2,000シリング）
金	ビーチで装身具販売	Eホテル（2,000シリング）
土	ビーチで装身具販売	
日	ビーチで装身具販売	

のなかには、以前は最低でも週に一回は開催していたショーを、月に一～二回に制限していたものもあった。しかも三つのホテルが木曜日の同じ時間帯にショーをおこなっていたため、人びとにとってホテルのショーへの参加機会は著しく限られていた。ショー出演に適切な人数は二〇人前後であるため、グループの中心メンバーが、その場その場で参加者の調整をはかっていた。

ホテルのダンスショーに出演

たいていのホテルではディナーのあとにショータイムがある。多くのショーは、モンバサ周辺に居住するほかの民族によるアクロバットショーや太鼓ショーなどのパフォーマンスも含んでいる。「マサイ・ダンス」が占める時間は二〇～六〇分であるが、待ち時間などを含めると二～三時間は拘束される。ダンスは、故郷で誰もが踊ったことのある曲目をショーのために短くアレンジして客席に向かって踊るもので、初めて出稼ぎに来た人でも練習することなくすぐに参加できる。

報酬は毎回、グループに対して定額が支払われる。その額は、二〇一二年の調査時点では二～三千シリング（日本円で約二～三千円）で、二〇〇二年からまったく値上げされていなかった。二千シリングを二〇人で分ければ、ひとりあたり日本円で一〇〇円にしかならず、搾取ともよびうるほどに安い。にもかかわらず、彼らがこの仕事をおこなうのには理由がある。すべてのホテルがショーのあとに二〇分間ほど、ダンサーがもちこんだ装身具を観客に販売することを許可しているからである。この販売にはホテル側はいっさい関与せず、観客との直接交渉で価格が決まり、売り上げはすべてダンサーのものとなる。

二〇一二年八月三一日（金）にBビーチホテルでおこなわれたショーの事例から彼らの収入をみてみよう。彼らの出番は午後一〇時から三〇分間だったが、一時間以上まえからホテルの裏口で待機していた。参加者は少なく一四名だった。ショーの終了後にホテルからグループの代表者にその日のダンスの報酬として二千シリングが支払われた。

また、観客のひとりがグループに対して四〇〇シリングのチップを与えた。終演後の装身具販売では、ダンサーAがキーホルダーを一五〇〇シリングで、ダンサーBがミニチュアの槍を八〇〇シリングで販売した。そのほかの人びとは何も売れなかった。すなわち、この日に一四人が稼いだ金額は合計四七〇〇シリングである。

「サンブル・ダンサー協会」は、装身具を販売したメンバーから売り上げの二〇％を徴収する。彼らはこれを英語の「セールス（sales）」をサンブル語化させて「セルス（*sels*）」と呼んでいる。ダンサーAは三〇〇シリング、ダンサーBは一六〇シリングをグループに支払った。集められた「セルス」はそのままグループの銀行口座に貯蓄することが原則である。このグループには会長と書記、会計という三つのポストがある。二〇一二年、タセランはメンバーの投票によって会長に選ばれていた。彼は、多くのものに売り上げがなかったこの日は、ダンス報酬の貯蓄はしないと判断した。ダンス報酬とチップと「セルス」の合計二八六〇シリングが、ダンサーAとB以外の売り上げのなかった一二名に等分され、ひとりあたりの収入は二三八シリングとなった。当時の場末の食堂での一食は約一〇〇シリングであることを考えるとこの報酬はとても少ない。またこのホテルは彼らの多くが住んでいたムトゥワパから離れていて、バス代は往復で六〇シリングかかったが交通費の支給はない。

ビーチでの装身具販売

ホテルのショーのあとだけでなく、彼らはビーチでも装身具を販売している。ホテルでの販売時間はわずか二〇分間に限られているが、ビーチでは早朝から日没まえまで、自分の好きなときに好きなだけ販売することができる。ただし、彼らが販売活動をしているのは高級ホテルのプライベートビーチであり、ここに入って販売することに対する許可を、まずケニア政府から取得する必要がある。発行された販売許可証には、商売をおこなってよいビーチの区画が指定されている。[6] 彼らはそこに赤い布を広げて商品を並べ、行き交う観光客に対して販売するのである。たいていの観光客は見向きもしないで通り過ぎるが、なかには「マサイ」に興味をもち話しかけてくる人びとがいる（写真12－2）。

「あなたはマサイですか。とても美しい衣装ですね。写真を撮ってもいいですか」
「私はサンブルです。われわれとマサイは兄弟のようなものです。何か買ってくれるなら、写真を撮ってもいいですよ」

マサイの文化に興味をもつ観光客は、故郷はどんなところなのか、家族は何人いるのか、学校には通ったのかなど、さまざまな質問を投げかけるという。そしてときには会話がはずみ、携帯電話の番号や住所を交換したり、食事に誘われたり、夜、ムトゥワパの街のバーで会う約束をすることもある。そしてその後、友人関係や恋人関係に発展することもある。しかし、そのような発展的な出会いは何ヵ月かに一度あるかないかのごく稀な出来事である。たいていは朝から夕方まで行き交う観光客を観察し、あれこれと喋りながら過ごしている。レイとタセランぐらいのベテランになると、驚くほどにさまざまなことを知っている。行き交う観光客ひとりひとりをつぶさに観察し、出身国、誰と来ているのか、いつまで滞在するのか、初めての訪問なのか毎年訪れているリピーターなのか、といった情報をお互いに交換しながら把握している。

写真 12-2　観光客に頼まれて一緒に写真を撮るモラン

二〇一二年八月二九日から九月二日までの五日間、ビーチで装身具販売をおこなっているレイに密着して彼の収入を調査した。この五日間、レイは毎日、朝から夕刻まではビーチの自分の場所に小さなテーブルを設置して店を開いていたが、ブレスレットがひとつ四〇〇シリングで売れただけだった。そのほかには、写真を一緒に撮ることで一五〇シリングのチップをもらい、また、イギリス人の恋人をもつキクユ（ケニアの民族）女性にべルトにビーズの飾りをつけてくれと頼まれ、ビーチで販売活動をしながらこの作業をおこなって二〇〇シリングの報酬を得ただけであった。金曜日にはBビーチホテルのダンスショーに出演したが、その報酬は、参加者のなかでダンサー協会のメンバーシップをもっているものだけで等分されたため、メンバーシップをもたない彼は報酬を受けることができなかった。ダンス後に装身具は売れなかったので、往路のバス代三〇シリングの赤字となった。帰りは歩いた。翌日は、欧米人女性の恋人をもつ仲間が五〇〇シリングをくれ、その翌日はその恋人本人が五〇〇シリングくれた。この五日間の彼の収入を合計すると一七五〇シリングである。調査時点で、ナイロビやモンバサで夜警をしていた人の月給の相場は約一万シリングであり、これを日給換算にすると五日間で一六六七シリングとなる。レイが稼いだ一七五〇シリングは夜警の仕事とほぼ等しい金額だった。

5 「ボーシィ」——欧米人女性の恋人業

欧米人女性の恋人がいる人を、彼らは「ボーシィ (*boosi*)」とよぶ。親分や上司を意味する英語の「ボス boss」をサンブル語化させた単語である。故郷では、同じ年齢組に所属する人びとの平等性が強調される。そのため、そうした仲間へのよびかけに露骨な上下関係を示すこの語を使うことには、よびかけられる相手とよびかける自分自身に対する皮肉が十二分に込められており、この関係のなかで施された金品による恩義のすべてを、冗談をこめた「遊び」として扱っているようにも感じられる。しかし、ボーシィたちが現実に手にする現金は、彼らがこれまでに経験したことのない規模になることもしばしばである。そしてそれを羨ましく思う誰もが、自分にもいつかボーシィとよばれる幸運な日が訪れることを夢みながらビーチに座っているのである。

表12-2は、七人のモランが九日間に得た収入を示している。とても難しい調査だが、信頼できる七人に毎日の収入を昼と夜に確認した調査の結果である。ひとり一日あたりの収入は、ダンスショーが三三一・五シリング、装身具の

表 12-2　装身具販売とダンスショー出演の仕事（9 日間の収入）

		モラン 1	モラン 2	モラン 3	モラン 4	モラン 5	モラン 6	モラン 7	合計
12 月 26 日	ダンスショー	0	0	0	0	0	0	0	0
	装身具の販売	0	0	0	0	0	0	0	0
	その他	2,000	0	0	0	0	0	0	2,000
12 月 27 日	ダンスショー	0	0	0	0	0	0	0	0
	装身具の販売	750	700	0	0	790	0	0	2,240
	その他	0	0	0	0	0	0	0	0
12 月 28 日	ダンスショー	0	0	0	0	0	0	0	0
	装身具の販売	0	0	1,150	3,680	0	0	0	4,830
	その他	0	0	0	0	0	0	0	0
12 月 29 日	ダンスショー	0	0	280	0	0	0	0	280
	装身具の販売	1,210	500	0	0	0	0	0	1,710
	その他	0	0	0	0	0	0	0	0
12 月 30 日	ダンスショー	0	0	0	0	0	0	1,770	1,770
	装身具の販売	0	0	0	0	0	0	0	0
	その他	0	0	0	0	0	0	0	0
12 月 31 日	ダンスショー	0	0	0	0	0	0	0	0
	装身具の販売	110	0	0	0	0	0	0	110
	その他	0	0	0	0	0	0	50,000*	50,000
1 月 1 日	ダンスの給料	0	0	0	0	0	0	0	0
	ダンスショー	0	0	0	0	0	0	0	0
	その他	0	0	0	0	0	0	0	0
1 月 2 日	ダンスショー	0	0	0	0	0	0	0	0
	装身具の販売	1,940	160	400	0	40	0	0	2,540
	その他	0	0	0	0	0	0	0	0
1 月 3 日	ダンスショー	0	0	0	0	0	0	0	0
	装身具の販売	430	400	0	0	200	250	0	1,280
	その他	0	0	0	0	0	0	0	0
合計	ダンスの給料	0	0	280	0	0	0	1,770	2,050
	装身具の販売	4,440	1,760	1,550	3,680	1,030	250	0	12,710
	その他	2,000	0	0	0	0	0	50,000	52,000
	総計	6,440	1,760	1,830	3,680	1,030	250	51,770	66,760
	1 日平均	716	196	203	409	114	28	5,752	1,060

注：単位はケニア・シリング（1 シリング＝ 1.5 円）。2003 年 12 月の換算レート。
　* 欧米人の友人（女性）からの贈与。

売り上げが二〇一・七シリングだった。装身具販売には写真撮影のチップも含まれている。これを月収に換算すると七〇二六シリングである。この調査をおこなった二〇〇三年は二〇一二年とは物価が異なっており、夜警の月給の相場は約五千シリングだった。注目すべきは、七人の全収入の七八％は、ひとりのボーシィがイタリア人女性からもらった「お年玉」の五万シリングが占めていたことである。彼はその後、数日間にわたり、食堂やバーに集まってくるサンブルの人びと全員の飲食代を支払うなどの大盤振る舞いを続けた。

前述したレイの五日間の収入にも、友人が欧米人女性の恋人から得た大金の「おこぼれ」が含まれていたが、こうした大金が多くの人に分配されることによって、人びとはかろうじて不安定かつ少額の報酬しか得られない観光業を続けることができているという厳しい実状がうかがえる。つまり、欧米人の恋人・友人からの直接的な支援が彼らの観光業を成立させているのである。彼らは言う。

「たとえその気がなくても、ビーチに毎日すわっていれば、欧米人女性は向こうからやってくる。その女性がカネをもっているかどうか、それが問題だ」

彼らと継続的な恋人関係をもっている女性のほとんどは五〇～七〇代の高齢のヨーロッパ人である。彼女たちの多くは、すでに子育てを終え、仕事からも引退して悠々自適の老後生活をおくっている。単身もしくは女性同士でバカンスに来ていることから察すれば、夫とは離婚か死別している人も多いだろう。さらに毎年長期のバカンスを楽しむような富裕層だ。彼女たちは「文明社会」である自国で何不自由のない暮らしをおくり、残された時間と富をどう使おうかと考えている。こうした女性たちにとって「マサイの戦士」の放つエキゾチックな魅力は、それまでの人生では出会ったことのない鮮烈なものに違いない。モンバサでサンブルの「戦士」に出会い、ひと目で恋に落ちたスイス人女性が、その後の結婚生活にいたる実体験を綴った自伝的小説『マサイの恋人』（ホフマン 二〇〇二）は、世界中の女性から一定の共感を得てベストセラーになり映画化もされた。モンバサで「戦士」と恋人関係をもつ女性たちの多くは、人生のなかばを過ぎて想像もしていなかった刺激的な「恋に落ちて」いるようにみえる。

一方、モランたちの目的は金品だ。なかには本気で恋愛をして結婚する人もあるが、これはごく例外的である。ほとんどの場合、彼らはきっぱりと「カネのためだ」と言い放つ。そして、「欧米人女性といっても、自分たちと同世代の若い女性はカネをもっていないのでだめだ。高齢女性のほうがいい」と言い、自分の母親と同じかそれ以上の年齢の女性と正式に結婚してケニアで婚姻届けを出すことも厭わない。そして、恋人になった女性が求めているものを与えようと懸命に努力する。ある元ボーシィは自嘲の笑みを浮かべながら言った。

「恋人として寝食をともにするだけじゃない。ボディガードの役割もするし、ただ連れて歩かれるだけの犬の役割もする。マッサージもするし、買い物にも行く。料理もするし掃除もする。ボーシィ稼業は楽じゃないよ」

ほとんどの欧米人の恋人たちは、自国とケニアの二重生活をおくっている。バカンスの長さはひとそれぞれだが、多くの女性は一年の半分以上はモンバサを留守にしているため、この期間に恋人から「どれだけ引き出せるか」にボーシィとしての力量がかかっている。一定以上の信頼関係を構築していなければならないし、そのうえで、いくつかのウソもつきながら恋人が帰国したのちにも、「送金」という形で収入を得なければならないのである。「故郷の母が病気なので治療費が必要だ」「弟や妹を学校に通わせたい」などは常套句である。恋人の帰国中もある程度の送金が得られるようになったボーシィは、ビーチで装身具を売ったり、ホテルのショーに出たりすることは少なくなる。そしてそのような安定した恋人をもつようになってようやく、真のボーシィといえるのである。さらに、女性たちが一定期間しかケニアにいないことを利用して、複数の恋人を同時にもつ「やり手」のボーシィもいる。

一般の観光客にダンスや装身具などの「伝統」を売ることから一歩退いたボーシィには独特のファッションがある。彼らは、赤い布とビーズをもう身につけない。恋人からプレゼントされた高級ブランドのデニムとTシャツ、そしてスポーツブランドのスニーカー、そして、もっとも目を引くのが「黒い長髪」とよばれている髪型だ。ふつうのモランは、赤く染めた髪を伸ばして編み込むが、この赤い染料は酸化鉄と油をまぜたもので衣類に付着するとなかなかとれない。欧米人女性との暮らしのなかでこれは問題になる。そこで、彼らは赤く染めることはせず黒い髪（多くの場合は付け毛）のまま編み込んだ髪型をつくっているのだ。これは「伝統的」で「野性的」な「マサイの戦士」のシンボルである長髪を維持しながら、欧米人女性の恋人との暮らしに合わせるためにボーシィたちによって編み出されたまったく新しいヘアスタイルである。

6　ボーシィに対するアンビバレントな評価

欧米人女性をうまく騙して大金を手にしたり、パスポートを取得して彼女たちとともに欧米に行ったりするボーシィは、モンバサで働くほかのモランにとって憧れの存在である。恋人から高額のカネを引き出すことができるボーシィは、知恵のある男としてモンバサで働く仲間たちから評価される。そしてその「功績」は故郷にまで広く知れわたり、故郷でも彼らの武勇伝はいきいきと語られる。

たとえばモーリ年齢組のレティアがスイス人女性と結婚して「一日に三台の車を買ってもらった」ことをサンブルで知らない人はいない。その後、レティアはその車を元手にして乗り合いバスの会社をおこした。自分の母親世代の女性と性関係を含む固定的な関係をもつことや、あることないことを口先で言いながら金品を騙しとることについての倫理は、相手が「欧米人である」という理由でひとまず不問にされているようだ。[7] どちらかといえば、ボーシィの家族や親しい友人を含めて、多くのサンブルの人びとは彼らの武勇伝に少なからず「胸のすく」気分を味わっている。

また、ケニアを離れて欧米で生活している人びとの様子も広く語られている。モーリ年齢組のポリは、同年代のイギリス人女性とビーチで恋に落ちて結婚した。相手の女性は若くてポリの子どもを出産したことから、彼はほかのボーシィとは違って「仕事」ではなく本当の恋愛と結婚をしたと語られていた。イギリスに渡ったポリは運転免許を取得して、トラックの運転手として必死に稼いだ。「彼はイギリスで一時間に一五〇〇シリングも稼いでいるらしいが、イギリスではトマトひとつが二〇〇シリングするらしい」といった噂がモンバサだけでなく故郷中に広まった。

モランの恋人である欧米人女性のなかには、ケニアに滞在中に恋人の故郷の地を訪れたいと思う人も少なくない。恋人を連れてボーシィが帰郷するさまは、まさに「凱旋パレード」のごとくものものしい。恋人が借りた大きな四輪駆動車に乗り、あか抜けた高級ブランドのファッションに身を包み、両親や兄弟たちへの山のような土産物を抱えて帰ってくる。親も自分の息子が大臣にでもなったかのような誇らしい気分で歓迎する。しかし、息子も恋人も母の家には宿泊しない。家畜とともに暮らす母の小さな家には電気も水道も、ガスもトイレもなく、ノミやダニの恐れもあるからだ。彼らはごく短時間そこに滞在するだけで、街のロッジに宿泊し、街のバーで誰彼なく酒や食事を豪勢に振る舞って数日過ごし、またモンバサに帰っていく。ボーシィのこうした派手な「凱旋」は故郷の人びとに「モンバサでの成功」のイメージを植えつけ、モンバサに行ったことのないモランたちに、自分も一度行って運試しをしてみたいと思わせる。モンバサに行き、運よくボーシィになれれば「向こう岸」に渡ることができ、大金を自由に使う欧米人に生まれ変わったかのようなまったく異なる人生が待ち受けていると思い込ませるのである。

しかし現実には、ボーシィになれる確率は低いうえに、ボーシィ稼業を継続することは想像以上に困難である[8]。恋人が帰国しているあいだのボーシィたちには、仕事とよべるものはない。この期間は故郷に帰って牧畜業に従事するのが懸命な策だが、そんなことをしているボーシィはいない。ボーシィの仲間同士でたむろし、ほかの人びとがビーチで仕事をしている昼間も、たいていは街のバーに入り浸ってビリヤードをしたり酒を飲んだりして過ごしている。そして、携帯電話を使って恋人とコミュニケーションをとりながら、送金を得るたびに人びとに大盤振る舞いをする。ボーシィの「威信」は、恋人からどれだけ大金を引き出したかに大きく関わっているので、その額を秘密にしてすべてを故郷の家族に送金し、モンバサの誰にも振る舞わないわけにはいかないし、カネはまたすぐに得られると思うと故郷への送金は後回しになる。自慢げに大盤振る舞いを続ければ、どんな大金でもすぐになくなってしまうし、恋人たちも幾多のウソに疲れて関係を終わらせようとすることもある。さらに悪いことには、毎日バーに入り浸るためにアルコール中毒になってしまうこともある。恋人に去られ、中毒症状を抱えたボーシィのなれの果ては、目もあてられないほど惨めなものである。

あるとき、ボロボロの汚れた服を着て、ムトゥワパのバーの入り口で酔いつぶれて地面にしゃがみこんでいる二人の男を指して調査助手が私に言った。


あの男たちがほんの数年前、どれだけのものを恋人からもらったか知っているか？　右の男は毎週五万シリング以上の送金を何年にもわたって受けていた。彼のあだ名は『バルノッティ・レ・ンピト（*lbarnoti le mpito*）』だ。『切れない糸の男』という意味だが、彼は複数の恋人をもち、彼のカネは『ピト』（ウシまたはバッファローの背骨沿いにある腱から作る糸）同様に決して途切れなかった。しかしいまでは一文無しだ。そして左、あれが一日に車を三台もらった有名な男、レティアだ。いまは自転車一台どころか、ポケットに二〇シリングさえないだろう……。


驚いた私が彼らのほうをみると、ひとりがうつろな目で笑いながらこちらをみて、何やら英語で話しかけてきた。呂律がまわっておらずよく理解できなかったが、白人女性を誘惑するような言葉だったので、彼らがまだ夢から醒めていないということだけが理解できた。

このように堕落したボーシィを、人びとは「なぜ彼はあれだけの大金のたった一割でもいいから故郷に仕送りができなかったのか」「恋人からの送金を得たあと、一度でも家畜を増やすことにそのカネを使わなかったのはなぜか」という論調で批判する。大盤振る舞いの果てに落ちぶれてしまう元ボーシィは決して珍しくないどころか、ほぼ全員が最終的には一文無しになってしまう。イギリス人の若い妻とイギリスで暮らしていたポリも、その後に離婚して、二人の子どもを妻のもとに残して帰郷した。彼は持ち帰ったカネで故郷に大きな石の家を建てようと試みたが、酒におぼれて散財してしまい、建設途中の家の土台だけが残った。

サンプルの人びとは、モランの時代にはモランとして着飾って過ごし、自分たちより年少の少年たちが割礼を受けてモランになる時期が近づけば、次々に結婚し、モランの時代を終えて「長老」となる。そして今度は、家族と家畜群の繁栄のために生きていく。このように年齢組の仲間とともに人生のステージを鮮やかに変化させてゆくことが「まっとうに生きる」ことであり、その価値観は現在も維持されている。モーリ年齢組の男性たちの結婚を開始する儀礼は二〇〇三年におこなわれ、その後、二〇〇五年にキシャミ年齢組がモランになる儀礼がおこなわれるまでに、モーリ年齢組の大多数の男性は結婚してモランを卒業した。そして、それから一〇年が経過した二〇一三年には、故郷では結婚していないモーリ年齢組の男性はほとんどいなくなり、みな複数の子どもをもっていた。年長の子どもたちは成長し、すでに割礼も遠くない時期を迎えている。モンバサに出稼ぎに行く人の多くは、モーリ年齢組からキシャミ年齢組へと切り替わっていた。前述した「サンブル・ダンサー協会」のメンバーの世代交代も進み、モーリ年齢組は半数の一〇人となった。その全員がボーシィか元ボーシィである。モンバサから帰郷せずに、いまだに結婚もしていない彼らは、モランではないが、まだ「長老」にもなっていない。人生においてやるべきことをやっておらず、いるべき場所にたどりつけていない彼らは、故郷の人びとから「モンバサの迷い人」とよばれ、嘆きや蔑みの対象となってしまう。

7　ボーシィたちの「旅」の終わり

さて、冒頭でインド洋の彼方をみつめていたレイとタセランの人生はどのように展開しているだろうか。彼らは二人ともモーリ年齢組である。レイがモンバサに来たのは二〇〇三年、タセランはレイより二年はやく、二〇〇一年からモンバサに来ている。二〇一一年時点で彼らは二人とも未婚だった。二人ともかつてはボーシィだったこともあるが、それはごく短期間だけで、大きく稼ぐことはなく終わったという。いつの日か、もっと稼がせてくれる欧米人女性と出会えることを思い描きながらモンバサでの暮らしを続けてきた。しかし、チャンスがなかなかめぐってこない。

タセランは「ダンサー協会」の会長という役職についており、仲間たちから一定の信頼を得ている。しかし、彼がモンバサで手に入れている地位と威厳はモンバサでのみ通用するものであって、故郷に帰れば彼もやるべきことをやっていない「迷い人」である。そうであればこそ、よけいに故郷に足が向かなくなり、タセランは二〇一一年時点で五年以上帰郷していなかった。

二〇一二年、モーリ年齢組のひとつ下のキシャミ年齢組が結婚し始めたころ、タセランは、何も喋ることができなくなるぐらいに悩んでいた。どんなときも穏やかな微笑みで出迎えてくれた彼が、眉間にしわ寄せながら私とはもちろん、ほかの誰とも目を合わそうとしなかった。そしてその数ヵ月後、彼は決意して帰郷した。六年ぶりに故郷の地を踏んだ彼は四二歳になっていた。親族や年齢組の仲間はタセランの帰郷を歓迎し、彼を結婚させずにはモンバサに帰さないと相手探しに奔走した。多くの人びとの支援を得て、彼は結婚することができ、その後しばらくは故郷で暮らしたが、妻が出産するとまたモンバサに戻って仕事を続けた。かつての彼は「向こう岸」だけを見つめ、一二年間にわたって故郷を振り返らずに生きてきた。しかし、妻と子どもを得てからは、観光客の少ないオフシーズンにはビーチに行かずに、モンバサの町で夜警の仕事をするようになった。モンバサに出稼ぎに来る人びとの「キャリア・パス」のなかで最下層にあたる夜警を、「ダンサー協会」の会長をつとめる彼がおこなうようになったのである。これは人びとにとって大きな驚きだった。

ほぼ毎日、タセランとともにビーチに座り続けてきたレイにとって、タセランのこの変化はこのうえない刺激となった。そしてレイも、タセランを追うようにして故郷で結婚した。そして二人ともが、少額でも毎月家族に送金を始めた。彼らはもはや「迷い人」ではない。母親たちは泣いて喜んだ。

タセランと同じ地域出身で彼よりひとつ下のキシャミ年齢組のバルは、二〇〇九年からモンバサで二年間働き、タセランよりも先に帰郷して結婚していた。彼はモンバサで生活を始めるにあたり、タセランにはずいぶん世話になったという。バルは、その二年間の経験を私にこのように語った。

私は二年間で一一頭のヒツジを買うことができた。[9] モンバサは、私にとっては悪いところではなかった。なぜなら一〇〇シリングで仕入れたビーズの腕輪が夜警一ヵ月分の給料で売れることもあるからだ。しかし、一〇年もいるところではない。モンバサという場所は故郷とは違う。人びとも故郷とは異なっている。私はモンバサで人が人を壊しているのをみた。長老とモランの区別もなく、長老はわれわれモランと一緒に酒を飲み、結婚もせずに欧米人女性だけを求めて過ごしている。そして、ひとたび欧米人女性を得てしまったら、その生活をやめるのは難しい。ボーシィらの生活は快楽そのものだ。五万シリングを得て二日で使い果たし、また同じ額を得たら半分は故郷に送金しようと思う。その後に一〇万シリングを得るが、またすぐにすべて使ってしまう。また次に得たときに全額を送金すればいいと思う。その繰り返しで、彼らの人生はまったく先に進むことがない。たとえばタセランは（自分よりひとつ上の年齢組だが）私より遅れて、つい先日結婚したばかりである。しかも、彼は婚資の支払いをまだ終えていない。そして彼の子どもと私の子どもは同い年だ。モンバサは人生を止めてしまう。私がモンバサに行ったのも欧米人の恋人がほしかったからだ。自分ならもし大金を手に入れてもあんなふうにはならない自信があった。しかし、人びとがことごとく壊れているのをこの目でみて、「大金はいらない。少しのカネを手にしたらすぐに故郷に逃げよう」と決めた。実際にそうできた私は幸運だった（二〇一五年九月採録）。

ボーシィたちが何度大金を手にしても、それを故郷に送金して家畜を購入したり、故郷の家族の食費を助けたりすることなく、酒におぼれてモンバサに何年も滞在し続け、故郷の価値観と人生のすべてを崩壊させてゆくさま、そして、その後にようやくそれを再建するさまを、サンブルのすべての人びとがみつめている。バルの確固たる言葉は、タセランたちの人生をつぶさにみつめていたからこそのものだろう。人びとは観光と欧米人の恋人がもたらす「夢のような未来」に対して絶望し、そのようなものは存在しえないと感じ始めたのである。

同じことは、おそらく「欧米人の恋人」たちにもいえるだろう。人生最後の時間とお金を「マサイの戦士」とともにアフリカの地で過ごすことに賭けようとした女性たちの「夢」も同じ数だけ壊れてきた。「マサイの戦士」の放つ圧倒的なエキゾチシズム、すなわち「自分自身とはまったく異なる何か」は、彼女たちにとってこのうえない魅力であった。しかし、その魅力の根源ともいえるお互いの距離を金銭で埋めることの困難さを恋人たちも思い知ってきたのである。

サンブルの人びとがモンバサで観光業に参与するようになって四〇年近くがたとうとしている。誰もがたどりつきたいと思い続けてきた、まぶしすぎる「向こう岸」は、思い描いてきた場所ではないかもしれないし、そもそものような場所は存在しないのではないか。キシャミ年齢組の男性の多くはバルのように、一攫千金の夢を捨てた。そして、「向こう岸」に目を眩ませられることなく、観光客が少ない時期にはすぐに見切りをつけて帰郷し、よい時期に短期間のみ働くことで、少額でも確実な収入を観光業から得るための方途を探り始めている。牧畜業と観光業――この二つを組み合わせることは物理的に遠く離れた二つの場所のみならず、二つの価値観を往還することでもあった。本業である牧畜を決して手放すことなく、故郷と観光地との「接続」と「離脱」を適宜おこないながら、観光業という手ごわい大波をうまく乗りこなす術を、人びとは探し始めたのである。それは同時に「やはり自分の生きる場所はサンブルであり、生きる術は牧畜業なのだ」ということを、強く肯定することでもあるだろう。

ところで、ボーシィたちの払った犠牲は大きかったのだろうか。多くの元ボーシィたちは無一文になったのちに故郷で結婚し、いまでは薄汚れた赤い布をまとい、古タイヤのサンダルをはいた「普通の長老」になっている。長年「向こう岸」を見つめ続けてきた彼らにとって「普通の長老」になるのは、簡単なことではなかったかもしれない。モンバサで一二年間「迷い人」になり、家畜を一頭ももっていなかったタセランの場合には、モンバサから戻って二週間後には妻を得ることができた。結婚相手を選び、その親族と交渉し、婚姻の儀礼に必要なものをそろえるという準備は、タセラン本人ではなく同じ年齢組の仲間が進めた。結婚するために最低限必要になるウシと、新生活をスタートするために必要な数頭のヤギは、親族や仲間たちが喜んで与え、あっというまに集まった。彼はまわりの力を得て、短期間で故郷の生活のレールに戻ることができた。その一方で、故郷に戻ったはいいが、日々誰かに小銭をたかり、酒におぼれ続けている元ボーシィもいる。しかし興味深いのは、故郷の人びとが「落ちぶれた」ボーシィを憐れんだり軽蔑したりすることなく、きわめて普通に接していることだ。

牧畜民にとって、かりに二〇〇頭のウシを所有していても、旱魃や病気の流行によって数ヵ月のうちにたった五頭に激減してしまうといったことは決してめずらしいことではない。家畜は大切に管理し続ければ増えていくが、どんなに真摯に牧畜業に取り組もうとも、抗いがたい力によって積み上げたものが一気に消えてしまうことは、長い人生に一度や二度は起こりうることである。「盛者必衰」。そして、たとえそうなってもゼロからまたやりなおすだけである。誰もがそれを自明のこととして生きているのかもしれない。バーの床で酔いつぶれていた男も、やがては立ち上がって杖[10]を手にし、ゼロからヤギの群れをつくっていくことを人びとは知っている。「長い旅」から戻ったボーシィを迎え入れる故郷の懐の深さもまた、人びとをして、「生きる場所はやはりここだ」と認識させる要因のひとつとなっているに違いない。

註

1　執筆のもとになった現地調査は、二〇〇一～一五年にモンバサで断続的におこなった。この期間は、ケニアの観光をとりまく状況が激動したときであった。従来、ケニアを訪れるのはヨーロッパからの観光客が中心だったが、アジア系の観光客の取り込みに成功する一方、二〇〇八年の大統領総選挙後の内紛やアルシャバーブなどによるテロの拡大、また、二〇一五年に西アフリカを中心に拡大したエボラ出血熱の流行は、国外からの観光客数を激減させた。

2　本章に登場する人名はすべて仮名である。

3　ワールド・データ・アトラス（ケニアにおける旅行と観光の国内総生産への直接貢献）を参照（http://jp.knoema.com/atlas/%E3%82%B1%E3%83%8B%E3%82%A2/topics/%E8%A6%B3%E5%85%89 二〇一七年一〇月二〇日閲覧）。

4　この調査を開始した二〇〇一年にはモーリ年齢組がモランだったが、二〇〇五年には新たにキシャミ年齢組がモランとなり、モーリ年齢組はモランを卒業して長老となった。

5 「サンブル・ダンサー協会」は、政府とは無関係に彼らが自主的に組織しているグループで、メンバーシップは二〇人に限定されており、会長と書記、会計という三つの役職がある。彼らは、このグループを単位としてホテルと契約を結び、ホテルから支払われるダンスの報酬は、原則としてグループの銀行口座に蓄えられることになっている。しかし、ダンスのあとの装身具販売の売り上げが少なかったときには、ダンスの報酬はその場で参加者に分配されることも多い。このダンスには、そのあとに装身具販売のチャンスがあるために、多くのメンバーでないものが無償で参加しており、実際にダンスを踊っていたのはほとんどがメンバーではなかったこともしばしばあった。それにもかかわらず、ダンスの報酬を分配されるのは二〇人のメンバーだけであり、メンバーシップをひとたび手にするとわずかな金額だが働かずして報酬を得ることが可能になる。メンバーシップをもつ人は、それを自分の兄弟や友人に貸し出すこともあり、借りてダンスの報酬を得た人は貸し手にその報酬の半分あるいは全額をメンバーシップの所有者支払うなど、本人同士の約束にもとづいて報酬を分配する。そしてメンバーが完全に帰郷するときには、メンバーシップの売却や譲渡がおこなわれていた。

6 人びとは一九九八年に「サンブル・みやげ物業者協会（Samburu Curio Dealers' Association）」を発足させて政府（観光省）に登録し、この組織をとおしてビーチでの販売許可証を得た。二〇〇九年の登録名簿では、Bビーチ区画とSビーチ区画に分かれ、Bには二九人、Sには二四人、合計五三人が許可証を得ていた。登録者のなかにはトゥルカナ三人、キクユ二人、カンバ二人、ナンディ一人、スワヒリ一人の他民族も含まれていた。サンブル四四人の性と年令の構成は、男性がクロロ年齢組三人、モーリ年齢組二四人、キシャミ年齢組一三人、女性は四人であった。許可証を取得するためには政府に一千シリングを納めるほか、協会に仲介手数料として五千シリングを支払うことが義務づけられている。こうして蓄えられた資金はメンバーの事故や病気の治療費、故郷に突然帰郷しなければならなくなったときの交通費、違法販売活動を警察に摘発されたときの保釈金などにメンバーの会議で話し合われて使われており、状況によってはメンバー以外のサンブルの支援にも使われる。しかし、二〇〇二年に会計だった人が帰郷したとき、蓄えてきたはずの貯蓄が何もないことが発覚するなど、幹部による不正利用はつねに疑われている。

7 モランと欧米人女性の性関係、そしてセクシュアリティの商品化について考察したメイウ（Meiu 2009: 121）は、人びとが倫理をローカル、ナショナル、グローバルと文脈に応じて書き換えていることを指摘し、これを「戦略的な伝統の処理（strategic management of "tradition"）」と記述している。

8　冒頭で示した図12-1のEの一九％という数字は大きくみえるが、この人びとは一〇年以上にわたってモンバサに住み続けている。それに比べてA～Dの人びとは毎年のように入れ替わっている。故郷に帰れば、モンバサ経験者に占めるボーシィの割合はごく例外的である。

9　二〇一五年当時、メスヒツジ一頭の値段は約二五〇〇シリングだった。

10　杖は、放牧のときに家畜群をまとめるために必須の道具であり、牧畜民にとっては身体の一部ともいえるほどに重要である。

参考文献

中村香子　二〇〇三「牧畜民サンブルの『戦士』の旅――観光地への出稼ぎと装身具をめぐる新しい経験」『旅の文化研究所研究報告』一二：一〇九―一三一頁。

中村香子　二〇〇七「牧畜民サンブルの『フェイク』と『オリジナル』――『観光の文脈』の誕生」『アジア・アフリカ地域研究』六（二）：五五九―五七八頁。

ブルーナー、E　二〇〇七『観光と文化』安村克己・鈴木涼太郎・遠藤英樹・堀野正人・寺岡伸悟・高岡文章（訳）、学文社。

ホフマン、C　二〇〇二『マサイの恋人』平野卿子（訳）、講談社。

Meiu, G. 2009. Mombasa morans: Embodiment, sexual morality, and Samburu men in Kenya. *Canadian Journal of African Studies* 43(1): 105-128.

第13章　生計戦略の多様化
――社会環境の変化に対するレンディーレの対応

孫　暁剛

1　はじめに

「ラクダはここにいる、ウシもここにいる、ヤギもヒツジもここにいる。彼はこれ以上に、まだ何かほしいのか」

ナイロビに出稼ぎに行ってしまった長男のことを、レンディーレの長老が私にこうこぼした。たくさんの家畜をもつことや、多くの家族に囲まれて生活することに人生の幸せを感じる長老にとって、息子の行動は理解しがたいものだった。

「あの人たちみたいになりたくなければ、勉強して、勉強して、将来は私のようにナイロビに行け！」

集落の小学生たちに向かって強い口調で説教しているのは、ナイロビの専門学校を卒業して国際開発機関の現地職員になったレンディーレの青年である。彼が「あの人たち」と呼んでいるのは、アカシアの木陰でのんびりと昼寝をしている長老たちだ。

地平線まで広がる半砂漠草原のなかを、今日も槍をもった長身の青年がラクダを連れて放牧に出かけている。その同じ原野にある集落では、いつしかこのような会話をよく耳にするようになった。

北部ケニアの過酷な自然のなかで家畜とともに生きる遊牧民を研究対象としてきた私は、このような会話を聞くたびに複雑な気持ちになった。彼らの家畜の放牧管理について調査し、一九七〇年代の先行研究と比較した結果、人びとは現在も多種類の家畜を保有し高い移動性を維持していることが明らかになった（Sun 2005, 孫二〇一二）。一方、過去半世紀にわたる定住化政策や開発援助プロジェクトの影響によって、集落が町近郊に定着するようになり、出稼ぎに行く者や教育を受けた若者が増え、携帯電話ネットワークも開通し、外部との接触が格段に多くなった。このように国家の政治・経済システムや地域の商品経済に組み込まれてゆくのをみていると、私は、この人びとがもはや遊牧だけでは生きていけないのではないかという懸念をもつことがたびたびあった。しかし、この辺境地でほかにどのような生計手段があるのか。この不安を感じながら、私は彼らの生計維持の仕方と生計戦略に注目するようになった。

本章では、長いあいだ遊牧を唯一の生業としてきた人びとが、新たな経済活動にチャレンジしながら生計を維持していく姿を、レンディーレ社会の近年の事例をとおして描写する。そして、自然環境や社会環境の変化に直面した遊牧民が、生計戦略をいかに多様化しつつ対処しているのかについて考察したい。

2　レンディーレをとりまく社会環境の変化

レンディーレはラクダと小家畜（ヤギとヒツジ）、そして少数のウシを飼養する専業遊牧民で、東クシ系のレンディーレ語を話し、人口は約六万人である（Oparanya 2010）。彼らが暮らす北部ケニアは、この国のなかで自然環境がもっとも厳しく、開発がもっとも遅れた地域である。私が調査を始めたころには、首都ナイロビから長距離バス、家畜を運ぶトラック、そして乗り合いトラックを乗りついで、最後には約一〇キロメートルを徒歩で、全部で三日間かかってようやく調査地にたどり着くことができた。

レンディーレが本拠地としているカイスト砂漠（Kaisut Desert）は、一年のうち、三〜五月が大雨季、六〜一一月が大乾季、一一月末〜一二月が小雨季、一〜二月が小乾季である。降雨は雨季に集中しているが、年間降水量は多い年でも二〇〇ミリメートル程度である。そして降水量が極端に少なかった雨季が二〜三回続くと旱魃が発生する。植生は灌木草原と半砂漠草原が総面積の八割以上を占める。農耕は周辺の山岳地帯の上部を除いて不可能であり、ほとんどの人は家畜に依存して生活している。

レンディーレ社会には人びとのライフステージを規定する年齢体系がある。少年は一四年に一度おこなわれる集団割礼儀礼を通過して青年となり、そしてその一一年後に開催される結婚開始儀礼を経て、結婚して長老になる。女性は結婚を契機として少女と既婚女性にわかれる。青年はラクダとウシの管理責任者であり、少年少女は日帰り放牧を担当する。長老は政治や儀礼活動を監督し、既婚女性は子どもの世話をしつつ家計を運営する。

人びとは伝統的に、集落と放牧キャンプのセットからなる居住形態をとってきた。雨季やその直後は、家畜が植物の採食から十分な水分をとることができ、人間は家畜から豊富なミルクを得られるために、集落とキャンプは牧草が豊富なところに一緒に作られる。一方、乾季になると牧草が少なくなり、限られた水場で家畜に給水する必要があるため、年長者と幼児たちが水場の近くに集落を設置し、放牧キャンプは未婚の若者を中心に作り、広域を移動する。一九七〇年代の調査によると、集落が放牧キャンプと合流するために移動した距離は一五〜四〇キロメートルであった。集落とキャンプを季節的に離合集散させることは、畜産物に依存するレンディーレの重要な適応戦略とされた（Sato 1980）。しかし、私が調査を始めた一九九〇年代末には、ほとんどの集落がすでに町の近郊に定着するようになり、放牧キャンプだけが高い移動性を維持していた。

北部ケニアでは、キリスト教の布教や慈善団体による食料配給が一九七〇年代からおこなわれてきた。一九八〇年代には開発援助プロジェクトの拠点として町が整備され、小学校や診療所などの施設が作られ、旱魃時には救援食料も町を拠点に配給されるようになった（Fratkin 1998）。一九九〇年代後半から今日までは、旱魃が起きるたびに国連食糧計画（WFP）の主導によって救援食料の配給がおこなわれてきた（WFP 2000）。

　この配給を確実に受けて、食料を自力で集落まで運ぶためには、町から近い場所に集落を作ったほうが有利である。レンディーレの集落は、幹線道路沿いのライサミスやロゴロゴなどの町や、半砂漠草原にあるコルやカルギ、イラウト、グルニなどの町の周辺に集中するようになった（図13-1）。やがて、コル町を中心とするコル地区はレンディー

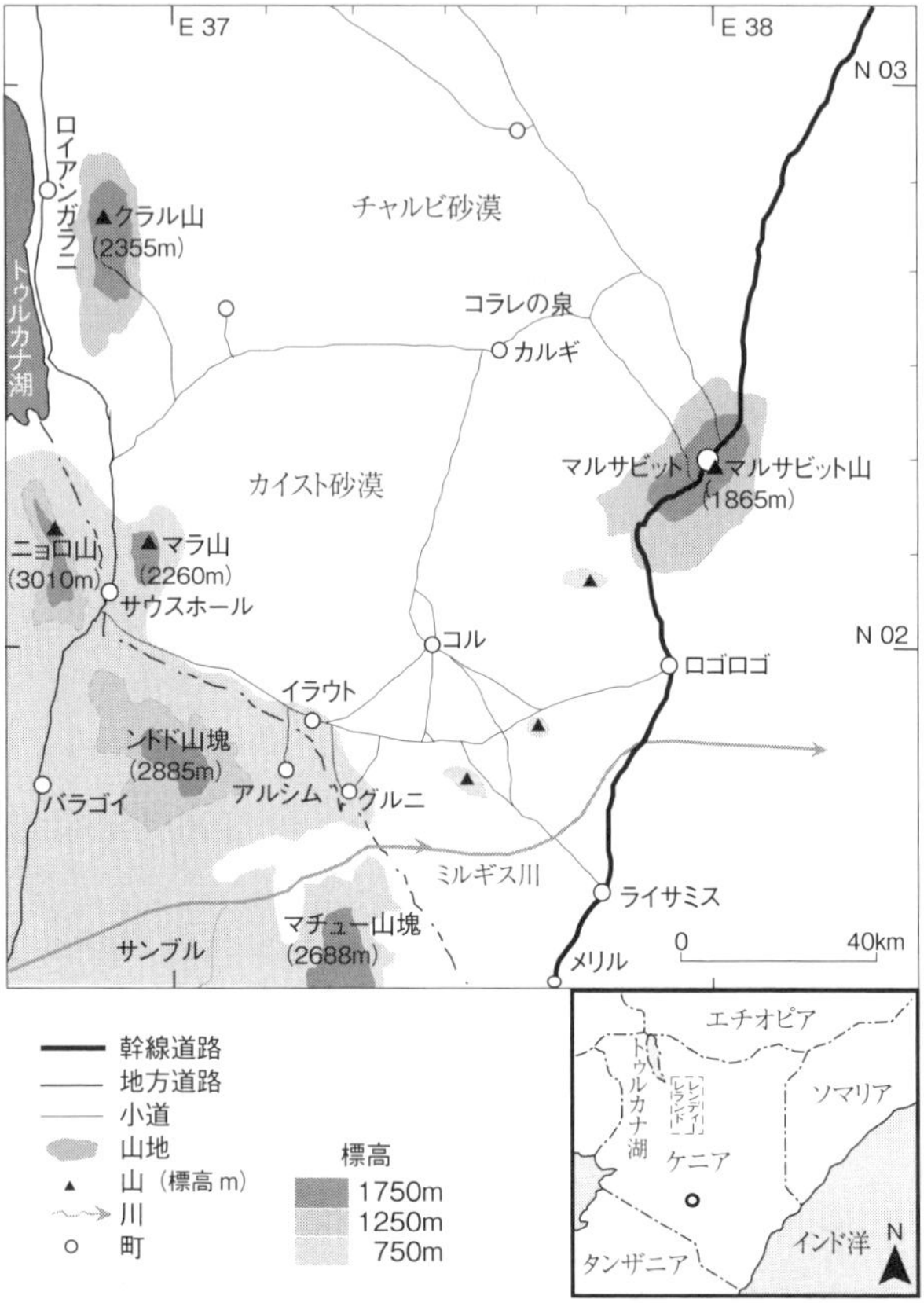

図 13-1　レンディーレの主な居住と遊牧地域

写真 13-1　開発援助とともに拡張したコル町

レの中心地となった。コルの行政長官によるセンサスでは、二〇〇九年には約五〇の集落が定着して、レンディーレ総人口の三割を占める約二万人が住むようになった。町には行政機関のオフィスや学校などの公共施設のほか、食料や日用品を販売する店や開発援助機関の事務所、携帯電話の受信基地など多くの施設が集まっている（写真13-1）。

集落が町近郊に定着したことによって、レンディーレの生活には大きな変化が起きた。町の周辺では家畜を放牧できる場所が限られているため、家畜は年間をとおしてキャンプで放牧され、牧草と水場の状況に応じて広範囲に移動した。そのため、キャンプにいる青年と少年少女は家畜のミルクや肉を消費できるが、集落に住んでいる既婚者や年寄り、そして幼児たちは畜産物にアクセスする機会がなくなった。集落の食生活では、配給される救援食料のほか、町の売店から購入するトウモロコシ粉や豆類などの農産物が大半を占めるようになった。また食器や衣類などの日用品、紅茶や噛みタバコなどの嗜好品、そして携帯電話のプリペイドカードなども町で購入している。さらに、学校に子どもを通わせる世帯や病気のときに診療所に通う人も増えた。町との関わりが深まるにつれ、人びとの生活に現金が欠かせないものとなり、貨幣経済が浸透した。

このような社会環境の変化に対して、人びとはまず、町の商店と「ツケ買い」関係を結んで食料の安定確保を図った（孫 二〇一五）。そのうえで、限られた機会を利用して新しい経済活動を試みた。以下では、私が継続的に調査したコル地区のT集落の事例をとおして、人びとが新しい経済活動を試みることによって、どのような生計戦略を立てるようになったのかをみていきたい。

T集落はコル地区の代表的なクラン集落のひとつであり[1]、一九九九年には約六〇世帯[2]、二八二人が居住していた。その後、二〇〇三年に青年の結婚開始儀礼があり、二〇〇七年には新青年の集団割礼儀礼がおこなわれたため、それまではほかの集落に分散していたTクランの出身者が戻ってきて、二〇一四年の調査では一一〇世帯、約五四〇人が居住していた。

3　長老の異なる生計戦略

私がはじめてT集落を訪ねて、レンディーレのことを勉強したいと申し出たとき、手を引いて案内してくれたのは長老のSLである。それ以来、いつも私は彼の家に滞在し、その家族の世話になっていた。

SLは長男で、T集落には彼の母（二〇一一年に亡くなった）と弟のHLも住んでいる。図13‐2には、彼らの近親者たちを示した。SLとHLにはそれぞれ二人の妻がおり、青年から乳児まで多くの子どもがいる。T集落のなかには、SLの第一夫人SLw1、第二夫人SLw2、HLの第一夫人HLw1、第二夫人HLw2の順で四軒の家が並んでいる。SLとHLが所有するラクダはひとつの群れにまとめて放牧され、小家畜は個別に管理されている。そのため、四軒の家に隣接してラクダ囲いがひとつ、小家畜の囲いが二つ作られている。

SLとHLはともにイコロロとよばれる年齢組に属している。この年齢組は一九七九年に集団割礼儀礼をおこない、一九九〇年に結婚を開始した。二人とも割礼を受けたときは二〇代半ばだったので、二〇一八年現在の推定年齢は六〇～六五歳である。

SLは、T集落のなかでもっとも強い発言力をもつ長老のひとりである。レンディーレの集落では夕方になると、長老たちが集落の中央にある礼拝場に集まり、その日の出来事やコル地区の政治や儀礼活動などについて談論するのが日課である。SLは毎晩かならず礼拝場に行き、議論に積極的に参加する。また、コル地区で活動する開発援助機関やNGOによって作られた各種の委員会にも、T集落の代表のひとりとして参加している。彼によると、二〇一四年にはコル地区の環境マネジメント委員会、家畜マーケット委員会、旱魃委員会、救援食料委員会に、コミュニティ代表として参加していた。

彼は教育を受けたことがなく、英語もスワヒリ語もできないため、開発援助機関の職員と町の有力者で構成する委

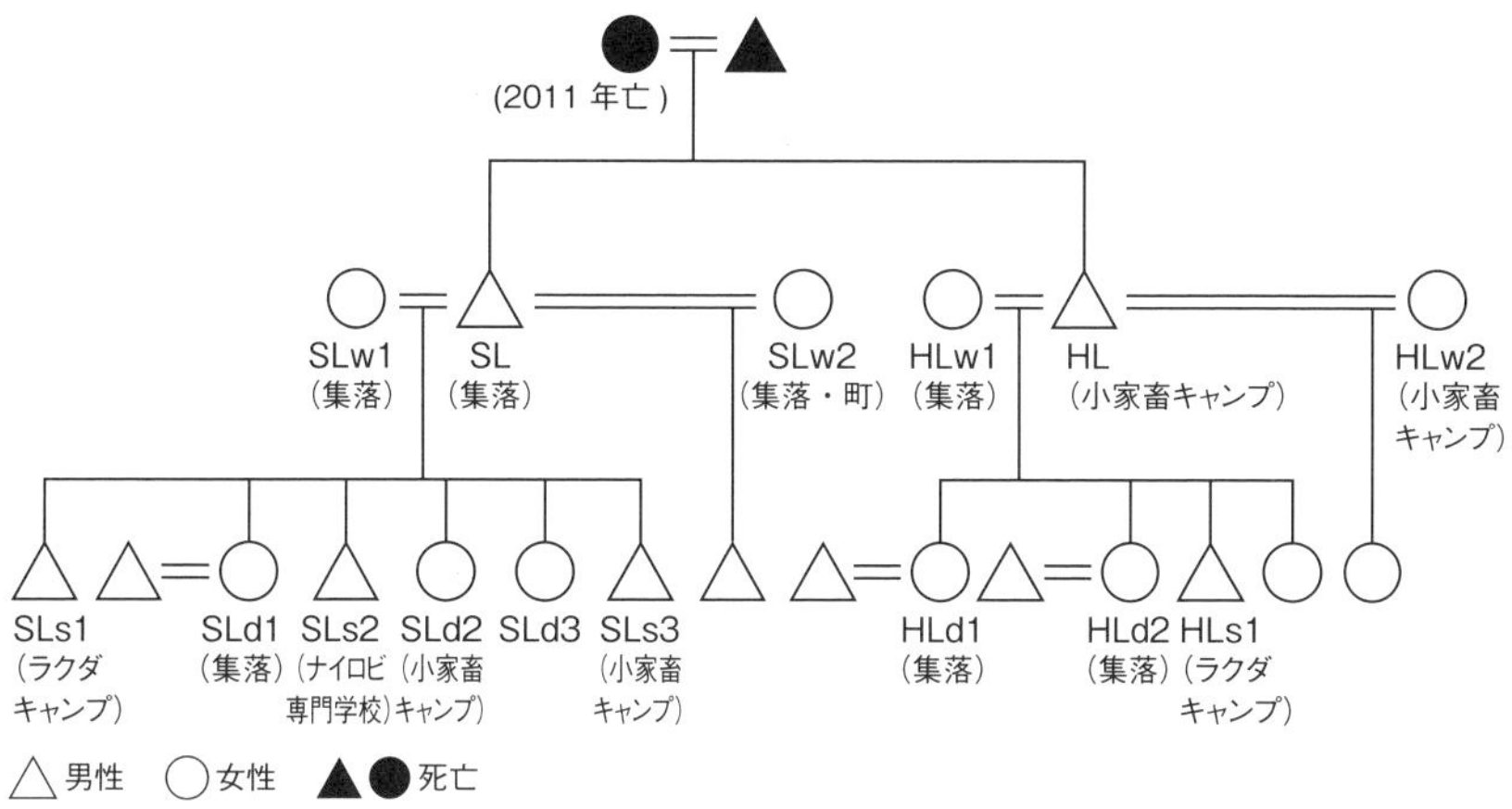

図 13-2　T 集落に居住する SL と HL の近親者たち

員会ではほとんど議論に参加できない。話好きな彼にとって委員会は退屈な場ではないかとたずねると、その会合に参加することによって、開発援助活動の動向や新しい経済機会に関する情報をいち早く入手できるという。たとえば、あるＮＧＯが遊牧民の畜産物の販売を促進するために、町の商人より高い値段で家畜の毛皮を購入する計画を立てた。家畜マーケット委員会の会合でこの情報を知った彼は、集落に帰るとまわりの家から毛皮を買い集めた。そしてＮＧＯが買い付けを始めると急いで売りに行った。その金は家族の生活費にするのかと聞くと、妻たちはそれぞれ金をもっているから、この金は自分のもので、子どもの学費や家畜の購入に使うといった。

　ＳＬの第一夫人ＳＬｗ１は結婚してからずっと集落に住み、家事と育児を担当してきた。二〇一〇年に女性互助グループをサポートするＮＧＯがコル地区で活動を始めると、ＳＬｗ１は夫の勧めで同じリネージの既婚女性を集めてグループを作り、そのリーダーになった。このグループはＮＧＯの経済支援を受けて、彼女の家の一角を売店代わりにして、食料や日用品を売り始めた。この活動の詳細については第五節で後述する。一方、彼女はグループ活動とは別に、独自で嗜好品の噛みタバコを仕入れて販売し、その利益を家族の生活費にあてているそうだ。

　ＳＬの第二夫人ＳＬｗ２はカルギ町の出身で小学校を通った経験をもつ。彼女は二〇〇四年に三〇歳年上のＳＬと結婚してＴ集落に家を建てたが、集落に住むことを嫌って、コルの親戚の家によく滞在していた。町でトウモロコシの粉から酒を作る技術を覚えた彼女は、集落に戻ると酒を作って長老たちに売った。レンディーレは町のバーでビールを飲むことがあるが、集落のなかで酒を作ったり飲んだりすることを嫌う人が多い。しかし、SLは酒ができると集落の長老たちを呼んでSLw2の家で飲んだ。そこで支払われた金はSLw2とその子どもたちの生活費となった。

SLは約一五〇頭の小家畜をもち、長女のSLd1が長年その放牧を担当した。SLd1が二〇〇九年に結婚すると、SLは、次女SLd2と三男SLs3をキャンプに送った。長男SLs1は二〇〇七年に割礼を受けた青年で、ラクダの放牧キャンプでSLとHLのラクダを管理している。次男のSLs2も二〇〇七年に割礼を受けた。彼は、小さいころは小家畜キャンプで日帰り放牧をしていたが、二〇〇二年に集落の近くに小学校ができたのをきっかけに入学した。そして二〇一〇年に小学校を無事に卒業して、ナイロビの中学校に入った。そのとき、SLはラクダを売って彼の学費を支払った。二〇一三年末にコル地区に携帯電話のネットワークが開通されると、SLs2はナイロビから携帯電話を買ってきてSLにプレゼントした。SLはSLs2を大学まで行かせるつもりで、そしていつかナイロビで仕事を見つけ、仕送りしてくれることを期待している。

このようにSLとその二人の妻は、町や開発援助がもたらす機会を積極的に利用して新しい経済活動をおこなっている。また子どもには家畜放牧を担当させるだけではなく、学校教育を受けさせて、将来は都市で働くことを期待している。すなわちこの世帯は、全体として生計の多角化を図っているとみなすことができる。

一方、弟のHL世帯はSL世帯と対照的である。世帯主のHLは、六〇歳を過ぎた現在も小家畜キャンプに滞在して家畜の世話をしている。HLはT集落のなかでもっとも多くの家畜をもつ長老のひとりで、ラクダは約三〇頭、ウシは約一〇頭、そしてヤギとヒツジを合わせて約三〇〇頭を所有している。次男である彼は、これらの家畜はすべて自分が長年働いて増やしたものだと自慢している。長子相続をおこなうレンディーレ社会では、次男以降は若いときから雇われ牧童として他人の家畜を放牧し、その報酬として家畜をもらう慣習がある。HLは青年時代からラクダを放牧し、結婚してからもずっと小家畜キャンプに住み、家畜を増やしてきた。

　ＨＬのラクダは、ＳＬのラクダと一緒にＳＬの長男ＳＬｓ１がキャンプで管理しており、ＨＬの長男ＨＬｓ１はその牧童をつとめている。ウシは数が少ないから同じ集落のほかの群れに入れている。ＨＬはいつも第二夫人のＨＬｗ２やその子どもと一緒に小家畜キャンプに滞在している。以前は長女と次女も一緒に小家畜キャンプにいたが、二人とも結婚して集落にいる。また、第一夫人のＨＬｗ１も二歳の子どもと一緒に集落にいる。ＨＬによると、集落にいる家族の生活費も、放牧キャンプの生活費もすべて小家畜を売った金でまかなっている。

　ＨＬはよく、家畜がいない定住集落には、ミルクティーも作れないから居心地が悪いという。彼が青年だったころには集落はもっと頻繁に移動していたし、家畜もよく集落に帰ってきたそうだ。彼は二〇一三年に放牧キャンプで足を怪我したとき、一ヵ月ほど集落に滞在した。そのあいだ、彼は足を引きずりながら集落の家畜囲いを修繕したり、近くの井戸を見に行ったりした。家畜がいつ帰ってくるかわからないが、帰ってきたときにはすぐに使えるように準備しておくことが大事だという。一方、長老たちが夕方から集まって雑談する礼拝場にはほとんど行かなかった。

　集落では目立たないが、ＨＬは放牧キャンプの青年や牧童の少年たちに尊敬されている。その理由は、たくさんの家畜を所有し、家畜の放牧管理に関する豊富な知識と経験をもっているからである。彼によると、牧夫はまえの雨季に雨がたくさん降った場所を覚えておかなければならない。雨季には夜になると、雨が降っている場所の上空に稲妻が光る。平坦なレンディーレ・ランドでは数十キロメートル先まで稲妻がみえる。そのような場所は乾季に入ってもしばらく水が残り、牧草が茂る。そこを覚えておくことによって、乾季に入っても放牧地に困らないという。また、新しい放牧地に移動したとき、その場所がよい放牧地かどうかは家畜の様子とミルクの味から判断できるという。牧草がたくさんあっても、家畜が放牧中に落ち着かない様子でどんどん前進するなら、その土地はよくない。反対に牧草が多くなくても、家畜が満腹するまでゆっくり採食するような場所はよい放牧地である。さらに、新しい放牧地に着いた翌朝に搾乳したミルクが、その前日のミルクに比べて香りや味がよければ、その土地はよい放牧地である。

ＨＬのこのような知識がもっとも評価されたのは、二〇一〇～一一年に東アフリカの広い範囲を襲った大旱魃のときである。彼によると、二〇一〇年末の小雨季に雨がほとんど降らなかったため、彼を含む数人の長老は半砂漠草原に分散していたＴ集落の小家畜群を集め、一緒に南東部の疎林草原地域に移動した。そこで二〇一一年三～五月の大雨季を待ったが、雨はまったく降らなかった。そのために彼らは大群の家畜を連れてさらに南下した。南部の放牧地には牧草があったが、水場は非常に少なかった。またレンディーレだけではなく、ボラナやソマリ、サンブルなどの近隣の遊牧民も避難してきた。その場所をよく知っている長老たちがいなければ、家畜は水を求めてさまよったか、ほかの遊牧民に盗まれたに違いない。旱魃が深刻になるにつれて、彼らは南に向かって移動し続け、最終的にはイシオロ州のワソ・ニョロ川の北岸に到達した。そこはコル地区の集落から南東に二〇〇キロメートル以上も離れており、家畜を連れて移動する場合は二週間かかる。彼らは、イシオロの家畜市で家畜を売却して食料を入手した。また、ワソ・ニョロ川の岸辺にはヤシの木がたくさんあり、その実を採集して食べた。この旱魃をしのぐために一年以上も集落に帰ることができなかった。しかし避難のタイミングが早くて選択した場所もよかったため、家畜群が受けたダメージは小さくてすんだ。

ＨＬと放牧キャンプを担当する青年たちに近年の気候変動についてたずねると、大雨季に雨が降らなくなり、むしろ小雨季に雨がよく降るようになったこと、乾季のあいだに短時間の豪雨が降るようになったこと、そして旱魃が多くなったことを語った。このような認識は牧夫だけではなく、集落の長老たちや町の行政官にも共有されている。しかしその対策について聞くと、ＨＬは条件のよい放牧地へいち早く避難するのがよいと答えたのに対して、町の行政官やＳＬをはじめとする集落の長老たちは、より多くの救援食料の配給が必要だという対照的な見解を表明した。

このように同じ集落のなかにも、ＳＬのように社交力を生かして世帯全体で生計の多角化を図っている世帯と、ＨＬのように家畜の放牧管理の知識と経験をもとに遊牧に専念する世帯がある。それぞれの長老が自分の能力を発揮できる生計戦略を立てていることがわかる。

4　青年たちのチャレンジ

レンディーレはラクダ、ヤギとヒツジ、そして少数のウシをもっている。そのうち乾燥に強く、乾季にもミルクを出すラクダをもっとも高く評価している。しかし幹線道路沿いの家畜市では、都市部に食用肉を供給するためにウシに対する需要が大きく、その値段も高い。そのために二〇〇〇年ごろから一部の青年を中心に、ウシを積極的に増やす傾向が強くなった（孫二〇〇四）。

写真 13-2　自慢のウシと一緒にポーズをとる青年 HE

私が二〇〇三年にT集落のウシ放牧キャンプを調査したとき、キャンプのリーダーをつとめていたHEという青年がいた。彼はウシが大好きで、自慢の種オスウシと一緒に写真を撮り、その写真を次の調査のときにもってくるようにと、私に依頼した（写真13‐2）。彼によると、ウシはラクダに比べて乾燥に弱いため、二～三日おきに水を与える必要がある。また、主として草本を採食するため、カイスト砂漠のなかで放牧できる場所が限られている。レンディーレがウシを飼えるようになったのは、近年、いくつかの涸れ川沿いに井戸が掘られ、ウシが好むイネ科草本が多い溶岩地帯を放牧地として利用できるようになったからである。HEは四人兄弟の三男である。彼が割礼を受けるまえは、長兄がウシキャンプの管理者であり、次兄がラクダキャンプを担当し、彼はラクダの日帰り放牧をつとめた。そしてHEは、一九九三年に割礼を受けて「イリモリ」とよばれる青年組に加入してから、長兄のあとを継いでウシキャンプを担当するようになった。彼の努力によって、割礼当時は四〇頭だったウシの群れを一〇年間で九三頭まで増やすことができた。

レンディーレ・ランドの家畜市は、交通が不便なために買い付けに来る人が少なく、値段も安い。そのため、キャンプの青年たちは南部のウシ遊牧民サンブルの地域までウシを売りに行った。コル地区からウシを連れて行く場合は片道一〇日間以上かかるが、売値は一・五〜二倍にもなるそうだ。実際、T集落のウシの売却について調べたところ、二〇〇三年には、中学校に進学した少年の学費や青年の結婚式の費用、病院の治療費などのために一二頭のウシが売却された。集落の定着や青年の結婚式にともなって現金の需要が増大したため、ウシに対する期待が大きくなった。

しかし二〇〇五〜〇六年の大旱魃は、レンディーレのウシに大きなダメージを与えた。レンディーレは、その年の顕著な出来事にちなんで暦に名前をつける習慣がある。二〇〇五年には「旱魃で家畜が全滅した水曜の年（*artbahti iraiti burrée hollaa dhabasé*）」という名前がつけられた。九三頭いたHEのウシ群は、旱魃後にはわずかに三〇頭しか残っていなかった。彼はウシ群を回復させるには一〇年かかるといって、残ったウシを弟に預けてナイロビに出稼ぎに行った。二〇〇三年に結婚した彼は二人の子どもの父親となり、家族を養わなければならない立場になっていた。

レンディーレによると、旱魃の被害を受けた小家畜の群れが元のサイズに回復するには三〜五年が必要で、ウシの場合は一〇年かかる。そのあいだにまた旱魃を起きると回復はさらに遅れる。実際、二〇一〇〜一一年には東アフリカの広域が過去六〇年間でもっとも厳しいという大旱魃にみまわれた。現金の需要に対処するために市場価値の高いウシを増やすという青年の試みは、このような自然要因に強く制限されている。

しかしHEの出稼ぎは一年足らずで終わった。彼によると、二〇〇六年の大旱魃のあと、T集落から四人の青年と三人の長老がナイロビに出た。そのとき、ナイロビにはT集落出身の長老が二人と青年がひとりいた。二人の長老は小学校の中退者で、以前からナイロビで夜警の仕事をしていた。そして青年は専門学校を通っていた。HEたちはこうした同郷者を頼りに仕事を探した。教育を受けたことがない彼らはケニアの公用語であるスワヒリ語を話せない。

彼らにできる仕事は道路工事のような肉体労働か、あるいは夜警のような危険な仕事だけであった。ＨＥは夜警をしている長老の手伝いをしたが、二〇〇七年六月に集落に戻ってきた。ナイロビでは言葉が通じないために仕事が不安定で給料も安いし、乾燥したカイスト砂漠と違って、高地のナイロビは寒くて住みにくいために帰ってきたのだという。そして彼は集落に残ってもう一度家畜を増やすと決めた。結局、ＨＥと一緒にナイロビに出たほかの三人の青年も、二人は集落に戻り、ひとりだけが残って出稼ぎを続けた。

レンディーレは二〇〇七年七月に新青年の集団割礼儀礼を開催し、「イリメティリ」とよばれる新しい年齢組を組織した。ＨＥが所属するイリモリ年齢組（一九九三年割礼）と比べると、新青年には小学校に通学した者や中学校まで進学した者がいることが大きな違いであった。家畜の管理責任者となった彼らは、放牧キャンプを運営するとともに、家畜の仲買いのような新しい経済活動にも積極的に参加し始めた。

二〇〇三年に始まったナイロビと北部ケニアを結ぶ幹線道路の舗装工事は、二〇一〇年にはレンディーレ・ランドの南端に位置するメリレまで到達した。これによって、この町は北部ケニアの物流の中継地となり、経済活動が盛んになった。とくに家畜市には、ナイロビから大型トラックで買い付けに来る商人や、ケニア中部の町から自家用車で買いに来る人が増え、家畜に対する需要が高まった。このことは、キャンプの担い手となった新青年たちにとって大きな刺激であった。彼らは自分の家畜を家畜市に連れて行くだけではなく、放牧キャンプをまわって家畜を買い集めて売るという、仲買いもおこなうようになった。

家畜市で活躍する仲買人の多くは町に住む若者や商人である。彼らは週一回の家畜市の朝、町に通じる道路沿いで放牧キャンプから家畜を売りにくる人びとを待つ。その人たちから家畜を買い集めて家畜市に連れて行き、より高い値段で都市からの買付け人に売る。放牧キャンプから来る人たちは、家畜を売ったあと、食料や日用品を購入し、その日のうちに歩いてキャンプに戻らなければならない。そのため、家畜市での値段交渉に時間をかけたくない。町出身の仲買人たちはこのような事情を利用して、朝早くから家畜の買い付けをしている。

一方、仲買いをおこなう集落出身の青年たちは、普段は放牧キャンプで放牧管理を担当しながら、同じ地域を利用しているほかのキャンプから家畜を買い集めている。そして家畜市の日に集めた家畜を売りに行く。二〇一六年の調査では、T集落出身の新青年のうち六人がこのような仲買いをしていた。彼らは全員、小学校に通った経験があり、スワヒリ語が話せる。また、自分たちが集めた家畜だけではなく、家畜市に行かない集落の既婚女性や値段交渉が得意ではない長老の依頼を受けて、その家畜を売りに行くこともある。

コルでは二〇一三年末にようやく携帯電話の通信網が開通された。これによって集落と放牧キャンプの連絡が格段によくなった。二〇一四年の調査中には、町の売店で三ヵ月分のツケが溜まった女性が、私の電話を借りて放牧キャンプにいる息子と話し、ツケを返済するために小家畜を売るように指示した。家畜の仲買いをしている青年たちも、携帯電話を使って放牧キャンプの場所や家畜を売りたい人の情報を確認しているそうだ。

このように、幹線道路の舗装や携帯通信網の開通にともなって、家畜市におけるレンディーレの経済活動は徐々に活発になってきた。青年たちは、換金用家畜としてウシを増やすことや家畜の仲買いなどをとおして、遊牧生業を継続しつつ、家畜市がもたらす新しい経済機会に積極的にチャレンジしている。

5　期待される既婚女性の起業活動

レンディーレの女性は結婚すると、集落に家を建てて家事と育児に専念する。彼女たちは毎日、水汲みや薪集め、炊事などをこなし、さらに二〜三日おきに一〇キロメートルほど離れた町の売店に食料を買いに出かける。

二〇〇五年ごろからは、レンディーレ出身の国会議員が運営する選挙区開発基金（Constituency Development Fund：CDF）によって、町から遠く離れた集落に食料や日用品の売店が設置され始めた。T集落の既婚女性たちも女性グループを作り、この活動に参加した。これは、CDFの資金によって町から食料などを調達して、集落の売店で少し利益を上乗せして販売し、儲かった金でさらに商売を循環させる計画だった。しかし、店を経営したことがなかった女性たちは、町の売店と同じように食料をツケで集落の人びとに販売した。そしてこのツケを回収するために時間がかかり、CDFによる資金サポートも一回きりだったため、事業は頓挫してしまった。それでも女性たちは、この活動をとおして集落で起業する可能性を知り、よい経験を身につけた。

そしてこの活動は、二〇一〇年に再開されることになった。北部ケニアで活動するNGOが遊牧集落の女性たちを対象に、互助グループの立ち上げと起業活動を支援し始めた。このときT集落では、それぞれ同一リネージに属する人びとが四つの女性互助グループを組織した。この互助グループは、スワヒリ語で「発展」を意味する「マエンデレオ（*maendeleo*）」とよばれた。私がいつもホームステイしているSL世帯の第一夫人SLw1も、同じリネージの女性たちと一緒にグループを立ち上げた。彼女によると、活動内容は二〇〇五年と同じく集落のなかで売店を開き、食料品などを販売することであるが、NGOメンバーの指導によってグループ内のルールが作られた。たとえば、活動資金の一部はNGOがサポートし、残額はグループのメンバーが平等に負担する。メンバーは毎月少額の金を出し合って共同資金にする。メンバーは必ず自分のグループの店で買い物をし、ツケ買いをする場合は決まった期間内に利息をつけて返済する。店の資金に余裕がでたとき、メンバーはこの金を借りてほかの商業活動をすることができる。また、生活に困っているメンバーがいればグループ全体で助ける。各グループにはリーダーと書記、会計担当がいて、資金を管理する鍵付きの金庫と帳簿がある（写真13‐3）。

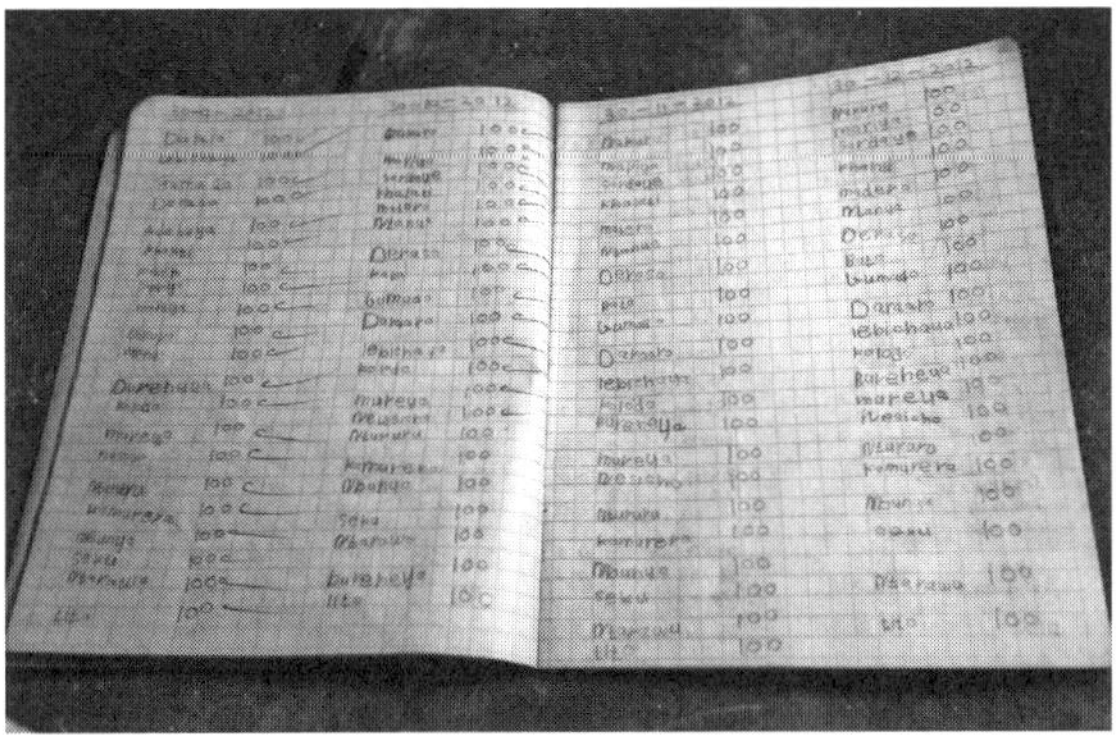

写真 13-3　女性互助グループの資金管理の帳簿

ＳＬｗ１によると、このルールはすべてのメンバーに理解されたわけではなく、ＮＧＯによる経済支援を目当てにメンバーになった人もいた。そのためにグループの活動は、ツケの返済の遅れや町から集落まで食料を運ぶ車がないなどの理由で何度も中断した。しかし、集落に売店があれば町まで片道二時間かかる買い物に行かなくてもすむし、活動を期待するメンバーも増えているため、売店を再開した。とりあえず食料だけを仕入れて販売しているが、将来は余裕ができればほかの活動もやってみたいという。

女性たちは二〇一七年の調査時にもこの活動を継続しており、小規模でありながら集落の人びとの生計の助けになることが期待されている。

6 おわりに——多様化する生計戦略の可能性

ナイロビの専門学校を出て国際開発機関の現地事務所で働くレンディーレの青年によると、彼の父親世代が青年（一九六五年割礼）だったころ、レンディーレ・ランドの外部に出たのは軍隊に入隊した人だけだった。彼の長兄が青年（一九九三年割礼）だったころには、食料援助や開発プロジェクトの手伝いをする人やナイロビに出稼ぎに行く人が現れた。さらに自分たちが青年（二〇〇七年割礼）になると、学校に通う人や町で商売する人、そして都市部に出る人も多くなった。この説明は、過去半世紀のあいだに外部との関わりのなかで起きたレンディーレ社会の変化を端的に物語っている。

自然環境が厳しくて国家のなかの辺境地に位置しており、遊牧以外に利用可能な資源が少ないレンディーレ・ランドは、インフラ整備や社会開発がケニアのなかでもっとも遅れており、長いあいだ食料援助などの人道支援の対象地域であった。二一世紀に入ってから、ようやくケニアの中央部とつながる舗装道路の工事が始まり、携帯電話のネットワークも開通した。定住集落の近くに小学校が作られ、初等教育も普及し始めた。本章で紹介した新しい経済活動は、近年の急速な変化のなかでレンディーレが試みている生計多様化の一部分に過ぎない。しかし、このような試みから、長いあいだ遊牧を唯一の生業としてきた人びとが、社会環境の変化に対処しながら生計を維持していく創意工夫をみることができた。

まず、人びとは生業の基盤を遊牧におくように工夫しながら、家畜や畜産物を利用して新しい経済機会を活用しようとしている。レンディーレの集落が町の近郊に定着したのは、国の定住化政策や開発援助プロジェクトによる影響である一方、救援食料をはじめ町の公共サービスなどを利用しようとした彼ら自身の選択でもある。しかし、多くの家畜を収容できる放牧キャンプがなければ、集落は定着しなかったと思われる。このような放牧キャンプが維持できたのは、SLやHLの事例に示したように、各世帯がキャンプで家畜の放牧管理に従事する労働力を確保していることと、若者を中心に放牧キャンプを運営し高い移動性を実現していること、そして自然災害が発生したときにはHLのような知識と経験が豊富な長老がいることが重要である。さらに、貨幣経済の浸透に対処するためには、市場価値が高いウシを積極的に増やし、家畜市を利用して仲買いをおこなうなど、遊牧と結びついた新しい経済活動が積極的に実践されている。

つぎに、個々人が自分の能力を発揮できるように生計戦略を立てている。たとえば、長老SLのように社交力を生かして外部からの新しい情報や経済機会を積極的に利用し、そのうえ妻と子どもたちにも分業させて世帯全体で生計の多角化を図る戦略がある。対照的にHLのように長年の遊牧の知識と経験をもとに家畜を増やすことに成功した生計戦略もある。また、青年HEのように慣れないナイロビでの出稼ぎに失敗して帰って来たとき、もう一度遊牧に復帰できることも多様な生計戦略を試みるうえで重要である。

そして、外部からの働きかけによって新しい経済活動を始めるとき、従来の相互扶助や協力関係が重視されている。既婚女性たちがNGOの支援で互助グループを立ち上げるとき、同一リネージに属する人びとが集まった。これは、レンディーレ社会において同一リネージに属する人びとが、集落のなかでは家屋を隣接して作り、女性たちが日常生活のなかで助け合ってきたからである。このような既存の社会関係がなければ、互助グループの活動は継続されなかったと思われる。

ところが近年、社会環境の変化とともに、グローバルな気候変動にともなって自然災害が増加したことが、自然に強く依存する遊牧民にとって大きな脅威となっている（Ericksen et al. 2013）。たとえば、二〇一〇～一一年に発生した東アフリカの大旱魃では、被災地域がソマリア南部からケニア東部と北部、そしてエチオピア南部と東部に広がり、被災者数は一二〇〇万人にのぼったとされる（OCHA & Allen 2011）。先進国のように防災のための技術や経済力がないため、国際開発機関は遊牧民に対して、災害に対処できる生計戦略への転換をよびかけている。二〇〇九年にはエチオピアの主要な遊牧社会の気候変動に対する脆弱性と対応能力に関する報告書が出版され、「近年の気候変動によって、この地域では気温の上昇、旱魃の発生頻度の増加、そして季節外れの集中豪雨が発生している。さらにそこには政治的・社会的な諸問題が加わって、伝統社会の多くは従来の適応戦略では対処できなくなり、新たな生計戦略への転換を迫られている」と述べられている（Riche et al. 2009: 3）。

しかし遊牧民とともに暮らし、その生計戦略について学んできた私は、このようなよびかけには、いつも疑問を感じる。なぜなら本章で述べたように、今日の遊牧民は生業の基盤を遊牧におきながら、新しい変化に対処するためにさまざまな生計戦略を積極的に実践しているからである。新しい技術や遊牧以外の生計手段を勧めるよりも、人びとがもつ遊牧の知識と技術、そして相互扶助的な社会関係を活用しつつ、従来の適応戦略を新たな環境変化にも対応できるように改善し、遊牧生活を向上させることのほうが大切なのではないだろうか。

注

1　レンディーレ社会では父系出自原理にもとづいて九つのクランがある。クランは外婚単位であり、集落も同一クランの成員を中心に形成される。それぞれのクランには複数のサブクランがあり、各サブクランはさらに複数のリネージに分節している。

2　本章では「世帯」をひとりの既婚男性とその複数の妻および未婚の子どもからなる集団と定義する。

参考文献

孫　暁剛　二〇〇四「『搾乳される』ラクダと『食べられる』ウシ――遊牧民レンディーレの生業多角化への試み」田中二郎ほか（編）『遊動民――アフリカの原野に生きる』昭和堂、六三〇―六四九頁。

孫　暁剛　二〇一二『遊牧と定住の人類学――ケニア・レンディーレ社会の持続と変容』昭和堂。

孫　暁剛　二〇一五「牧畜社会の食料安全保障における地域セーフティネットの意義――ケニア北部レンディーレ社会の事例から」『アフリカレポート』五三：一三―二四頁。

Ericksen, P., J. Leeuw, P. Thornton, M. Said, M. Herrero & A. Notenbaert 2013. Climate change in Sub-Saharan Africa: What consequences for pastoralism? In（A. Catley, J. Lind & I. Scoones, eds.）*Pastoralism and Development in Africa*. Oxon: Routledge, pp. 71-81.

Fratkin, E. 1998. *Surviving Drought and Development in Africa's Arid Lands: Ariaal Pastoralists of Kenya*. Massachusetts: Allyn and Bacon.

OCHA & P. Allen 2011. Horn of Africa drought. *The Guardian*, August 2. http://www.theguardian.com/global-development/interactive/2011/jul/04/somalia-hornofafrica-drought-map-interactive（二〇一一年九月二二日閲覧）

Oparanya, W. A. 2010. *2009 Population & Housing Census Results*. http://ja.scribd.com/doc/36670466/Kenyan-Population-and-Housing-Census-PDF#scribd（二〇一一年一〇月一日閲覧）

Riché, B., E. Hachileka, C. Awuor & A. Hammill 2009. *Climate-Related Vulnerability and Adaptive-Capacity in Ethiopia's Borana and Somali Communities*. Save the Children and Care International Final Assessment Report. https://www.iisd.org/pdf/2010/climate_ethiopia_communities.pdf（二〇一一年一〇月一日閲覧）

Sato, S. 1980. Pastoral movements and the subsistence unit of the Rendille of northern Kenya: With special reference to camel ecology. *Senri Ethnological Studies* 6: 1-78.

Sun, X. 2005. Dynamics of continuity and changes of pastoral subsistence among the Rendille in northern Kenya: With special reference to livestock management and response to socio-economic changes. *African Study Monographs, Supplementary Issue* 31: 1-94.

WFP 2000. *Kenya's Drought: No Sign of Any Let Up*. Rome: WFP.

第14章 「大富豪」世帯の維持
――スクマ社会における父と息子の葛藤

泉　直亮

1　はじめに

タンザニア北部のヴィクトリア湖南岸をおもな居住域としてきた牧畜民（農牧民）スクマの一部は、一九七〇年代からウシの放牧地を求めて、未開の草地を開拓してタンザニアの各地に移住している。移住したスクマ社会の特徴のひとつは、ウシ牧畜や農耕を中心として非常に大規模な経済活動を営むことである。本章の目的は、スクマのおもな移住先のひとつであるルクワ湖畔で生活する人びとに注目し、世帯主とその既婚の息子のあいだの財をめぐる折衝の事例から、スクマが大規模な世帯を維持する一因をあきらかにすることである。

アフリカ農村における富者への注目

サハラ以南のアフリカ諸国では、行政の能力が乏しく、国民を豊かにするための政治システムがうまく機能していないことが指摘されている（たとえば、平野 二〇〇九）。他方で、東アフリカを中心とした農村地域では、住民自らが互酬性にもとづいて富者の富を貧者に再分配し、富を平準化するシステムを発達させてきた（たとえば、掛谷一九七四、Hyden 1980）。

しかし、近年ではこのような農村社会でも経済格差が拡大していることが懸念されている。国際通貨基金と世界銀行が主導して一九八〇年代に実施された構造調整計画は、政治の民主化とともに、市場の自由化あるいは市場経済システムの完全な転換を骨子としており、それまで社会主義政策を実施していたタンザニアでは、とくにその影響が大きかった（末原 二〇〇九）。またタンザニアでは、二〇〇〇年以降に貧困削減政策が実施されたが、構造調整とともに、この政策にも経済格差の拡大を助長する新自由主義的な経済原則が潜んでいる（池野 二〇一〇）。

農村内での格差が拡大するという懸念を示す事例は多く報告されており、これらを把握する実証研究の蓄積はアフリカ地域研究における重要な課題のひとつである（掛谷・伊谷 二〇一一）。筆者はタンザニアのスクマ社会を事例に、こうした課題に取り組んできた。たとえば、スクマと近隣の外部社会との関係においては、スクマが富農としての社会的な責務を果たし、いかにして貧しい農耕民との対立を乗り越えて共存関係を維持しているのかをあきらかにしている（泉 二〇一六）。本章は、このような問題意識にもとづいて、大規模な生産活動を営む富農の世帯が、世帯内部の人間関係のなかでどのように維持されているのかに焦点をあてる。

牧畜社会における父親と息子の関係

本章が対象とするスクマの人びとは、大規模な農耕をおこなう一方で、ウシ牧畜を重要な生業としてきた。スクマにとってウシは、単に食料や貯蓄財として重要なだけではなく、社会的・文化的にも重要な財産である。たとえば、ウシは婚資を中心とした社会的な交換財であり、また、ウシやそのミルクは多くの儀礼で利用され、重要な意味をもつ。この点においてスクマ社会は、東アフリカのほかのウシ牧畜社会と共通している。

このような社会では、人びとは多数のウシを所有して多くの妻を娶ろうとしており、複婚率が高い。そして、家族を拡大させて、さらにウシを増やそうとすることが指摘されてきた（Spencer 1998）。ウシを中心として大きな財産を所有する富者となるためには、それを管理する家族の成員を多く確保する必要がある。そして富者をめざす家長は、家族を分裂させないために、息子を独立させずに長く世帯に留めようとする。しかし、このような父親とその息子は対立することが多い。父親は財産に対する強い権利をもっており息子を支配するが、一般に息子は父親から早く独立することを望むからである。

牧畜社会では、一般に息子は父親を敬愛しており、両者が決定的に仲たがいすることはめったにないといわれる（たとえば、エヴァンズ＝プリチャード 一九八五）。ただし、そのような関係においても、ウシの浪費といった財産をめぐる問題は、両者のあいだで深刻な争いが生じる原因となる。

写真 14-1　スクマの大富豪が所有する 1,000 頭以上の牛群

本章の目的

以上のような研究の背景から、本章では、大規模なウシ牧畜と稲作を中心とした農耕を営む富農世帯に注目し、父親と息子の関係を分析する。対象とするのは、タンザニア南西部のルクワ湖畔に移住したスクマの人びとである。この人びとは東アフリカの牧畜民のなかでも、群を抜いて多くのウシを飼養している（Izumi 2017）。そして近年では、自由化した市場を利用して、財産と収入手段を多様化させ、企業的ともいえる経済活動を展開している。具体的には、従来は販売することのなかったウシを市場で売却したり、以前は自給的だった農耕、とくに稲作によって多

くの剰余を生産し、それを市場で販売することで利益を得るようになった。さらに一部のスクマは、ウシとコメを販売して得た利益を投資して、ホテルの建設・経営やトラック運送業などの大規模な商売を営んでいる。

とくに多くの財産、たとえば千頭以上のウシを所有するものは、スクマ語で「大富豪」を意味する「サビンターレ（*sabi nt'aale*）」とよばれる（写真14 - 1）。本章では、この大富豪の世帯に注目し、このような世帯を維持する一因をあきらかにするために、世帯主とその既婚の息子との折衝の事例を分析する。

2　移住先で大規模な生産を営むスクマ

スクマの移住とルクワ湖畔

スクマの従来の居住域であったヴィクトリア湖南岸のスクマ・ランドでは、イギリスによる委任統治期（一九一九〜六一年）に農村開発が進んだ。具体的には、犂による牛耕の技術や綿花栽培が普及したこと、そして、アフリカ睡眠病を引き起こす寄生性原虫であるトリパノソーマの宿主となるツェツェバエの撲滅事業が実施されたことである。これによって、この地域の人口や家畜の頭数が大きく増加し、ウシの放牧地が不足していった。さらに、イギリスから独立したタンザニア政府は、一九六七年から独自の社会主義政策を打ち出し、集住化をともなう「ウジャマー村政策」を実施した。これに対して、ウシ牧畜を拡大したいスクマの一部は、集住化政策を逃れて一九七〇年ごろから国内の各地へ移住しはじめ、未開の土地を開拓していった[1]。

本研究が対象とするのは、このような経緯からタンザニア南西部のルクワ湖畔に移住したスクマである（図14 - 1）。都市部からみると僻地に位置するこの地域には従来、ワンダという農耕民が暮らしてきた。移住してきたスクマは、ワンダが多数を占める村に所属しつつも、ワンダの居住域からさらに僻地であるアカシア林や季節湿地の周辺に住みついた。このような土地は、家畜をあまり飼養しないワンダにとっては利用価値がなかったが、スクマにとってはウシの放牧地に適していた。また、スクマは湿地を利用して牛耕による水田稲作もおこなうようになった。
ルクワ湖畔での現地調査は、ルクワ州スンバワンガ県のキリヤマトゥンドゥ村において、二〇〇九年九月から二〇一三年三月にかけて断続的におこなった。その合計期間は約一七ヵ月間である。

スクマの社会・経済

スクマ社会では、父系の出自をたどる。ひとりの男性を世帯主として、その妻子、そして息子とその妻子という拡大家族がひとつの世帯を形成する。世帯主やその息子が複数の妻をもつことが多いため、世帯は大規模化する傾向にある。

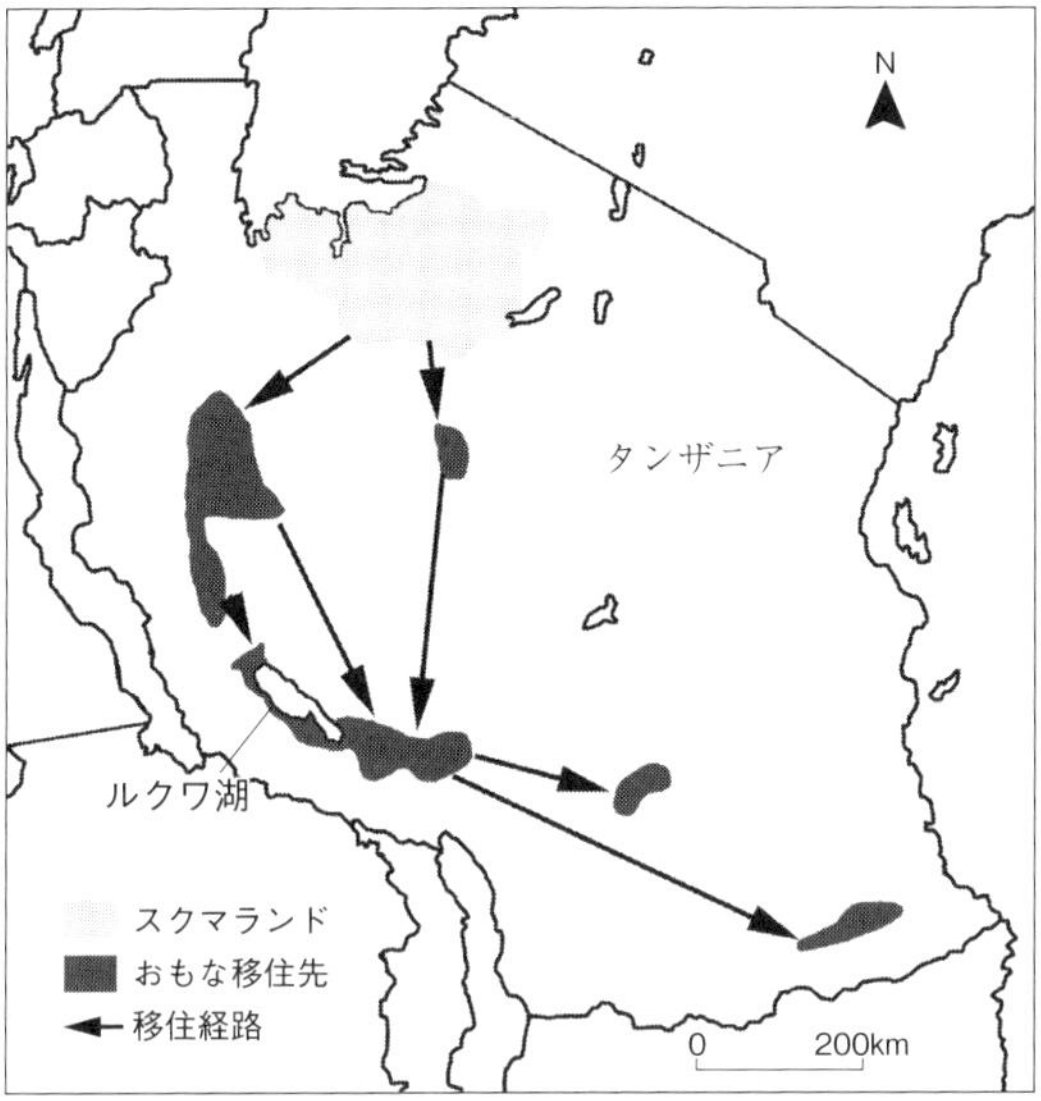

図14-1　タンザニアにおけるスクマの移住経路と移住先

東アフリカのほかの牧畜社会とくらべて、スクマの世帯は経済活動において、ほかの世帯とあまり協働しないという特徴がある。また、世帯主は土地や家畜などの財産、とくにウシに対して強い権利をもっており、ほかの成員は独自の財産をもたずに世帯主の財産を管理する。原則として既婚者の息子であっても、世帯主である父親の財産を相続して独立するまでは、独自の牛群をもつことは許されない。

前述のようにスクマの経済活動は企業的で大規模であるが、その核となるのは個々の世帯である。大規模化な活動をおこなうためには、大人数の世帯を形成する必要がある。表14-1は、キリヤマトゥンドゥ村に住むスクマ三三世帯の構成人数と所有するウシの頭数、そしてイネの作付面積の関係を示している。人数とイネの作付面積、および人数とウシの頭数のあいだにはとくに強い正の相関がある。すなわち一般的には、生産規模の大きい富豪の世帯ほど大人数で構成されている。また、富豪の世帯のみがホテルの建設・経営などの大規模な商売に投資できる。

表14-1　スクマ33世帯の人数、ウシの所有頭数、イネの作付面積の相関関係（スピアマンの順位相関係数）

	人数	ウシの頭数	イネの作付面積
人数	1*	0.870*	0.856*
ウシの頭数		1*	0.434*
イネの作付面積			1*

*$p<0.001$

大富豪のKK

本章で具体的に記述するのはスクマの男性KKの世帯である。彼は、ルクワ湖畔地域のスクマのなかでもとくに大規模なウシ牧畜と稲作をおこなう。およそ千頭以上のウシをもつ大富豪は村内には五世帯ほどあるが、KKの世帯もそのひとつである。二〇一一年における村内三三世帯の構成人数、所有するウシの頭数、および年間のイネの作付面積の平均値は、それぞれ一九・八人、三九〇・二頭、五・〇ヘクタールである。このなかでKK世帯は、構成人数とイネの作付面積がそれぞれ八二人、二六・三ヘクタールでもっとも多く、所有するウシは二四九三頭で二番目に多い。

KKは、この地域では先駆けて非農業の商売をはじめたスクマでもある。彼はウシとコメを売って得た利益を投資して、二〇〇〇年からホテルを建設・経営しており、二〇一一年七月以降には村で三軒のホテルを所有している（写真14-2）。

3　父親と既婚の息子の折衝

既婚の息子の重要性

スクマ社会では、娘は成長して婚出すると婚資としてのウシをもたらし、父親である世帯主の財産の拡大に貢献する。他方で、息子は娘よりも長く世帯に留まり、父親から財産を相続するまで、その財産の維持と増加に貢献する。既婚の息子が長く独立せずに父親のもとに留まることが、多くの財産を形成・維持するための重要な条件のひとつである。

既婚の息子が世帯に留まることの重要な機能としては、以下の四点があげられる。第一に、おもな財産であるウシを管理するのは親族の男性であり、能力が高く信頼できる成熟した息子が多くいるほど、その世帯は多くの家畜を管理できる。田畑などの土地を基盤とした財産と異なり、家畜は移動性が高く、容易に盗み去られるので、親族ではない雇用牧夫には、その管理を全面的に任せることはできない。第二に、スクマは田畑の耕起や施肥のためにウシを利用しており、農耕にとってもウシは重要であるが、ウシを放牧したり取り押さえたりする仕事は男性の役目である。実際に、牛耕のための去勢ウシを扱うのは一般の女性の体力では困難であり、成熟した男性を必要とする。したがって、既婚の息子の労働力は農耕を拡大するためにも不可欠である。

写真 14-2　KK 世帯が経営するホテル

第三に、既婚の息子を基礎にして世帯は大きく拡大する。息子が結婚して妻を娶ることで、その妻が重要な労働力となるし、さらに子どもを産むためである。世帯の人数と世帯が雇う労働者の人数のあいだには強い正の相関があるため（Izumi 2017）、世帯の人数が増えることは、外部から労働者を雇って生産を拡大することにもつながる。第四にスクマ社会において、世帯の外部との交渉を担うのはおもに既婚の男性である。既婚の息子は、世帯主でなくともある程度の権利と責任を与えられていることが多く、たとえば、近隣住民との話し合いやトラブルの処理、そして雇用する労働者の管理をおこなう。また、息子たちが政府の関係者に応対することもある。世帯主は既婚の息子に仕事を任せることで、普段はなかなか訪れられない放牧キャンプや田畑を設け、それを管理することが可能になる。すなわち、信頼できる既婚の息子がいる世帯主は、自分の活動を格段に広げられる。

ＫＫの妻と既婚の息子

図14‐2は二〇一三年時点におけるＫＫの妻と既婚の息子、および孫を年齢順に番号を付して示している。ＫＫはこれまでに四人の妻を娶っているが、第一妻は死亡している。またＫＫには二二人の息子がいるが、そのうち既婚者は七人であり、六人が世帯内に留まっている。[2] また、スクマ社会では、はじめに生まれた世帯主の男の孫は、しばしばその父が独立しても父とは暮らさずに、祖父（もとの世帯主）の世帯に残り、世帯主の息子と同様に扱われる。図14‐2では、息子②の息子である孫①がそれにあたり、彼もこの世帯の一員として暮らしている。以後は、孫①も便宜的にＫＫの「息子」として扱う。さらにこの世帯には、ＫＫの異母弟の息子が、父親から独立したのちにＫＫを頼って同居している。したがってＫＫ世帯には、重要な仕事を任せられる既婚男性が、世帯主のほかに八人いる。ＫＫは大規模な世帯をもつことを喜びとしており、自らが望んで息子を独立させたことはないという。

父親に反発して独立した息子たち

前述のように息子は、父親から独立するまでは財産をほとんど所有できないので、現金などの入手を父親に依存している。そのため、息子が独立を要求しないためには、父親から得られる富に満足できるかどうかが重要な問題となる。これに不満を覚えた息子は独立を要求するようになる。以下の事例一はそのことを示している。

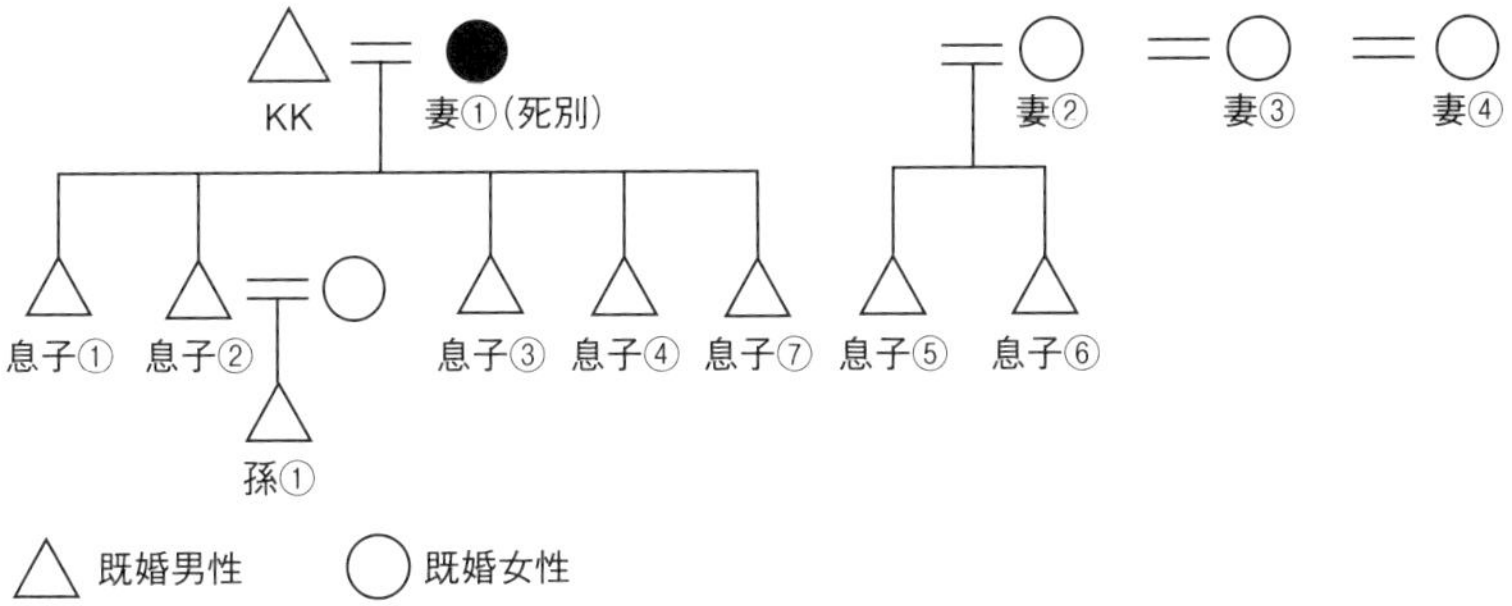

図 14-2　KK の妻と既婚の息子や孫

［事例一］KKの息子①と②は一九九九年に独立を要求した。KKはこれに強く反対し、両者ともに主張を譲らすに交渉が進まなかった。すると①と②は、世帯の仕事を罷業し、地域の行政官と警察に父親から独立したいことを訴えた。行政官と警察はこの問題に介入し、息子①と②に味方して、KKに対して二人の息子を独立させるように要求した。この結果、二人の息子は父親から二五〇頭ずつのウシを相続して独立するにいたった。

この事例で二人の息子が独立を主張するにいたったのは、彼らが父親から得られる富に不満をもっていたためである。一九九七年に息子③が第一妻を娶るまで、KKの既婚の息子は①と②の二人だけであった。この二人は独自に現金を得ることを許されておらず、現金が必要になるたびに父親に頼んで得ていた。息子①によると、二人は父親から貰える現金に満足できず、喜び（*raha*）の少ない生活をしていたという。たとえば、自分たちや妻の衣服やアクセサリーを買ったり好きに酒を飲んだりするためには十分な現金が貰えなかったようである。

そこで息子①と②は、父親には秘密で現金を得ることに努めた。当時KKは、子ウシに十分な母乳を与えられなくなることを心配して、自家消費量を超えるミルクを搾乳して販売することを禁止していたが、二人は父親の監視が行き届きにくい放牧キャンプで、ルクワ湖で漁をする人びとを相手に牛乳を販売しはじめたのである。ただし、この試みはしばしば父親に知られ、二人は厳しく咎められた。①と②は、父親KKの財産管理のために中心的な役割を果たし厳しい仕事をこなしていたにもかかわらず、見返りが少ないことに憤慨して、父親に独立を要求した。それに対して、息子を世帯に留めて世帯や財産を増大したいと考えていたＫＫが強く反対したために、事例一の事態に発展したのである。

スクマ社会では、世帯内の相続の問題に対して世帯外の年長者が介入することはあっても、事例一のように政府関係者が介入することは例外的である。これには、ルクワ州政府とスクマのあいだで取り交わした『ムトウィサ宣言（*Tamko la Mtowisa*）』が大きく関係している。一九八〇年代から九〇年代にかけてルクワ湖畔では、スクマのウシが近隣農耕民の畑に食害を与えることをおもな原因として、人びとのあいだで争いが多発していた。ルクワ州政府は、この争いを防止するために一九九八年九月一七日に『ムトウィサ宣言』を発表し、スクマに対してウシの頭数を減らして、ほかの事業へと転換していくことを約束させた（Ofisi ya Mkuu wa Mkoa Rukwa 1998）。

一九九〇年代には四千頭を超えるウシを所有していたＫＫは、ルクワ湖畔地域のスクマの代表者として『ムトウィサ宣言』に調印していた。息子①と②が独立を主張した一九九九年当時においても、ＫＫは依然として三千頭を優に超えるウシを所有していたため、①と②は「父親は『ムトウィサ宣言』にしたがわずに、自分たちを虐待してウシの頭数を維持している」と政府に訴えたのである。このような経緯から、スクマの家族の相続問題に政府が介入するという異例の事態が引き起こされた。

ＫＫは、それまで自分の財産の管理のために尽力してきた息子①と②を失ったため、ウシの頭数を削減せざるをえなくなった。またこのことは、ＫＫが多くのウシを売却してホテルの建設に着手する大きな契機となった。

4　息子による富の獲得と蓄財の試み

事例一のように、父親から与えられる富が少ないことに息子が不満を募らせると、独立を要求する要因となる。息子の不満を抑えて世帯内に留めておくためには、状況に応じて息子に独自の収入源を与えることも必要である。以下ではこの点についてKK世帯の事例を検討する。

牛乳販売の許可

［事例二］　息子①と②が独立したのち、一九九九年の時点でKK世帯に残っていた既婚の息子は③④⑤であった。一九九九年にこの三人は、自分たちが管理する放牧キャンプにおいて牛乳を販売して独自に現金を取得できるように父親に要求した。三人は父親に対して「衣料品や装飾品を十分に買えないために妻たちが機嫌を損ねており、このままでは自分たちのもとから逃げてしまう」と訴えたという。これに対してKKは、子ウシの生育を妨げないという条件で、息子たちが放牧キャンプでミルクの販売し、収入を得ることを許可した。

KKは、息子①と②が自分に反発したことに落胆した一方で、息子たちに対するこれまでの自分の態度を反省したという。すなわちKKは、息子たちに自由（*uhuru*）と喜び（*raha*）――たとえば現金稼得の機会や仕事の休暇――を与えておかないと自分のもとを離れてしまうと考えた。そこで彼は、残った息子たちに牛乳の販売を許可し、ときには休暇を与えるようになった。

既婚の息子たちは、これ以降、牛乳の販売によって現金収入を得ている。彼らはその収入で自転車や携帯電話、衣料品などを購入したり、ときには酒を飲んだりするようになり、喜び（*raha*）を得て、生活を充実させていった。

蓄財の失敗、コメ販売の許可

牛乳販売によって現金収入を得た息子たちは、当初はその収入で満足していたが、やがてより大きな収入や父親からの独立を求めるようになった。二〇〇七年に父親に対して独立を求めた息子④と⑤は、自分たちの独立時のことが心配になったという。ＫＫの子どもは二〇一三年当時でも生まれており、財産を相続する権利をもつ息子が増え続けている。それに対してＫＫが所有するウシは、近年は二五〇〇～三千頭程度で安定しているものの、最大で四千頭以上を所有していた一九九〇年代にはおよばない。したがって息子④と⑤は、自分たちは兄の①と②よりも長いあいだ父親の財産のために尽力しても、彼らほどには多くのウシを相続できなくなるのではないかと危惧しているのである。

息子④と⑤だけでなく、ほかの息子たちも同様のことを懸念するようになった。牛乳の販売から得られる収入では、衣料品・日用品や自転車、携帯電話などの必要を満たすことができるものの、独立に備えて十分に蓄財することはできない。

しかし、そもそもスクマ社会では原則として、独立していない息子が自分のウシや土地などの財産を所有することは認められていないし、ＫＫも息子たちにそれを認めていなかった。そこで息子たちは、父親には秘密にして蓄財することを試みはじめた。以下では息子⑥の事例を紹介する。

［事例三］二〇〇八年に息子⑥は、父親が暮らしているホームステッドから一五キロメートルほど離れた別のホームステッドで田畑の管理を任されていた。ここには父親は頻繁には訪ねてこない。そこで、二〇〇八年七月に息子⑥は、牛乳を販売して得た収入で四頭のメスヤギを購入し、自分が管理を任されている約八〇頭のヤギの群れに紛れ込ませて飼養していた。しかし父親は、同年九月に息子⑥のホームステッドを訪問したときに、目ざとくこのヤギを発見した。父親は息子⑥を非難し、「自分の群れのなかにいる家畜は自分のものである」と言って、息子⑥が購入したヤギを取り上げて自分のものにしてしまった。

息子⑥は、牛乳の販売だけでは十分な収入を得られないと判断し、ヤギを購入してそれを増殖させる方法を思いついた。父親がまれにしかこのホームステッドを訪れないことや、父親のもつ財産のなかでヤギはそれほど重要ではないという理由から、息子⑥は、父親に知られることなく自分のヤギを増やせると考えていたという。しかし、この試みはすぐに失敗してしまった。

ほかの息子たちも、父親の目を盗んでＫＫの群れのなかで家畜を増殖させることはむずかしいと判断した。そこで息子たちは、蓄財するための資本を父親との交渉によって獲得しようと試みた。その先駆けとなったのが息子③であるが、以下ではその事例を示す。

［事例四］二〇〇九年の農繁期に入る一一月に、息子③は翌二〇一〇年に収穫する予定のコメの一部を自分で処分することを父親に要求した。独立していない息子のなかで最年長であった息子③は、二〇〇九年九月から父親や兄弟とは別のホームステッドで自分の妻子とともに暮らしており、そこの家屋や作物の干し場などの設備を補修するための資金が必要だと主張した。これに対して父親は、息子③が収穫を担当した水田から得られたコメの四分の一を彼の取り分とすることを許可した。

この年、不運にもこの水田は不作であったが、息子③は自分で処分できる籾米をおよそ一三〇〇キログラム獲得した。彼は父親に説明したとおりに、このコメを販売して設備の補修などをおこなったが、その費用のために必要だったコメはこのうちのおよそ三〇〇キログラムであるという。そして彼は、残りの二〇〇キログラムを売却した金で自転車を新調し、八〇〇キログラムの代金で太陽光発電の装置を購入した。

ＫＫは、自分に無断でこのような生活必需品ではない高価な品を購入したとして、息子③を非難した。これに対して息子③は、以下のように説明してＫＫを説得した。すなわち、予定どおりに設備を補修して「余った分」でこれらの品を購入したのだし、これらは生活に必要なものである。自転車を新調しなければ、放牧キャンプに赴いたり病気の家族をクリニックに連れていくときに支障が出る。また、太陽光発電の装置は携帯電話を充電するためのものであり、ほかの兄弟や父親と仕事の連絡をとりあうために必要であるし、さらに近隣の人びとの携帯電話を充電してわずかな現金を得ることもできる。

息子③が父親に対して収穫したコメの一部を処分する権利を求めたのは、コメによる収入が大きいからである。表14－2は、二〇一一年の一月八日から七月九日のあいだのKK世帯の収入と支出を示している。当時は五人の息子が牛乳の販売による収入を自分のものにしていたが、これは全体の収入のわずかに三・二％を占めるに過ぎない。それに対して、ウシとコメの販売で得た収入はそれぞれ四二・二％、三〇・〇％であり、収入の大部分を占めている。スクマ社会の規範に従えば、父親のウシに対する権利を独立前の息子が得ることはむずかしいが、土地そのものではなくコメに対する権利を得ることは妥当であると息子③は考えたのである。ましてやそれは、息子③自身が栽培し収穫するコメである。

また、KK世帯の支出をみると（表14－2）、ホテルの建設費が七四・九％と大きな部分を占めているが、息子たちはホテル経営の恩恵を直接に受けているわけではない。そのため、息子③だけでなくほかの息子たちも、自分たちの働きに対して分配される富が不十分だと考えていたのである。

また、息子③はコメを処分する権利を求める理由を「家屋や作物の干し場などの設備を補修するため」だと説明したが、実際には収入の大部分を自転車と太陽光発電の装置を購入するために充てていた。このような用途を購入前には父親に知らせずに、購入後に咎められたときに、父親を説得するかたちで自分の権利を獲得している。これについて息子③は、「コメの処分権を得る以前には、自分では大きな買い物をできず、必要なときは父親に頼んで現金を得ていた。しかし、コメで得た収入は自分のものであるし、遊ぶための買い物ではないのだから、父親に用途を咎められはしない」と語る。他方でKKは、「息子③は成長した」「一人前のおとなに近づいている」と語っている。

KKはこれまで、コメを処分する権利を息子に譲ったことはなかったため、この事実は大きな転機となった。翌二〇一一年からはほかの息子たちもこの権利を主張し、息子③に続いて息子④と⑤もコメの販売を許可された。

表 14-2　KK 世帯の収入と支出（2011 年 1 月 8 日〜 7 月 9 日）

収入		支出	
項目（売上）	金額（Tsh.）＊1	項目（費用）	金額（Tsh.）＊1
ウシ	32,180,000（42.2%）	ホテルの建設	43,252,000（74.9%）
コメ＊2	22,836,917（30.0%）	労働者の給与	8,702,400（15.1%）
トウモロコシ＊2	11,138,048（14.6%）	生活・生産	3,475,800（6.0%）
ホテル	7,614,300（10.0%）	ホテルの運営	2,288,000（4.0%）
牛乳	2,463,000（3.2%）		
合計	76,232,265（100.0%）	合計	57,718,200（100.0%）

注）＊1　Tsh. ＝タンザニア・シリング。調査時は 1Tsh. ＝ 0.056 円。
　＊2　コメとトウモロコシの売上は推定値（泉 2013 を参照）、それ以外は計測値を示している。

二〇一二年には息子⑥が、そして二〇一三年には息子⑦も許可を得た。こうして息子たちは、オートバイや太陽光発電の装置などを購入して生活を向上させるとともに、蓄財するための収入も得ることになった。

KKはコメの販売を認めた理由について、以下の二点をあげている。第一は、二〇〇九年から建設しはじめた三軒目のホテルが、二〇一一年に完成する目途が立ち、支出を抑えられることである。そのため、コメの権利を息子たちに与える余裕ができた。第二は、息子たちが成長して権利を主張するようになったので、自分だけがコメを独占するわけにはいかなくなったことである。KKはホテル建設のために多くのウシを売り続けてきたが、今後は息子に相続させることも考慮して、販売する数を減らす必要があるとも述べている。

内密に蓄財する試み

事例四で息子③が権利を得た一三〇〇キログラムのコメは、KK世帯全体で一年間に収穫されるコメのわずかに一%強であるが、その販売額は、息子ひとりあたりが牛乳販売から得られる額のおよそ一・三倍である。すなわち息子③にとっては収入が二倍以上に増えたことになり、これは蓄財するための重要な補助になる。息子たちはコメを売ることで資金を得て、将来の独立に備えて父親には秘密で蓄財することに努めた。以下では、息子たちのこうした試みを三つの事例で紹介する。

［事例五］息子⑤は二〇一一年に、約四千キログラムのコメを売って得た資金で、三頭の成メスウシと一頭の種オスウシを購入した。そして、自らが放牧キャンプで管理を担当している五〇〇頭以上の成牛の群れにそのウシを紛れ込ませた。しかし、このウシは父親に発見されてしまい、事例三の息子⑥の場合と同様に、息子⑤が購入した四頭のウシは父親のものになってしまった。息子⑤は、翌二〇一二年にも二頭の成メスウシと一頭の種オスウシを購入したが、今回は父親の牛群に入れるのではなく、近隣に住む農耕民ワンダの知人に報酬を支払ってこのウシの管理を委託した。

息子⑤は、ＫＫの息子たちのなかでもとくに財産としてのウシの増加を重視しており、内密に蓄財するさいにも、ウシを所有したいと考えているという。ただし父親の牛群にウシを紛れ込ませることはできないし、ほかのスクマにウシを預けてもすぐに父親に知られる恐れがある。したがって彼は二〇一二年には、農耕民の知人に預けることを選択したのである。

［事例六］息子③は、二〇一一年におよそ二千キログラムのコメを獲得し、それを販売して得た現金の一部で農耕民ワンダから一一四五平方メートルの水田を四〇万タンザニア・シリングで購入した。ワンダのほうから息子③にこの土地を買い取るように要望しており、その理由は、食糧不足や子どもの学費のためだという。

息子③は、独立するまえにウシを所有することはむずかしいと考えており、水田を購入する方法を選んだという。このように生活に困った貧しいワンダがスクマに土地を売却する事例は、近年、増加している。息子③もまた、最近の土地不足を危惧しており、毎年利益を生み出し続けると思われる水田を独立するまえに手に入れるよい機会だと考えたとのことである。

［事例七］息子④は、二〇一一年におよそ三千キログラムのコメを販売して現金を得たが、その半分以上を都市の銀行に預金している。近隣に婚出した彼の姉が病気の治療のために地方都市ムベヤの病院を訪れたさいに、息子④はそれに付き添った。彼はそのときに父親には秘密で銀行口座を開設したのである。その後、息子④は都市を訪れるたびに預金を増やし、二〇一三年三月の時点ではその預金残高はおよそ二〇〇万タンザニア・シリングであるという。

息子④も息子③と同様に、家畜を所有することはむずかしいと考え、現金で貯蓄する方法を模索していたという。しかし、自宅で貯金することは父親から禁止されていないものの、むずかしいことである。スクマ社会において男性は放牧キャンプや複数の妻のもとを渡り歩いており、家屋を管理するのはおもに女性である。また男性も女性も日中は住居を留守にすることが多いため、防犯の面から自宅には大量の現金をおくことはできない。息子④はさらに、手元に現金があると、つい使ってしまってなかなか貯まらないことにも言及している。従来のスクマ社会では、富は家畜として貯蓄するのが通例なのである。

したがって彼は、都市の銀行に預金する方法を選んだ。これならば父親や兄弟、さらに妻にも、どれほど蓄財しているのかを知られにくい。スクマは、独立するさいには土地を手に入れたり家を建てたりする必要があるが、一九九〇年代以降は、その費用が大きくなっている。それ以前のように無料で開拓できる土地はなくなっているし、周囲の植物を利用した従来の家屋でなく、レンガ造りでトタンの屋根を葺いた家屋が普及しているためである。息子④は、独立するときには貯蓄した現金で土地や家屋の費用をまかなうことで、なるべくウシを売らずに済ませたいと語る。

以上のように、息子たちはコメを売って大きな収入を得ることで、父親には秘密でさまざまな蓄財をするようになった。父親は息子たちのこのような蓄財を認めておらず、もしこの蓄財の試みを知って禁止したならば、息子たちの不満と独立への欲求が高まると考えられる。実際に息子④や⑤は、もし銀行預金や土地の取得を父親に禁止されたら強く抗議するし、場合によっては兄のように強引に独立するかもしれないと語っている。

息子が独立したくない理由

大規模な世帯では、世帯主である父親が息子の独立を遅らせたいと考えているだけでなく、息子たち自身もまた、早く独立することに消極的であることが多い。それは、スクマ社会の制度的な事情による。父親から独立した息子は自らが世帯主となり、父親から相続した財産をもとにして、原則として自分とその妻子のみで生計を営む責任を負う。したがって、一般的には独立した初期には世帯サイズは小規模である。

富豪の息子の場合父親から多くの財産を相続するため、早期に独立すると、少ない人数で多くの財産を維持する必要に迫られる。そのため、財産と世帯を維持できずに失敗することが多いといわれている。富豪の息子は、こうしたリスクを憂慮して独立を遅らせたいと考えるのである。以下の事例八で示すように、実際にKK世帯でも、早期に独立した息子たちが財産や世帯の管理に失敗している。

［事例八］事例一で述べたようにKK世帯では、息子①と②が二五〇頭ずつのウシを相続して一九九九年に独立した。息子①は、独立して父親から自由になった途端に酒に夢中になり、仕事を怠けるようになったという。また、二〇〇三年にはオートバイの事故で脚を怪我し、仕事ができない期間があったが、それをきっかけにウシを売って酒代や生活費をまかなう傾向が強くなった。

彼がウシを減らす生活を続けたため、三人いた彼の妻は嫌気がさして、二〇〇八年には全員が子どもたちを連れて彼のもとを去ってしまった。二〇一一年の時点では息子①のウシは三八頭にまで減っており、KKは彼のすさんだ生活を見かねて、いったん自分の世帯に呼び戻した。そして彼を更生させることを去った妻たちに約束して、彼女たちも呼び戻そうとした。結局は二〇一二年に、第二妻のみが子どもたちとともにKK世帯に身を寄せる息子①のもとに戻ってきている。

また息子②は、相続したウシを元手にして家畜商を営みはじめたが、兄の①と同様に酒に夢中になり、また自動車を購入するなどの散財を繰り返して破産した。当時、二人いた妻とも離婚し、その後は単身でルクワ湖畔を去ってタンザニア各地を転々としつつ、たまに父親をはじめとする親族を訪ねては金銭や家畜をねだりにくる。

ＫＫ世帯に残ったほかの息子たちは、兄である息子①と②の独立後の失敗をみて、早期に独立することに消極的になっているのだと語る。彼らが指摘する二人の兄の失敗の大きな要因は、以下の二点に要約できる。その第一は、独立のときに一括して大きな財産を手に入れたことによって、慢心して怠惰な生活を送ってしまったことである。それは、息子①と②の気質のせいでもあるだろうが、独立以前に収入を得てそれを計画的に運用する経験が乏しかったせいでもある。彼らは、牛乳の販売などによって独自の収入を獲得することを認められていなかった。近年ではまた、市場経済の普及によってさまざまな品物が購入できるようになったし、購入する必要性も高まっている。したがって、従来のように父親からウシを飼養・増殖する方法を学ぶだけでは通用しないのだという。

第二は、息子①と②は早期に独立したために、世帯の仕事を助ける成員を確保できなかったことである。一九九九年に独立した当時、息子①と②にはともに妻ひとりと子どもが三人ずつおり、それぞれの長子は五歳の女児と九歳の男児（孫①）であった。相続した二五〇頭のウシや田畑を維持するには、たとえうまく人を雇ったとしても、この世帯の規模が小さすぎた。また、息子①が怪我をしたときのように世帯主が働けなくなったとき、幼い子どもたちには世帯主の仕事を助けられなかったのである。ＫＫの残った息子たちは、息子①と②の子どもたちがもう少し成長していれば、彼らがここまで財産を減らすことはなかっただろうと語る。

スクマ社会では、独立した息子が自分の世帯や財産の規模が小さくて不安である場合には、年長で裕福な親族や姻族の世帯を頼って、しばらくのあいだその世帯の一員となることがある。[3] しかし、多くの財産を所有する世帯主は、たとえ若くて世帯の規模が小さくても、このようにほかの親族や姻族を頼ることは許されず、独立して財産を維持することが求められる。また、自分の世帯に親族や姻族を労働力として受け入れる場合は、ふつうは世帯主よりも年少のものを選ぶため、早期に独立した息子はこうした労働力を確保しにくい。父親が許可したり命じたりすれば、幼い未婚の弟や妹を連れていけるが、そうでなければ自分の世帯に受け入れられるのは身寄りのなくなった子どもに限られる。このような事情から息子①と②は、自分とその妻子だけで生計を維持しなければならなかった。

とくに、ＫＫのように多くのウシをもつ大富豪の息子は、独立するにあたって、この問題に悩むことが多い。彼らは父親から多くの財産を相続できるが、それを管理するための労働力が十分に調達できなければ、それを維持できないからである。多くの財産を維持するためには、ホームステッドで妻の家事や農作業を手伝う娘も重要であるが、何よりも息子が家畜を放牧できる程度に成長している必要がある。

以上の二つの理由から、ＫＫ世帯に残った息子たち、とくに二〇〇七年に独立を要求した息子④と⑤は、早く独立したいという気持ちはあるものの、独立を強硬には主張できないのだという。スクマ社会では息子①と②のように、大富豪の財産を早期に相続して独立したものが、財産と世帯の管理に失敗する場合が多い。たとえばスクマ男性ＣＭは、二〇一一年にはキリヤマトゥンドゥ村でもっとも多い四五六一頭のウシを所有していたが、彼の世帯においてもＫＫ世帯と同様のことが起こっている。世帯の財産が多いほど、その息子たちは独立しにくいため、大規模な世帯が維持されやすいのである。

5　おわりに

スクマの世帯では、世帯主と息子がそれぞれの思惑をもち、それにもとづいた折衝がある。それは、市場経済の普及をはじめとして変容する現代社会の影響を受けていた。とくに本章で紹介したＫＫ世帯では、大富豪であるがゆえの実践と葛藤があった。

父親から息子への富の移譲

大富豪の世帯主は、息子の労働力に依存しなければ大きな財産を維持できない。そのため、できるだけ長いあいだ息子を独立させずに支配して、財産の実権を自分で握っておきたいという欲求をもっている。しかし、既婚の息子を世帯に留めておくことは容易ではない。息子は父親に支配される生活に対して不満を募らせると、独立を求めるようになるからである。そのために父親は、息子の不満が噴出しないように富を分配していく必要がある。

こうした問題は、とくに一九九〇年代以降に急速に商品経済が普及したことで引き起こされた変容によって、より複雑になっている。食器や衣料品といった日用品をはじめ、自転車、携帯電話、酒などの嗜好品にいたるまで、さまざまなものを得るために現金が必要になった。

KKもその息子たちも、当初はこの大きな変化に戸惑いを見せていた。KKは当初はこうした事情を考慮できていなかったので、息子①と②は不満を募らせて独立してしまった。KKはこのことを反省し、その後は残った息子を世帯に留めるために牛乳の販売を認めた。さらに、おもな収入源であるウシとコメの販売をそれまでは独占していたが、コメに関しては息子に権利を分け与えている。

ただしKKは、スクマ世帯の形成の基盤となる財産、すなわちウシと土地の所有権までは譲っていない。スクマ社会の規範にもとづいて、富を少しずつ譲っていき、息子たちの不満が噴出しないように工夫しているのである。

これは息子の側からすれば、父親による支配に対して挑戦し、富を獲得していく過程である。息子はその収入の用途をめぐってもときに父親と折衝し、自分の希望をとおそうとする。息子が大きな収入を得た一方、父親は息子の高額な買い物を把握できずに不満を抱くが、息子は父親を説得して納得させようとしていた。ウシの処分などのスクマ社会の根幹に関わること以外の権利について、父親と息子は交渉をとおして柔軟に対処していたのである。

大富豪の息子の特質と蓄財の工夫

一般に牧畜社会では、息子は父親の支配から独立して、結婚や財産の管理をしたいという欲求をもっている。スクマ社会においてもそれは同様である。しかし大富豪の息子は、父親から多くの財産を相続できるため、かえって早期に独立することに消極的になりやすい。早期に独立すると世帯の規模が小さく労働力が不足するので、財産を維持することができないのである。とくに先に独立した兄の失敗をみた弟は､独立することに尻込みするようになっていた。

しかし、だからといって息子たちはただ独立のときを待つだけではない。彼らは、独立するまでのあいだに収入を確保して生活を充足させるだけではなく、父親には秘密で富を貯蓄しようと工夫していた。その大きな動機は将来の独立後の生活に備えることであり、そこには前述した商品経済の普及のなかでも、とくに家屋や土地の商品化という変容が強く影響していた。息子にとってこの問題への対処は、父を出し抜いてでもなすべき重大な課題なのである。

それぞれの息子が貯蓄のために独自の方法を模索しており、それには従来どおりの貯蓄財である家畜、売買がさかんになっている土地、そして銀行での預金など、さまざまな種類があった。その方法の大きな特質は、近隣の農耕民ワンダや都市とのネットワークを活用して、貯蓄した富をスクマ社会の外部へと「隠す」ことである。具体的には、家畜をワンダに預けたり土地をワンダから購入したり、また都市部の銀行を利用するといった手段がとられていた。ワンダがスクマとの関係を深め、その影響を受けてウシ飼養を拡大したのも、この地域のスクマが都市の銀行を利用し始めたのも、近年のことである。息子による貯蓄の方法にも、現代的な社会・経済の変容が深く関係している。

大富豪の世帯が維持されるために

スクマ社会で大富豪の世帯が維持されるためには、世帯主がウシを中心とする財産を適切に管理する知識と技術を有し、その財産を形成・維持しようとする強い意欲をもっていることが必要である。しかし、それだけでは十分ではない。財産管理の母体となる世帯自体を維持することも必須の条件である。

本章では、とくに既婚の息子が長く世帯に留まることに注目して、父親と既婚の息子の関係を検討した。そこであきらかになったのは、富や独立をめぐって父親と息子がさまざまな思惑をもち、両者のあいだには緊張関係があることであった。スクマの大富豪は、このような父親と息子の折衝の結果として維持されているのである。

註

1 スクマの移住の経緯については、泉（二〇一三）が詳細にまとめている。

2 後述する事例一で示すように、息子①は一九九八年に父親から独立したが、その後、ふたたびKK世帯に組み入れられた（事例八）。

3 このように受け入れられたものは、受け入れ先の世帯に労働力を提供して財産を管理するかわりに、ウシなどの財産を得たり、婚資を支払ってもらって結婚したりする。

参考文献

池野　旬　二〇一〇『アフリカ農村と貧困削減――タンザニア　開発と遭遇する地域』京都大学学術出版会。

泉　直亮　二〇一三「東アフリカ農牧社会における経済活動の現代的展開――タンザニア・スクマの移住と豪農化」『年報人類学研究』三：四二―七三頁。

泉　直亮　二〇一六「富者として農村に生きる牧畜民――タンザニア・ルクワ湖畔におけるスクマとワンダの共存」重田眞義・伊谷樹一（編）『争わないための生業実践――生態資源と人びとの関わり』京都大学学術出版会、一九―四九頁。

掛谷　誠　一九七四「トングウェ族の生計維持機構――生活環境・生業・食生活」『季刊人類学』五（三）：三―九〇頁。

掛谷誠・伊谷樹一　二〇一一「アフリカ型農村開発の諸相――地域研究と開発実践の架橋」掛谷誠・伊谷樹一（編）『アフリカ地域研究と農村開発』京都大学学術出版会、四六五―五〇九頁。

末原達郎　二〇〇九『文化としての農業　文明としての食糧』人文書館。

平野克己　二〇〇九『アフリカ問題――開発と援助の世界史』日本評論社。

エヴァンズ＝プリチャード、E・E　一九八五『ヌアー族の親族と結婚』長島信弘・向井元子（訳）、岩波書店。

Hyden, G. 1980. *Beyond Ujamaa in Tanzania: Underdevelopment and Uncaptured Peasantry*. Berkeley and Los Angeles: University of California Press.

Izumi, N. 2017. Agro-pastoral large-scale farmers in East Africa: A case study of migration and economic changes of the Sukuma in Tanzania. *Journal of Nilo-Ethiopian Studies* 22: 55-66.

Ofisi ya Mkuu wa Mkoa Rukwa 1998. *Tamko la Mtowisa*, Sumbawanga: Ofisi ya Mkuu wa Mkoa Rukwa.

Spencer, P. 1998. *Pastoral Continuum: The Marginalization of Tradition in East Africa*. Oxford: Clarendon Press.

第15章　開発のための家畜
――第二次世界大戦後のケニアにおける家畜の市場化

楠　和樹

1　はじめに

ケニアの日刊紙『ビジネスデイリー』に二〇一一年八月に掲載されたある記事は、ケニア政府が現在、ヨーロッパに食肉を輸出するために畜産部門の改善に取り組んでいることを紹介している（Business Daily 2011）。この記事によると、ケニアの畜産部門はGDPの約一二％を占めており、農業労働者全体のおよそ半数を雇用しているとされているものの、ヨーロッパへの食肉輸出についてはボツワナなど南部アフリカの国々に大きく水をあけられているという。もともとケニアはアフリカのなかでも食肉を積極的に輸出しており、一九七〇年代にはヨーロッパ圏内で消費される缶詰牛肉の六六％を生産していた（Business Daily 2012）。しかし、一九八〇年代に起こった経営問題や、近代的な食肉流通制度の整備に失敗したために、ケニアは当時年間四〇万トンにおよんでいたヨーロッパ圏への牛肉の輸出割当を失ってしまうことになった。その結果、ケニアの小規模生産者は甚大な打撃をこうむることになったとされている（前掲記事）。近年のケニアは、近代的な食肉流通と家畜衛生の制度を整えるとともに、ヨーロッパ圏よりは輸入規制

写真 15-1　家畜市場の様子

の緩い中東諸国への輸出を拡大することによって、食肉輸出大国への返り咲きを目指している。

　このような近代的な食肉流通と家畜衛生の制度化は、優れて現代的な政策目標である。しかしその一方で、それらの取り組みの端緒はイギリスによる植民地期までさかのぼることができる。牧畜社会の人びとは「家畜の群れの増殖に非合理なほど執着し、家畜を売却するのを拒む」（Bonte & Galaty 1991）というレッテルをはられてきた。政府による家畜の市場化政策の非効率性の問題が棚上げにされたまま、「牧畜民は家畜を売りたがらない」という一面的な評価がなされてきたのである（Anderson 2002）。実際には、「家畜とともに生きる人びと」というイメージからは意外かもしれないが、植民地期から現在にいたるまで家畜の市場化（marketing）は、公正な機会さえ用意されたならば牧畜社会の人びとにとって現実的な選択肢であり続けてきたのだ（Anderson 2002; 湖中 二〇〇六）。また、ケニアを含むアフリカ各地の牧畜社会で近年調査をおこなった人類学者たちは、これらの人びとが家畜の市場化という喫緊の事態に創造的かつ融通無碍に対応する様子をいきいきと描き出してきた（Ferguson 1985; Hutchinson 1992; 湖中 二〇〇六）（写真15 - 1）。

　ここで注意したいのは、牧畜社会の人びとの価値観や実践のユニークさに目を向けるあまりに、市場を社会の外部にあり、社会を脅かす存在として捉える想像力によって絡めとられてはならない、ということである。多義的に用いられる「市場」をそのように過度に抽象的に捉えてしまうと、市場をめぐって何が起こってきたのかを正確に理解するのが妨げられる恐れがあるのだ（中川 二〇一四）。そこで本章では、ケニアを事例として、家畜を市場で売買するための政策が誰によってどのような文脈で進められてきたのかを、歴史的な観点から考察していく。本章のおもな検討対象となるのは、ケニアの畜産史上「公営市場に連れてこられる家畜の頭数が、もっとも急速かつ持続的に増加していった」（Raikes 1981: 120）と評価されている、第二次世界大戦後の家畜の市場化政策である。以下、第一節でケニアの植民地化以降の家畜の市場化の歴史について記述したうえで、第二節において、ケニア食肉委員会（Kenya Meat Commission：ＫＭＣ）とアフリカ家畜市場化機構（African Livestock Marketing Organization：ＡＬＭＯ）という二つの機関を中心として組織された、第二次世界大戦後の市場化政策の概要を述べる。次いで第三節では、この政策の実施に携わっていた地方行政官や専門担当官による事態の理解に着目した分析をおこなう。[1]

2　保護領化から第二次世界大戦時まで

一八九五年七月にイギリスは、現在のケニアを含む東アフリカの広大な地域を保護領とすると宣言した。そして、地理学的にも気候のうえでも多様なケニアのうち、経済開発が集中し、保護領政府によって誘致されたヨーロッパ人が入植を進めたのは、ホワイトハイランド（White Highland）とよばれた中央部の高地地方であった。ハイランド地方は、ケニアのなかでも土壌が比較的肥沃で農耕に適していただけでなく、その気候は、ヨーロッパ人の心身の健康に対して比較的害がないとされていた。[2]ヨーロッパ人入植者たちはそこに居を定め、牧場や農場を経営するようになった。そして、ハイランド地方の周縁部やその外の乾燥地に暮らす牧畜民は、ヨーロッパ人入植者の畜産事業を奨励し保護するという政府の政策のために、畜産市場へのアクセスを制限されていた（Raikes 1981: 118-119）。アフリカ人が居住を指定された原住民居留地（Native Reserve）で牛疫や牛肺炎などの家畜感染症が発生しても、政府はそれらの疾病が入植者の飼養する家畜まで蔓延するのを防止することを優先し、感染地域を隔離指定する以外に積極的な措置をとることはなかった。つまりこれらの感染症の存在は、対処されるべき家畜衛生政策上の問題というよりは、むしろ、牧畜民の家畜を市場から締め出すのに都合のよい口実に過ぎなかったのである（Schlee 1990: 2）。

このように牧畜民の前に閉ざされていた家畜市場の扉は、植民地統治の進展とともに徐々に開かれていった。その端緒は、アフリカをはじめとするイギリスの植民地における種々の資源に関する統治者側の想像力が、一九三〇年代から根本的に転換したことにあった（Hodge 2007: 144-178）。この時期以降、従来のように植民地の潤沢で過剰な資源をどのように活用するかではなく、資源の稀少性が問題とされ、限られた資源をどのように保護・管理するのかが大きな課題となった。そのなかで、植民地の土壌がにわかに資源として眼差されるようになり、おもに在来の「無思慮」な生業活動が原因となってその肥沃さが喪失の危機にさらされていることが、問題として浮上してきた。家畜の飼養地域ではこの問題に対処するために、放牧地の収容力（carrying capacity）に収まるように家畜の頭数を制限し、その範囲を超える「余剰家畜（surplus stock）」を処分する、という方針が採られた（楠 二〇一四）。このとき家畜の市場化は、各地域の生態環境にとって負担となっている「余剰家畜」を「排出（outlet）」する、という論理のもとで進められていった。

ケニアの植民地政府はこの目的を達成するために、食肉加工工場の建設を計画し、南ローデシア（現ジンバブウェ）で成功をおさめていたリービッヒ社（Liebig Extract of Meat Company）を誘致することに成功した[3]。植民地政府はこの計画に協力的であり、ナイロビから約三〇キロメートル離れたアティリバー（Athi River）に、工場建設のための土地をリービッヒ社に貸与しただけでなく、工場への家畜の調達に協力することを約束した（Anderson 2010: 255-256）。この工場には年間三万頭のウシを処理する能力があり、そこでは「いたずらに牧草を食むだけで食肉としての質が劣る」とされたアフリカ人の家畜はもちろん、ヨーロッパ人入植者が牧場で飼養した家畜も処理することになっていた。しかし、リービッヒ社が設定した家畜の買い取り価格は、ローカルに取り引きされる価格よりもかなり低いものであったために、調達は想定されたようには進まなかった。そこで植民地政府は一九三八年に、「余剰家畜」がとくに多く、土壌の悪化が問題となっていたマチャコス（Machakos）で、強制的にウシを売却させる「間引き（culling）」とよばれた計画を試験的に実施した。しかしこの計画は、マチャコスで暮らしており、政府に対する忠誠心が篤く従順とされていたカンバ（Kamba）の人びとから予想外の反発を招来したことによって、中止を余儀なくされた[4]（Tignor 1971; Osborne 2014）。

マチャコスにおけるこの出来事は、アフリカの人びとに対して家畜の売却を強制するという政策が政治的なリスクをともなうことを、植民地政府に認識させる結果となった。しかし、おりしも第二次世界大戦が勃発し、イギリス軍兵士の兵糧のために多量の食肉を調達する必要にせまられたことによって、家畜の強制売却はしばらくのあいだ続けられた（Dalleo 1975: 174-175）。このとき、実際に家畜の買い付け業務を担ったのが家畜管理機構（Livestock Control：LC）であり、この機関にはヨーロッパ人入植者とアフリカ人の双方から家畜を強制的に買い付けるという、強い権限が与えられた（CPK 1950: 1221）。一九四〇年の設立から廃止された一九四六年までの期間に、LCは相当数の家畜を買い付けた。ウシについてみると、一九四三年の一四万四六〇〇頭をピークに徐々に減少していくものの、廃止された一九四六年時点でも八万七千頭を購入していた（CPK 1950: 1222）。

> 畜産業を合理化して適切な設備を提供しなければ、私たちが将来対処しなければならなくなる家畜の頭数は、私たちがコントロールできる範囲を越えるでしょう。そうなると、私たちは植民地の荒廃に抵抗しなければならなくなるでしょうし、あらゆる人種の家畜所有者に不利益がもたらされるでしょう（前掲資料）。

他方でLCの事業は、ある事態を副次的なかたちで拓くことになった。つまり強制的に家畜を買い付けた結果、アフリカ人が相当数の家畜を所持していることが明らかになったことによって、植民地政府は「余剰家畜」を「排出」する必要性を、右に引用したようにより切実に認識するようになったのである。そして、LCの廃止とともに設立された食肉市場化機構（Meat Marketing Board：ＭＭＢ）は、ヨーロッパ人とアフリカ人の双方が所有するウシを確実に市場に拠出させるために、肉の等級と重さに応じた固定価格を提供し、この問題への対処を図ろうとした。ＭＭＢは、とくにアフリカ人からの家畜購入を促進するために、その居住地域で競売を開催した（前掲資料）。しかし結果的には、ＭＭＢはその目的を十全に遂行することができなかった。ＭＭＢがアフリカ人から買い付けたウシの頭数は、一九四七年時点で約二万二千頭に過ぎなかった。その後に増加したとはいえ、一九四九年になっても五万頭以下と、ＬＣの時代の実績には遠くおよばなかった（前掲資料）。明らかにその原因のひとつは、ＭＭＢがＬＣとは異なり、強制的に買い付けをおこなう権限を与えられていなかった点にあった。また、肉を保存するための冷蔵庫や疾病検査をおこなうための待機場、そして家畜の輸送路といった、近代的な食肉流通制度の基盤となるインフラの整備も、この時期にはまだ不十分なものであった。こうして次節で述べるように、第二次世界大戦後の家畜の市場化政策はインフラを整えることによって、強制的な手段に頼ることなく市場化を推進することを目指すことになったのである。

3　第二次世界大戦後の家畜の市場化に向けた動き

一九五〇年代以降、ＭＭＢに代わって組織的な家畜の市場化政策の主軸となったのが、本章の冒頭でふれたＫＭＣとＡＬＭＯの二つの機関であった。これらの機関の詳細についてみていく前に、以下ではまず、ＫＭＣとＡＬＭＯの活動がどのような論理によって支えられていたのかを、家畜医療局（Department of Veterinary Services）に勤務していたフォルクナー（D. E. Faulkner）が作成した覚書――『ケニアの原住民地域における畜産業開発――一九四九年から五八年までの政策と計画』――の内容を分析することによって確認する。[5]

フォルクナー覚書

この覚書でまず目につくのが、ケニアに暮らすアフリカ人には一定の生活水準や安寧の状態を享受する権利があり、植民地政府はそれを保証する責務を負っているという、パターナリスティックな語調である（CPK 1948: 1, 7, 9, 21）。このような姿勢は、一九四〇年代からイギリスの植民地政策が転換し、植民地の「開発」を進めるだけでなく、そこに住む人びとの「福祉」に配慮するようになっていたことを背景としている（Hyam 1999: 275-276）。覚書では、ケニア植民地の大半には、生活を家畜に依存した「未開」の人びとが住んでいるとしたうえで、彼らの生活水準を高めるための唯一の方策は、彼らの保持する畜産資源を開発することである、と指摘される（CPK 1948: 26）。「要するに問題は、牧畜地域に住む家畜所有者が十分な水準で暮らせるだけの経済的利益を生み出せるような家畜の利用方法を発明することにかかっている」（CPK 1948: 7）のだ。

牧畜民の「福祉」と彼らの家畜の資源としての利用を直接的に結びつけるこの議論のなかで、前節で述べたようにそれまでは消極的にしか対策されてこなかった家畜感染症は、対処されるべき障碍として立ち現れる。この問題に対処するはずの家畜医務官が従来、検査以外の仕事には実質的に取り組んでこなかった点が批判され、その職務は新たに意味づけられることになる。すなわち、家畜医務官には感染症のコントロールだけでなく、家畜の育種と管理にも取り組むという、積極的なアクターへの転換が期待されるのである。覚書のなかでその役割を表すのに用いられている「家畜医療警察（veterinary police）」（CPK 1948: 20）の語は、家畜医務官が家畜の健康を維持し増進するために多面的に関与することへの期待の高さを示唆しているとともに、検疫措置が中心であった従来の政策からの転換を端的に物語っている。

他方で、家畜の健康と繁殖の状況を改善するだけでは、群れの無際限の増殖を好むアフリカ人のもとで、家畜の頭数は放牧地の収容力の限界を越えるまで増え続けることが懸念された。しかもその影響は、新たな放牧地を求めて家畜群がヨーロッパ人入植者の居住地域までなだれこむことによって、植民地全体におよぶものとして想像されていた。

そのような事態を招来しないためには、アフリカ人による放牧地利用に制限をかけ、家畜に給水するための水場を増やし、さらには一定地域内で放牧される頭数を収容力の範囲内に収めるなどの措置をとる必要があるとされた。つまりここにおいてアフリカの牧畜社会の人びとの「福祉」は、放牧地や水場、感染症をもたらすウイルスや寄生虫といった環境の諸条件を調整することによって、家畜の健康と規模を望ましいように導くことに賭けられていたのである。そして、家畜の市場化を促進することは、この枠組みのなかで、放牧地への負担を軽減するとともにアフリカ人の手に現金をもたらすという、要諦となる位置を与えられていた。この点で、土壌を稀少な資源として位置づけ、保護の対象とするという前節で述べたような通念は、第二次世界大戦後の家畜の市場化をめぐる言説においても重要な要素となっていたのである。そして、この時期の家畜の市場化政策の実施に当たって中心的な役割を担っていたのが、KMCとALMOの二つの機関であった。

KMCとALMO

KMCは一九五〇年に設立された公営機関であり、ケニアで屠畜場や食肉の冷蔵、加工施設を運営する、唯一の排他的な権限を与えられていた（Aldington & Wilson 1968: 1-3）。KMCには、リービッヒ社がアティリバーで運営していた食肉加工工場とその敷地が引き継がれた。そして、MMBがアフリカ人の居住地域からの家畜の調達に失敗したことを受けて、一九五二年に家畜医療局の一部門として設置されたのが、ALMOであった。[6] ALMOは、「過放牧状態にある地域ではその土地の収容力に収まるように家畜を削減し、過放牧の起こっていない地域では自然に増殖する頭数分を取り除くことによって、安定的な家畜のポピュレーションを維持する」という生態学的な目的を掲げていた。[7] そのためにALMOは、「地方行政と綿密に協力しながら、牧畜民の居留地で生産される家畜を売却することによって、ケニア国内から最大限の家畜が排出されるように手配し、資金を提供し奨励する」ことを職務としていた。[8] 具体的には、畜産担当官や家畜流通担当官が各地域で家畜の買い付けを担当していた。検疫管理や家畜感染症対策には、

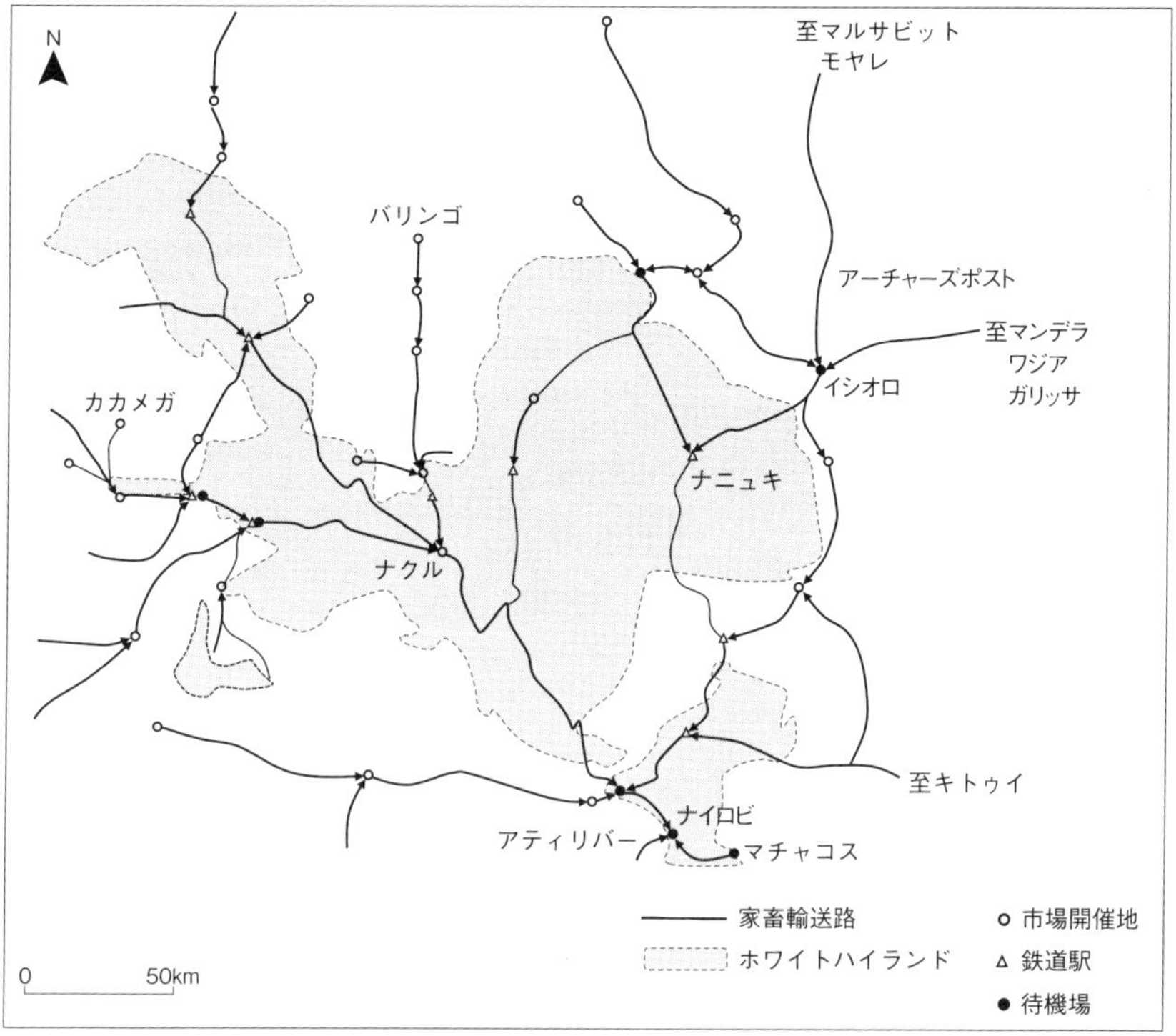

図 15-1　ケニアの家畜輸送路・待機場のネットワーク
出典：BV/12/268 をもとに筆者作成。

同じく家畜医療局に所属する家畜医務官があたった。

ＡＬＭＯの一連の業務をみてみよう。まず、畜産担当官や家畜流通担当官が各地域で開かれる家畜市場に赴き、買い付けをおこなう。購入した家畜は最寄りの待機場まで連れてきて、健康状態を検査するためにそこに一定期間とどめおく。ここで問題のなかった家畜は、ハイランド地方を中心とした家畜飼養地域に張り巡らされた待機場と家畜輸送路のネットワークを通って、最終的にはアティリバーにあるＫＭＣの食肉加工工場へと輸送されていった（図15-1）。ただしこれは、ＫＭＣが求める品質水準を満たした家畜に限った話である。ＡＬＭＯは、アフリカ人の居住地域で「家畜の頭数を安定的に維持する」ために、この品質水準に満たない家畜も購入しており、その家畜はアティリバーとは別の簡易式の屠畜場まで連れてこられ、屠畜後は切り干し肉や燻製肉、獣脂、家畜の餌などに加工された。[9]

北部州（Northern Province）を例にALMOの業務をより具体的に追っていくと、この州ではワジア（Wajir）、モヤレ（Moyale）、マンデラ（Mandera）、マルサビット（Marsabit）などの主要な街で定期的に家畜市場が開かれていた。[10] 州の畜産担当官や家畜医務官は、こうした市場に直接に足を運び、買い付けの交渉をおこなっていた。たとえば家畜流通担当官を務めていたダグラス（H. Douglas）は、一九六二年の一月二六日から二七日までワジアで、翌二八日と二九日はモヤレでウシの買い付けをおこない、それが終わり次第マンデラへと飛行機で移動している。また、同年の六月一八から二五日のあいだに再びモヤレとマンデラ、ワジアの三カ所でふたたび買い付けをおこなったあと、今度はマルサビットに飛んで、そこで買い付けの交渉をしている。[11] こうして買い付けられた家畜のうち、KMCが購入するものはすべて、ハイランド地方からみて北部州への玄関口に当たるイシオロの待機場へとまず輸送された。そこには、家畜の皮膚に付着したダニなどを落とすための洗滌施設と井戸が供えられていた。[12] ここで検査を受け、数日間を過ごして問題のなかった家畜は、家畜輸送路を通ってケニア山西麓の街ナニュキ（Nanyuki）まで運ばれた。この輸送路はフェンスで囲われており、中途には家畜用の給水施設と休憩場が用意されていた。[13] そしてこの家畜は、鉄道駅のおかれたナニュキからアティリバーまでは鉄道輸送され、そこで屠畜・処理された。他方で、KMCの買い取らない家畜は、イシオロの北方の街アーチャーズポスト（Archer's Post）に連れて行かれ、ここで屠畜された（写真15-2）。

写真 15-2　アーチャーズポストの屠畜場跡

ＡＬＭＯが調達し、ＫＭＣが処理した家畜の頭数は当初はそう多くなく、一九五三年のウシの頭数は五六二三頭に過ぎなかった。しかし、以降その数は増加を続け、一九六〇年には一五万五千頭を記録している（Raikes 1981: 193）。この時期に市場化された家畜の頭数は、本章の冒頭で述べたように、このようにして急速かつ持続的に増えていったのである。[14]

4　地方行政官と専門担当官の批判

前節までに述べてきたように、第二次世界大戦後のケニアの家畜の市場化政策は、アフリカ人の居住地域から「余剰家畜」を「排出」することをＡＬＭＯが担当し、その屠畜・処理・加工をＫＭＣが担う、という分業体制を基本としていた。しかし、これから述べるように、この体制は必ずしも円滑に機能しておらず、あちこちで不協和音が生じていた。アフリカ人のみならず、現場で「排出」業務にあたっていた地方行政官と専門担当官たちも不満を抱き、疑問の声をあげていたのである。

まず、ＫＭＣが要求する家畜の頭数や種類が、各地域の「排出」目標とは無関係に設定されることに対して、地方行政官や専門担当官は批判的な見解をもっていた。たとえば、一九五九年五月にある会議の場で、ＫＭＣが要求する家畜を北部州から調達できなかったことが報告されたのに対して、北部州の家畜医務官は、「ＫＭＣが要求する家畜は今年の一月以降、二倍以上に増加しています」と反論している。[15] また、やはり北部州で家畜の買い付けを担当していた家畜流通担当官のメイン（R. H. Main）は、「仮にＫＭＣが割り当て頭数を減らしてきても、通常どおり買い付けを続けますし、必要であればＫＭＣに連れて行けるようになるまで待機場で家畜を待機させておきます」と、ＫＭＣの要求からある程度自立した買い付け方針を採ることを表明していた。[16] とくに北部州の場合、多数のヤギとヒツジが飼養されているにもかかわらず、ＫＭＣの要求頭数が少ないことに対して不満が抱かれていた。一九六二年一〇月に開かれた北部州の県長官会議では、州の家畜医務官が、「ＫＭＣに強く圧力をかけましたが、毎月のヤギとヒツジの割り当て頭数は六千頭のままです。近い将来に、この数字が増加することはないでしょう」と報告している。[17]また、別の機会には家畜医療局長が、「現在、ＫＭＣが要求しているヤギとヒツジの頭数は、かなり少ないです。さらに、最近ではタンガニーカ領の家畜医療局長が、牛肺炎が発生した地域からのヤギの輸入を規制したために、タンガニーカ領へのヤギとヒツジの売却頭数が減少しています」と指摘している。[18]このように、地方行政官とＡＬＭＯの専門担当官は、各地域の状況をないがしろにして所定の頭数の家畜を要求するＫＭＣと、「余剰家畜」の「排出」という各地域に固有の生態学的な政策目標を掲げる地方行政とのあいだで、板挟みになっていたのである。

地方行政官と専門担当官は、ＫＭＣによる家畜の等級付けや買い取り価格に対しても批判の目を向けていた。たとえば南部州[19]（Southern Province）の家畜医務官は、第四級と評価されたウシの価格が一ポンドあたり五〇セントに設定されているのは、家畜商人が提供する価格と比べて安すぎるのではないか、と指摘している。[20]また、同州キトゥイ県の畜産担当官は、ＫＭＣが家畜の処理について独占的な立場にあるために、家畜価格が人為的に引き下げられており、等級付けも不当なものになっている――ＡＬＭＯが購入したウシは、アフリカ人の居住地域から連れてこられたというだけの理由で、下位に等級付けられている――ことを批判した。[21]キトゥイの県長官は、この畜産担当官の意見に同意しながら、「私見では、現在のＫＭＣは植民地全体の助けになっておらず、むしろその障碍となっています。ＫＭＣによる独占は、すぐにでも撤廃されるべきでしょう」と述べていた。彼によると、「原住民居留地から家畜交易人を締め出そうとするいかなる試みに対しても、強く抵抗するべきです。というのも、彼らを締め出してしまえば、人為的に家畜の価格を下げるという現行の制度を継続することになるだけですし、それによって利益を得るのはごく一部の人間だけです」。[22]ＫＭＣによる家畜処理の独占の弊害がキトゥイ県に固有の問題ではなかったことは、この件が一九五五年九月にすべての州の長官を参集して開かれた会議の場で取り上げられたことからも明らかである。この会議では、「ＫＭＣは人為的にアフリカ人が所持する家畜の価格を下げており、法を改正してＫＭＣの地位を変更する日が来るまで、この問題が解決されることはないでしょう」という点で、意見の合意がなされた[23]。すなわち、ローカルな現場で家畜の「排出」にあたっていた地方行政官と専門担当官は、ＫＭＣの廃止までは望んでいなかったものの、ＫＭＣが家畜の屠畜・処理について独占的な立場にあるという状況に対しては批判的であった、ということができるだろう。ただし、何を背景としてＫＭＣに対して批判的であったのかについては、地方行政官と専門担当官では状況が異なっていた。畜産担当官や家畜流通担当官などのＡＬＭＯの専門担当官は、畜産分野のスペシャリストとして、家畜の流通という業務の効率性の観点からＫＭＣのやり方を批判していた。これに対して各地域の行政を担う県長官や州長官の目には、専門担当官とは異なる意味でＫＭＣのやり方が問題として映っていた、と考えられる。

この後者の点について示唆的なのが、キトゥイ県長官が一九五五年一〇月に南部州長官に宛てて送った、県内の家畜の市場取引の現状に関する報告である[24]。県長官はこの報告のなかで、市場取引を開始した当初は家畜の価格が低く、多少のトラブルもあったと振り返っている。そのうえで、現在はカカメガ（Kakamega）やタンガニーカ領などから商人が買い付けに来ており価格が「公正」なものになっている、と述べている。そして「よいウシには高い値段が作が、質のよくないウシにはつかない」という認識がアフリカ人にも共有されつつあり、この状態が続くならば彼らは家畜の売却を支持するだろうと、今後の展望を前向きに伝えている。ただし肝心なのは、家畜の市場取引を競争的な環境のなかでおこなうことであり、「ＡＬＭＯやＫＭＣによるいかなる独占の試みにも、徹底的に抵抗すべきです」というのが彼の主張であった[25]。

ここでキトゥイ県長官が表明している価格観は、ＫＭＣと、ＫＭＣに排他的な屠畜と処理の権限を認めていたケニア中央政府が抱いていたものとはまったく異なっている。後者のあいだで支配的だったのは、「自由市場で売買されている家畜の価格はでたらめに釣り上げられていて、その真の価値をまったく反映していない」（CPK 1959: 7）という通念である。さらにこの通念は、家畜商品の「真の価値」とは近代的な食肉の評価基準に則して算出される、という考えを背景としている。このような考えは、まさに第二次世界大戦後の家畜の市場化政策を基礎づけるものでもあった。そして、ローカルな現場で家畜の「排出」に従事していた地方行政官は、上記とは対照的な理解をしていたと考えられる。つまり彼らは「公正」な価格を、アフリカ人家畜商人の市場への参加を許可し、商人を含む買い手間の競争を促すことによって初めて実現されるものと認識していたのだ。

もっとも、このような地方行政官の企図が、もっぱらアフリカ人の安寧や福祉に対する責務の意識に端を発していたとするのは、早計に過ぎるだろう。パターナリスティックな責務の意識は、家畜の市場化政策に対するアフリカ人の反発が引き金となって、地域内の秩序が不安定化する――そしてそれが、地方行政官個人の評価の低下へとつながる――ことへの懸念とむすびついていた、とも考えられるのだ。[26]

前節でふれたフォルクナー覚書をはじめ、ケニアの中央政府によって作成された公的文書では、KMCの要求する種類と規模の家畜を集めるために強制的な手段をとることがしばしば推奨されていた。この点について地方行政官が慎重な立場をとったことは、南部州長官がキトゥイ県長官に宛てた次の電報にも示唆されている。[27]

近年のウシの輸出頭数の多さには目を見張るものがありますが、(家畜買い取りの)「業務の手順」に関する報告書を送っていただけると、うれしく思います。また、ALMOによって提供されている価格を含めて、市場化の計画に対して何か反発が生じていないか、教えていただければと思います。とりわけ私が知りたいのは、人びとが自発的に家畜を売却したのか、あるいは強制的に割り当てられた売却頭数を満たすために、首長によって何らかのかたちで圧力がかけられたのかどうかです。

どうして彼は、ウシの買い付け実績に喜んだそのすぐあとに、手段の強制性への懸念に襲われたのだろうか。その答えは、これに続く以下の引用から明らかである。

マチャコスでの失敗を思い返すと、生産者の利益に反するかたちで強制的に家畜を売却させることは、慎重に回避しなければなりません。私としては、家畜の市場化の計画は、関係する地域に住むカンバの人びとによって全面的に支持されたものでなければならないと考えています。

一九三八年にマチャコスで起こった抵抗運動は、地方行政官の想像力のなかで現実にふたたび起こりうるものとして懸念されていた。そして、植民地統治体制のもとで各地域の法と秩序の維持を担っていた彼らは、家畜を地域内から「排出」することによって生態環境のバランスの維持に努めることが、秩序の不安定化につながりかねないことを案じていたのである。次の引用もやはり、キトゥイ県からの報告の一部である。[28]

現在、家畜の間引きはこれ以上ないほど成功しています。全般的にアフリカ人は間引きの政策を受け入れており、一部は熱心に協力しています。しかし、なかには間引きを政府による抑圧的な処置だと考えている者もおり、細心の注意を払って状況を引き続き観察しなければなりません。私の興味を引くのは、アフリカ県評議会の一部の評議員が、政府による県内での間引き政策に反対すると言っていることです。[29] 彼らはそれだけでなく、このことを公然と発言すれば、その発言が曲解されて、政府によって罰せられるのではないかと恐れています。彼らが間引き政策に対する反対意見を公然と述べるのは、それが評議会の議題として採用される場合のみです。というのも、そうすれば非難の矛先を評議会に向けることができるからです。

公然と口にされることのなかった非難の声にまで耳を澄ませる感性は、人びとによる大規模な抵抗運動への懸念の大きさを物語っているように思われる。そして、地方行政官たちはこの懸念の大きさゆえに、ＫＭＣに対して批判的な態度をとっていたのである。このように第二次世界大戦後のケニアにおける家畜の市場化は、ＫＭＣが家畜流通と価値の評価基準を独占する一方で、それとはまったく異質な価値観をもつ——アフリカ人家畜商人を含む多数の買い手間の競争によって、「公正」な価値が実現するとみなす——地方行政官と専門担当官の関わりあいのなかで、進行していったのである。

5　おわりに

本章では、第二次世界大戦後のケニアで家畜の市場化に向けた機運が醸成していく過程を素描したうえで、KMCとALMOを中心とした第二次世界大戦後の家畜の市場化体制について記述してきた。これらの組織が活動していた時期に市場に連れてこられる家畜の頭数が急速に増えていったことは、すでに指摘されてきた通りである。本章ではこの点に加えて、家畜の市場化を推進した中央政府やKMCと、現場でそれに従事していた地方行政官や専門担当官のあいだで家畜市場のあり方をめぐる理解が併存し、ときには衝突すらしていたことを示してきた。

以上を踏まえるならば、植民地期のケニアにおいて家畜を市場で売買する動きのなかでは、牧畜社会に対する「外部」として一括りにすることのできないような多様なアクターの利害と見解が交錯していた、ということができる。家畜の市場化に関する牧畜社会の人びとの対処の仕方のユニークさを適切に評価するためには、彼らが市場をめぐって衝突と交渉を繰り広げてきたさまざまなアクターについて、理解をさらに深める必要があるだろう。

謝辞

本研究の一部は、フィールドワーク・インターンシッププログラム（二〇一二年度）と日本学術振興会の研究助成（JP13J02927）によるものである。

註

1　本章で使用した「地方行政官（administrative officers）」と「専門担当官（technical experts）」という用語は、Hodge（2007）に依拠している。県長官（district commissioner）や県担当官（district officer）などを含む地方行政官は、各地域の行政を担当していた。他方で専門担当官とは地方行政官とは区別される存在であり、森林保全や公共事業など、専門領域の職務を担当していた。本章の第三節に出てくる畜産担当官（Livestock Officer）、家畜医務官（Veterinary Officer）、家畜流通担当官（Livestock Marketing Officer）は、いずれもこの専門担当官である。

2　アフリカを含む熱帯の環境によってもたらされる身体的、道徳的、人種的な危険に関するヨーロッパ人の想像力については、アーノルド（一九九九：一八七—二一二）を参照。

3　ドイツの化学者リービッヒ（Justus von Liebig）の名を冠したこの企業は、ウルグアイのフライ・ベントス（Fray Bentos）で肉エキスの加工工場を建設したベルギー人のギバート（George Christian Giebert）によって、一八六五年に設立された。同社はその後、コーンビーフや冷凍肉の生産・輸出にも着手し、二〇世紀初頭にはアフリカへの進出も果たした（Davis & Huttenback 1988: 69-70）。南ローデシアではウェスト・ニコルソン（West Nicholson）で加工工場を操業しており、『フライ・ベントス』という商品名の缶詰牛肉を製造し、南アフリカで販売していた。また、そのほかに肉エキスや食用油、獣脂も生産していた。

4　この出来事を契機として、植民地政府の政策に反対するカンバの若い知識人によって、ウカンバ成員連盟（Ukamba Members Association）が結成された。それは、共有されたエスニック・アイデンティティをもとにカンバの人びとを結合することを試みた最初の組織であった（Osborne 2014: 469）。

5　この覚書は、ＫＭＣとＡＬＭＯが設立される直前の一九四八年に、翌年以降一〇年間のケニアにおける畜産開発の基本方針をめぐって作成され、家畜医療局長に提出されたものである。その内容はケニアの畜産開発に関するのちの議論に影響を与え、マサイ地域の開発計画案にも反映された（Minutes of a Meeting held in the Offices of the Member for Agriculture and Natural Resources, February 12, 1949; Development of the Livestock Industry in Native Areas: Report by Mr. D. E. Faulkner, October 5, 1948: KNA/PC/NGO 1/7/24）。

6 ＡＬＭＯ設置の直前に家畜調達がうまくいかなかった原因のひとつとして、マウマウ闘争の勃発によってキクユの市場から家畜を調達することが難しくなっていたことがあげられる（CPK 1962: 6）。

7 Ministry Directive on A. L. M. O. Policy: KNA/PC/NGO 1/7/24.

8 ibid.

9 Draft, Reduction of Livestock in African Areas: Field Abattoir: KNA/BV 12/323.

10 北部州とは、ケニア北部の乾燥地・半乾燥地の大半を占める地域で、イシオロ、マルサビット、モヤレ、マンデラ、ワジア、ガリッサ（Garissa）、トゥルカナ（Turkana）の各県から成っていた。

11 Minutes of the Eleventh Meeting of the Northern Province Livestock Marketing Committee on the 14th May 1962 in the Office of the Provincial Commissioner, Isiolo: KNA/DC/ISO 4/17/2.

12 Principal Livestock Marketing Officer for Director of Veterinary Services to the Secretary for Agriculture, January 27, 1956: KNA/BV 12/268.

13 ibid.

14 本章の議論は、政府によって組織された公的市場における家畜の流通に関するものであり、それが、公的市場の外部を含めた流通全体のなかでどれだけの割合を占めていたのかは、資料の制約もあり不明である。ただし、ＫＭＣとＡＬＭＯによる価格統制政策は、公的市場外の「不法」な交易に対する人びとのインセンティブを高めたと考えられる（Dalleo 1975: 201-205）。

15 PC Northern Province to DCs Northern Province, May 26, 1959: KNA/DC/ISO 4/17/2.

16 Minutes of the 9th Meeting of the Northern Province Livestock Marketing Committee, held on 28th August 1961 In the Office of the Provincial Commissioner, Isiolo: KNA/DC/ISO 4/17/2.

17 Extract from the Minutes of the District Commissioners' Meeting held in Isiolo from 10th October to 11th October, 1962: KNA/DC/ISO 4/17/2.

18 PC Northern Province to DCs Northern Province, May 26, 1959: KNA/DC/ISO 4/17/2.

19 南部州は一九五三年に新設された州であり、マチャコス、キトゥイ（Kitui）、マサイの三つの県によって構成されていた（Osborne

2014: 469）。

20 Minutes of the Sixth Meeting of the Board of the African Livestock Marketing Organization held at The Offices of the Secretary for Agriculture on Wednesday, 8th February, 1956: KNA/DC/KTI 3/24/3. バリンゴ県の場合、ＡＬＭＯによる家畜の買い取り価格はソマリ人などの家畜商人が提供する価格より五〇％も安かった（Anderson 2002: 201）。

21 DC Kitui to PC Southern Province, October 5, 1955: KNA/PC/NGO 1/7/24.

22 ibid.

23 Extract from a Meeting of Provincial Commissioners Held in Nairobi in 29th September, 1955: KNA/PC/NGO 1/7/24.

24 DC Kitui to PC Southern Province, October 6, 1955: KNA/PC/NGO 1/7/24.

25 ibid.

26 Prior（2013）は、アフリカ各地の植民地で勤務した地方行政官が、帝国に奉仕するという無私の精神と、個人の経済的・社会的利益の追求との相克のあいだを揺れ動いていた様子を、説得的に描き出している。

27 PC Southern Province to DC Kitui, October 3, 1955: KNA/PC/NGO 1/7/24.

28 Extract from Kitui D. I. C., October 17, 1955: KNA/PC/NGO 1/7/24.

29 県評議会は、県長官、首長、選挙によって選出されたアフリカ人によって構成されており、地域の問題について意思決定をおこなう場であった。

参考文献

［政府刊行物］

Colony and Protectorate of Kenya（CPK）1937. *Report of the Meat and Live Stock Inquiry Committee*. Nairobi: Government Printer.

Colony and Protectorate of Kenya（CPK）, Department of Veterinary Services 1948. *The Development of the Livestock Industry of the Native Areas of Kenya: Policy and Plans 1949-1958*. Nairobi: Government Printer.

Colony and Protectorate of Kenya（CPK）1950. *Legislative Council Debates Official Report.* Second Series, Volume 35, Nairobi: Government Printer.

Colony and Protectorate of Kenya（CPK）, Ministry of Agriculture, Animal Husbandry and Water Resources 1959. *The Marketing of African Livestock: Report of Enquiry Made by Mr. P. H. Jones into the Whole Problem of the Marketing of African Stock.* Nairobi: Government Printer.

Colony and Protectorate of Kenya（CPK）, Ministry of Agriculture, Animal Husbandry and Water Resources 1962. *African Land Development in Kenya, 1946-1962.* Nairobi: Government Printer.

［ケニア国立公文書館（Kenya National Archives: KNA）の保管文書］

BV/12/268

BV/12/323

DC/ISO/4/17/2

DC/KTI/3/24/3

PC/NGO/1/7/24

［新聞記事］

Business Daily 2011. Livestock Industry in Race to Regain EU Market, http://www.businessdailyafrica.com/Corporate-News/Livestock-industry-in-race-to-regain-EU-market/-/539550/1211082/-/10vtwsd/-/index.html（二〇一八年一二月一日閲覧）

Business Daily 2012. Kenya Losing International Meat Market Share, http://www.businessdailyafrica.com/Corporate-News/Kenya-losing-international-meat-market-share/-/539550/1331332/-/4nxkddz/-/index.html（二〇一八年一二月一日閲覧）

［二次資料］

アーノルド、D　一九九九『環境と人間の歴史――自然、文化、ヨーロッパの世界的拡張』飯島昇蔵・河島耕司（訳）、新評論。

楠　和樹　二〇一四「牛と土――植民地統治期ケニアにおける土壌侵食論と『原住民』行政」『アジア・アフリカ地域研究』一三（二）：二六七―二八五頁。

湖中真哉　二〇〇六『牧畜二重経済の人類学――ケニア・サンブルの民族誌的研究』世界思想社。
中川　理　二〇一四「市場――モデルと現実のあいだ」内海博文（編）『現代社会を学ぶ――社会の再想像＝再創造のために』ミネルヴァ書房、一六七―一八九頁。
Aldington, T. J. & F. Wilson 1968. *The Marketing of Beef in Kenya.* Nairobi: Institute of Development Studies.
Anderson, D. 2002. *Eroding the Commons: The Politics of Ecology in Baringo, Kenya, 1890s-1963.* Oxford: James Currey.
Anderson, D. 2010. The Kenyan cattle trade and the economics of empire, 1914-1948. In（K. Brown & D. Gilfoyle, eds.）*Healing the Herds: Disease, Livestock Economies, and the Globalization of Veterinary Medicine.* Athens, OH: Ohio University Press, pp. 250-268.
Bonte, P. & J. Galaty 1991. Introduction. In（J. Galaty & P. Bonte, eds.）*Herders, Warriors, and Traders: Pastoralism in Africa.* Colorado: Westview Press, pp. 3-30.
Dalleo, P. 1975. *Trade and Pastoralism: Economic Factors in the History of the Somali of Northeastern Kenya, 1892-1948*, Ph.D Thesis, Syracuse University.
Davis, L. & R. Huttenback 1988. *Mammon and the Pursuit of Empire: The Economics of British Imperialism.* Abridged Edition, Cambridge: Cambridge University Press.
Ferguson, J. 1985. The bovine mystique: Power, property and livestock in rural Lesotho. *Man, New Series* 20(4): 647-674.
Hodge, J. 2007. *Triumph of the Expert: Agrarian Doctrines of Development and the Legacies of British Colonialism.* Athens: Ohio University Press.
Hutchinson, S. 1992. The cattle of money and the cattle of girls among the Nuer, 1930-1983. *American Ethnologist* 19(2): 294-316.
Hyam, R. 1999. Bureaucracy and 'trusteeship' in the colonial empire. In（J. Brown & L. Roger, eds.）*The Twentieth Century. Volume 4.* Oxford: Oxford University Press, pp. 255-279,
Osborne, M. 2014. Controlling development: 'Martial race' and empire in Kenya, 1945-59. *The Journal of Imperial and Commonwealth History* 42(3): 464-485.

Prior, C. 2014. *Exporting Empire: Africa, Colonial Officials and the Construction of the British Imperial State, c. 1900-39.* Manchester: Manchester University Press.

Raikes, P. 1981. *Livestock Development and Policy in East Africa.* Uppsala: Scandinavian Institute of African Studies.

Schlee, G. 1990. *Policies and Boundaries: Perceptions of Space and Control of Markets in a Mobile Livestock Economy.* Working Paper No. 133. Bielefeld: University of Bielefeld, Sociology of Development Research Centre.

Tignor, R. 1971. Kamba political protest: The destocking controversy of 1938. *African Historical Studies* 4(2): 237-251.

コラム7

マサイ・オリンピック狂想曲

目黒紀夫

おそらく日本でいちばん有名なアフリカの民族、マサイ。そんなマサイ社会に関わる最近の大きなニュースに、マサイ・オリンピックがある。

二〇一二年一二月二二日に開催された第一回マサイ・オリンピックは、日本ではほとんどニュースにならなかった。しかし、二〇一四年一二月一三日に開かれた第二回は、複数のメディアで取り上げられた。ある新聞は翌日に、「勇敢な戦士として知られるマサイの若者は成人の通過儀礼としてライオン狩りをする風習があった。希少動物となったライオンを殺すのを止めようと、環境保護団体がかわりにスポーツ大会を提案し、二〇一二年に初開催され、今年で二回目」と解説していた（毎日新聞二〇一四年一二月一四日。ただし正確には、ライオン狩猟はモランの「特権」であって「通過儀礼」ではない）。

もう少しくわしく説明しよう。それは動物保護NGOがケニアの南部で主催しているもので、目的は「モラン」とよばれるマサイの青年たちにライオン狩猟をやめさせることだ。マサイ社会ではライオンは「偉大な肉食動物」とよばれ、モランはそれを槍で殺すことで男らしさを証明してきた。現在では狩猟は法律によって禁止されている。それでもモランがライオンを殺す事件はたびたび起きている。そうした状況に対して主催者は、男らしさを証明する新しい機会としてオリンピックを開き、賞金を支給するとともに環境教育をおこなうことで狩猟をやめさせようというのだ。

マサイ・オリンピックの種目は二〇〇メートル走、八〇〇メートル走、五千メートル走、槍投げ、棍棒投げ、高跳びの六つ。参加者は開催地に四つあるモランの集落から選ばれた一六〇人の青年だ。各種目の上位三人にはメダルと賞金が、それぞれが所属する集落には順位に応じた点数が与えられる。総合得点がもっとも多い集落が総合優勝で、トロフィーとウシが授与される。さらに八〇〇メートル走と五千メートル走の金メダリスト（一位）は、翌年のニューヨークシティマラソンに招待される。

当日は誰もが興奮していた（写真1）。競走に参加したモランの多くはゴールと同時に力つきて地面に倒れこみ、そんな彼らを女性たちは全力で応援する。金メダルを獲得した選手とその関係者は係員の制止を振り切って行進をはじめ、そのまわりには外国人や国内外のメディアがいい写真を撮ろうと群がる。

写真１　高跳びに優勝した集落の行進

私も写真や動画を撮るのに必死だった。そして、興奮もしていた。ただ、マサイ・オリンピックが目指す動物保護のあり方には納得がいかなかった。違和感は表彰式のあと、主催ＮＧＯの代表がスピーチをするなかで最高潮を迎えた。そこではモランの活躍と才能が称賛されるのと同時に、ライオン狩猟の無意味さと動物保護の大切さとが強調されていた。いわく、野生動物を保護すれば観光業が発展して経済的な利益が得られるのだから、モランは「ライオン・キラー」ではなく「オリンピック・チャンピオン」を目指すべきだというのだ。

降雨が不安定なサバンナでは、人も家畜も野生動物も季節に応じて遊動する。そんな環境でモランがライオンを狩猟するとき、そこには男らしさを示すことだけでなく、危険な野生動物を人や家畜から遠ざける意味があった。だからこそ、長老は「狩猟をやめたために野生動物はマサイを怖がらなくなった。昔より攻撃的になった」といい、親たちは放牧や通学の途中で子どもたちが襲われることを恐れる。

一方マサイ・オリンピックでは、たとえ被害や命の危険があっても観光収入をもたらす野生動物を殺すなということがいわれていた。マサイは伝統的に野生動物と共存してきたというきれいごとが語られ、モランが歴史的に実践してきた狩猟は否定されていた。

私だって動物保護は大切だと思うし、命がけのライオン狩猟をモランに強制すべきとも思わない。ただ、共存のために狩猟が果たしてきた役割を忘れてしまっていいのだろうか。マサイ・オリンピックへのグローバルな注目が高まることで、マサイと野生動物の関係が狂ってしまわないか。それが気懸かりだ。

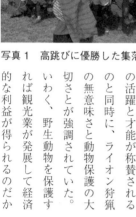

コラム8

エンカミニ――集落に恩恵を与える者

松隈俊佑

マサイのひとりの長老を紹介しよう。名をジョン・ランコイという。マサイにしては小柄で柔和な表情をしているが、聡明で気骨のある初老の男性である。私がケニアで調査を始めてまもなく、バスのなかで偶然に隣に座ったのが彼との出会いであった。村で調査をしたいと話す私に「うちに来たらどうだ」と声をかけてくれた。それ以来、私はいつも彼の家に寄宿させてもらって調査をおこなった。私の恩人である。

ランコイは一九六〇年ごろにケニアとタンザニアの国境近くに位置するションポーレという僻村で生まれた。一〇歳のころまでにケニアの初等教育を四年間だけ受けている。モランとよばれる青年期にはライオンをしとめる勇者ぶりを発揮して、年齢組のなかで「エンカミニ（*enkamini*）」すなわち「集落に恩恵を与える者」と呼ばれる役職についた（社会人類学者ポール・スペンサーは「manyatta benefactor」と呼び、つねに共同体の利益を念頭におく人物としている［Spencer, P. 2004 *The Maasai of Matapato*. Oxford: Routledge, p. 117］）。そして、一九九二年にはションポーレを代表する県議会議員となった。続く一九九七年の選挙でも再選され、二〇〇一年まで合計一〇年間、この職を務めた。

この時期に彼はケニア生まれのイギリス人Ａに協力して、ションポーレに外国人観光客むけの高級ロッジを導入した。大平原を見おろす丘の上に建設された「ションポーレ・ロッジ」は二〇〇〇年にオープンした。白い石英をふんだんに使った奇抜なデザインをもつこのロッジは、ビル・ゲイツ一家も宿泊するなど、外国人観光客の人気を博して、二〇一〇年には年間五〇億米ドル近くの売上げをあげた。またこのロッジは「コミュニティ主体の野生動物保全」や「住民参加型の開発」のために功績をあげたとしてＵＮＤＰから表彰されるなど、国際的にも高い評価を受けた。

このロッジは地域住民が共同所有する土地に建設されている。県議会議員だったランコイはＡに協力して、住民がホテル建設に同意するように尽力した。ランコイがこのロッジの建設に積極的に関与したことは、住民の生活を大きく変える重要な決断であった。ロッジが稼働し始めると、彼はロッジの運営会社と住民の関係を調整する役職につき、ロッジの利益を地域社会に還元するために働いた。この事業によって辺境の村にはじめて巨額の現金収入がもたらされ、学校に通う子どもが増加するなど、人びとの生活は急速に変化した。

しかし、二〇〇九年ごろからロッジの権益をめぐって住民のあいだに激しい争いが勃発した。「ションポーレ・集団ランチ」の運営委員長として二〇〇九年に新たに選出された三〇代なかばのKは、Aとその会社がロッジの収益を独占しているため、住民はその恩恵に浴することができないと主張し始めた。そして、ロッジの経営のためにはAの存在が不可欠だと考えていたランコイと鋭く対立するようになった。Kは、集団ランチの運営委員長という立場を利用してランコイをロッジの役職から解雇し、さらに若者を動員してロッジの経営を妨害する実力行使に出た。Aは二〇一一年九月にロッジを閉鎖してションポーレから撤退してしまった。

この事件をめぐって、ションポーレの人びとはK支持派とランコイ支持派に二分されてしまった。ランコイは住民間に生じた軋轢を嘆きつつ、自分は対立の前面に出ることを避けていた。ある日、彼は自分の支持者たちを家に招いて夕食をふるまい、以下のような発言を繰り返した。

「よいリーダーシップとは何か、よいコミュニティとは何かを考えるんだ。Kを打ち負かそうとしてはだめだ。指導者は住民と対立してはだめなんだ。ションポーレをみんなで共に築くという姿勢をみせることを考えろ」

別の晩に、私はいつものように夕食後にランコイと話していたときに「なぜあなたは前面に出ることを避けているのか」とたずねてみた。彼はつぎのように答えた。

「私はもう五〇歳をすぎた。何かの職務についたり、権益を求めることに疲れてしまった。コミュニティのことは若者に任せる年齢になったのだ。ただし、それだけではない。私とKが露骨に対立していると『よいションポーレ』を作ることはできないだろう」

ランコイは観光ロッジをションポーレに導入した張本人である。ロッジが閉鎖されてしまった現在、彼の努力は雲散霧消してしまったかのようにもみえる。しかしながら私は彼と生活をともにするなかで、彼の意志のつよさや生まれた土地への想いの深さをつねづね感じていた。彼は一貫して共同体の利益を考える「エンカミニ」として「よいションポーレ」のために奔走してきたのである。

索　引

事　項

あ

アイデンティティ・ポリティックス　159
アフロ・アジア語族　10
安全保障　149, 153, 164, 166

い

行きがかり　24, 26
イスラム法廷会議　94
稲作　329, 331
医療人類学　170, 194

う

ウシ　199, 213, 317, 318
――牧畜民　212
ウジャマー村政策　330
歌　186, 188-191

え

栄養失調　180
エキゾチシズム　283, 302

お

臆病者　225-227, 233
男らしさ　217, 231, 233
慮り　209

か

開発計画　153
学費　313, 314
家族分散戦略　102
語り　179, 182, 186, 188
家畜　44, 58, 62, 199, 308, 331
――市　92, 154, 318, 319
――囲い　66, 216, 230
――感染症　94, 353, 354, 357
――の市場化　352, 356, 358, 361, 364, 365
――の仲買い　319
――の（を）略奪　169, 171, 176-178, 197, 198, 218, 227, 230 →レイディング
――（の）分配　218, 230
家長　63, 329
割礼　285, 286
貨幣経済　311
神　227, 228
借り　52, 53
為替レート　112
環境還元論的　210
観光　4, 267, 269
――業　284, 286, 302
旱魃　4, 5, 107, 108, 309, 316, 318

き

起業　321
既婚女性の――活動　320
気候変動　316
規則　2, 3, 23, 33, 238, 244,
――の構成的側面　240, 249

——の統制的側面　239, 240, 247, 249
清算の——　243, 245, 247, 249-251
客人（パラン）　47-49
キャンプ　334, 337
ウシ放牧——　317
小家畜——　315
放牧——　200, 309, 314
救援食料　310, 316
教育　219, 220
学校——　224, 284, 286, 287
狂気　184-186, 191
共食　204, 207
共通理解　22
協働関係　106
協働集落　161, 162, 166
居住形態　309
儀礼　218, 230, 235
集団割礼——　319
緊急人道支援　160
銀行　343, 348

く

糞肛門病　254
グローバリゼーション　11, 155, 157, 160, 166
グローバル交易　94
グローバル市場　92

け

経済格差　328
経済活動　311, 314
新しい——　322
経済機会　313
新しい——　320
携帯電話　159, 163, 164, 320
結婚　144, 256, 300-302
権利
——の束　57, 82
多元的な——　59

こ

交易
——の変容　107
リージョナル——　99
交渉
「手に入れる」ための——　49
「もらう」ための——　49
国内避難民　102, 158, 160, 162
互助グループ　321, 323
個人的援助（の）要請　42, 43, 51
個人の自由　34
国家　149, 150, 164-166
——なき社会　151
コミュニケーション　141
——の接続　22
対面——　18, 33
コミュニティ主体の保全　263
婚資　145, 256
——の交渉　28

さ

財　56
財産　328, 331, 333, 347

し

資源　170, 186, 193
自己肯定的　2, 10
——な態度　1, 3
市場経済　154, 156, 165
——化　155
自然災害　324
氏族　256

嫉妬　217, 219, 227
自動小銃（ライフル銃）　171, 174, 184, 225
自発的な選択　22
資本　157, 165
社会
——的な責任　34
——的非暴力　191
——的名声　218, 229, 230
——の選択　25
呪医　122
周縁化　153, 154, 165
周縁性　169
集団的（な）意思決定　27, 33
集落と放牧キャンプ　309
祝福　221
呪詛　230, 232
首長　241-243, 245
条理空間　7
職業別組合　97
女性（互助）グループ　313, 320
所有権　57, 59, 61, 63, 65, 66, 76, 85
複合的な——　60
死をめぐる因縁　242
心臓　184, 190
——の病　181-183, 186
親族組織　151, 152, 161, 162
信託　72-78

す

ステレオタイプ・イメージ　152, 154, 285

せ

生活の便宜　278
生計戦略　307, 308, 312, 322-324
生計（の）多様化　307, 314, 322, 323
制度　23, 33
生物医療　192
セーフティーネット　156
世帯主　327, 331, 334, 348
専業牧畜　106
戦士（モラン）　284, 285, 294→モラン
戦場での体験　224

そ

相互行為　192, 193
——（の）再生産　24
相互扶助　323
装身具　283-288, 290, 291, 295
相続　331, 336, 344, 348
組織　27, 33
祖霊　117

た

対等　213
——な関係　27, 33
代理人（ディララ）　95, 104
ダンス　284-287, 289, 290, 295
——ショー　288
男性性　217

ち

蓄財　337, 341, 343
父親　59, 66, 79-81, 329, 333, 347, 349
調停　244, 247
長男相続制度　80, 81
長老　216, 232, 285, 299
貯蓄　343, 348
治療儀礼　30
治療実践　186, 187, 190, 192, 193

つ

通貨　149, 153, 154, 156, 157

ツケ買い　311

て

抵抗　176, 187, 192
定住化政策　171, 180, 308
定住集落　315, 322
出稼ぎ　284, 286, 287, 300, 307, 318, 319
敵　197, 208, 210, 215, 220, 222, 226
適応戦略　309
伝統医　188

と

動物保護　263, 267, 269, 278
独立国　166
土地収奪　4
友　197, 206, 207, 210
トラウマ　191

な

ナイル・サハラ語族　10
仲買い　320
難民　4, 5, 102
　——ビジネス　101

ね

ねだり（ねだる）　37, 41-52
ネットハンティング　124
年長者　218
年齢
　——組　216, 217, 219-221, 227, 228, 230-232, 265, 285, 292, 299, 312
　——組織　151, 152, 216
　——体系　265, 309

の

農耕民　187, 330, 342
農産物　311

は

賠償　242
半農半牧民　106

ひ

ビーズ　283-285
非決定の態度　34
避難　316
非暴力化　186, 188, 192
病気　119
平等主義　152
　——社会　151

ふ

復讐　249
不幸　117
富豪　344
　大——　330, 332, 346, 348
負債　50-53
武装
　——解除　160, 164, 201
　——解除政策　172
　——の格差　176
物々交換　156
富農　328
紛争　11, 157, 164
　——処理　238, 239

へ

平滑空間　7
併存化　157, 165
平和会議　192, 193

ほ

報復殺人　243
放牧　259, 260
——管理　308, 315
——地　315
暴力の病　177, 179-181, 186, 187, 189, 191
牧畜価値共有集合　212
牧童　259, 260
ホワイトハイランド　353, 359, 360

ま

マッサージ　142, 254

み

民族紛争　111

む

息子　327, 347, 349
——の独立　329, 333, 345

も

物語　119
物乞い　2
もめごと　117
モラン　284-287, 299, 373 →戦士

や

ヤギ　205, 207, 259, 260

ゆ

勇敢
——さ　217, 223
——な男　218, 219, 225, 229
友人　206
——関係　175
遊動　175

ら

ラクダ
——の信託　72-78
痩——　99, 108
肥——　96, 107
ランチング　266

り

利害の対立　19
離合集散　309
離別　250, 251
臨機応変　9

る

ルール　2, 82

れ

零細商人　111
レイディング　169, 171, 174, 176, 194, 198, 208 →家畜の略奪
礼拝場　312

わ

分かちあい　43, 118
われわれの選択　26
われわれの人びと　215, 220, 222

民族名

あ行

アチョリ（Acholi）　240-242
アムハラ（Amhara）　91
アリアール（Ariaal）　37, 43, 44
オルマ（Orma）　144
オロモ（Oromo）　95

か行

ガブラ（Gabra）　71, 95, 101, 105
カリモジョン（Karimojong）　169, 171, 179
グジ（Guji）　95, 105

さ行

サンブル（Samburu）　37, 43, 44, 216, 284-286
ジエ（Jie）　171, 175, 179, 202
スクマ（Sukuma）　327
ソマリ（Somali）　101

た行

ダサネッチ（Daasanech）　215
トゥルカナ（Turkana）　2, 12, 19, 41, 42, 142, 198, 204, 254, 259
ドドス（Dodoth）　171, 179, 197
トポサ（Toposa）　171, 175

な行

ニャンガトム（Nyangatom）　222, 223, 227
ヌアー［ヌエル］（Nuer）　1

は行

ベンバ（Bemba）　117
フルベ（Fulbe）　59
ポコット（Pokot）　140, 141, 171
ボラナ（Boran）　95

ま行

マサイ（Maasai）　265, 284, 291, 373
——・オリンピック　268, 373
——の戦士　294, 296, 301
——の伝統　264, 278, 279

ら行

レンディーレ（Rendille）　37, 43, 44, 71, 307, 308

わ行

ワンダ（Wanda）　330, 342, 348

人　名

あ行

伊谷純一郎　2
エヴァンズ＝プリチャード（Edward E. Evans-Prichard）　1

か行

ガタリ（Pierre-Félix Guattari）　7
ガリバー（Philip H. Gulliver）　65, 66
北村光二　12, 83, 136, 141

グラックマン（Max Gluckman）　57, 86
コマロフ（John L. Comaroff）　82

さ行

シュレー（Günther Schlee）　59, 61
スペンサー（Paul Spencer）　61

た行

ダール（Gudrun Dahl）　61, 62
ドゥルーズ（Gilles Deleuze）　7

は行

バクスター（P. T. W. Baxter）　59

わ行

鷲田清一　85

地　名

あ行

アラブ首長国連邦（United Arab Empire）　92, 97
アンボセリ（Amboseli）　265, 267
ウガンダ（Uganda）　197
エチオピア（Ethiopia）　215
——革命　102

か行

カクマ（Kakuma）　254
カラパタ（Kalapata）　199
カラモジャ（Karamoja）　171-173, 189, 199
ガリッサ（Garissa）　93
ケニア（Kenya）　140, 198, 265
——総選挙　111
コル（Kor）　310

さ行

スルパ（Surupa）　95, 101

た行

タンザニア（Tanzania）　327, 328

ま行

メテハラ（Metehara）　97
モガデシィオ（Mogadishu）　93
モヤレ（Moyale）　93, 94, 101
モンバサ（Mombasa）　93

ら行

ルクワ湖（Lake Rukwa）　327, 336

楠　和樹（くすのき かずき）

京都大学大学院アジア・アフリカ地域研究研究科特任研究員。博士（地域研究）。専門はアフリカ植民地史。おもな著作に「20世紀前半のケニア植民地北部における家畜の管理と牧畜民の統治――畜産・家畜衛生行政の検討から」（『アフリカ研究』87号、2015年）、「ヒトコブラクダと砂漠の統治――20世紀前半の北ケニアにおける植民地統治と資源利用」（『年報人類学研究』6号、2016年）など。

（コラム）

稲角　暢（いなずみ のぶ）

京都大学大学院アジア・アフリカ地域研究研究科博士後期課程在籍。専門は生態人類学。おもな著作に『動物と出会う1　出会いの相互行為』（分担執筆、ナカニシヤ出版、2015年）など。

羽渕一代（はぶち いちよ）

弘前大学人文社会科学部教授。博士（学術）。専門は社会学。おもな著作に『どこか【問題化】される若者たち』（編著、恒星社厚生閣、2008年）、『現代若者の幸福』（共編著、恒星社厚生閣、2016年）など。

関根悠里（せきね ゆうり）

京都大学大学院アジア・アフリカ地域研究研究科アフリカ地域研究専攻中退。専門は生態人類学。

作道信介（さくみち しんすけ）

弘前大学名誉教授。文学博士。専門は社会心理学。おもな著作に『糞肛門』（恒星社厚生閣、2012年）など。

白石壮一郎（しらいし そういちろう）

弘前大学人文社会科学部准教授。博士（地域研究）。専門は人類学、社会学。おもな著作に“From Beer to Money: Labor Exchange and Commercialization in Eastern Uganda”（*African Studies Quarterly* 9［1］, 2006）、『サイレント・マジョリティとは誰か――フィールドから学ぶ地域社会学』（分担執筆、ナカニシヤ出版、2018年）など。

庄司　航（しょうじ わたる）

修士（地域研究）。専門は人類学、アフリカ地域研究。おもな著作に「植物の栄養と二次代謝産物が家畜の採食選択におよぼす影響――西北ケニアの牧畜民トゥルカナにおける事例より」（『アフリカ研究』75号、2009年）、「放牧の教師たち――北ケニア・トゥルカナの牧童に放牧を学ぶ」（『月刊地理』54号、2009年）など。

松隈俊佑（まつくま しゅんすけ）

京都大学アフリカ地域研究資料センター特任研究員。修士（地域研究）。専門は文化人類学、牧畜民研究。おもな著作に「観光ロッジをめぐる地域住民間の軋轢と折り合いに関する研究――ケニア南部ションポーレ・マサイの事例」（京都大学大学院アジア・アフリカ地域研究研究科博士予備論文、2014年）など。

河合香吏（かわい かおり）

東京外国語大学アジア・アフリカ言語文化研究所教授。博士（理学）。専門は人類学。おもな著作に『集団――人類社会の進化』（編著、京都大学学術出版会、2009年）』、『制度――人類社会の進化』（編著、京都大学学術出版会、2013年）、『他者――人類社会の進化』（編著、京都大学学術出版会、2016年）など。

佐川　徹（さがわ とおる）

慶應義塾大学文学部准教授。博士（地域研究）。専門は人類学、アフリカ地域研究。おもな著作に『詳論文化人類学』（分担執筆、ミネルヴァ書房、2018年）、『文化人類学の思考法』（分担執筆、世界思想社、2019年）など。

川口博子（かわぐち ひろこ）

京都大学大学院アジア・アフリカ地域研究研究科特任研究員。5年一貫制博士課程指導認定退学。専門は地域研究。おもな著作に「首長位の復活と創りだされる権力――ウガンダ北部アチョリ社会における土地争いを事例に」（『アジア・アフリカ地域研究』14巻2号、2015年）、「ウガンダ北部紛争をめぐる国際刑事裁判所の活動と地域住民の応答」（『アフリカ・レポート』55巻、2017年）など。

目黒紀夫（めぐろ としお）

広島市立大学国際学部准教授。博士（農学）。専門はアフリカ地域研究、環境社会学、開発社会学。おもな著作に『アフリカ潜在力5　自然は誰のものか――住民参加型保全の逆説を乗り越える』（共編著、京都大学学術出版会、2016年）、「『万能薬』ではなく『サプリ』として――ケニア南部に暮らすマサイにとっての観光の意味」（『アフリカ研究』92号、2017年）など。

中村香子（なかむら きょうこ）

東洋大学国際学部准教授。博士（地域研究）。専門はアフリカ地域研究、人類学。おもな著作に『ケニア・サンブル社会における年齢体系の変容動態に関する研究――青年期にみられる集団性とその個人化に注目して』（松香堂書店、2011年）、「『伝統』を見せ物に『苦境』で稼ぐ――『マサイ』民族文化観光の新たな展開」（『アフリカ研究』92号、2017年）など。

孫　暁剛（ソン ショウガン）

京都大学大学院アジア・アフリカ地域研究研究科特任准教授。博士（地域研究）。専門はアフリカ地域研究、生態人類学。おもな著作に『遊牧と定住の人類学――ケニア・レンディーレ社会の持続と変容』（昭和堂、2012年）、『地域研究からみた人道支援――アフリカ遊牧民の現場から問い直す』（共編著、昭和堂、2018年）など。

泉　直亮（いずみ なおあき）

目白大学社会学部専任講師。博士（地域研究）。専門は人類学、地域研究。おもな著作に『アフリカ潜在力4　争わないための生業実践――生態資源と人びとの関わり』（分担執筆、京都大学学術出版会、2016年）、“Agro-Pastoral Large-Scale Farmers in East Africa: A Case Study of Migration and Economic Changes of the Sukuma in Tanzania”（*Journal of Nilo-Ethiopian Studies* 22, 2017）など。

■**編者・執筆者紹介**（執筆順。＊印編者）

＊曽我　亨（そが とおる）

弘前大学人文社会科学部教授。博士（理学）。専門は生態人類学。おもな著作に『シベリアとアフリカの遊動民』（共著、東北大学出版会、2011年）、『他者——人類社会の進化』（分担執筆、京都大学学術出版会、2016年）など。

＊太田　至（おおた いたる）

京都大学大学院アジア・アフリカ地域研究研究科／アフリカ地域研究資料センター教授。理学博士。専門はアフリカ地域研究、人類学。おもな著作に『アフリカ潜在力・シリーズ全5巻』（総編集、京都大学学術出版会、2016年）、『地域研究からみた人道支援——アフリカ遊牧民の現場から問い直す』（共編著、昭和堂、2018年）など。

北村光二（きたむら こうじ）

岡山大学文学部名誉教授。理学博士。専門は人類学。おもな著作に『人間性の起源と進化』（共編著、昭和堂、2003年）、『他者——人類社会の進化』（分担執筆、京都大学学術出版会、2016年）など。

内藤直樹（ないとう なおき）

徳島大学大学院ソシオ・アーツ・アンド・サイエンス研究部准教授。博士（地域研究）。専門は人類学、アフリカ地域研究。おもな著作に『政治的アイデンティティの人類学——21世紀の権力変容と民主化にむけて』（分担執筆、昭和堂、2012年）、『メディアのフィールドワーク——ケータイとアフリカの未来』（共編著、北樹出版、2012年）など。

杉山祐子（すぎやま ゆうこ）

弘前大学人文社会科学部教授。博士（地域研究）。専門は生態人類学、アフリカ地域研究。おもな著作に『アフリカ地域研究と農村開発』（分担執筆、京都大学学術出版会、2011年）、『地方都市とローカリティ——弘前・仕事・近代化』（共著、弘前大学出版会、2016年）など。

湖中真哉（こなか しんや）

静岡県立大学国際関係学部教授。博士（地域研究）。専門は地域研究、人類学。おもな著作に『牧畜二重経済の人類学——ケニア・サンブルの民族誌的研究』（世界思想社、2006年）、『地域研究からみた人道支援——アフリカ遊牧民の現場から問い直す』（共編著、昭和堂、2018年）など。

波佐間逸博（はざま いつひろ）

長崎大学多文化社会学部准教授。博士（地域研究）。専門は人類学。おもな著作に『牧畜世界の共生論理——カリモジョンとドドスの民族誌』（京都大学学術出版会、2015年）、「北東ウガンダ牧畜民の抵抗におけるシティズンシップの実践」（『文化人類学』83巻2号、2018年）など。

遊牧の思想
——人類学がみる激動のアフリカ

2019年3月30日　初版第1刷発行

編　者　太田　至
　　　　曽我　亨

発行者　杉田啓三

〒607-8494　京都市山科区日ノ岡堤谷町3-1
発行所　株式会社　昭和堂
振替口座　01060-5-9347
TEL（075）502-7500／FAX（075）502-7501
ホームページ　http://www.showado-kyoto.jp

印刷　モリモト印刷

ISBN978-4-8122-1824-2

＊乱丁・落丁本はお取り替えいたします。

Printed in Japan